Die Kriya Yoga Sūtras des

Patañjali

und der Siddhas

ÜBERSETZUNG, KOMMENTAR UND PRAXIS

Von Marshall Govindan

Babaji's Kriya Yoga and Publications, Inc.
St. Etienne de Bolton, Quebec, Canada

Die Kriya Yoga Sutras des Patanjali und der Siddhas

Die englische Originalausgabe wurde im Jahr 2000 unter dem Titel "Kriya Yoga Sutras of Patanjali and the Siddhas" veröffentlicht. ISBN 978-1-895383-12-6.

P.O. Box 90, Eastman, Quebec, Canada J0E 1P0,
tel. 01-450-297-0258, fax 1-450-297-3957
E-mail: info@babajiskriyayoga.net, Internet: www.babajiskriyayoga.net

1. Auflage 04/2015

ISBN: 978-1-895383-95-9

Übersetzung: Rose Bischof
Umschlagdesign: Eleni Efthimiou und Jan Utecht

Gedruckt und gebunden in Polen.

Gewidmet
Babaji Nagaraj,
Patañjali
&
all jenen, die zur
Kriya-Yoga-Tradition der 18 Siddhas
gehören

Inhaltsverzeichnis

Danksagung VI

Anmerkungen zur Übersetzung VIII

Hinweise zur Aussprache des Sanskrit X

Vorwort XII

Einführung Teil 1 & 2

Vergleich zwischen Yoga Sūtras und Tirumantiram XVI

Patañjalis Kriya Yoga: Ständiges Üben und Loslassen XXII

Übersetzung mit Kommentar

Kapitel I: *Samādhi-Pāda* / 1

Kapitel II: *Sadhāna-Pāda* / 53

Kapitel III: *Vibhūti-Pāda* / 105

Kapitel IV: *Kaivalya-Pāda* / 155

Fortlaufende Übersetzung der 195 Sūtras / 189

Anmerkungen zur Einführung und den Kapiteln / 199

Bibliographie / 203

Index der Sanskrit-Worte in den Sūtras / 207

Index der deutschen Worte in den Sūtras / 229

Index der in den Sūtras erwähnten Kriyas / 237

Über den Autor / 239

Danksagung

DER AUTOR DANKT ALLEN, DIE IHM BEI DER ARBEIT AN DIESEM BUCH GEHOLFEN HABEN, GANZ BESONDERS:

- Durga Ahlund, für zahlreiche Übungs-Vorschläge zum Kommentar und ganze Abschnitte des Kommentars sowie ihre Hilfe bei der Suche nach Zitaten von Sri Aurobindo und der „Mutter", vor allem auch für die mühevolle Arbeit, den Sanskrit Index zu erstellen.

- Sujata Ghosh, für die Überarbeitung und Korrektur der Sanskrit-Übersetzung und die vielen wertvollen Hinweise zum Kommentar.

- Maureen Mueller, für die redaktionelle Überarbeitung und die vielen hilfreichen Anmerkungen, Ratschläge und nicht zuletzt für ihre aufmunternden Worte.

- Vyasa, für die Umschlaggestaltung.

- Georg Feuerstein, für die Durchsicht des Manuskriptes und einige sehr nützliche Anregungen. Gleichzeitig gebührt ihm mein Dank für seine wissenschaftliche Arbeit. Sein Buch „Yoga-Sutras: A New Translation and Commentary" (Die Yoga-Sutras: Neu-Übersetzung und Kommentar) ist meine wichtigste Quelle.

- Bob Butera, für seine Anmerkungen und Hinweise zum Manuskript, die mir eine große Hilfe bei der Vervollständigung und der Herstellung des Praxis-Bezugs des Textes waren.

- Meinen zahlreichen Schülern, die während der letzten 10 Jahre an diesen Kommentaren teilhatten.

- Yogi Ramaiah, der mich erstmals mit Patañjali bekannt machte und mich die Meditation auf seine Sutras sowie die 144 Kriyas von Babaji's Kriya Yoga lehrte.

- Babaji Nagaraj für seine Führung während meiner Arbeit an diesem Buch und für die Einweihung seiner Schüler in das wunderbare System der 144 Kriyas seines Kriya Yoga, auf das im gesamten Kommentar Bezug genommen wird. Was immer mich inspiriert hat, es ist seiner Gnade zu verdanken.

- Siddha Patañjali, dessen Meisterwerk mich seit über 30 Jahren begeistert.

- Allen Yoga-Siddhas, die den Kriya-Yoga entwickelt haben. Ihr Vorbild gibt mir täglich neue Anregungen.

- Ihnen allen sei herzlich gedankt. Mögen ihre liebevollen Bemühungen Sie alle, liebe Leser und Leserinnen, zur Selbstverwirklichung führen.

Marshall Govindan

Anmerkungen zur Übersetzung

BEI DIESER ÜBERSETZUNG WURDE VIEL WERT auf eine wort- und sinngetreue Wiedergabe des Original-Sanskrit-Textes gelegt. Bei einigen Versen, in denen bei einer wörtlichen Übersetzung der Sinn unklar geblieben wäre, wurde jedoch eine freiere Version mit zusätzlichen Erläuterungen gewählt. Angesichts der Notwendigkeit, einerseits genau und andererseits verständlich zu übersetzen, fiel die Entscheidung zugunsten der Genauigkeit. Ein umfassenderes Text-Verständnis wird ermöglicht durch die wörtliche Übersetzung der Sanskrit-Begriffe, die jedem einzelnen Vers beigefügt ist. Hier sind zusätzliche Wortbedeutungen aufgeführt, wie sie in Standard-Nachschlagwerken und anderen anerkannten Übersetzungen dieses Werkes zu finden sind. Auch durch den Kommentar selbst können Verständnislücken im Zusammenhang mit der Übersetzung geschlossen werden.

Alle Worte in runden Klammern sind Sanskrit, sofern nicht anders angegeben. So weist zum Beispiel (tam) auf tamilischen Ursprung hin.

In der deutschen Übersetzung wurden in Absprache mit dem Autor an einigen Stellen Ergänzungen eingefügt bzw. geringfügige Änderungen gegenüber dem englischen Originaltext vorgenommen.

Für die deutschen Wortbeispiele in den „Hinweisen zur Aussprache des Sanskrit“ dankt die Übersetzerin dem Indologischen Seminar der Universität Bonn, für die Hilfe bei der Erstellung der Indexe für die deutsche Übersetzung und die Korrektur des deutschen Manuskripts Erna Cantrigliani.

Hinweise zur Aussprache des Sanskrit

Vokale

a	L*as*t
ā	R*ah*men
i	W*i*ppe
ī	L*ie*d
u	R*u*m
ū	Fl*u*r
ṛ	K*ri*ppe (im Deutschen unbekannt, wie *r* mit leichtem *i* als Nachklang)
ṝ	(im Deutschen unbekannt, länger als der zuvor genannte, wie *r* mit leichtem *u* als Nachklang)
e	L*e*ben
ai	L*ai*b
o	R*o*be
au	R*au*m

Konsonanten

Neben einfachen gibt es "aspirierte", die ein leichtes *h* als Nachklang haben, etwa wie anlautende Konsonanten im Deutschen.

k	Ha*k*en
kh	*K*ohl
g	La*g*e
gh	*G*abe
ṅ	E*ng*el
c	kla*tsch*en
ch	(im Deutschen unbekannt, etwas schärfer als das zuvor genannte *c*)
j	Gara*g*e
jh	*J*alousie
ñ	(Spanisch:) Se*ñ*or
ṭ	(im Deutschen unbekannt, ähnlich wie *t, th, d, dh,* bzw. *n* auszusprechen, aber mit nach oben gebogener Zungenspitze)
t	Hü*t*er
th	*T*ee
d	Ba*d*er

dh *D*om
ṇ *N*ame
p O*p*a
ph *P*ost
b Ra*b*e
bh *B*auer
ṃ *M*ond

Halbvokale

y *J*oghurt
r *R*olle
l *l*ang
v *W*are

Zischlaute

ś *S*chuh
ṣ (im Deutschen unbekannt, ähnlich wie ś auszusprechen, aber mit nach oben gebogener Zungenspitze)
s Wa*s*ser (stets stimmlos!)

Hauchlaut

h *H*of

Vorwort

von Georg Feuerstein, Ph. D.

MILLIONEN MENSCHEN ÜBERALL IN DER WELT praktizieren heute die eine oder andere Form von Yoga. Oft hat das, was sie praktizieren, jedoch kaum eine Ähnlichkeit mit dem traditionellen Yoga, der seit über 5000 Jahren in Indien praktiziert wird. Umso notwendiger sind aufrichtige Stimmen, wie die von Marshall Govindan, die für den authentischen Yoga sprechen, bei dem es immer um das hohe Ideal einer tiefen persönlichen Transformation und Befreiung geht. Govindan, wie er am liebsten genannt wird, folgt der Tradition des *Kriya-Yoga* (*Skt. kriyā yoga*), der erstmals von dem als Babaji bekannten Meister aus dem Himalaja gelehrt und über mehrere Lehrergenerationen weitergegeben wurde. Govindan wurde von Yogi S.A.A. Ramaiah in den *Kriya-Yoga* eingeweiht und hat selbst seit 1988 Tausende von Schülern eingeweiht.

S.A.A. Ramaiah ist ein südindischer Yoga-Meister, der nach eigenen Angaben von Babaji, bekannt aus Paramahamsa Yoganandas *Autobiography of a Yogi* (Autobiographie eines Yogi) als einer der unsterblichen Meister des *Siddha-Yoga*, persönlich eingeweiht wurde. Wie Govindan in *Babaji and the 18 Siddha Kriya Yoga Tradition* (Babaji und die Kriya-Yoga-Tradition der 18 Siddhas) schreibt, stammen von Yogi Ramaiah einige biographische Daten über den großen Meister, darunter sein Geburtsdatum: der 30. November 203 n. Ch. Babaji war offenbar ein Schüler von *Pokanathar* (*tam.* Boganathar ausgesprochen), der dem Tempel von *Katirgama (Skt. Karttikeyagrāma)* in einem Wald am Süd-Zipfel von Sri Lanka, vorstand. *Pokanathar* sandte seinen Schüler eines Tages zu dem großen Meister Agastyar, unter dessen Führung Babaji die Befreiung und Unsterblichkeit erlangte.

Ein anderer großer Meister des südindischen Siddha-Yoga war Tirumūlar, Autor des bekannten tamilischen *Tirumandiram (tam. Tirumantiram* ausgesprochen). In diesem Werk bezeichnet sich Tirumūlar als einen Schüler von Naṇḍi, der offenbar auch der Lehrer eines gewissen Patañjali war. Nur wenige *Yoga*-Schüler im Westen haben von Tirumūlar gehört. Sie kennen jedoch Patañjali, den Verfasser der berühmten *Yoga-Sūtras.* Dieses in Aphorismen geschriebene Werk beschreibt den Yoga-Weg in meisterhafter Weise aus philosophischer und psychologischer Sicht.

Die *Yoga-Sūtras* werden im allgemeinen der Zeit zwischen dem 2. Jahrh. v. Chr. und dem 2. Jahrh. n. Chr. zugeordnet. Das frühere Datum wird von denjenigen favorisiert, die in dem Verfasser der *Sūtras* den berühmten Sprachgelehrten Patañjali sehen. Immer mehr

Wissenschaftler neigen jedoch zu dem späteren Datum, und zwar aufgrund der Tatsache, daß sich in den *Yoga-Sūtras* die Sprache und Begriffswelt des Mahāyāna-Buddhismus widerspiegeln.

Die Tradition kennt im übrigen noch weitere Persönlichkeiten namens Patañjali, so einen *Sāṁkhya*-Experten und den Verfasser eines *Sūtra* über Rituale. Über sie und ihre Biographie ist praktisch nichts bekannt. Tirumūlars Erwähnung eines Mitschülers mit Namen Patañjali verstärkt noch das historische Durcheinander.

Die meisten Wissenschaftler ordnen Tirumūlar zwischen dem 1. und 7. Jahrh. n. Chr. ein. Die Gedankenwelt und die Übungen des *Tirumantiram* lassen jedoch eher auf eine bestimmte Entwicklungsstufe des hinduistischen *Tantra* und somit eine Zeit zwischen dem 5. und 10. Jahrh. n. Chr. schließen. Falls dies zutrifft, wäre Tirumūlars Mitschüler Patañjali nicht der Verfasser des *Yoga-Sūtra.* Ungeachtet dieser wissenschaftlichen Überlegungen ist ein Vergleich zwischen den *Yoga-Sūtras* und dem *Tirumantiram* jedoch wichtig und längst überfällig.

Meine Yoga-Forschungen konzentrierten sich in den letzten 35 Jahren auf Sanskrit-Quellen. Ich stieß erstmals im Jahr 1998 auf das *Tirumantiram,* das in Tamil geschrieben ist. Es handelte sich um die Ausgabe, die Govindan bearbeitet und 5 Jahre zuvor veröffentlicht hatte. Natürlich hatte ich bereits Jahre vorher vom *Tirumantiram* gehört, da ich 1993 eine Neuauflage von *The Poets of the Powers* (Die Dichter der Kräfte) des berühmten tamilischen Gelehrten Kamil V. Zvelebils herausgegeben hatte, der Tirumūlar als den "führenden Vertreter des tamilischen Yoga" bezeichnete (S. 38). Zvelebils kurze Zitate aus dem Werk Tirumūlars faszinierten mich. Daher war B. Natarajans englische Übersetzung des *Tirumantiram*, die von Govindan veröffentlicht wurde, für mich eine unwahrscheinliche Fundgrube. Ich war mir von Anfang an der ungeheueren Tiefe von Tirumūlars Darstellung des *Yoga* bewußt. Und inzwischen bin ich zu der Überzeugung gekommen, daß sich alle *Yoga*-Schüler neben den *Yoga-Sūtras* und der *Bhagavad-Gita* intensiv mit dem *Tirumantiram* beschäftigen sollten.

Das vorliegende Buch untersucht Patañjalis *Yoga-Sūtras* aus der Sicht des in Tamil Nadu beheimateten *Siddha-Yoga.* Govindan hat keine Mühe gescheut, um die Aphorismen für alle, die sich für die Yoga-Übungs-Praxis interessieren, verständlich zu machen. Insbesondere werden die *Kriya-Yoga*-Schüler, die überall in der Welt immer zahlreicher werden, feststellen, daß seine Abhandlung für sie praktisch unentbehrlich ist. Aber auch andere werden davon profitieren.

Merkwürdigerweise nannte Patañjali, dessen Lehren praktisch gleichgesetzt werden mit dem 8-gliedrigen *Yoga (aṣṭāṅga-yoga)*, selbst seinen Yogaweg, in *pāda* II.1 den Yoga des Handelns (*kriyā-yoga*). In meiner Monographie *The Yoga-Sūtra: An Exercise in the Methodology of Textual Analysis* (Das Yoga-Sūtra: Eine Übung in der Methodologie der Text-Analyse) habe ich versucht aufzuzeigen, daß die Aphorismen, die sich in den *Yoga-Sūtras* speziell mit den 8 Gliedern beschäftigen, offensichtlich von Patañjali aus anderer Quelle zitiert bzw. zu einem späteren Zeitpunkt in seinen Text eingefügt wurden. Es gibt keine befriedigende Erklärung dafür, weshalb Patañjali seine Lehren als *kriyā-yoga* bezeichnete. Wenn wir jedoch Govindans These folgen, daß der Verfasser der *Yoga-Sūtras* ein Mitschüler von Tirumūlar war, so haben wir eine direkte Verbindung zur tantrischen Tradition Südindiens, in der der Begriff *kriyā-yoga* im Sinne einer rituellen Handlung bekannt ist.

Selbststudium (*svadhyāya*) ist seit jeher ein wesentlicher Aspekt des Yoga. Yoga-Schüler im Westen sollten meiner Meinung nach diesen Teil der Yoga-Praxis ernster nehmen. Die *Yoga-Sūtras* sind mit ihrer Prägnanz und der Konzentration auf das Wesentliche bestens geeignet für ein tiefgründiges Studium. Ihre Herangehensweise ist rational, systematisch und philosophisch fundiert. Das *Tirumantiram* hingegen ist überschwenglich poetisch, voll von Kostbarkeiten yogischer Erfahrung und Weisheiten. Beide Texte ergänzen sich auf ideale Weise. Wer sie zusammen studiert, wird dies nicht nur aufschlußreich, sondern auch erhebend finden. Govindans Buch gibt ausgezeichnete Anregungen für ein solches Studium. Er schöpft aus seiner eigenen langjährigen Erfahrung mit dem *Kriya-Yoga* und einer tiefen Liebe sowie Achtung gegenüber dem historischen Erbe des *Yoga.*

Ich kenne Govindan erst seit wenigen Jahren, aber seine Ernsthaftigkeit als *Yoga*-Praktizierender und Lehrer haben mich beeindruckt. Er ist unermüdlich in seinem Engagement für die Lehren seines Guru Babaji und für seine zahlreichen Schüler in aller Welt. Seine Energie, seine Bescheidenheit und Freundlichkeit sind ein deutliches Zeichen für die Wirksamkeit der Lehren, die er vertritt und weitergibt.

Marshall Govindans Buch *Kriya Yoga Sūtras of Patañjali* (*Die Kriya-Yoga-Sūtras des Patañjali*) ist eine wertvolle Ergänzung für die Erforschung des *Yoga* im allgemeinen und das Studium der *Yoga-Sūtras* im besonderen. Ich kann es von ganzem Herzen empfehlen.

Georg Feuerstein, Ph.D.
Yoga Research and Education Center
www.yrec.org

9. September 2000

Einführung

TEIL 1

EIN VERGLEICH ZWISCHEN DEN *YOGA-SŪTRAS* UND DEM *TIRUMANTIRAM*

ES GIBT VIELE ÜBERSETZUNGEN UND KOMMENTARE zu Patañjalis *Yoga-Sūtras*. Die Experten haben jedoch die zahlreichen Parallelen zwischen den *Yoga-Sūtras* und dem wichtigsten von einem tamilischen Yoga-Siddha verfaßten Werk über Yoga, dem *Tirumantiram* von Siddha Tirumūlar (**1**), übersehen. Beide Schriften gehören zu den ältesten Standardwerken über den Yoga. Was ihren philosophischen Hintergrund betrifft, so haben sie vieles gemeinsam, wie aus der weiter unten eingefügten Tabelle ersichtlich ist. Beide Schriften gehen ausführlich auf die "Siddhis", die yogischen Wunderkräfte, ein. Beide beschreiben Yoga-Techniken und lassen dabei eine Menge wichtiger Einzelheiten weg, wie es die Siddha-Yogis üblicherweise in ihren Schriften taten. Die wichtigsten Details vermittelten die Siddhas bei der persönlichen Einweihung ihrer Schüler. Die Mehrzahl der vorhandenen Quellen läßt darauf schließen, daß beide Autoren zu den führenden Vertretern der "18 tamilischen Yoga-Siddhas" gehörten (**2**).

Es gibt Hinweise darauf, daß Patañjali und Tirumūlar Zeitgenossen in der einzigartigen Kulturlandschaft Südindiens waren. Obwohl die Datierung beider Werke schwierig ist, ordnen die meisten Wissenschaftler Patañjalis *Yoga-Sūtras* um das 2. bis 4. Jahrh. n. Chr. ein und das *Tirumantiram* um das 4. bis 5. Jahrh. n. Chr. Nach Tirumūlars eigenen Angaben brauchte er 3000 Jahre, um das *Tirumantiram* zu schreiben. Er erwähnt auch, daß er und Patañjali einen gemeinsamen Guru, Nandi, hatten. Ferner erwähnt er als besonderes Ereignis den Besuch Patañjalis in Chidambaram, wo er selbst lebte. Viele Hinweise sprechen dafür, daß sowohl Patañjali als auch Tirumūlar hervorragende Siddhas waren und im wesentlichen die gleichen Anschauungen vertraten. Das Verständnis dieser Zusammenhänge mag allen Yoga-Übenden helfen, die Ziele des Yoga, seinen philosophischen Hintergrund sowie die Übungspraxis besser einzuordnen und zu verstehen.

Die Tatsache, daß die Experten die vielen Gemeinsamkeiten in den philosophischen und theologischen Lehrmeinungen beider Werke übersehen haben, mag darauf zurückzuführen sein, daß die *Yoga-Sūtras* in *Sanskrit* und das *Tirumantiram* in Tamil geschrieben waren. Weder das eine noch das andere Werk ist in die jeweils andere Sprache übersetzt worden. Die meisten Wissenschaftler arbeiten in der Regel nur in der einen oder der anderen Sprache, und die moderne Wissenschaft hat die tamilische Literatur im allgemeinen und die Literatur der tamilischen Siddhas im besonderen weitgehend vernachlässigt. Eine englische Übersetzung des *Tirumantiram* gibt es erst seit 1991. Somit hatte man in der westlichen Welt bisher wenig Möglichkeiten, die beiden Werke zu vergleichen.

Nach vielen Jahren der Vorbereitung wurde jedoch ein wichtiges Projekt zur wissenschaftlichen Auswertung der Manuskripte der tamilischen Yoga Siddhas gestartet.

Verantwortlich zeichnen "Babaji's Kriya Yoga Order of Acharyas" und der von Georg Feuerstein gegründete "Yoga Research and Education Center". Ziel ist die Sicherstellung, Bewahrung und Auswertung von mehreren Tausend Manuskripten, die sich in verschiedenen Archiven Südindiens befinden, um spätere Übersetzungen und Veröffentlichungen zu ermöglichen. Das vorliegende Werk kann daher nur als ein Vorläufer, vielleicht sogar nur als ein Versuch gewertet werden, die riesige Lücke in unserem Wissen über die Ursprünge des Yogas zu schließen. Wenn nach und nach die Forschungsergebnisse des oben genannten Projektes vorgelegt werden, wird es überarbeitet werden müssen.

Die vorliegende kommentierte Übersetzung der *Yoga-Sūtras* wird dem westlichen Leser im Lichte dieser beiden bedeutenden und wegweisenden Meisterwerke zahlreiche Geheimnisse sowohl des klassischen Yoga als auch der Philosophie der tamilischen Yoga-Siddhas, des Saiva Siddhantha, erschließen. Erstes Anliegen dieses Kommentars ist es, durch den Vergleich der beiden Schriften zu einem tieferen Verständnis sowohl des einen als auch des anderen Werkes beizutragen.

Bisherige Übersetzungen waren meiner Meinung nach entweder so wörtlich, daß ihre Bedeutung nur mit großer Mühe erfaßt werden konnte, oder so frei, daß die wahre Bedeutung weitgehend verloren ging. Da es sich um eine ganz spezielle Fachsprache handelt und der Durchschnittsleser mit der Materie im allgemeinen nicht vertraut ist, haben die meisten Übersetzungen die tiefe Bedeutung der Verse verwässert. Diese neue Übersetzung sucht einen Mittelweg zwischen Lesbarkeit und Sinnerfassung. Bei meiner Arbeit an dieser Neuübersetzung mit Kommentar konnte ich mich dankenswerterweise vor allem auf drei bereits vorhandene Übersetzungen stützen, und zwar von: G. Feuerstein (**3**), Swami Satchitananda (**4**) und Swami Hariharananda Aranya (**5**).

Diese Übersetzung und der Kommentar wurden innerhalb von 10 Jahren erarbeitet. Sie sind abgestimmt auf die Bedürfnisse der in Babaji's Kriya Yoga eingeweihten Schüler, die der Traditionslinie von Nandi, Agastyar, Boganathar und Babaji folgen, die wiederum ein Zweig der Tradition der 18 tamilischen Siddhas ist. Die Eingeweihten lernen, wie sie über die Verse von Siddhas wie Patañjali und Tirumūlar meditieren können. Bisher mußten sie dabei auf Übersetzungen zurückgreifen, die ihren Bedürfnissen nicht voll entsprachen.

Ein großer Teil des Materials dieser neuen Übersetzung, besonders aus dem ersten "Pada" bzw. Buch, wurde bereits bei Gruppenmeditationen eingesetzt, die ich mit Babaji's Kriya-Yoga-Schülern überall in der Welt durchgeführt habe. Babaji's Kriya Yoga ist die praktische Anwendung des als "Saiva Siddhantha" bekannten philosophischen Systems, das seinerseits als eine Synthese der Lehren der 18 tamilischen Yoga-Siddhas zu betrachten ist. Tirumūlar und Patañjali gehören zu den führenden Vertretern dieser Tradition. In vielen Kommentaren habe ich auf bestimmte Übungen aus Babaji's Kriya Yoga hingewiesen, damit die Schüler dieser Tradition die Bedeutung ihrer Übungspraxis besser einschätzen können. Obwohl diese Übersetzung und der Kommentar für jeden interessierten Leser gedacht sind, werden daher die in Babaji's Kriya Yoga eingeweihten Yoga-Schüler, die selbst schon viel von dem erfahren haben, was Patañjali beschreibt, sie ganz besonders zu schätzen wissen.

Die Methode, wie man über die Verse meditiert, um ihre geheime Bedeutung zu erfassen, verdanke ich Babaji. Jeder Vers ist wie ein Schlüssel. Ein Schlüssel ist ein nutzloses Stück Metall, solange man nicht weiß, wie man ihn in ein Schlüsselloch steckt und umdreht.

Dann ermöglicht einem der Schlüssel oder eben der Vers, über den man meditiert, jedoch, in einen neuen Raum einzutreten, in dem die esoterische bzw. die geheime Bedeutung offenbar wird. Wenn man nicht darüber meditiert, bleibt das Ganze vielleicht so nutzlos wie ein Tintenklecks. Für die Siddhas war es typisch, daß sie bis zu einem Jahr meditierten, bevor sie einen einzigen Vers schrieben. Und dieser Vers war dann nur ein Schlüssel bzw. eine Hinführung zu einem tieferen verborgenen Sinn. Die Siddhas verschlüsselten ihre Verse oft, damit ihre esoterischen Lehren den Eingeweihten vorbehalten blieben, die über genügend Erfahrung verfügten, um ihren Sinn zu erfassen. Weitere Einzelheiten über die pan-indische Siddha-Tradition sind bei David Gordon White (**6**) und über die tamilischen Yoga-Siddhas in den Werken von Zvelebil (**7**) und Govindan (**8**) nachzulesen.

Die folgende Tabelle gibt eine Übersicht über die vielen auffallenden Parallelen zwischen den beiden Werken:

YOGA-SŪTRAS	TIRUMANTIRAM
Purusha (Selbst) und *Prakriti* (Natur) sind beide wirklich	*Purusha* und *Prakriti* sind beide wirklich
Ishvara ist das besondere Selbst, der Lehrer der Lehrmeister	Isha oder Siva ist das Höchste Wesen
Dualistisch – theistisch *Samkhya*	Dualistisch – Advaita: Aus dem Einen wurden viele; Agamas und Vedas
Purusha ist vielfältig im Unterschied zum einen Atman des Vedanta	Jiva (Pasu) ist vielfältig und wird zu Siva; drei Stufen
Ashtanga-Yoga ist eine vorbereitende Übungspraxis	Ashtanga-Yoga wird ausführlich beschrieben
Ishvara ist Patañjalis Lehrer, IHM ist er treu ergeben	Nandi (Siva) ist Tirumūlars Guru, IHM ist er treu ergeben
Betont Notwendigkeit der Hingabe an Gott	Betont Notwendigkeit der Hingabe an Gott
Fünf Belastungen	Fünf Fesseln, ähnlich den Ursachen der Belastungen in den *Yoga-Sūtras*

Die Evolution der Schöpfung ist wirklich und basiert auf 24 *tattvas* oder Prinzipien	Die Evolution der Schöpfung ist wirklich und basiert auf 24, bzw. 36 oder sogar 96 „*tattvas*“
Lehre vom Karma und der Transmigration	dto
Ethik sozialer Gleichheit	dto
Dreifache Wirklichkeit: Ishvara, Purusha, Prakriti	dto
3 Quellen des Wissens	ähnlich
Methode: Kriya-Yoga: Loslassen, intensive Übungspraxis und Selbststudium	Methode: Kundalini-Yoga einschließlich Mantras, Yantras, Pranayama
Parinama: Transformation wird betont: ein Prozeß der Reinigung von den Belastungen	Ähnlich; Reinigung von Makeln
Samadhi oder kognitive Versenkung:	
a) mit oder ohne Basis einer physischen **Form**	a) “Gott nahe sein“
b) mit oder ohne Basis einer feinstofflichen **Form**	b) “ein Freund Gottes sein“
c) mit oder ohne zurückbleibenden „Samen“	c) “Einssein mit Gott“
Spricht von 68 „Siddhis“ bzw. Kräften, inschließlich Vollkommenheit des Körpers	Spricht von 65 “Siddhis“ bzw. Kräften, einschließlich Unsterblichkeit des Körpers

Damit ist der Vergleich keineswegs erschöpft. Das Thema ist sehr breit angelegt. Mit meinem Versuch einer Synthese und eines Vergleichs der beiden Werke möchte ich den Leser anregen, noch tiefer als hier aufgezeigt, in die Materie einzudringen. Ich bin offen für Kommentare und Anregungen für künftige Neuauflagen.

Es gibt auch wichtige Unterschiede zwischen den beiden Werken, darunter die folgenden:

Yoga-Sūtras	Tirumantiram
In der 3. Person, im Stil trockener Leitsätze geschrieben	In der 1. Person mit viel Gefühl geschrieben
In Sanskrit geschrieben.	In Tamil geschrieben, der Sprache des Volkes, unabhängig von Kaste oder gesellschaftlicher Stellung.
195 Aphorismen	3.047 Verse

Die Gemeinsamkeiten überwiegen bei weitem die Unterschiede. Bedeutend größere Unterschiede bestehen vom philosophischen Ansatz her zwischen der Vedanta-Literatur auf der einen sowie den *Yoga-Sūtras* und dem *Tirumantiram* auf der anderen Seite.

Mit der Herausgabe dieses Buches möchte ich vor allem anregen zu einer höheren Wertschätzung und einem besseren Verständnis von Yoga, und zwar sowohl im Westen als auch in Indien. Es herrscht heute noch eine allgemein verbreitete Unkenntnis darüber, daß Yoga nicht nur eine Methode körperlicher Übungen ist – mögen diese auch noch so gesund und therapeutisch wertvoll sein - , sondern daß Yoga vielmehr den Menschen des 21. Jahrhunderts Lösungen sowohl für ihre größten sozialen Probleme als auch die Probleme ihrer Philosophie, Psychologie, Theologie und sogar Ökologie bieten kann. Yoga zielt auf nichts Geringeres als die volle Entfaltung des Potentials eines jeden Einzelnen als vollkommenes göttliches Wesen, und zwar auf körperlicher, energetischer, psychischer, intellektueller und spiritueller Ebene. Die Welt steht heute vor bisher noch nie da gewesenen Herausforderungen: soziale Konflikte, Umweltzerstörung, Probleme der ökonomischen Verteilung und des Wirtschaftswachstums sowie des Gesundheitswesens. Die Globalisierung einer materialistischen Kultur kann Probleme, die über die materiellen Werte hinausgehen, nicht lösen. Nur eine breite soziale Bewegung, die es dem Einzelnen ermöglicht, über seine begrenzten egoistischen Sorgen hinauszuwachsen, kann unser Überleben und die Lösung dieser zahlreichen komplexen Probleme gewährleisten.

In aller Bescheidenheit möchte ich den Leser darauf hinweisen, daß ein gründliches Verständnis dieser Werke ihn in die Lage versetzen wird, Teil der Lösung anstatt Teil des Problems zu werden, an dem die Gesellschaft und unser Planet heute kranken. Ich möchte den Leser auffordern, im Zusammenhang mit dem Studium dieser Werke, seine eigenen Werte, Gewohnheiten und Motivationen zu hinterfragen und dort, wo es notwendig ist, radikale Änderungen vorzunehmen. Mit den Worten von Sri Aurobindo ausgedrückt: "Was wir brauchen, ist eine Revolution der menschlichen Natur." Die *Yoga-Sūtras* und das *Tirumantiram* werden uns die Weitsicht und das Verständnis vermitteln, wie wir unser Potential ausschöpfen können. Sie sind wie eine Straßenkarte, die verschiedene Ziele aufzeigt, die Hindernisse angibt und uns sagt, wie wir sie überwinden können.

Babaji's Kriya Yoga und die Siddhas sind vergleichbar einem Auto mit starkem Motor, mit dem wir große Entfernungen zurücklegen können. Diesen Yoga zu praktizieren, fordert von uns unermüdlichen und ständigen Einsatz. Ein intellektuelles Verständnis reicht nicht aus, um zur Erleuchtung zu gelangen! Andererseits ist eine Yogapraxis, die man nicht versteht, ebenso unvollkommen. Und genau das ist heute in den Yoga-Schulen im allgemeinen der Fall. Im Prozeß eines integrierten Yoga haben sowohl die Kriyas als auch die schriftlich niedergelegten Lehren ihren Platz. Nicht zu wissen, in welche Richtung man steuert, heißt, zwar ein Auto zu haben, aber keine Straßenkarte, die einem den Weg weist. In diesen beiden Werken finden wir eine Karte, die immer und überall genutzt werden kann.

Patanjalis Kriya-Yoga: Ständige Praxis und Loslassen

Abhyasa und Vairagya

ES GIBT HEUTE BESONDERS IN DEN WESTLICHEN LÄNDERN viele moderne Formen von Yoga, die ohne Bezug zu den klassischen Lehren unterrichtet werden. Wie bei einem Baum, der von seinen Wurzeln abgeschlagen wurde, besteht jedoch auch beim Yoga die Gefahr, daß man seine Übungspraxis nicht durchhält, wenn man nicht immer wieder die Inspiration aus der ursprünglichen Quelle sucht. Die Werte, die diese alten Lehren vermitteln, bilden einen starken kulturellen Gegenpol zum Werteverfall des 21. Jahrhunderts, dessen Materialismus sowohl innerhalb als auch außerhalb der Yoga-Szene nur zu oft auf Technik und schnelle Resultate ausgerichtet ist. Der klassische Yoga, wie er von Siddha Patañjali um das 2. Jahrhundert n. Chr. in Kapitel bzw. "*Pada*" II seiner berühmten *Yoga-Sūtras* erläutert wurde, beschreibt einen Weg der Selbstverwirklichung. Wir werden sehen, daß das heute noch wichtiger ist als vor 2000 Jahren.

Patañjali nennt diesen Weg in Vers II.1 "Kriya-Yoga": *tapas svādhyāya-īśvara-praṇidhāna kriyā-yogaḥ* – "Intensive Übungspraxis, Selbststudium und Hingabe an Gott – das ist *kriyā yoga*". In den Versen 12 bis 16 des Kapitels I werden eine "ständige Übungspraxis" (*abhyāsa*) und das Loslassen (*vairāgya*) als Instrumente des Yoga genannt. Da wenige Menschen von Natur aus einen Hang zu "abhyāsa" und "vairāgya" haben, empfiehlt Patañjali in Kapitel II vorbereitende Übungen. Feuerstein (**1**) hat jedoch festgestellt, daß Patañjalis Yoga nicht der "Ashtanga"- bzw. "achtgliedrige" Yoga war, der in den Versen II.28 bis III.8 beschrieben wird und wie es von den meisten Übersetzern allgemein angenommen wurde. Textanalysen haben ergeben, daß diese Verse lediglich aus einer anderen unbekannten Quelle zitiert wurden. (**2**) Betrachten wir zunächst die Beziehung zwischen diesen Instrumenten und Komponenten von Patañjalis Kriya-Yoga.

Im folgenden Diagramm weist Feuerstein (**3**) auf die Beziehung zwischen den beiden wesentlichen Bestandteilen von Patañjalis Kriya-Yoga hin.

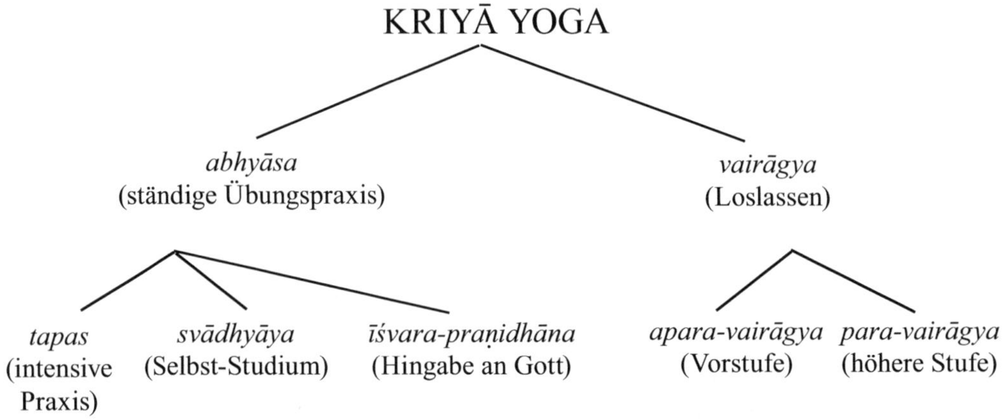

Dieses Diagramm zeigt deutlich den kontinuierlichen Zusammenhang zwischen den beiden Hauptinstrumenten des Kriya-Yoga, "Praxis" und "Loslassen" sowie die wesentlichen Komponenten der Praxis und die Stufen des Loslassens.

In Vers I.12 sagt Patañjali: *abhyāsa-vairāgyābhyāṁ tan-nirodhaḥ*, "Durch ständiges Üben und durch Loslassen (kommt es zum) Aufhören (der Identifizierung mit den Fluktuationen des Bewußtseins)." Mit "ständigem Üben" meint er die Konzentration auf das, was man wirklich ist, das Selbst oder bei den vorbereitenden Übungen auf bestimmte Objekte (da es einfacher ist, sich auf ein Objekt zu konzentrieren, das eine bestimmte Form hat, als auf das formlose Absolute). "Loslassen" bedeutet, sich lösen bzw. innerlich distanzieren von dem, was man nicht ist: flüchtige Gedanken, Emotionen und Empfindungen, die von den fünf Sinnesorganen wahrgenommen werden. "Praxis" und "Loslassen" kann man als die beiden Pole jeder yogischen Disziplin sehen. Der eine besteht in dem Bemühen, das Selbst mittels der Techniken der Verinnerlichung und der Einswerdung zu verwirklichen. Der andere ist die entsprechende Haltung, die darin besteht, das Verlangen nach den vielfältigen Abwechslungen der äußeren Welt aufzugeben.

"Abhyasa" (Übungspraxis)

In Vers I.13 sagt Patañjali *tatra sthitau yatno`bhyāsaḥ* – "In diesem Zusammenhang ist das Bemühen (im Zustand des Aufhörens der Identifikation mit den Fluktuationen des Bewußtseins) zu bleiben, ein ständiges Üben." Dieses "Bemühen", in dem höheren Bewußtseinszustand "zu bleiben", gilt für das Üben verschiedener Techniken, darunter Asanas, Atemübungen, Mudras, Meditation und Mantras.

Und wie sollen wir nun üben? Darauf geht er in Vers I.14 näher ein: *sa tu dīrgha-kāla-nairantarya-satkāra-āsevito dṛḍha-bhūmiḥ* – "Dieses [Üben] wird jedoch [nur], fest fundiert, wenn es sorgfältig und ununterbrochen über eine lange Zeit erfolgt."

Der Geist hat den natürlichen Hang, sich auf die äußeren Sinneswahrnehmungen auszurichten. Ziel der Übungspraxis ist es, eine gegenteilige Gewohnheit herauszubilden, indem man den Geist nach innen richtet. In unserer modernen, vom Materialismus geprägten Kultur werden wir von den Medien ständig mit Informationen bombardiert, die unsere Aufmerksamkeit erregen sollen. Dadurch entgeht uns das Wesentliche, das Selbst, unsere einzige dauerhafte Quelle der Freude. Das sollte all jenen zur Warnung dienen, die einen schnellen, mühelosen Weg zur Erleuchtung oder in eine glückselige Zukunft anstreben. Besonders Anfänger suchen oft den "einfachen" oder "schnellsten Weg". Wir sind mit unseren negativen Denkmustern in der Regel jedoch so festgefahren, daß nur ein langer Prozeß "fleißigen" Lernens zum Erfolg führen kann.

„Fest fundiert" bedeutet, daß es einem zur Gewohnheit geworden ist, die vorübergehenden subjektiven und objektiven Erfahrungen des Lebens distanziert zu betrachten. Das ist nur möglich, wenn man lange Zeit voll Hingabe und Vertrauen auf den Erfolg geübt hat. Es bedeutet, unsere spirituelle Existenz in unser weltliches Leben zu integrieren. Wenn man an der Wirksamkeit der Übungspraxis zweifelt oder sie nur halbherzig ausführt, kann man sie nur schwer im täglichen Leben umsetzen.

Aus diesen Versen wird deutlich, daß unter *tapas* eine "intensive Übungspraxis" zu verstehen ist und daß damit keine besondere Technik gemeint ist, sondern eine Art und Weise des Übens. "Tapas" heißt wörtlich "Geradebiegen durch Feuer", und die Yoga-Literatur ist voll von Geschichten darüber, wie eine intensive Yoga-Praxis die Übenden über ihre Grenzen hinaus geführt hat.

Svadhyaya oder "Selbst-Studium" bedeutet den Einsatz höherer Fähigkeiten, einschließlich des Intellekts, um das Selbst zu erkennen. Dazu können das Studium heiliger Schriften, die Wiederholung eines Mantras oder die Psychoanalyse gehören. Was zunächst eine subjektive Erfahrung ist, kann zu einer objektiven werden, und der Übende kann besser unterscheiden zwischen der äußeren Person und dem Selbst. Das führt zur Selbst-Verwirklichung.

Ishvara pranidhana oder totale Hingabe an das Höchste Wesen bedeutet, durch Bhakti bzw. Hingabe eine bedingungslose Liebe zu entwickeln und Gott überall zu sehen. Man vergißt die kleinen Kümmernisse des Ego und entwickelt eine allumfassende Liebe. Uneingeschränkte Hingabe bedeutet auch, alles loszulassen, was störend auf den Geist wirkt ("Let go and let God" – "Laß los und laß Gott machen"). Die Form, die der Einzelne für seine Gottesvorstellung wählt, bleibt ihm persönlich überlassen. Dies ist jedoch keine Alternative zur Übungspraxis oder dem Loslassen, sondern vielmehr ein fester Bestandteil dieser beiden.

"*Vairagya*" (Loslassen)

Gleich zu Beginn seines Textes in Vers I.2 definiert Patañjali den Ansatz des Yoga-Prozesses als *yogaś-citta-vṛtti-nirodhaḥ*, das heißt: "Yoga ist das Aufhören der (Identifizierung mit den) Fluktuationen (die) im Bewußtsein (entstehen)". Damit wird uns der Grund genannt, weshalb wir das Loslassen üben sollen.

Das Wort *citta* bedeutet Bewußtsein, und das Wort *cittar* (oder Siddha) ist die tamilische Bezeichnung für jemanden, der ein Meister des Bewußtseins bzw. "in höchstem Maße bewußt ist." Gemeint ist die lokalisierte Manifestation von "cit", dem Absoluten Bewußtsein. Obwohl Patañjali das Wort *citta* nicht näher definiert, kann seine Bedeutung doch aus dem Zusammenhang, in dem es in den *Yoga-Sutras* erscheint, abgeleitet werden.

Nach Vers IV.23 wird das Bewußtsein gefärbt durch das Selbst und die Erscheinungen der Natur, durch den Sehenden und das Gesehene. Diese scheinbare und fälschliche Identifikation des Selbst mit den Erscheinungen der Natur (dem Gesehenen) ist die Ursache des menschlichen Leids und das grundlegende Problem des menschlichen Bewußtseins. Wie die *cittars (tam.)* festgestellt haben: "Wir träumen mit offenen Augen", weil wir uns nicht mit dem identifizieren, was wir sind, sondern mit dem, was wir nicht sind, das heißt, mit unseren Träumen. Hierbei handelt es sich um eine totale Umkehr der wahren Beziehung zwischen dem Selbst und den im Bewußtsein entstehenden Fluktuationen. Das Selbst ist das reine, absolute Subjekt. Es wird erfahren als "Ich bin." Aber im Alltags-Bewußtsein des Menschen ist das Selbst zum Objekt geworden: "Ich selbst" als Person, d. h. eine egozentrische Ansammlung von Gedanken, Gefühlen und Empfindungen, nimmt die Rolle des Subjekts ein. Die Gewohnheit, sich mit seinen Gedanken, Gefühlen und Empfindungen, d. h. mit seinem Ego, zu identifizieren, ist die praktisch auf der ganzen Welt verbreitete Krankheit des normalen menschlichen Bewußtseins. Die im Bewußtsein entstehenden und in den Versen I.5 bis I.11 aufgeführten und erläuterten Fluktuationen (*vritti*), d. h. "die Mittel, wahres Wissen zu erlangen", "Irrtum", „begriffliche Vorstellung", "Schlaf" und "Erinnerung", müssen vom Egoismus, d. h. von der starken Gewohnheit zu empfinden, "Ich bin dieses Gefühl", "Ich bin diese Erinnerung", "Ich bin diese Empfindung", gereinigt werden durch ein systematisches Üben des Loslassens. Dabei erkennt man: "Ich bin mir dieses Gefühls, dieser Erinnerung, dieser Empfindung bewußt, aber ich bin nicht dieses Gefühl, diese Erinnerung, diese Empfindung."

Die Beseitigung der Fluktuationen des Bewußtseins als solche führt jedoch nicht dazu, daß man das Selbst als seine eigentliche Identität wiedererkennt. Wenn dem so wäre, könnte nur das Aufhören dieser Gedankenbewegungen, nämlich der Tod, zur Selbstverwirklichung führen. Eine Selbstverwirklichung wäre nicht möglich, solange der Mensch lebt. Die Fluktuationen wird es immer geben, solange die Welt existiert. Die Problematik liegt einfach in der gewohnheitsmäßigen Verwechselung von "Ich bin" (das Selbst) mit "Ich bin (das Objekt des Bewußtseins, des Gefühls, der Erinnerung, der Empfindung)." Es kommt darauf an, zu erkennen, daß man Gedanken, Gefühle, Empfindungen usw. haben, in Schlaf fallen kann, daß man aber diese Gedanken, Gefühle, Empfindungen bzw. der Schlaf n i c h t i s t.

Was ist Bewußtsein? Patañjali hat den Begriff *citta* nicht näher definiert, seine Bedeutung kann jedoch aus dem Zusammenhang, in dem er in der Siddha-Literatur auftaucht, abgeleitet werden. Bei Siddha Tirumūlar, einem Zeitgenossen Patañjalis und Verfasser des *Tirumantiram* (**4**), heißt es in Vers 119:

> Unsere Intelligenz, in die Sinne verstrickt,
> Findet sich in sehr tiefem Gewässer,
> Aber in unserem Bewußtsein gibt es ein noch tieferes Bewußtsein
> Und dieses wird von der Höchsten Gnade inspiriert.

und in Vers 122:

> Sivayoga heißt das Cit-Acit kennen

Und sich für die Yoga-Buße qualifizieren;
Eigenes Licht wird zum Selbst.
Unbeirrt fließt es hinein in SEINE Göttliche Sphäre;
ER schenkte mir dies – den Nandi der Neun Yogas.

Cit = Die Selbst-Erkenntnis des Shiva-Bewußtseins.
Acit = Das Nicht-Wissen des Jiva, der Seele bzw. des individualisierten Geistes, der das Lebewesen lebendig hält.

(Im *Tirumantiram* wird Patañjali zweimal erwähnt und zwar in Vers 67 und 2790, vgl. Anmerkung 4)

Die heutigen Yoga-Schulen haben sich auf unterschiedliche Techniken festgelegt. Eins wird jedoch zu häufig vergessen: die Notwendigkeit des "Loslassens." Am schlimmsten ist, daß der Yoga heute mit der "Leistung" oder "Errungenschaft" bestimmter Staaten in Verbindung gebracht wird, was besonders für die Hatha-Yoga-Schulen gilt. Das mag vor allem mit den Wertvorstellungen unserer modernen materialistischen Kultur zusammenhängen, die sich dem Individualismus, dem Wettbewerb und der Abhängigkeit von materiellen Dingen bzw. von Personen verschrieben hat. (So wird "Ich liebe dich" verstanden als "Ich brauche dich").

Weshalb also sollten Yoga-Übende heute Patañjalis Lehre vom Loslassen beherzigen? Im ersten Kapitel der *Yoga-Sūtras* erklärt Patañjali, wie der Mensch sich in seinem Alltags-Bewußtsein mit verschiedenen Gedankengängen bzw. "Fluktuationen des Bewußtseins" identifizert und stellt fest, daß diese entweder "belastend" oder "nicht belastend" sind. In Vers I.6 unterteilt er sie in die Mittel, wahres Wissen zu erlangen, Irrtum, begriffliche Vorstellung, Schlaf und Erinnerung. "Yoga ist das Aufhören der (Indentifizierung mit den) Fluktuationen (die) im Bewußtsein (entstehen)." (Vers I.2). Dieser Prozeß führt letztlich zur Selbstverwirklichung. "Der Sehende ruht in seinem wahren Wesen." (Vers I.3)

In den Versen I.15 und I.16 unterscheidet Patañjali zwischen der Vorstufe und den höheren Stufen des Loslassens bzw. der Gelassenheit.

I.15 *dṛṣṭa-ānuśravika-viṣaya-vitṛṣṇasya vaśīkāra-saṃjñā vairāgyam* - "Gelassenheit ist das Zeichen der Meisterschaft desjenigen, der etwas sieht oder hört, ohne danach zu verlangen."

Diese Gelassenheit bedeutet nicht, die Dinge, die zu unserer Welt gehören, aufzugeben, sondern vielmehr uns zu lösen von dem Wunsch bzw. dem Verlangen, sie besitzen zu müssen, von der Abhängigkeit von ihnen und dem Bedürfnis nach ihnen. In unserer Unwissenheit verwechseln wir die Quelle unseres Glücks, unser Selbst, mit diesen Dingen und verkennen die wahre innere Quelle bedingungsloser Glückseligkeit. "Verlangen" bedeutet, sich vorzustellen, wie erstrebenswert etwas wäre, wenn man es besitzen würde. Solche Illusionen färben unsere Wahrnehmungen: Man sieht, was man sich wünscht, und nicht die Wirklichkeit, wie jemand, der in einen schmutzigen Spiegel schaut, nicht die

Wirklichkeit sehen kann.

Auf der Vorstufe dieser Gelassenheit erinnert man sich immer wieder daran, das Verlangen aufzugeben, loszulassen. Selbst die Yoga-Körperhaltungen waren ursprünglich so gedacht: Entspannen und Spannungen, Krankheiten sowie körperliche Beschwerden loszulassen. Es gibt viele Techniken, die einen an das Loslassen erinnern. Dazu gehören verschiedene Formen der Meditation und die Mantras. Patañjali nennt zwei Arten von Objekten, von denen man sich lösen sollte: Objekte der äußeren Welt und Dinge, die durch "Hörensagen" oder "Offenbarung" übermittelt werden, wie zum Beispiel auch die himmlischen Zustände, die in heiligen Schriften beschrieben werden. Zum "Zeichen der Meisterschaft" gehört ein Loslassen, das unumstößlich ist und alle Lebensbereiche einschließt. Man flüchtet nicht aus der Welt; man bleibt in ihr, aber man transzendiert sie; man ist sich ständig einer höheren Wirklichkeit bewußt.

In Vers I.16 heißt es *tat-paraṃ puruṣa-khyāter-guṇa-vaitṛṣṇyam* - „Dieses Freiwerden von den Kräften (der Natur, das sich ergibt) durch die (Selbst-)Verwirklichung des Menschen, ist das Höchste."

Der normale Mensch ist den durch die Naturkräfte hervorgerufenen Wünschen mehr oder weniger hilflos ausgeliefert und kann nur vorübergehende Erfahrungen von Glück machen. Wenn man jedoch das Selbst verwirklicht hat, ist man so erfüllt von Freude und Frieden, daß man automatisch fähig wird, zwischen dem Selbst und dem Nicht-Selbst zu unterscheiden. Damit verliert man sogar die Motivation, auf unterbewußte Wünsche, Erinnerungen oder Phantasien zu reagieren. Es ist ein Loslassen, das nichts mit Selbstkontrolle zu tun hat, sondern vielmehr auf einem spontanen Bewußtwerden und einer dauerhaften Bewußtheit des Höheren Selbst, das in ewiger Freude alles durchdringt, beruht.

Loslassen üben heißt, weder etwas abzulehnen noch zu unterstützen. In der Meditation erfährt man es als einen Zustand der Ruhe, durch den man aufnahmefähig wird für alles, was aus dem Unterbewußtsein aufsteigt. In dieser Weise präsent zu sein bedeutet, sich des „Ich bin" bewußt zu sein, anstatt sich mit dem zu identifizieren, was gerade an Gefühlen, Erinnerungen oder Sinneswahrnehmungen ins Bewußtsein dringt. Es bedeutet, Beobachter zu sein, anstatt dem Bewußtsein zu gestatten, sich von den Objekten seiner Aufmerksamkeit gefangen nehmen zu lassen.

In Vers I.30 nennt Patañjali neun Ablenkungen des Bewußtseins, die die innere Bewußtheit des Selbst verhindern:

vyādhi-styāna-saṃśaya-pramāda-ālasya-avirati-bhrānti-darśana-alabdha-bhūmikatva-anavasthitatvāni citta-vikṣepās-te'ntarāyāḥ - "Krankheit, Nachlässigkeit, Stumpfsinn, Zweifel, Faulheit, Genußsucht, irrige Meinung, Haltlosigkeit und Wankelmütigkeit – diese Ablenkungen des Bewußtseins sind Hindernisse."

Die hier genannten Ablenkungen hindern den Menschen daran, zu innerer Bewußtheit zu gelangen bzw. eine Beobachterposition einzunehmen. Sie sind jedoch nicht unüberwindbar. Durch das wiederholte Rezitieren von Mantras und andere Yoga-Sadhanas können sie überwunden werden.

In unserer heutigen Zeit finden Yoga-Übende zu oft Ausreden, weshalb sie ihre Übungspraxis nicht fortsetzen bzw. ausbauen können. Aber wie kann jemand, der die oben genannten Ablenkungen nicht erkennt, es vermeiden, sich von ihnen verleiten zu lassen?

Anders ausgedrückt: Wie kann jemand, der nicht erkennt, was er nicht ist, erkennen, was er ist? Bei unserem Sadhana geht es darum, diese Unterscheidung zu treffen, und zwar ständig, in jedem Augenblick.

In Vers I.31 werden vier Gefühle genannt, die die genannten Hindernisse begleiten: *duḥkha-daurmanasya-añgam-ejayatva-śvāsa-praśvāsā vikṣepa-sahabhuvaḥ* - "Die Begleiterscheinungen (dieser) Ablenkungen sind Zittern von Körperteilen, unregelmäßige Atmung, Depression und Angst."

Die mentalen Ablenkungen sind die Gedankengänge, die uns unsere innere Achtsamkeit vergessen bzw. verlieren lassen. Wenn wir uns sehr stark von unseren Gedanken beherrschen lassen und dadurch unser Gleichgewicht verlieren, kann es auch zu Nebenwirkungen im Gefühlsbereich, wie Verzweifelung und Angst, zu Störungen des körperlichen Wohlbefindens, Unruhe oder Atemnot kommen. Solche Begleiterscheinungen können uns daran erinnern, wie weit wir uns von unserer wahren Natur entfernt haben, und uns so helfen, zu ihr zurückzukehren. Wir können chanten oder etwas mit Liebe tun, um unsere Gefühle zu verändern, eventuell auch tief durchatmen oder Yoga-Körperübungen praktizieren, um den Geist, die Gefühle und den Körper zur Ruhe zu bringen. Eine Psychotherapie wirkt im allgemeinen nur lindernd und beeinflußt die Symptome, während diese Yoga-Übungen auf den eigentlichen Kern unseres Wesens einwirken. Der Körper-Geist hat einen eigenen Willen sowie ein eigenes Erinnerungsvermögen, was in alten Zeiten wohlbekannt war. Eine ganzheitliche Methode wie Yoga verhindert, daß solche Nebenwirkungen zu ernsteren Krankheiten führen.

Wenn wir uns immer wieder die Existenz dieser neun Ablenkungen und ihrer emotionalen Begleiterscheinungen in unserem Leben vergegenwärtigen, können wir uns allmählich von ihnen lösen und sie schließlich beherrschen. In Vers II.33 empfiehlt Patañjali: "(Wenn man) durch negative Gedanken behindert (wird), sollte man sich gegenteiliger (d. h. positiver) Gedanken befleißigen." Indem wir uns durch Autosuggestion und Affirmationen entgegengesetzten Gedanken zuwenden, beziehen wir das Unterbewußtsein in den Prozeß ein.

In den Versen I.32 – 39 nennt er verschiedene Methoden der Konzentration, Meditation und Atemkontrolle, um zu einer ungestörten mentalen Ruhe zu kommen und diese Hindernisse und ihre Begleiterscheinungen auszuschalten.

Die Schüler von Babaji's Kriya Yoga werden sehr schnell die Parallelen zwischen Babajis und Patañjalis Kriya-Yoga erkennen. Das ist nicht überraschend, denn beide waren Zeitgenossen und hatten einen gemeinsamen *paramguru*, "Nandi."

Nachdem Patañjali eine ganze Reihe *siddhis*, d. h. yogische Wunderkräfte, aufgezählt hat, die der Yogin durch intensive Übungspraxis erreichen kann, rät er in Vers III.50, uns selbst von diesen zu lösen: *tad-vairāgyād-api doṣa-bīja-kṣaye kaivalyam*, - "Durch Loslösen selbst von (den *siddhis* der Allwissenheit und der Allmacht) erlangt man (durch die) Zerstörung der Keime dieser Hindernisse die absolute Freiheit." Wir treffen oft auf das, was man als "spirituellen Materialismus" bezeichnet, nämlich die Macht, außergewöhnliche oder wunderbare Dinge zu vollbringen, wie Levitation, Hellsehen, Astralreisen oder Materialisierung von Gegenständen. Patañjali rät uns klugerweise, niemals von derartigen Fähigkeiten, auch nicht den beeindruckendsten yogischen Kräften, abhängig zu werden, denn nur das Absolute wird uns absolut befriedigen. Warum sich also mit weniger begnügen?

Zum Schluß empfiehlt Patañjali, obwohl er verschiedene Yoga-Übungen wie Asanas, Pranayama und Meditation erwähnt, keine bestimmte Technik. Dies entspricht der Tradition der Siddhas, in der die höchsten Lehren nur persönlich weitergegeben und nie niedergeschrieben wurden. Diese höchsten Lehren wurden in Form von "Kriyas" bzw. "konsequent zu praktizierenden Techniken" konkretisiert, und sie wurden nur bei der Einweihung übermittelt. Dort werden die Kriyas von einem Lehrer gezeigt und unter seiner Aufsicht geübt. Die Kriyas wurden nicht aufgezeichnet, so daß sich nur diejenigen, die sie regelmäßig übten, an sie erinnern konnten. Das bedeutet, daß die Siddha-Tradition ununterbrochen bis zum heutigen Tag immer wieder von ernsthaften Übenden mündlich weitergegeben wurde. Sie alle haben ihren Platz in einem integrierten Prozeß. Patañjali informiert uns über die Hindernisse und deren Überwindung: die mentalen Ablenkungen und die Gefühle, die diese begleiten, sowie die Faszination der Macht aufgrund außergewöhnlicher Fähigkeiten, vor allem aber betont er die Mittel und Wege, um diese Hindernisse zu überwinden: ständiges Üben und Loslassen, *abhyāsa* und *vairāgya.* Das sollte uns an zwei wichtige Grundeinstellungen erinnern, auf die es jederzeit ankommt – und nicht nur wenn wir auf unserem Meditationskissen sitzen oder auf unserer Yoga-Matte liegen!

Die Schriften der Siddhas sind – und das ist für sie typisch – kurz und prägnant und für Nicht-Eingeweihte oft schwer zu verstehen. Dies gilt heute besonders für westliche Yoga-Schüler, die wenig oder kaum eine Beziehung zu Indien, der Heimat des Yoga mit seiner reichen spirituellen und philosophischen Tradition haben. Jedenfalls kann man die Schriften der Yoga-Siddhas auf zwei verschiedenen Ebenen verstehen: auf der Ebene des Nicht-Eingeweihten und der des Eingeweihten. In meinem Kommentar beziehe ich mich oft auf bestimmte Kriyas, die die in Babaji's Kriya Yoga Eingeweihten kennen werden, um ihnen damit den Zugang zu erleichtern. Babaji's Kriya Yoga geht zurück auf die traditionellen Lehren der 18 Siddhas, zu denen Patañjali gehörte. Sein Kriya-Yoga ist ein ausgefeiltes System, das diese Lehren zusammenfaßt und konkretisiert. Wenn die Yoga-Schüler von heute den philosophischen Hintergrund von Babaji's Kriya Yoga verstehen, werden sie, so glaube ich, auch den Sinn und Zweck der Techniken viel besser einschätzen können. Möge dieser Kommentar jeden Leser anregen, selbst intensiv und kontinuierlich Yoga zu üben.

KAPITEL I: SAMĀDHI-PĀDA

DAS ERSTE KAPITEL (PĀDA*)* ENTHÄLT EINIGE DER WICHTIGSTEN Grundgedanken über den *Yoga*-Weg und seine Ziele. Eines davon ist die kognitive Versenkung (*samādhi).* Was das genau ist, erklärt Patañjali uns am Ende des ersten Kapitels. Da *Yoga* eine wissenschaftliche Kunst, ein stufenweiser Prozeß ist, führt Patañjali uns in ganz ähnlicher Weise hindurch wie ein Ingenieur einen technischen Entwurf erläutern würde. Zwar lehrt er uns nicht, wie bestimmte Übungen auszuführen sind, sein Entwurf läßt aber ziemlich genau erkennen, wie sie alle zusammengehören und welche Ergebnisse zu erwarten sind. Die *sūtras* sind in ihrer prägnanten Form – ebenso wie der Entwurf eines Ingenieurs – nicht mit der Wirklichkeit zu verwechseln, die sie symbolisieren. Die indischen Schriftgelehrten – und unter ihnen besonders die vollendeten *yogins* (*siddhas)* wie Patañjali und Tirumūlar – erkannten die Begrenzungen der Sprache und wählten ihre Worte in Suggestivform. Es ging ihnen darum, auf eine tiefere Realität hinzuweisen, die mit Worten allein nicht zu erfassen ist. Oft waren ihre Texte absichtlich verschlüsselt, so daß der Sinn dem Nicht-Eingeweihten verborgen blieb. Ein umfassendes Verständnis der Grundgedanken, die in diesem einführenden Kapitel dargelegt werden, ermöglicht es dem Leser, das, was in den nächsten Kapiteln folgt, nämlich die Darstellung der Prozesse und Ergebnisse des *Yoga*, in allen Einzelheiten zu verstehen.

1. *atha-yoga-anuśāsanam*

atha = jetzt

yoga = Vereinigung, Verbindung

anuśāsanam = Darstellung

Jetzt [beginnt] die Darstellung des *Yoga*.

Der Begriff *atha* bzw. jetzt wird benutzt, um die Aufmerksamkeit des Lesers auf den Beginn einer wichtigen Abhandlung zu lenken.

2. *yogaś-citta- vṛttiḥ - nirodhaḥ*

yoga = Yoga

citta- vṛttiḥ = Fluktuationen des Bewußtseins

nirodhaḥ = Aufhören

Yoga ist das Aufhören der [Identifizierung mit den] Fluktuationen [die] im Bewußtsein [entstehen].

An dieser Stelle ist es angebracht, zunächst einige Begriffe aus der Tradition des indischen metaphysischen Denkens zu erläutern: den Begriff der Natur *(prakṛti)* und den Begriff des Selbst *(puruṣa)* in den Versen I.16 und I.24. *Prakṛti* ist alles, was außerhalb des Selbst existiert. Sie schließt den gesamten Kosmos von der materiellen bis zur geistigen Ebene ein. Anders als das Selbst (Ich bin....), das rein subjektiv ist, ist *prakṛti* objektive Realität. Sie ist das, was vom Selbst wahrgenommen wird. Sie ist wirklich, wie vergänglich sie auch immer sein mag. *Puruṣa*, das Selbst, existiert als reines Subjekt im innersten Kern des Bewußtseins. Es erhellt das Bewußtsein. Ohne das Selbst gäbe es keine bewußten Regungen in Intellekt und Psyche, ebenso wie eine Glühbirne ohne die unsichtbare Elektrizität kein Licht ausstrahlen würde. *Prakṛti* existiert als Natur sowohl in ihrem transzendenten, undefinierten Zustand als auch in ihren vielförmigen, differenzierten Manifestationen. Dieses Selbst muß unterschieden werden vom Begriff des Selbst, wie es innerhalb der Begrenzungen von Persönlichkeit und Körper verstanden wird. Daher spricht man auch vom "wahren Selbst" als dem ewig unveränderlichen Wesenskern im Menschen, dem *atman* oder *jīva*, im Unterschied zu dem "kleinen Selbst", der Person oder Persönlichkeit als Summe unserer Erinnerungen und begrenzten Identifikationen, die durch Egoismus zusammengehalten werden.

Das Wort *citta* (Bewußtsein) und der Begriff *cittar* (ausgesprochen: *siddhar*) sind tamilische Bezeichnungen, die auf einen "Meister des Bewußtseins" hinweisen. Es handelt sich dabei um die lokalisierte Manifestation des großen absoluten Bewußtseins *(cit).* Obwohl Patañjali den Begriff Bewußtsein (*citta*) nicht definiert, kann seine Bedeutung aus dem Kontext, in dem er in den Sūtren auftaucht, abgeleitet werden. Laut Vers IV.23 wird das Bewußtsein gefärbt durch das Selbst und die Manifestationen der Natur, für die die Begriffe "Sehender" und "Gesehenes" verwandt werden. Die scheinbare und irrtümliche Identifikation des Selbst, des Sehenden, mit den Manifestationen der Natur, dem Gesehenen, ist die Ursache des menschlichen Leids und das grundlegende Problem des menschlichen Bewußtseins. In den Schriften der *cittars (tam.)* heißt es: "Wir träumen mit offenen Augen, weil wir uns nicht mit dem identifizieren, was wir sind, sondern mit dem, was wir nicht sind, nämlich mit unseren Träumen". Das ist eine totale Umkehrung der wahren Beziehung zwischen dem Selbst und den Objekten der Wahrnehmung. Das Selbst wird zum Objekt, und "ich selbst", die Persönlichkeit – eine egozentrische Ansammlung von Gedanken, Gefühlen und Wahrnehmungen – übernimmt die Rolle des Subjekts. Die Gewohnheit, sich mit seinen Gedanken, Emotionen und Wahrnehmungen, d. h. dem Ego, zu identifizieren, ist die Krankheit des menschlichen Bewußtseins. Die Fluktuationen (*vṛttiḥ*), die im Bewußtsein entstehen und die in den Versen I.5 bis I.11 aufgezählt und erläutert werden, - nämlich: die Mittel, um wahres Wissen zu erlangen, sowie Irrtümer, begriffliche Vorstellungen, Schlaf und Erinnerung – müssen gereinigt werden von Egoismus, von der hartnäckigen Gewohnheit zu meinen "Ich bin dieses Gefühl", "Ich bin diese Erinnerung", "Ich bin diese Wahrnehmung". Dies geschieht durch systematisches Üben des Loslassens, wobei man sich sagt: "Ich bin mir dieser Emotion, Erinnerung, Wahrnehmung bewußt, aber ich bin nicht diese Emotion, Erinnerung, Wahrnehmung".

In *Babaji's Kriya Yoga* ist die erste Meditationstechnik, *śuddhi dhyāna kriyā*, auf diese veränderte Perspektive (bzw. Veränderung im Bewußtsein) ausgerichtet. Wie alle Gewohnheiten ist auch der Egoismus im Unterbewußtsein verankert, d. h. in jener Schicht unseres Bewußtseins, die sich unter dem normalen Tagesbewußtsein befindet. Diese Ebene kann durch verschiedene Techniken des *Yoga* erreicht werden.

Das Wiedererkennen des Selbst als wahre Identität des Menschen wird nicht durch die Beseitigung der Bewußtseinsschwankungen erreicht. Solange die Welt besteht, wird es immer Veränderungen geben. Das Problem liegt vielmehr in der allgemein üblichen Verwechslung zwischen "Ich bin" (als Selbst) und "Ich bin" (als Objekt des Bewußtseins, der Emotion, Erinnerung und Wahrnehmung).

Was ist Bewußtsein? Die Definition von Bewußtsein (*citta*) kann aus dem Kontext abgeleitet werden, in dem der Begriff in der Siddha-Literatur auftaucht. Nach Tirumūlar:

> Unsere Intelligenz, in die Sinne verstrickt,
> Findet sich in sehr tiefem Gewässer,
> Aber in unserem Bewußtsein gibt es ein noch tieferes Bewußtsein.
> Und dieses wird von der Höchsten Gnade inspiriert. (TM 119)

und in Vers 122:

> *Śivayoga* heißt das *cit-acit* kennen
> Und sich für die *Yoga*-Buße qualifizieren;
> Eigenes Licht wird zum Selbst.
> Unbeirrt fließt es hinein in SEINE Göttliche Sphäre;
> ER schenkte mir dies – den *Nandi* der Neun *Yogas.*

cit = Die Selbst-Erkenntnis des *Śiva*-Bewußtseins.
acit = Das Nicht-Wissen der Seele bzw. des individualisierten Geistes, der das Lebewesen lebendig hält.

Übung: Beim Aufsteigen störender Gedanken, Emotionen und Wahrnehmungen frage dich: "Kann ich sie loslassen?" Und übe, sie loszulassen.

3. *tadā draṣṭuḥ sva-rūpe'vasthānam*

tadā = dann

draṣṭuḥ = der Sehende

svarūpe = in seinem wahren Wesen

avasthānam = steht da, ruht, verharrt

Dann ruht der Sehende in seinem wahren Wesen.

„Dann“ bedeutet, daß das, was folgt, eine Konsequenz des im vorangegangenen Vers beschriebenen Reinigungsprozesses ist. Gemeint ist das Aufgeben der Gewohnheit, sich mit den Fluktuationen des Bewußtseins zu identifizieren. Daraus ergibt sich ein permanenter Zustand der Selbstverwirklichung, d. h. es handelt sich nicht um eine vorübergehende Erfahrung, die wieder untergehen kann in den Wellen geistiger Ablenkung. Im normalen Körper-Bewußtsein identifiziert man sich gewohnheitsmäßig mit Gedankenformen und Emotionen. Durch die Anwendung von Meditationstechniken wie *śuddhi dhyāna kriyā* oder *mantras* kann man eine tiefe Empfindung des Loslassens entwickeln. Der “Sehende” ist das Selbst. Am Ende des *Yoga*-Weges erfährt die Einzelseele (*jīva*), daß sie eins mit „*Śiva*“, dem Allerhöchsten, ist. Durch Ausdehnung nimmt die Einzelseele (*jīva*) ihr wahres Wesen bzw. ihre wahre Form (*Śiva*) an und identifiziert sich nicht mehr mit der niederen physischen oder mentalen Ebene.

Bei Tirumūlar heißt es:

> In diesem *turiyatita jagrat*-Zustand
> Vereinigt sich der Herr des Tanzes mit *jīva*.
> Mit dieser Vereinigung verschwindet *māyā*.
> Und am gleichen Tag nimmt *jīva* die Form von *Śiva* an. (TM 2277).

„*Jagrat*“ bezieht sich auf das Wachbewußtsein; „*turiya*“ ist der vierte Bewußtseinszustand jenseits von Wachbewußtsein, Traum und Tiefschlaf. *Turiyatita* bedeutet Überbewußtsein – jenseits von *turiya*.

Übung: Wiederhole immer wieder die Autosuggestion: “Jetzt kann mich nichts mehr stören”, besonders vor dem Einschlafen oder nach der Meditation.

4. *vṛtti-sārūpyam-itaratra*

> *vṛtti(ḥ)* = Fluktuationen des Bewußtseins
>
> *sārūpyam* = Anpassung; Übereinstimmung; Identifikation
>
> *itaratra* = andernfalls

Andernfalls kommt es zur Identifizierung [des individualisierten Selbst] mit den Fluktuationen [des Bewußtseins].

Auf der Ebene des menschlichen Alltags-Bewußtseins identifiziert sich der Mensch mit all seinen mentalen und emotionalen Regungen, die meist aus dem Unterbewußtsein stammen. Wenn man jemanden fragt: „Wer bist du?” bekommt man in der Regel zur Antwort, daß er oder sie Herr X bzw. Frau X ist, welchen Beruf die Person ausübt, welchem Geschlecht, welcher Religion oder Familie sie angehört, möglicherweise auch noch, wer ihr Arbeitgeber ist, oder was sie am meisten auf dieser Welt liebt. Aber alle diese Identifizierungen sind nur Gedanken, die auf Erinnerung beruhen. Selten findet man jemand, der sich mit seinem wahren Selbst, dem *ātman* wie die *yogis* es nennen, identifiziert, dem Wesenskern, in dem es keine Unterscheidung zwischen Ich und Du gibt. Durch die Praxis von *śuddhi dhyāna kriyā* läßt man diese fiktiven Identifizierungen allmählich los.

„Andernfalls" heißt, daß das persönliche Erinnerungsvermögen nicht beständig ist. Wenn man aufhört, sich mit etwas zu identifizieren, was man nicht ist, kommen Phasen, in denen man vergißt. In der Verwirrung identifizieren wir uns dann mit einer gerade vorherrschenden Emotion wie Wut, einer Empfindung wie Müdigkeit oder mit irgendwelchen Gedanken, Meinungen oder Erinnerungen. Wir sollten das Loslassen üben und darauf achten, daß diese Geistesregungen nicht unsere wahre Selbst-Bewußtheit verdunkeln. Alle Yoga-Techniken können helfen, sich an die Verwirklichung des Selbst zu erinnern.

Übung: Erinnere dich an dein wahres inneres Selbst, das immer in einem Zustand des Gleichmuts verharrt und sich hinter allen Erfahrungen verbirgt, wie die Schnur einer Halskette, die die Perlen zusammenhält.

5. *vṛttayaḥ pañcatayaḥ kliṣṭa-akliṣṭāḥ*

vṛttayaḥ = Fluktuationen, die im Bewußtsein entstehen

pañca-taya = fünferlei Art

kliṣṭāḥ = belastend

akliṣṭāḥ = nicht-belastend

Die Fluktuationen [des Bewußtseins] sind von fünferlei Art, belastend und nicht-belastend.

Am Anfang ist es nicht immer möglich, in der Bewußtheit des Selbst zu verharren, weil wir gewohnt sind, unserem Bewußtsein zu erlauben, sich in die Objekte seiner Wahrnehmung zu verstricken.

Eine wichtige Übung, die immer wieder praktiziert werden sollte, ist die Unterscheidung (*viveka).* Sie bereitet die Meditation (*dhyāna),* bei der ständig über ein bestimmtes Objekt reflektiert wird, sowie die kognitive Versenkung (*samādhi*) vor.

Patañjali teilt die Fluktuationen des Bewußtseins (*citta-vṛttiḥ)* ein in belastende und nicht-belastende bzw. schmerzhafte im Gegensatz zu angenehmen. Bei den belastenden Bewußtseinsregungen geht es um das Ego, um falsche Identifikation, Einschränkung der Erkenntnisfähigkeit und Selbstsucht; bei den nicht-belastenden Gedanken geht es um Selbstlosigkeit, reine Liebe, zunehmende Bewußtheit, Verinnerlichung und Selbst-Verwirklichung.

Jede der fünf Fluktuationen (*vṛttiḥ*) kann sowohl belastend als auch nicht-belastend sein.

So kann z. B. Schlaf belastend sein, wenn sich der Schläfer mit den Träumen oder dem Körper identifiziert. Er kann ohne Belastung sein im Falle von *yoga nidrā*, wenn man hellwach bleibt, obwohl der Körper ruht (Dieser *Yoga* wird in *Babaji's Kriya Yoga,* Einweihungsstufe II, gelehrt).

Wir werden durch Gedanken und Gefühle belastet, wenn wir die Bewußtseinsregungen (*citta-vṛttiḥ),* die egoistisch sind und zu Leiden führen, nicht zurückweisen. In diesem Zusammenhang wird auch verständlich, warum Aktivitäten wie selbstloses Dienen (*karma yoga)* uns helfen, unseren Egoismus und folglich unser eigenes Leid zu überwinden.

Zu den belastenden Gedanken gehören Wünsche, die, wenn sie nicht befriedigt werden, zu Frustration führen, und wenn sie befriedigt werden, die Angst vor Verlust sowie zusätzliche Wünsche hervorbringen. Wenn wir nicht zufrieden sind mit dem, was wir bekommen (was immer das sein mag) kann ein Teufelskreis entstehen, indem wir Phantasien von Wunsch-Objekten oder -Situationen nachjagen. Unser inneres Wohlbefinden wird fälschlicherweise mit äußeren Dingen und Umständen assoziiert. Wir haben Angst, etwas zu verlieren oder darunter zu leiden, was geschehen oder nicht geschehen könnte. Oft bilden wir uns ein, daß die Erfüllung irgendeines Wunsches uns dauerhaftes Glück bescheren würde. Nicht-belastende Gedanken, wie z. B. die Beobachtung eines Sonnenuntergangs, geben uns ein Gefühl des Friedens.

Übung: Beobachte genau deine Gedanken im Laufe eines jeden Tages. Nimm wahr, wie deine Gedanken Zuneigung und Ablehnung aufrecht erhalten. Schreibe alle deine belastenden Gedanken auf. Gleichzeitig distanziere dich von ihnen und sage dir: "Geist, ich möchte, daß du friedlich und glücklich bist; laß bewußt die Gedanken los, die deinen Frieden stören."

Erinnere dich, du bist nicht, was du denkst (Es geht bei dem Prozeß nicht so sehr darum, sich etwas klarzumachen, als vielmehr darum, bei dieser Klarheit zu bleiben.).

6. *pramāṇam-viparyaya-vikalpa-nidrā-smṛtayaḥ*

pramāṇam = Mittel, wahres Wissen zu erlangen

viparyaya = falsche Meinung, Irrtum

vikalpa = falsche Vorstellung

nidrā = Schlaf

smṛti = Erinnerung, Gedächtnis

Diese fünf sind: die Mittel, wahres Wissen zu erlangen, Irrtum, falsche Vorstellung, Schlaf und Erinnerung.

Hier nennt Patañjali die fünf Arten von *vṛttis* (Fluktuationen des Bewußtseins), und in den folgenden Versen erläutert er sie eine nach der anderen. Patañjali unterscheidet diese Varianten in der Absicht, uns zu helfen, damit wir aufhören, uns mit ihnen zu identifizieren.

7. *pratyakṣa-anumāna-āgamāḥ pramāṇāni*

pratyakṣa = Wahrnehmung über die fünf Sinne

anumāna = Schlußfolgerung; Reflexion

āgamāḥ = heilige Schriften

pramāṇāni = Mittel, um wahres Wissen zu erlangen

Die Mittel, um wahres Wissen zu erlangen, sind: Wahrnehmung über die fünf Sinne, Schlußfolgerung und das Studium heiliger Schriften.

Da es uns schwer fallen wird, gleichzeitig die falsche Identifizierung mit allen Fluktuationen des Bewußtseins aufzugeben, ist es besser, sie zu differenzieren und die Mittel zur Erlangung wahren Wissens (*pramāṇāni)* zu Hilfe zu nehmen, um uns der anderen Fluktuationen des Bewußtseins (*cittavṛttiḥ),* wie falsche Vorstellung (*vikalpa),* Irrtum (*viparyaya*), Schlaf (*nidrā)* und Erinnerung (*smṛti),* bewußt zu werden.

Wahres Wissen sollte uns bei unserer mentalen Säuberungsaktion helfen. Um die falsche Identifizierung mit dem Gefühl "Ich bin" was ich sehe, höre, schmecke, taste, rieche, schlußfolgere oder worüber ich Zeugenaussagen empfangen habe, loszulassen, müssen wir unseren Egoismus aufgeben. Daher sollten wir die Mittel kennen, mit denen wahres Wissen erlangt wird (*pramāṇāni)* und uns bewußt sein, wenn wir es gefunden haben.

Direkte Wahrnehmung oder Wahrnehmung über die fünf Sinne (*pratyakṣa)* ist das, was unsere persönliche Erfahrung bestätigt. Daher wird bei den Techniken Wert auf eine wissenschaftliche Herangehensweise gelegt, d. h. sie werden als Hypothesen betrachtet, die im Labor des eigenen Bewußtseins zu testen sind.

Schlußfolgerung (*anumāna)* ist eine weitere Quelle. Ein Beispiel für eine Schlußfolgerung ist: "Kein Rauch ohne Feuer". Aus der Wirkung schließt man auf die Ursache. Ein anderes Beispiel: Wenn die Verdauung in Gang kommt, nachdem man bestimmte Yoga-Haltungen geübt hat, die den Darmtrakt massieren, kann man schlußfolgern, daß diese Haltungen die Verdauung anregen. Aus einem Gefühl inneren Friedens nach der Meditation können wir schließen, daß die Meditation richtig und gut ausgeführt war.

Zeugnisse aus heiligen Schriften (*āgamāḥ*) sind Aufzeichnungen von Weisen und Propheten, die die Wahrheit empfangen haben. Sie wurden von anderen, die sie als wirksam erkannten, seit uralten Zeiten überliefert. Wenn diese Wahrheit auch in verschiedenen Formen dargestellt wird, so ist sie in der Substanz doch gleich. Es ist wichtig, das, was du glaubst, wahrnimmst oder schlußfolgerst, aufgrund der heiligen Schriften zu verifizieren, denn es kann überraschende langfristige Auswirkungen haben, die du kurzfristig nicht überblickst. Du solltest nichts und niemand blind glauben. Nutze als Quellen die heiligen Schriften wahrer Meister. Wenn du die Lehre auch dort findest, dann kannst du sie als eine bewährte und zuverlässige Methode annehmen. Das ist wichtig in einer Zeit, in der viele Menschen Lehren verbreiten, die sie aus ihrer begrenzten Erfahrung abgeleitet haben, oder in denen sie bewährte und zuverlässige Methoden angepaßt oder gar radikal verändert haben.

Übung: Übe die direkte Wahrnehmung über die fünf Sinne (*pratyakṣa)*: Laß alle Bewertungen, Vorstellungen und Meinungen los. Erlaube dir für einen Tag keine Meinung, kein Wissen über irgendetwas zu haben. Iß, trink, sieh und lies als ob du das Leben zum ersten Mal ausprobierst. Erlaube deiner direkten Wahrnehmung (*pratyakṣa),* dir eine Beschreibung und Qualitätsprüfung von dem zu geben, was du erfährst. Laß alles so wie es ist, ohne auf irgendetwas zu reagieren.

Übung von Schlußfolgerung (*anumāna)*: Erlaube deinem Verstand, über die Kette von Ursache und Wirkung zwischen den Ereignissen nachzudenken.

Stütze dich auf die heiligen Schriften (*āgamāḥ)* der Weisen: Lies täglich in den heiligen Schriften, die du selbst ausgewählt hast, über den Weg, der aus dem Leid führt (*dharma),* über die Beschaffenheit der Wirklichkeit (*satya)* und über Methaphysik.

8. *viparyayo mithyā-jñānam-atad-rūpa-pratiṣṭham*

viparyaya = falsche Meinung, Irrtum

mithyā = falsch

jñāna = Wissen

a-tadrūpa = nicht auf der [wahren] Form

pratiṣṭham = basierend, beruhend auf

Irrtum ist falsches Wissen, das nicht auf dem wahren Wesen der Dinge beruht.

Irrtum beginnt mit einem äußeren Reiz. Die meisten unserer Erfahrungen sind gefärbt durch unsere Wünsche und Ängste. Wir sehen jemanden oder erleben etwas, und aufgrund unserer Vorurteile, Wünsche oder erworbenen Verhaltensweisen ziehen wir Schlußfolgerungen, die illusorisch sind. Wenn wir die Dinge sehen möchten, wie sie sind, dann müssen wir unsere Neigung zu solchen falschen Auffassungen wie Rassismus, Neid, Eifersucht, Begierde sowie allen großen und kleinen Ängsten und Wünschen aufgeben.

Beispiele für falsche Meinungen (*viparyaya*) oder Illusionen sind Urteile, die wir über andere Menschen aufgrund ihrer Hautfarbe fällen, Vernarrtheit in eine schöne Frau oder einen gutaussehenden Mann, ein Trugbild in der Ferne, ein Seil auf dem Boden, das fälschlicherweise für eine Schlange gehalten wird oder die Verwechslung einer Person in einer Menschenmenge mit einem Bekannten.

A-tadrūpa bezieht sich auf Vers I.3, die Verwirklichung des wahren Wesens (*svarūpa),* dessen, was die eigentliche Substanz des Menschen ausmacht. Wenn wir unsere Meinung auf das begründen, was wir uns vorstellen, uns wünschen oder wovor wir Angst haben, dann sind wir im Irrtum.

Übung: Stelle eine Liste deiner Vorurteile und Wünsche zusammen. Werde dir ihrer bewußt, so daß du, wenn sie in deinem Leben auftauchen, auf eine neue Art mit ihnen umgehen kannst. Nimm wahr, wie oft sie noch auftauchen und wie du sie schließlich anders sehen kannst.

9. *śabda-jñāna-anupātī vastu-śūnyo vikalpaḥ*

śabda = verbale Kommunikation; Klang; Sprache

jñāna = Wissen

anupātī = folgend; Konsequenz

vastu = Objekt; wirklich vorhandene Substanz

śūnya = leer; ohne, nichts haben

vikalpa = falsche Vorstellung

Falsche Vorstellung ist das Ergebnis von Wissen [das erworben wurde] durch verbale Kommunikation ohne eine wirklich vorhandene Substanz.

Zu den begrifflichen Vorstellungen (*vikalpa*) gehören die Gedanken und Ideen, die einem durch den Kopf gehen bei Wachträumen oder bei abstraktem Denken. Sie werden nicht durch den Reiz eines äußeren Objekts ausgelöst. Es handelt sich vielmehr um ein ständiges Selbstgespräch, um einen Fluß von Gedanken aus dem eigenen begrifflichen Denken. Dieses unaufhörliche Denken an unsere Erfahrungen hindert uns daran, die Wirklichkeit so zu erfahren wie sie tatsächlich ist. Es ist jedoch nicht völlig nutzlos, denn es kann zu einem Mittel werden, sich selbst zum Schweigen zu bringen, und in diesem Schweigen können wir das transzendentale Selbst erfahren.

Unser Denkapparat teilt uns etwas mit, und wir glauben es. Es hat nichts mit der Wahrheit zu tun. Wir sind von einem Gedanken gefangen, der zu so etwas wie einem Monster in unserem Geist wird. Dieses Monster stört unseren Frieden. Und aufgrund dieses mentalen Gebildes sind wir nicht in der Lage, zu erfahren, was wirklich geschieht. Man muß daher lernen, seinen Geist zur Ruhe zu bringen.

Übung: Übe *śuddhi dhyāna kriyā.* Finde den inneren Frieden deines wahren Selbst. Entspanne dich und beobachte die aufkommenden Gedanken, wie sie von außen kommen, durch den Raum deines Geistes ziehen und ihn wieder ohne Spuren verlassen. Spüre die Gegenwart des Göttlichen in dir. Laß die Gedankenmonster sich im Göttlichen auflösen – inmitten einer beglückenden Stille.

10. *abhāva-pratyaya-ālambanā vṛttir-nidrā*

abhāva = Nichts, Nicht-Existenz

pratyaya = Gedanke, Begriff, Glauben

ālambana = unterstützen

vṛttiḥ = Fluktuation [des Bewußtseins]

nidrā = Schlaf

Die Fluktuation des Schlafs beruht auf einem Glauben an Nicht-Existenz.

Im Tiefschlaf gibt es nur den Gedanken des Nichts. Wenn es andere Gedanken gibt, dann handelt es sich um Traumschlaf. Es gibt vier Bewußtseinszustände: Wachbewußtsein, Traumzustand (Wachträume oder Traumschlaf), traumloser Tiefschlaf und den vierten Zustand *(turya)* – reines Bewußtsein, unverhüllt durch irgendwelche Gedanken, einschließlich des Glaubens, daß da "nichts" ist, wie er im Tiefschlaf vorherrscht. Im *turya*-Zustand zieht sich das Bewußtsein nicht zurück, aber es transzendiert die Subjekt-Objekt-Dualität der anderen drei Bewußtseinszustände. Im Schlaf *(nidrā)* richtet sich das Bewußtsein zunächst nach innen, es zieht sich zurück von äußeren Geräuschen und Empfindungen. Und dann zieht es sich allmählich auch von den Gedanken und Träumen zurück. Schließlich zieht es sich von allem zurück, außer der einen Erfahrung des "Nichts". Wenn man vom Tiefschlaf erwacht, erinnert man sich nur, daß man sich des "Nichts" bewußt war.

Übung: Beim Zubettgehen, vor dem Einschlafen denke einfach an das Göttliche. Stell dir den Schlaf als eine Zeit vor, in der du in die Bewußtheit gelangen kannst. Wache so oft wie möglich ohne Wecker auf. Und wenn du am Morgen erwachst, bleibe regungslos. Bewege nicht einmal deinen Kopf. Lehre deinen Körper, bewegungslos zu bleiben, im Schwebezustand zwischen Schlafen und Wachen mit dem stillen Wunsch, dich zu erinnern. Wenn du hin und wieder ein Wort oder eine Geste, eine Farbe oder ein Bild erinnerst, halte es fest, ohne Bewegung. So wirst du eine Brücke schlagen zwischen diesen beiden Bewußtseinszuständen. Nimm dir Zeit, ehe du aufstehst. Denke an das Göttliche.

Übung: Die Praxis von *yoga nidrā,* die beim *Anthar Kriya Yoga* Retreat gelehrt wird, führt zur Erfahrung von *turya.* Die erste Meditationstechnik, *śuddhi dhyāna kriyā,* hilft, die Empfindung von "Ich bin der/diejenige, der/die schläft" im Unterbewußtsein aufzulösen und auf die Erfahrung von *turya* vorzubereiten.

11. *anubhūta-viṣaya-asaṁpramoṣaḥ smṛtiḥ*

anubhūta = erfahren

viṣaya(ḥ) = Objekt

asaṃpramoṣaḥ = nicht vergessen, nicht loslassen

smṛtiḥ = Erinnerung

Erinnerung heißt, etwas, das erfahren wurde, nicht [aus dem Bewußtsein] loszulassen.

Erinnerung *(smṛtiḥ)* heißt, mit Hilfe der fünf Sinne sowie von Begriffen und Gedanken Erfahrungen zurückzurufen. Die Erinnerung ist eine Funktion des Wunsches. Wir tendieren dazu, uns an das zu erinnern, was wir mögen oder was wir nicht mögen. Das spiegelt sich darin wider, wie wir unsere gegenwärtige Erfahrung filtern und wie wir Assoziationen zwischen ihr und unseren Erinnerungen herstellen.

Bei den Erinnerungen unterscheiden wir im allgemeinen zwei Kategorien: die freiwilligen und die unfreiwilligen. Die letzteren werden gewöhnlich durch Assoziation mit gegenwärtigen Erfahrungen wachgerufen und durch wunsch-beladene Emotionen, die im Unterbewußtsein gespeichert sind, geschürt. Erinnerungen und Wunschgefühle bilden die *saṃskāras* oder unterbewußten Neigungen, die uns vorantreiben. *Yoga* heißt Reinigung des Bewußtseins von unterbewußten Prägungen *(saṃskāras)* durch Loslassen *(vairāgya)* und ein immer bewußteres Leben in der Gegenwart. Durch Loslassen verlieren die Wünsche und Prägungen des Unterbewußtseins *(saṃskāras)* ihren Einfluß. Die Erinnerung basiert dann immer mehr auf Freiwilligkeit. Alle Stufen und Techniken des *Kriya Yoga* tragen zu diesem Prozeß der Reinigung und wachsenden Bewußtheit bei.

Übung: Sei wie ein Kind. Sieh alles so, als ob du es zum ersten Mal siehst. Übe, alles was du tust, bewußt zu tun. Erlerne und übe das *jnanbaha kriya shangali korvai (tam.),* das Erinnerungsketten-*kriyā* aus *Babaji's Kriya Yoga* Einweihungsstufe III, indem du Erinnerungen aus deinem bisherigen Leben und aus früheren Leben untersuchst.

12. *abhyāsa-vairāgyābhyāṁ tan-nirodhaḥ*

abhyāsa = durch ständiges, wiederholtes Üben

vairāgya = durch Loslassen

tan = diese

nirodhaḥ = aufhören; hier: aufhören, sich zu identifizieren mit (vgl. Vers I.2)

Durch ständiges Üben und durch Loslassen [kommt es zum] Aufhören [der Identifizierung mit den Fluktuationen des Bewußtseins].

Hier beschreibt Patañjali die wichtigste Technik des Kriya Yoga (vgl. Vers I.2 und II.2) zur Reinigung von Egoismus, der aus der Identifizierung mit den Fluktuationen des Bewußtseins entsteht.

"Durch ständiges Üben" *(abhyāsa)* bedeutet Konzentration auf das, was der Mensch wirklich ist, das wahre Selbst. Bei den vorbereitenden Übungen sind hiermit die Objekte der Konzentration gemeint (da es leichter ist, sich auf ein Objekt zu konzentrieren als auf das formlose Absolute). Loslassen *(vairāgya)* bezieht sich auf das Aufhören der Identifikation mit dem, was wir nicht sind – den flüchtigen Gedanken und Emotionen, die aus Sinneswahrnehmungen oder Erinnerungen herrühren. Wenn der Übende diese Eindrücke, die in das Unterbewußtsein verdrängt wurden, mit Hilfe solcher Techniken wie *śuddhi dhyāna kriyā* oder durch die Wiederholung heiliger Keim-Silben *(bīja mantras)* losläßt, bleibt das reine Bewußtsein zurück, d. h. es manifestiert sich das wahre Selbst. Ständiges Üben ist so zu verstehen, als ob man das Wasser aus einem sinkenden Boot ausschöpft. Wenn wir aufhören, uns auf das reine bewußte Selbst auszurichten, werden wir überwältigt von dem starken gewohnheitsmäßigen Drang des Egoismus, genauso wie man von dem Hereinströmen des Wassers überflutet wird, wenn man aufhört, das Wasser auszuschöpfen. Ständiges Üben heißt, sich inmitten aller Veränderungen und vorübergehenden Schau an das Höchste Absolute zu erinnern.

Übung: (1) Bewahre in deinem Inneren den klaren Blick des Selbst, das alles beobachtet. Hege und pflege dieses Selbst, die Bewußtheit und die Empfindung des Göttlichen in deinem Inneren. Stütze dich auf dieses Göttliche. Fühle wie seine Schönheit jede Erfahrung durchdringt. (2) Erlaube deinen Gedanken und Gefühlen zu kommen und zu gehen, ohne diese Sicht zu behindern. Laß los, wenn du an ihnen festhältst. (3) Erlerne und übe *śuddhi dhyāna kriyā* und die anderen *dhyāna kriyas,* um die Neun Öffnungen des menschlichen Körpers zu schließen oder zu öffnen, wie es in *Babaji's Kriya Yoga,* Stufe III, gelehrt wird.

13. *tatra sthitau yatno'bhyāsaḥ*

tatra = unter diesen Umständen

sthitau = bleiben oder verharren in

yatna = Bemühung

abhyāsa = ständiges wiederholtes Üben

In diesem Zusammenhang ist das Bemühen, [im Zustand des Aufhörens der Identifikation mit den Fluktuationen des Bewußtseins] zu bleiben, ein ständiges Üben.

Eine stabile Geisteshaltung wird erreicht durch die Praxis der verschiedenen *kriyās* wie Yoga-Körperhaltungen *(āsanas)*, Atemkontrolle *(prāṅāyāma)*, Handhaltungen *(mudrās)*, Meditation *(dhyāna)* oder *mantras.* Die ersten Meditationstechniken in *Babaji's Kriya*

Yoga sind besonders wichtig, damit der Geist nicht abgelenkt wird durch Gedanken und sich in der Identifikation mit den Sinneswahrnehmungen verliert. Indem man inmitten aller Veränderungen die Position eines Beobachters einnimmt, kann man zu einer ständigen Bewußtheit des wahren Selbst gelangen.

Es ist typisch, daß der Geist nicht ruhig ist, sondern ständig, oft chaotisch, umherschweift, von einer Sache zur anderen. Er ist vergleichbar einem herrenlosen Hund, der überall umherstreunt. Am Anfang wird er sich der Führung eines "Herrn" widersetzen, so wie sich ein undressierter Hund am ersten Tag in der Hundeschule den Anweisungen widersetzen bzw. sie ignorieren wird. Den Geist zu schulen, damit er ruhig wird, ist ganz ähnlich wie einen Hund in der Hundeschule dazu zu bringen zu gehorchen. Es wird nichts nützen, den Hund zu schlagen oder sich entmutigen zu lassen, wenn er nicht gleich gehorcht. Worauf es ankommt sind klare, ruhige und ständig wiederholte Befehle an den Geist – und viel Geduld. Allmählich wird der "Hunde-Geist" verstehen, daß er jetzt einen "Herrn" hat, und wird gehorchen. Zu oft ist sich der Schüler am Anfang nicht darüber klar, wieviel Geduld erforderlich ist und läßt sich zu leicht entmutigen. Sei sanft mit dem "Hunde-Geist", jedoch bestimmt und ausdauernd.

Patañjali sagt, daß die Übungen regelmäßig und nicht nur für ein paar Minuten täglich ausgeführt werden sollten. Bei den Retreats lernt man Techniken und eine Lebensweise, die uns helfen, diese Bewußtheit 24 Stunden lang am Tag, sogar während des Schlafs und bei der Erledigung der täglichen Arbeit, aufrechtzuerhalten. Übung ist *sādhana* (wörtlich, "das Mittel zur Vollendung") bzw. die Erinnerung an das Selbst. Die Freude, die man im Leben hat, ist direkt proportional zum Umfang des *sādhana,* das man ausführt.

Übung: Übe alle *kriyās* richtig und mit voller Aufmerksamkeit. Sei achtsam bei allem, was du tust.

14. *sa tu dīrgha-kāla-nairantarya-satkāra-āsevito dṛḍha-bhūmiḥ*

sa = dies

tu = jedoch

dīrgha = lang

kāla = Zeit

nairantarya = ohne Pause, ununterbrochen

satkāra = freundliche Haltung; Achtung, Ehrerbietung

āsevita = ordentlich ausgeführt werden,erfolgen

dṛḍha = fest

bhūmiḥ = etabliert; installiert; fundiert; Erde

Dieses [Üben] wird jedoch [nur] fest fundiert, wenn es sorgfältig und ununterbrochen über eine lange Zeit erfolgt.

Die natürliche Tendenz des Geistes ist, sich mit den Sinneswahrnehmungen nach außen zu richten. Dazu erklärt uns Patañjali, wie wir die gegenteilige Gewohnheit der inneren Aufmerksamkeit entwickeln können (vgl. Vers 1.29).

Fest fundiert (*dṛḍha-bhūmiḥ)* heißt, daß das yogische Bewußtsein alle Ebenen unseres Daseins erfaßt, einschließlich seiner Basis, dem Unterbewußtsein, wenn man lange Zeit, ununterbrochen mit Hingabe und Vertrauen auf den Erfolg übt. Wenn man an der Wirkung zweifelt oder halbherzig übt, ist es schwierig, etwas von der Wirkung zu spüren.

Wieviele Menschen beschäftigen sich wohl mit spirituellen Dingen, um der Wirklichkeit ihres Alltags zu entfliehen? Wenn die yogische Achtsamkeit jedoch unsere unterbewußten Gewohnheiten ganz durchdringt, dann unterstützt sie uns bei allem, was wir tun, auch in Zeiten von Stress und Herausforderung. Techniken, wie sie in *Babaji's Kriya Yoga,* Einweihungsstufe II, gelehrt werden, helfen uns, diese ständige Achtsamkeit bei unseren täglichen Arbeiten und sogar während der Ruhephasen zu entwickeln.

„Das Üben [wird fest fundiert]" (*sa [abhyāsaḥ]...dṛḍha bhūmiḥ),* heißt, daß wir bei allen Aktivitäten die Position des Beobachters, des reinen Subjekts, einnehmen – in deutlichem Unterschied zu den Objekten der Beobachtung.

Da wenige Menschen von Anfang an motiviert oder fähig sind, ständig und intensiv zu üben, empfiehlt es sich, damit zu beginnen, regelmäßig zu bestimmten Tageszeiten zu üben und allmählich die Zeit für die einzelnen Übungsphasen zu verlängern. So kann es bald gelingen, Zeit für weitere Übungsphasen zu finden, und an irgendeinem Punkt beginnt man dann, die Übungen in seine Alltags-Beschäftigungen zu integrieren. Man sollte die Übungspraxis in einer hingebungsvollen Haltung (*satkāra)* ausführen. Dazu kann auch gehören, sie zu einer lebenslangen Verpflichtung zu machen.

Übung: Führe dein *sādhana* mit einem Gefühl der Dankbarkeit, Hingabe, Freude und Begeisterung aus. Das fördert ein stetiges Bemühen. Bemühe dich ständig um innere Selbst-Bewußtheit und bleibe bei allem, was dir im Leben widerfährt, in IHM verankert. Erlerne und praktiziere *nityānanda kriyā* aus der Einweihungsstufe II von *Babaji's Kriya Yoga.*

15. *dṛṣṭa-ānuśravika-viṣaya-vitṛṣṇasya vaśīkāra-saṃjñā vairāgyam*

dṛṣṭa = gesehen

ānuśravika = gehört

viṣaya = Objekt

vitṛṣṇasya = von jemand, der ohneVerlangen ist

vaśīkāra = Meisterschaft; Vollkommenheit

saṃjñā = [Er]Kenntnis; Zeichen, Emblem

vairāgyam = Loslassen, Gelassenheit, Losgelöstheit

Gelassenheit ist das Zeichen der Meisterschaft desjenigen, der etwas sieht oder hört, ohne danach zu verlangen.

Hier definiert Patañjali Gelassenheit *(vairāgya)*. Das Verlangen nach Dingen, die man sieht oder hört (*dṛṣṭa-ānuśravika-viṣaya*), kommt aus dem Unterbewußtsein und färbt unsere Wahrnehmungen. Wir sehen unsere Wünsche statt der Realität. Gelassenheit bzw. das Loslassen von diesen Dingen durch die Praxis von *śuddhi dhyāna kriyā* und andere *Yoga*-Techniken versetzt den Übenden in einen Zustand der Bindungslosigkeit, in dem er das Selbst erfährt und dann selbstlos für andere da sein kann. In diesem Zustand tiefen Friedens stören einen die Dinge, die man sieht und hört, nicht mehr, sie ziehen an einem vorüber wie Wolken. Wir bleiben nur noch an das Selbst gebunden.

Losgelösheit *(vairāgya)* bedeutet, daß es keinen Wunsch gibt nach Dingen, die man mit Augen oder Ohren wahrgenommen hat – also Erinnerungen oder Assoziationen, die aufsteigen, wenn ein neuer Reiz sie auslöst. Das kann auch das einschließen, was in den heiligen Schriften offenbart wird oder was aus anderen geistigen Bereichen kommt. Dieser Verzicht bzw. das Loslassen bedeutet nicht, daß man diese Dinge selbst aufgibt, es geht vielmehr nur um das Verlangen (*tṛṣṇa*) oder den Wunsch nach ihnen. Verlangen heißt, sich vorzustellen, wie reizvoll eine Sache wäre, wenn man sie besitzen würde. Dies ist aber eine Illusion, denn Glück existiert nur in uns selbst, nicht außerhalb von uns. Das Loslassen ermöglicht uns, bei unserem wahren Selbst zu bleiben. Dieser Zustand ist gekennzeichnet durch ein Gefühl der Ruhe, die nicht gestört wird durch das Vorhandensein von zahlreichen Dingen, die Aufmerksamkeit erregen oder ablenken könnten. Diese Ruhe ist das Zeichen von Gelassenheit. Zu ihr gehört nicht nur eine äußere Passivität, sondern auch ein inneres Gleichgewicht.

Das vollkommene Loslassen *(vairāgya)* beginnt mit dem Loslassen der Dinge, die über die fünf Sinne wahrgenommen werden. Zunächst bemüht man sich, nicht nach den Dingen, die man mit den Sinnen wahrnimmt, zu verlangen, sie nicht zu begehren. Auf einer weiteren Stufe wird die Beherrschung *(vaśīkāra)* dann ausgedehnt auf die Gedanken über diese sinnlichen Freuden. Man bemüht sich, die geistigen Phantasien loszulassen. Und schließlich, wenn die Bindung schwächer wird, erfordert das Loslassen im Wachzustand kaum noch eine Anstrengung. Man muß sich aber immer noch bemühen, die unterbewußten Neigungen loszulassen, z. B. durch Autosuggestion oder Affirmation.

Übung: Übe Loslassen und Gleichmut, ob du nun gelobt oder getadelt wirst, Erfolg oder Mißerfolg hast, Gewinn oder Verlust erleidest, Freude oder Schmerz empfindest, ob du in Gesellschaft bist oder allein. Erlerne und übe *śuddhi dhyāna kriyā* und verwandte Techniken, indem du diese Techniken bei allen Geschehnissen und in allen Situationen deines täglichen Lebens anwendest.

16. *tat-paraṃ puruṣa-khyāter-guṇa-vaitṛṣṇyam*

tad = jenes, dieses

paraṃ = höchste

puruṣa = Selbst; das Individuum

khyāteḥ = aufgrund der Verwirklichung

guṇa = grundlegende Kräfte, Attribute; Qualitäten [der Natur]

vaitṛṣṇyam = Freiheit, frei werden

Dieses Freiwerden von den Kräften [der Natur, das sich ergibt] durch die [Selbst-] Verwirklichung des Menschen, ist das Höchste.

Der Durchschnittsmensch, der noch nicht mit *Yoga* begonnen hat, ist voll von Wünschen, die aktiviert werden durch die drei grundlegenden Kräfte der Natur (*guṇas),* die er kaum oder gar nicht kontrollieren kann. Dadurch kann er nur hin und wieder einen Schimmer von Glück erhaschen. Diese Kräfte sind: der natürliche Drang nach Aktivität (*rajas),* die Neigung zur Trägheit (*tamas)* und die Tendenz zum Gleichgewicht (*sattva).* Wir unterliegen vielen Illusionen – so als ob wir in einen Zerrspiegel schauen. Durch das Üben von yogischem *sādhana* wächst die Ruhe in unserem Geist. Wir beginnen mit der Kontrolle unserer Wünsche und der Aufarbeitung unserer unterbewußten Prägungen. Es kommt zu einer gewissen Loslösung von den Objekten unserer Wünsche, die zuvor Ursache von Freude und Schmerz waren. Übrig bleiben zunächst noch unsere Erinnerungen, und daher phantasieren wir oft. Das Loslassen erfordert also vorerst eine gewisse Bemühung.

Wenn es uns jedoch immer wieder gelingt, unser Selbst zu verwirklichen, werden wir so von innerem Frieden und Freude erfüllt, daß wir automatisch zwischen unserem Selbst und dem, was nicht dieses Selbst ist, zu unterscheiden wissen. Und damit vergeht das Verlangen, unseren unterbewußt motivierten Wünschen, Erinnerungen und Phantasien nachzugeben. Sie verlieren ihre Kraft und verschwinden allmählich. Dies führt zu einer Wunschlosigkeit, die nicht auf Kontrolle beruht, sondern auf einer spontanen, immer wiederkehrenden Bewußtwerdung unseres wahren Selbst, das mit seiner Freude jederzeit alles durchdringt. Auf der höchsten Stufe erfordert das Loslassen dann keine Anstrengung mehr. Ein sicheres inneres Wissen, das auf dieser Stufe des Loslassens entsteht, erlaubt es dem *yogin,* die Begrenzungen aller Wunschziele zu erkennen. Die Klarsicht, die sich daraus ergibt, führt zu einem ständigen Loslassen und dauerhafter Selbst-Verwirklichung.

Svāmi Hariharananda Aranya hat in diesem Zusammenhang auf ein wichtiges Prinzip verwiesen: „Das innere Wissen des Menschen führt direkt oder indirekt zur Beseitigung des Leidens. Dieses Wissen, das zur endgültigen und vollständigen Auflösung aller Sorgen führt, ist die höchste Form des Wissens. Danach gibt es nichts Höheres mehr zu wissen". In der *Kaṭha Upaniṣad* heißt es zu *para-vairāgya*: „Die Weisen, die die ewige Glückseligkeit kennen, suchen nicht nach dem Unwandelbaren in vergänglichen Dingen."**(1)**

Übung: Strebe danach, in einem Zustand des Gleichmuts zu leben, in dem du dich nicht mehr mit allen möglichen Wünschen identifizierst, indem du in jeder Situation Gelassenheit, Zufriedenheit, Geduld, Furchtlosigkeit, Heiterkeit sowie Anpassung übst. Wenn du diese Gefühle in einer bestimmten Situation nicht entwickeln kannst, dann frage dich "Warum?" Nur indem du diese Frage ehrlich beantwortest, kannst du dich dauerhaft und ohne Anstrengung von dem lösen, was dich von deiner Selbst-Verwirklichung fernhält.

17. *vitarka-vicāra-ānanda-asmitā-(rūpa-) anugamāt-saṃprajñātaḥ*

vitarka = Beobachtung[svermögen]; diskursives Denken

vicāra = Reflexion, Urteilskraft, Nachdenken

ānanda = Freude

asmitā = Ich-Gefühl; Bewußtheit des Selbst

rūpa = Form, Wesen

anugamāt = begleitet von; folgend

saṃprajñāta = unterscheidende, objekt-orientierte kognitive Versenkung

Die objekt-orientierte [*saṃprajñāta*] kognitive Versenkung wird begleitet von Beobachtung, Reflexion, Freude und Bewußtheit des Selbst.

Mit diesem Vers beginnt Patañjali einen Abschnitt, in dem er die verschiedenen Formen der kognitiven Versenkung (*samādhi*) erläutert. Diese entsteht, nachdem wir aufgehört haben, uns mit den fünf Fluktuationen des Bewußtseins zu identifizieren. In der kognitiven Versenkung (*samādhi*) befindet sich der Meditierende im Zustand der reinen subjektiven Bewußtheit. Er erkennt Gott aufgrund eines besonderen Wissens, das tief aus seinem Inneren kommt (Gnosis). In der kognitiven Versenkung verschmelzen Objekt und Subjekt. Es handelt sich also nicht einfach um eine Leere. Die vier Empfindungen, die diese erste Art von *samādhi* begleiten, nämlich Beobachtungsvermögen, Reflexion, Freude und die Erfahrung des "Ich-bin", treten hier nicht einfach als Fluktuationen des Bewußtseins (*citta-vṛttiḥ*) auf, wie sie in Vers 1.6 beschrieben werden, sondern in einer besonders inspirierten Form, die sich aus der Verschmelzung von Subjekt und Objekt ergibt. Im Unterschied zu der nicht-objekt-orientierten kognitiven Versenkung (*asaṃprajñāta samādhi*) (Vers I.18) gibt es hier ein konkretes oder abstraktes Meditationsobjekt, das als Hilfsmittel bzw. Ausgangspunkt dient. Bei diesem Meditationsgegenstand kann es sich um jede Form der Natur handeln – bis zu den feinstofflichsten Ebenen der transzendentalen Existenz. Dieser *samādhi*-Zustand wird manchmal auch als der "unterscheidende" bezeichnet, weil zu den Empfindungen, die ihn begleiten, die Unterscheidung gehört.

Um zu wissen, was *puruṣa* ist, muß man erst *prakṛti* verstehen (vgl. Anfang des Kommentars zu Vers I.2). Der erste Schritt ist somit die Betrachtung der Natur in ihren verschiedenen Manifestationen:

1. *Vitarka* = Beobachtung und Analyse der physischen Natur – bis zu ihren elementaren Bestandteilen und Merkmalen.

Savitarka samādhi heißt, daß der Geist sich auf ein physisches Objekt ausrichtet.

Übung: Übe die Konzentration und die Versenkung auf materielle Gegenstände (*trāṭaka kriyā)* oder übe die Meditations-*kriyās* (*dhyāna kriyās)* unter Einschaltung der fünf feinstofflichen Sinne (*jñāna indriyas*).

2. *Vicāra* = Reflexion über die feinstoffliche Natur, wobei man die Wahrheit rein begrifflicher Gegenstände erfaßt, ohne Bezug zur Beobachtung auf der materiellen Ebene.

Savicāra samādhi stellt sich ein, wenn der Geist auf einen begrifflichen Inhalt ausgerichtet ist.

Übung: Übe die *dhyāna kriyās* mit abstrakten Begriffen wie z.B. Wahrheit, Liebe, Weisheit oder Mathematik.

3. *Ānanda* = reine Freude oder Glückseligkeit, eine Freude, die eine Begleiterscheinung der kognitiven Versenkung ist, unabhängig von äußeren Umständen.

Ānanda samādhi stellt sich ein, wenn der Geist allein auf die Erfahrung der Freude ausgerichtet ist - jenseits aller Abstraktionen.

Übung: Übe die Technik der fortwährenden Glückseligkeit (*nityānanda kriyā),* die in *Babaji's Kriya Yoga* Einweihungsstufe III gelehrt wird.

4. *Asmitā* = Ich-Gefühl, reine Subjektivität.

Sâsmita samādhi stellt sich ein, wenn du dir nur noch bewußt bist: "Ich bin". Die *saṁskāras,* die unterbewußten Prägungen, sind jedoch noch im Keim vorhanden und können aus dem Unterbewußtsein aufsteigen.

Übung: *Sarvikalpa* (*tam.* für *saṁprajñātaḥ) samādhi kriyā,* das in *Babaji's Kriya Yoga,* Einweihungsstufe III, gelehrt wird. Indem man die *samādhi kriyās* in der richtigen Reihenfolge übt, wobei man immer weiter nach innen geht, vom Grobstofflichen zum Feinstofflichen, kann man das Selbst (*puruṣa*) von der Natur *prakṛti* trennen.

18. *virāma-pratyaya-abhyāsa-pūrvaḥ saṃskāra-śeṣo'nyaḥ*

virāma = Aufhören, Loslassen

pratyaya = Gedanke, Begriff, Erfahrung, Glauben

abhyāsa = ständige regelmäßige Praxis

pūrva = vorher, ehemals, oben erwähnt, vorausgegangen, nach

saṃskāra = Prägungen, Eindrücke des Unterbewußtseins, Gewohnheiten, Neigungen

śeṣo = übrig [geblieben], das Verschonte, Rest

anya = andere/r

Nach ständigem Üben [ergibt sich] mit dem Gedanken des Loslassens der andere [nicht-objekt-orientierte Zustand der kognitiven Versenkung, „*asaṃprajñāta samādhi*", bei dem noch] Reste unterbewußter Prägungen [vorhanden sind].

Hier gibt es keine materiellen Hilfsmittel mehr. Nachdem wir *prakṛti*, die Natur, in ihren vier Manifestationen (physisch, feinstofflich, reine Freude, Ich-Gefühl) wie sie im Kommentar des vorangegangenen Verses beschrieben wurden, verstanden haben, können wir loslassen und uns als reines Selbst erfahren. Dies ist ein Zustand, in dem man alle Erfahrungen, die die objekt-orientierte kognitive Versenkung *(prajñātaḥ)* begleiten, transzendiert. Sie verschwinden nur nach ständiger und ausdauernder Übung verschiedener Techniken des Loslassens (wie in Vers 12 beschrieben). Die nicht-objekt-orientierte kognitive Versenkung *(asaṃprajñāta samādhi)* folgt auf die objekt-orientierte kognitive Versenkung *(saṃprajñātaḥ samādhi)*. Sie wird nur möglich durch eine über Jahre in jedem Augenblick geübte Praxis des Loslassens und der Selbst-Bewußtheit. Das Mittel, um dies zu erreichen, ist die höchste Form des Loslassens *(paravairāgya)*. Solange ein Objekt zur Hilfe genommen wird, um sich zu konzentrieren, kann dieser Zustand nicht erreicht werden. Ist er erreicht, so bleibt nur ein latenter Eindruck des Loslassens zurück.

Das *Tirumantiram* beschreibt in den Versen 2269 und 2295 das Aufsteigen des Bewußtseins durch die Bereiche der fünf physischen und feinstofflichen natürlichen Sinne und weiter durch die höheren Bewußtseinsebenen (*parāvasthā*). Dieser Prozeß gipfelt in der Erfahrung reinen Bewußtseins (*śudhhāvasthā*), die – ebenso wie die nicht-objekt-orientierte kognitive Versenkung (*asaṃprajñāta samādhi*) – alle Unterscheidungen der Subjekt-Objekt-Dualität transzendiert.

Die begrenzte Sphäre der *tattvas,*
Fünf mal fünf,
Und *māyā,* unrein,
Unwirklich sind sie.
Sie zurücklassend,

Laß *jīva* aufsteigen
In die Sphäre von *mamaya* (Rein-Unrein),
Sie weiterstrebend durchdringend
Bis zum Zustand von *parāvasthā,*
Der rein ist *(śuddha).*
Dort ist die Seele alles Sein und das Nicht-Sein in einem. (TM 2294)

Übung: Übe ständig, dich von der Verwicklung in und der Identifikation mit sämtlichen mentalen Vorgängen zu lösen, indem du die verschiedenen *kriyās* aus *Babaji's Kriya Yoga*, praktizierst, vor allem die der Einweihungsstufe II, bis du Gleichmut erreichst. Übe *nirvikalpa (*tamilisch für *asaṃprajñātaḥ) samādhi kriyā,* wie es in *Babaji's Kriya Yoga* Einweihungsstufe III gelehrt wird.

19. *bhava-pratyayo videha-prakṛti-layānām*

bhava = hervorgegangen oder entstanden aus [Prozeß des Werdens, Entwickelns]; Ursprung, Geburt und Leben

pratyayaḥ = Motivation; Vorstellung, (Beweg)grund

videha = körperlos, immateriell, nicht inkarniert, formlos

prakṛti-layānām = Versenkung in, haften an, verschmelzen mit der Natur

Diejenigen [*yogins*], die [aus dem] körperlos[en Zustand heraus wieder] mit der Natur verschmelzen, [haben] die Motivation, sich weiter zu entwickeln.

In der objekt-orientierten kognitiven Versenkung *(saṃprajñātaḥ samādhi,* vgl. Vers 17*)* können im Keim *(bīja)* vorhandene Wünsche, durch eine entsprechende Situation ausgelöst, wieder ins Bewußtsein aufsteigen, weil durch Gewohnheit entstandene Verhaltensmuster als Prägungen *(saṃskāras)* im Unterbewußtsein vorhanden sind. Wenn wir sterben, ehe wir den höchsten Zustand von *asaṃprajñātaḥ samādhi* (vgl. Vers 18), den Zustand nicht-objekt-orientierter kognitiver Versenkung, erreicht haben, werden wir körperlose Wesen *(videha),* wie z. B. Engel oder Gottheiten, die bestimmte Natur-Phänomene steuern. Diese körperlosen Wesen sind Menschen, die sich entwickelt und gelernt haben, die Natur zu beherrschen und dadurch in den Genuß gewisser Freuden der himmlischen Sphären gelangt sind. Sie können jedoch nicht vollständig von ihren einengenden Wünschen und Verhaftungen befreit werden, ehe sie nicht als Menschen wiedergeboren werden und die im Keim noch vorhandenen Wünsche aufarbeiten. Dieses Kommen und Gehen wird andauern, bis alle latenten Wünsche beseitigt sind und sie sich vollständig als Selbst erkannt haben. Die Freiheit von allen Wünschen ergibt sich aus dem Bewußtwerden der eigenen Natur. Wenn das geschehen ist, hängt man nicht mehr an der Erfüllung von Wünschen

Übung: Lerne zu beobachten und zu erkennen, wie dein Ego funktioniert. Gib gut acht auf dieses Ego. Wenn du einen Fortschritt spürst oder eine Erfahrung machst, laß jede aus dem Ego kommende Regung von Stolz los.

20. *śraddhā-vīrya-smṛti-samādhi-prajñā-pūrvaka itareṣām*

śraddhā = Glaube und tiefe Hingabe

vīryam = Kraft, Stärke, Energie, Mut, Würde

smṛti = Erinnerung; Achtsamkeit

samādhi = meditative oder tiefe spirituelle Versenkung

prajñā = Wahrnehmung, Erkenntnis, Verstehen

pūrvaka = nach vorheriger, vorausgegangener, verbunden mit

itareṣam = von anderen

Andere [*yogins*] [erreichen die nicht-objekt-orientierte kognitive Versenkung] durch tiefe Hingabe, innere Kraft, Achtsamkeit, meditative Versenkung und Erkenntnis.

Im Unterschied zu den im vorangegangenen Vers erwähnten *yogins,* die ihren physischen Körper verlassen, ehe sie die nicht-objekt-orientierte kognitive Versenkung (*asaṃprajñātaḥ samādhi)* erreicht haben, haben diejenigen, die diese Stufe erreichen, die folgenden Voraussetzungen erfüllt:

śraddhā = tiefe Hingabe, verbunden mit Glauben an den Yoga, Vertrauen auf die eigene Kraft, auf die praktizierten Techniken und den Lehrer;

vīryam = innere Kraft, Begeisterung und Mut, die sich aus einem solchen Glauben ergeben und zu einer tiefen Hingabe führen, wodurch die Übungspraxis zusätzlich von der Gefühlsseite her unterstützt wird;

smṛti = Erinnerung, d. h. man erinnert sich ständig an den Weg, an die Lektionen, die man gelernt hat, damit man nicht zurückfällt in eine weltliche Sichtweise; man bleibt achtsam;

samādhi = regelmäßige Erfahrung der kognitiven Versenkung. Auch wenn diese aufgrund der Fluktuationen des Bewußtseins *(cittavṛttiḥ)* und Ablenkungen nicht dauerhaft ist, entwickelt sie sich doch durch das yogische *sādhana.*

prajñā = Unterscheidungsfähigkeit, Erkenntnis. Indem man sich selbst in jedem

Moment aufmerksam wahrnimmt, kommt man zu Erkenntnissen und wird durch das Geschehen des Lebens geführt.

Geistige Energie und innere Kraft führen zu Achtsamkeit und Wachheit. Durch diese wiederum erinnert man sich an den gewählten Weg, den man diszipliniert zu gehen hat. Und durch diese Erinnerung kommt es zu einer ständigen Bewußtheit. Eine solche ständige Bewußtheit führt zur Unterscheidung *(prajñā)* zwischen dem wahren Selbst und dem unwahren.

Asaṃprajñatāh samādhi (nicht-objekt-orientierte kognitive Versenkung) kann sich als letzte Konsequenz einer wiederholten Erfahrung der objekt-orientierten kognitiven Versenkung *(saṃprajñātaḥ samādhi)* ergeben, wobei die unterbewußten Prägungen allmählich aufgelöst werden. Sie kann jedoch auch Folge einer Bemühung um bestimmte positive Einstellungen sein, wie sie in Vers I.20 aufgeführt werden, z. B. Glauben, Begeisterung, Wachheit, Unterscheidungsfähigkeit und Kontemplation. Dadurch werden ideale Voraussetzungen für die Auflösung alter Prägungen geschaffen.

Übung: Übe dich in Glauben, Begeisterung, Achtsamkeit, Unterscheidungsfähigkeit und Kontemplation, um gewohnheitsmäßige Neigungen aufzulösen. Geh mit Hilfe der *samādhi kriyās,* wie sie in *Babaji's Kriya Yoga,* Einweihungsstufe III, gelehrt werden, immer wieder in die objekt-orientierte kognitive Versenkung *(saṃprajñātaḥ samādhi).*

21. *tīvra-saṃvegānām-āsannaḥ*

tīvra-saṃvegānām = absolut, konsequent, mit entschiedenem Eifer

āsannaḥ = nahe, unmittelbar, anstehend

[Die Übenden, die in ihrer Übungspraxis] absolut konsequent [sind, sind der kognitiven Versenkung] sehr nahe.

Man mag hin und wieder einen Schimmer von kognitiver Versenkung *(samādhi)* erhaschen, in der das Selbst erfahren wird, indem der Geist sich nach innen richtet und man von absoluter Glückseligkeit *(ānanda)* erfüllt ist, aber die eigentliche Herausforderung besteht darin, diesen Zustand auszudehnen und dauerhaft zu machen. Um das zu erreichen, muß man mit einer großen Hingabe und Begeisterung üben, das Bewußtsein des inneren Beobachters entwickeln, Geist und Sinne nach innen wenden, weg von den äußeren Zerstreuungen. Wenn die Konzentration und die Achtsamkeit des inneren Beobachters spontan und dauerhaft geworden sind, spricht man von einer intensiven und konsequenten Übungspraxis *(tīvra-saṃvega-sādhana).*

Wann immer ein Schimmer von *sādhana* in unserem Inneren aufleuchtet, wäre es klug, diesen auch in unser äußeres Leben zu tragen. In den *Śiva-sūtras* heißt es: "Die Glückseligkeit der Welt ist die Glückseligkeit der spirituellen Gemeinsamkeit *(samādhi)*."

<u>Übung</u>: Nimm alles in der Welt an als göttlich. Übe dich in der Vision der All-Liebe.

22. *mṛdu-madhya-adhimātratvāt-tato'pi viśeṣaḥ*

mṛdu = gering, weich, schwach

madhya = mittel; mäßig

adhimātratvāt = mit Intensität, mehr als gewöhnlich

tatas= somit, folglich

api= auch, sogar, überdies

viśeṣa = wesentlicher Unterschied, unterscheidendes Merkmal

Der wesentliche Unterschied [wie schnell die kognitive Versenkung erreicht wird, liegt] somit [darin, ob die Übungspraxis des *yogin*] mit geringem, mäßigem oder starkem Einsatz [ausgeführt wird].

Bei geringem Einsatz *(mṛdhu)* ist die Praxis unausgeglichen, sporadisch, voll Zweifel, Höhen und Tiefen sowie Zerstreuungen, die einen ablenken. Bei mäßigem *(madhya)* Einsatz wechseln Zeiten der Intensität und Hingabe mit Zeiten, in denen man vergeßlich ist, sich ablenken läßt und negativen Gedanken und Gewohnheiten nachhängt. Ein starker Einsatz *(adhimātra-sādhana)* heißt gleichbleibende Entschlossenheit, sich an das Selbst zu erinnern und gleichmütig zu bleiben bei Erfolg und Mißerfolg, Freude und Schmerz und immer mehr Liebe, Vertrauen, Geduld und Mitgefühl gegenüber anderen Menschen zu entwickeln. Dies wird erreicht, wenn wir die von uns gewählte göttliche Gestalt verehren oder wenn wir versuchen, das alles durchdringende Göttliche in allem zu sehen und unsere aufkommenden Wünsche überwinden. Egal, wie heftig das Geschehen, wie schwierig die Lebensumstände, wie groß das Drama der Illusionen *(māyā),* das sich um uns herum abspielt, wir bleiben dabei, das Göttliche in allem zu sehen.

<u>Übung</u>: Sei ganz bei der Sache, wenn du übst. Geh jeden Tag einen Schritt weiter. Sieh in allem einen Teil des Göttlichen Plans, der deine Entwicklung auf eine vollkommene Weise lenkt. Sieh, daß es nichts außerhalb dieses Planes oder im Widerspruch zu ihm gibt. Mit dieser Einstellung übe konsequent und ausdauernd.

23. *īśvara-praṇidhānād-vā*

īśvara = Gott, Siva, das Höchste Wesen

praṇidhānam = [totale] Hingabe

vā = oder

Oder [man erreicht die kognitive Versenkung] durch totale Hingabe an Gott.

Hier sagt uns Patañjali, daß wir die kognitive Versenkung auch erreichen können, indem wir unser begrenztes Ego-Bewußtsein einfach Gott, dem Höchsten Wesen, hingeben. Das wiederholt er in Vers II.45. Wer aber ist Gott? Patañjali benutzt den Begriff *īśvara.* Im *Tirumantiram,* Vers 105, wird Śiva beschrieben:

> Jenseits von zwei *karmas* befindet sich *Isa,*
> Der Keim dieser Welt, das mächtige Göttliche Werden;
> „Dies" und „Das" ist „*Isa*" – ob die Gedankenlosen streiten,
> Der Abschaum nur den tiefsten Bodensatz kennt.

Für die tamilischen *siddhas* ist *Isa* eine andere Bezeichnung für das Höchste Wesen, *Śiva*, nicht zu verwechseln mit der begrenzten Gottheit gleichen Namens in den *Veden* oder der dritten Gottheit in der Hindu-Trinität, mit der sich die frühen westlichen Indologen beschäftigten. Für ihn gibt es keine Begrenzungen, keine Beschreibung. *Sva* heißt "eigener". Also bedeutet *īśvara* "*Śiva*, das eigene Wesen", das Höchste Wesen, das in allem und jedem wohnt und alles transzendiert in dieser Welt. Selbst-Verwirklichung kann erreicht werden, wenn wir die Einstellung, daß wir getrennt von diesem Höchsten Wesen sind, aufgeben und *Śiva* als unser eigenes Wesen erkennen. "*Jīva* wird *Śiva*" faßt den Denkansatz der tamilischen *yoga siddhas* zusammen. Dieses Aufgeben (*praṇidhāna)* muß vollständig sein. Da darf es keinerlei Gefühl eines Sonderstatus geben. Das erfordert eine scharfe Unterscheidung im Hinblick auf unsere Motivationen. Eine solche Hingabe heißt "nicht mein, sondern Dein Wille" geschehe. Mit dieser Sichtweise wird Transzendenz einfach. Solange du glaubst, daß du es bist, der etwas aus eigenem Antrieb tut, bist du festgefahren in der egoistischen Meinung "Ich kann. Ich will. Ich kann nicht" usw. Wenn wir jedoch dieses "Ich" völlig dem "Du" hingeben, können wir uns über die Natur erheben und frei werden im reinen Selbst. Diese Art der Hingabe heißt, daß wir im innersten Kern unseres Wesens das Vorhandensein und die Gegenwart Gottes spüren und daß wir immer das Gefühl haben, daß unsere Handlungen von ihm ausgehen.

T.N. Ganapathy nennt in seinem Buch *The Philosophy of the Tamil Siddhas* (Die Philosophie der tamilischen Siddhas) ein wichtiges Kriterium: "Um zu unterscheiden, ob jemand ein *siddha* ist oder nicht, gilt es herauszufinden, ob er oder sie irgendeine lokale Gottheit verehrt. Im *Tirumantiram* gibt es keinen Hinweis auf eine solche räumlich begrenzte Gottheit wie in den Dichtungen der *Āḻvārs* oder *Nāyamārs.* Dieses Werk ist völlig frei von einer Gottesvorstellung im Sinne einer Liebesbeziehung, wie sie für die lyrische Dichtung der Bhakti-Schulen üblich ist." Das Gleiche kann von *Patañjali's Yoga Sūtras* **(2)** gesagt werden. In diesem Zusammenhang ist auch interessant festzustellen, daß bei Patañjalis Aufzählung der Ausgangsbedingungen für yogische Fähigkeiten Gottheiten nicht vorkommen.

Kailasapathy traf die entscheidende Feststellung, daß die "*siddhas* nicht Gläubige in dem Sinne waren, daß sie ein Idol verehrten. Sie glaubten an eine höchste Abstraktion. Das wird deutlich durch die wiederholte und bevorzugte Verwendung des tamilischen Wortes '*civam*' (Skt. *śiva)* als abstraktes Substantiv in der Bedeutung von 'Güte', 'Verheißung' und der höchsten Stufe des Göttlichen, das in Form von reinem Bewußtsein existiert, anstelle des gebräuchlicheren Ausdrucks *'civan'* in der Bedeutung von *Śiva*. Mit anderen Worten, für sie war Gott ein abstrakter Begriff. Sie glaubten nicht an einen persönlichen Gott."**(3)**

Welche Form Gottes der Einzelne wählt und wie er Gott verehrt, ist seine persönliche Entscheidung. Es ist jedoch einfacher, den Geist auf eine konkrete Form oder Gestalt auszurichten als auf etwas Formloses. Hinter den zahllosen Formen eines persönlichen Gottes, wie sie in den verschiedenen Religionen oder religiösen Gruppierungen verehrt werden, steht die Allerhöchste Gottheit.

Gottesverehrung ist keine Alternative zur Übungspraxis und dem Loslassen im Yoga (wie in Vers I.12 beschrieben). In Vers II.1 geht Patañjali auf die Verbindung zwischen Praxis, Loslassen und Gottesverehrung ein.

Patañjali huldigte *Śiva* in Chidambaram und in Rameswaram (wo auch *Rāma Śiva* huldigte nach seinem Sieg über den Dämonen Rāvaṇa in Laṇka). In diesen beiden Śiva-Tempeln befinden sich Granitstatuen von Patañjali. Das *Tirumantiram* berichtet in den Versen 67 und 2790, daß Patañjali in Chidambaram Śiva huldigte.

> In dem herrlichen Tempel (von Chidambaram)
> Tanzte ER,
> Damit die beiden *ṛṣis* (Patañjali und Vyagrapāda) ihn sehen konnten
> ER tanzte als Gestalt, gestaltlos und in kosmischer Form,
> In der Göttlichen Gnade der *Śakti*.
> ER tanzte,
> ER, die *siddhas*, die *ānandas*
> Als Form der Gnade
> ER stand und tanzte. (TM 2790)

Selbst-Verwirklichung ist somit eine göttliche Gnade, die demjenigen zuteil wird, der sich voller Hingabe Gott zuwendet. Der Begriff der Gnade (*prasāda*) findet sich überall im *Tirumantiram* und in den Schriften der anderen *siddhas*. Wie erlangt man diese Gnade? Nach Aussagen von Babaji hängt das davon ab, wie weit wir unsere Hingabe an Gott tatsächlich leben, von unserem *sādhana* (Yoga-Praxis) und unserem Dienen im Sinne Gottes gegenüber anderen Menschen. Durch Hingabe lernen wir, was reine Liebe ist: Liebende/r und Geliebte/r werden eins. Die Sichtweise des Egos wird aufgegeben. Diese Liebe führt uns von der Dualität zur Nicht-Dualität. Durch *sādhana* – dazu gehören alle Formen des Yoga, die dem Ziel dienen, uns an unser Selbst zu erinnern – wird unser Unterbewußtsein gereinigt und die Dualität aufgelöst. Wir erkennen überall die All-Gegenwart. Durch Dienen vergessen wir unser kleines vom Ego beherrschtes Selbst sowie unsere nichtigen Probleme, und in uns entsteht eine Vision der All-Liebe.

Was es heißt, sich Gott ganz hinzugeben, veranschaulicht die Geschichte von der Begegnung des himmlischen Musikanten Nārada mit einem asketischen *yogin* und einem *bhakti yogin* im Wald: Eines Tages ging Nārada, ein engelhaftes Wesen, durch einen Wald. Da sah er einen *yogin,* der strenge Selbstzucht übte. Der *yogin* saß seit so vielen Jahren auf einer Stelle, daß die Ameisen einen Erdhaufen über seinem Körper zusammengetragen hatten. Als er Nārada erkannte, rief er: "Oh Nārada, ich weiß, daß du Gott Viṣṇu nah und teuer bist. Wenn du Ihm das nächste Mal begegnest, frage ihn bitte in meinem Namen, wie lange ich hier noch sitzen muß, bis er mich in sein himmlisches Reich einläßt." Nārada antwortete: "Das will ich gerne tun, liebe Seele. Und wenn ich das nächste Mal durch diesen Wald komme, werde ich dir Seine Antwort bringen."

Nārada ging weiter seines Weges durch den Wald und kam an einen Baum, in dessen Ästen er einen Mann erblickte, der dort wie ein Affe schaukelte und dabei ständig "Rāma, Rāma!" sang. Er war ein typischer närrischer *bhakti yogin.* Als er Nārada sah, rief er: "Oh, Nārada, ich freue mich so, dich zu sehen, du Diener und Musikant unseres Herrn Viṣṇu. Könntest du mir bitte einen Gefallen tun und unseren Herrn fragen, wann ich in sein himmlisches Reich kommen kann." Nārada antwortete: "Ja, meine gute Seele, gerne will ich mich erkundigen, und ich werde dir Seine Antwort bringen, wenn ich das nächste Mal hier vorbeikomme."

Einige Jahre später kam Nārada wieder durch den Wald. Als er zu dem Platz kam, wo der asketische *yogin* saß, begrüßte dieser ihn freudig und rief: "Oh, Nārada, wie glücklich bin ich, dich zu sehen. Hast du gute Nachrichten für mich?" Darauf Nārada: "Ja, und was für gute. Ich habe Gott Viṣṇu von dir erzählt und er läßt dir sagen, daß du nur noch drei Wiedergeburten ertragen mußt, bis du in den Himmel kommen wirst." Darauf der Asket: "Was, noch drei Wiedergeburten! So lange kann ich nicht warten!" Dann brach er zusammen. Nārada schüttelte mitleidig den Kopf angesichts der Misere des Asketen und ging weiter seines Weges.

Als Nārada an den Baum kam, wo er den närrischen *bhakti yogin* zuletzt gesehen hatte, fand er diesen immer noch schaukelnd wie ein Affe und "Rāma, Rāma!" singend vor. "Hast du eine Botschaft für mich vom Herrn?" fragte der Närrische und Nārada antwortete: "Ja, mein Lieber, aber ich fürchte, es ist keine sehr gute Nachricht. Kannst du die Blätter an diesem Baum zählen? Soviele Wiedergeburten wirst du noch warten müssen, bis du in den Himmel kommst."

Darauf der Närrische: "Du meinst, ich werde eines Tages in den Himmel kommen! Rāma, Rāma!" rief er voll Freude und verfiel unmittelbar in einen Zustand göttlicher Extase, in *samādhi.*

Übung: "Die Mutter" des Sri-Aurobindo-Ashrams empfiehlt die folgenden Rituale, um die absolute Hingabe an Gott zu üben – entweder mit einem gewählten Bild oder selbstgewählten Affirmationen:

Drei Bilder der absoluten Hingabe an Gott:

1. Sich in absoluter Demut und unter Aufgabe jeden Stolzes zu Seinen oder Ihren Füßen niederwerfen;
2. Unser ganzes Wesen vor Ihm oder Ihr ausbreiten, indem wir unseren Körper von Kopf bis Fuß vollständig öffnen, so wie man ein Buch öffnet. Unsere Energie-Zentren weiten, so daß alle ihre Bewegungen sichtbar werden in absoluter Offenheit, bei der nichts mehr verborgen bleibt;
3. Sich in Seine oder Ihre Arme schmiegen, um in innigem und vollkomme–

nem Vertrauen zu verschmelzen.

Begleitet von folgenden drei Affirmationen:

1. Möge Dein Wille geschehen und nicht der meine.
2. Wie Du willst, wie Du willst.
3. Ich bin Dein in Ewigkeit.

24. *kleśa-karma-vipāka-āsayair-aparāmṛṣṭaḥ puruṣa-viśeṣa īśvaraḥ*

kleśa = Belastung, Behinderung, Leid

karman = Handlungen

vipāka = Auswirkungen, Früchte der Handlungen

āśayair = unterbewußte Prägungen oder unterschwellige Eindrücke; Rückstand

aparāmṛṣṭaḥ = unberührt von

puruṣa = das Selbst im Gegensatz zu "selbst", verstanden als Persönlichkeit oder Körper

viśeṣa = besonders

īśvara = Gott, das Höchste Wesen, *Śiva*

***Iśvara* ist das besondere Selbst, unberührt von Belastungen, Handlungen, deren Auswirkungen oder irgendwelchen unterschwelligen Eindrücken von Wünschen.**

Gott, das Höchste Selbst, ist das Selbst aller Selbste. Dieses besondere Selbst, wird – im Unterschied zur Einzelseele, die in die Natur (*prakṛti*, vgl. Vers 17) verstrickt ist – nicht durch Wünsche und die karmischen Auswirkungen von Wünschen berührt. Um dieses besondere Selbst zu verwirklichen, müssen wir die falsche Identifikation mit der Persönlichkeit und ihren Wünschen aufgeben. Wir müssen hinausgehen über die vorübergehenden Erscheinungen, Handlungen, Wünsche und Belastungen des Geistes. Gott hat sich nie der Täuschung hingegeben, daß er an die begrenzten Erscheinungsformen der Natur gebunden sei.

Übung: Laß bewußt alle eingrenzenden Identifizierungen, Definitionen und Beschreibungen, die du von dir selbst hast, los. Beobachte dich, deine Persönlichkeit und deine Handlungen. Werde dir klar, wie du deinen Fortschritt definierst. Werde dir bewußt, wieviel du in diesem Prozeß schon gewachsen bist. Vielleicht hast du schon bemerkt, daß äußere Störungen dich weniger berühren. Sei dir klar darüber, daß deine "Persönlichkeit" sich mit der Annäherung an das Höchste Selbst ausdehnen kann, belebt durch die Strahlung der "Sonne", des Höheren Selbst. Werde dir klar, daß Vollkommenheit sich zuerst im

Inneren zeigt und nicht im Auge des Betrachters.

25. *tatra niratiśayaṃ sarva-jña-bījam*

tatra = darin; dort [im Allerhöchsten]

niratiśaya = unübertroffen

sarvajñā = Allwissenheit

bījām = Quelle, Ursache, Ursprung, Samen, Keim

Dort [im Allerhöchsten] ist die letzte Quelle [der Entfaltung] allen Wissens.

Das Höchste Wesen (*īśvara*) ist allwissend. Jedes Wissen muß einen Ursprung haben. Begrenztes Wissen setzt unbegrenztes Wissen voraus, so wie alle Extreme ihre Polaritäten haben. Der Keim *(bījam)* aller Intelligenz befindet sich in allem, der Mikrokosmos ist im Makrokosmos enthalten. So ist die Keimsilbe *oṃ* ein solcher Samen der Allwissenheit. Als Keim kann sie wachsen, kann mehr und immer mehr werden. Aufgrund logischer Schlußfolgerung können wir auf die Existenz eines Höchsten Wesens schließen, allerdings keine näheren Informationen über dieses Wesen erlangen.

Vergleiche hierzu auch das Zitat aus dem *Tirumantiram,* Vers 105, oben zitiert im Kommentar zu Vers 23, in dem das Höchste Wesen als "Keim dieser Welt" bezeichnet wird.

Übung: Reflektiere über die Bedeutung von *oṃ* (vgl. dazu den Kommentar zu Vers I.27)

26. *pūrveṣām-api guruḥ kālena-anavacchedāt*

pūrveṣām = von den Klassikern, den Ahnen, den Alten

api = auch

guru = Lehrer, spiritueller Lehrmeister

kālena = durch die Zeit

anavacchedāt = nicht bedingt durch, unberührt von

Unberührt durch die Zeit, ist er der Lehrer selbst der ältesten Lehrmeister.

Die *ṛṣis,* die die frühen heiligen Schriften der Hindus *(*die *caturvedas* oder die vier *Veden)* und die *āgamas* offenbarten (*śruti*), waren vom Höchsten Wesen, *Śiva,* (und anderen Gottheiten) inspiriert, von Dem, der ewig ist und dessen Lehren heute noch ebenso gültig sind wie vor Tausenden von Jahren. Das Absolute unterliegt nicht den Wandlungen eines historischen Zeitabschnitts, verschiedener Sprachen oder Kulturen. Selbst die großen *ṛṣis* und *siddhas* brauchten die Inspiration von *Śiva,* um zu erinnern, was vergessen worden war. Gott macht in jedem Zeitalter das höchste Wissen all denen zugänglich, die aufrichtig danach suchen. Er ist das ewige Idealbild des *yogin*, dessen Vorbild jede neue Generation von *yogins* bei ihrer Suche inspiriert. Manchmal wird er dargestellt als *Śiva,* der auf dem Berg Kailash thront. (TM Vers 20)

Im *Tirumantiram,* Vers 67 und 68, werden die alten Lehrmeister (*aṣṭanāthas* oder die acht *nāthas*) genannt, die *Śivas* Lehre empfingen, und Tirumūlar erklärt, wie er einer von ihnen wurde:

> Suchst du die Meister, die *Nandi's* (*Śiva's*) Gnade empfingen,
> Zunächst waren es vier, dann kamen der heilige *Śivayoga,*
> Patañjali und Vyagrapāda, der im heiligen Bezirk der *sabhā* seine Andacht verrichtet,
> Und dazu ich, um die Zahl Acht voll zu machen. (TM 67)
>
> Durch Nandis Gnade wurde ich ein spiritueller Meister (*nāthaḥ),*
> Durch Nandis Gnade stieß ich vor zur Quelle (*mūlam),*
> Mit Nandis Gnade, was könnte ich nicht vollbringen?
> Mit Nandis Führung blieb ich hier unten. (TM 68)

In den weiteren Versen 73-101 beschreibt er ausführlicher, wie er diese Lehre von *Śiva,* den er als seinen spirituellen Lehrer oder *guru* personifizierte, empfing – in der Art, wie sie für die tamilischen *yoga siddhas* charakteristisch ist:

> Unser Nandi, auf ewig mit dem Stier, dem Hirschfell und dem Dreizack verbunden,
> Der unendliche Gott, dessen Gedanke die Welt ist,
> Der bewegliche und unbewegliche Dinge umfaßt,
> Hat mir diese Gelegenheit gewährt,
> Auf meinen Scheitel hat er seine Heiligen Füße gesetzt. (TM 89)
>
> Ich bin den großen Weg von Kailash gegangen,
> Auf den Spuren des Herrn, der diese Wahrheiten erläutert hat,
> Der ewig ist, strahlende Wahrheit, grenzenlos;
> Nandi, der Glückselige, der voll Freude tanzt." (TM 91)

In Vers 2066 sagt Tirumūlar: "Gott ist der oberste Guru", und in Vers 2121 fügt er hinzu:

> Der *guru,* der ihn in seine liebevolle Gnade aufnahm,
> ist Gott selbst;
> Er arbeitet Tag für Tag,
> Damit das *karma* des Schülers sich auflöst

In der Gestalt des Herrn
Wie neu gewordene rostige Schlösser,
Die das Wasser des *Gaṅgā* erodiert hatte.
Der *guru* erscheint,
Und unsere Sorgen vergehen.

Übung: Meditiere und versenke dich in den Namen Gottes, *Śiva.* Wiederhole das *Śiva*-Mantra, nachdem du in dieses eingeweiht worden bist. Ein *mantra* gilt nur wirklich als *mantra,* wenn man in dieses von jemandem eingeweiht wird, der seinerseits eingeweiht wurde und der geübt hat, sich in dieses *mantra* zu versenken. Folge den Schwingungen dieses *mantra* immer weiter zurück, bis zu seiner Quelle: der Eins-Werdung und der Glückseligkeit.

27. *tasya vācakaḥ praṇavaḥ*

tasya = sein

vācakaḥ = Wort, das offenbart, ausdrückt, bedeutet

praṇava = der mystische oder heilige Laut *OṂ (AUM)*

Das Wort, das [*īśvara*] offenbart, ist der mystische Laut *OṂ* [*AUM*].

Wir geben allen Dingen, allen Erscheinungsformen, und selbst dem Nicht-Manifestierten, das in diesen enthalten ist, Namen. *OṂ* besteht aus drei Teilen. "A" steht für die Schöpfung, für erwachendes Bewußtsein und den Höchsten Geist (*brahmā*); "U" für Bewahren, Erhalten für Träumen und *Viṣṇu*; "M" steht für Auflösung, traumlosen Schlaf und *Śiva.* "Mmm..." ist jenseits des physischen Lauts, am Ende. Es steht für *turya,* die Grundsubstanz von allem, die vierte Bewußtseinsebene, jenseits von Wachen, Träumen und traumlosem Schlaf. Die Bewußtheit des *AUM* führt zur Erfahrung von *īśvara*, dem Höchsten Wesen, von *Śiva* als Absolutem, in dem alles enthalten ist.

Daß *siddhas* wie Patañjali and Tirumūlar das höchste *mantra OṂ* mit dem Höchsten Wesen, *Śiva* oder *īśvara* gleichsetzten, wird im *Tirumantiram,* Vers 953, gesagt:

Mit *A* chante gleichzeitig *U,*
Dann kommt es zur Verschmelzung (*mukti)*;
Beim Chanten von *MA*
War Nandi bei mir.
Wie soll ich die Größe meines Vaters beschreiben!

Beachte, daß der Begriff "*mukti*" in diesem Vers übersetzt werden kann mit "Befreiung des Geistes von der Wiedergeburt oder den Begrenzungen der materiellen Welt."

Übung: Chante *OṂ* oder *OṂ Kriyā Babaji Nāma Aum* unaufhörlich, mindestens 15 Minuten täglich am frühen Morgen.

28. *taj-japas-tad-artha-bhāvanam*

tad = das

japas = murmeln, flüstern, immer wiederholen

tad = das, manchmal in der Bedeutung von "deshalb"

artha = Absicht, Sinn und Zweck

bhāvanam = Gefühl der Hingabe; Nachdenken, Kontemplation

artha-bhāvanam = Nachdenken über eine Sache

[Deshalb sollte man diese heilige Silbe *OṂ*] immer wiederholen und dabei mit Hingabe über ihren Sinn nachdenken.

Die Wiederholung eines *mantra* wie *aum* bezeichnet man als *japaḥ*. Die Bedeutung von *aum* wurde im vorangegangenen Vers erläutert. *Japaḥ* reinigt den Geist, löst negative Tendenzen auf und schafft die Voraussetzungen, um unser wahres göttliches Wesen zu erfahren. Wir werden beherrscht von den Gewohnheiten unseres Geistes, und wenn wir diese Gewohnheiten durch *japaḥ* ersetzen, können wir die Herrschaft über uns selbst erlangen und bewußt handeln. Durch *japaḥ* verlieren Gewohnheiten ihre Macht und lösen sich auf. Allmählich wirst du dir der Bedeutung des *mantra* bewußt werden, indem du es in deinem Herzen fühlst.

Damit es einen wirklich zur Göttlichen Liebe führt, muß es mit Gefühl wiederholt werden, d. h. mit Gefühlen der Ehrfurcht und innigen Liebe gegenüber seinem tieferen Sinn. Patañjali schreibt keine Rituale, Gebete oder Ähnliches vor, um die "Hingabe an Gott" (*īśvara-praṇidhān*, Vers I.23 und II.45) auszudrücken, aber die gefühlvolle Wiederholung von *aum* und das Nachdenken über seinen Sinn entspricht der Betonung der inneren Andacht anstelle der Andacht im Tempel bei den tamilischen *siddhas.*

Indem man immer wieder *OṂ (Aum)* chantet, richtet sich der Geist auf einen Fokus aus. Er erreicht den Zustand der objekt-orientierten kognitiven Versenkung (*saṃprajñātaḥ samādhi)* und über diesen schließlich die nicht-objekt-orientierte kognitive Versenkung *(asaṃprajñātaḥ samādhi).*

Die Wirkung eines gechanteten *mantra* wie *OṂ* oder seiner Variante *Aum* ist nicht unähnlich dem was passiert, wenn wir mit Stereo-Kopfhörern klassische Musik hören: "Wir" verschwinden, d. h. "was wir glauben zu sein", unsere Gedanken, lösen sich auf. Was bleibt, ist nur die Musik – und natürlich das reine Bewußtsein, der "Sehende".
Nach Sri Aurobindo kann *OṂ,* wenn es korrekt, d. h. bewußt und nicht mechanisch, gechantet wird, die Öffnung nach oben und das Herabsteigen des Göttlichen bewirken.

Übung: Chante das *OṂ*, indem du dich an Gott, den Allerhöchsten erinnerst, mit Freude, einem erhebenden Gefühl, mit warmer Begeisterung und einem tiefen Verlangen, so als ob du mit jedem Ton Seine Füße berührst oder Sein Herz.

29. *tataḥ pratyakcetanā-adhigamo'py-antarāya-abhāvaś-ca*

tataḥ = dadurch

pratyak-cetanā = innere Selbst-Bewußtheit, Innenschau; ein Mensch dessen Gedanken nach innen gerichtet sind

adhigamaḥ = Erreichen

api = auch

antarāya = Hindernis

abhāvaḥ – Verschwinden

ca = und

[Durch diese Übung] erreicht man die "innere Selbst-Bewußtheit" und das Verschwinden [aller] Hindernisse.

Wenn unser Bewußtsein auf äußere Wahrnehmungen gerichtet ist, identifizieren wir uns mit unseren Reaktionen auf diese Wahrnehmungen. Wenn wir dem Klang des "Aum" nach innen zu seiner Quelle folgen, gelangen wir jenseits dieser oberflächlichen Wellenbewegungen und beginnen, unser Universelles Selbst zu erfahren. Ersetze deine Gedanken durch den Klang des "Aum" und löse den Ego-Leim auf, durch den du dich mit den Fluktuationen in deinem Bewußtsein identifizierst. Sowohl die *Veden* als auch die tantrischen Lehren betonen die Bedeutung von Mantras für die Selbst-Verwirklichung. Die Meditation über "Aum" wird als *oṃkāra dhyāna* bezeichnet, und in *Babaji's Kriya Yoga* wird ihr eine besondere Bedeutung beigemessen. In dem Maße, in dem sich die innere Achtsamkeit entwickelt, richtet sich auch der Strom des Bewußtseins immer mehr nach innen, zum wahren Selbst. Das Chanten muß immer wieder für längere Zeit erfolgen.

Wenn man *japaḥ* praktiziert, ersetzt der Klang oder Gedanke des *mantra* das "Ich"-Gefühl. Und wenn das "Ich"-Gefühl verschwindet, haben die Hindernisse (die im nächsten Vers aufgezählt werden), darunter Sinnlichkeit bzw. Genußsucht, Zweifel, Krankheit usw., nichts mehr, woran sie sich festmachen können. Die triviale Kette gewohnheitsmäßiger Gedanken bekommt keine Nahrung mehr, und so verlieren diese Gedanken allmählich ihre Kraft und lösen sich auf. Es bleibt eine stille Selbst-Bewußtheit, und darin liegt die Schönheit von *japaḥ*. Man braucht nicht mehr mit Wünschen oder Ängsten zu kämpfen. Man lenkt einfach seine mentale Energie weg von ihnen, indem man sich auf das *mantra* konzentriert. Allmählich welken sie dahin. Wünsche und Ängste sind wie Katzen: Wenn man sie füttert, werden es immer mehr. Wenn man aufhört, sie zu füttern, gehen sie woanders hin.

Übung: Chante oft, und zwar immer mit einem Gefühl der Ehrfurcht, besonders wenn du starke Wünsche oder Ängste spürst. Danach werde still und meditiere über "*Auṁ*."

30. *vyādhi-styāna-saṃśaya-pramāda-ālasya-avirati-bhṛānti-darśana-alabdha-bhūmikatva-anavasthitatvāni citta-vikṣepās-te'ntarāyāḥ*

vyādhi = Krankheit, Leiden

styāna = Stumpfsinn, Rigidität

saṃśaya = Zweifel, Zögern

pramāda = Achtlosigkeit, Nachlässigkeit

ālasya = Faulheit, Müßiggang

avirati = Verhaftet sein, Genußsucht

bhṛānti = falsch, irreführend, verkehrt

darśana = Meinung, Beobachtung, Verständnis

alabdha = Fehlschlag, nicht erreicht

bhūmikatva = fester Halt, Stufe, Ort, Basis

anavasthitatvāni = Unbeständigkeit, Wankelmütigkeit

citta = Bewußtsein

vikṣepāḥ = Ablenkungen, Zerstreuung

te = diese

antarāyāḥ = Hindernisse

Krankheit, Stumpfsinn, Zweifel, Nachlässigkeit, Faulheit, Genußsucht, irrige Meinung, Haltlosigkeit und Wankelmütigkeit – diese Ablenkungen des Bewußtseins sind Hindernisse.

Die Hindernisse auf dem Weg zu innerer Bewußtheit bzw. zu dem Zustand, bei dem man den inneren Beobachter einschaltet, sind die neun hier aufgeführten Ablenkungen. Diese Hindernisse sind jedoch nicht unüberwindlich. Sie können überwunden werden, indem man sich, wie oben beschrieben, bedingungslos dem Göttlichen zuwendet *(īśvara-praṇidhānaḥ)* - dazu gehören die hingebungsvolle Praxis von *japaḥ* ebenso wie die Bemühung um das Gegenteil dieser Ablenkungen sowie andere yogische *sādhanas*, wie z. B. das selbstlose Dienen *(karma yoga).*

Krankheit *(vyādhi)* ist sowohl körperlich als auch psychisch zu verstehen. Sie ergibt sich aus unseren Reaktionen auf den Stress des Lebens.

Stumpfsinn *(styāna)* rührt daher, daß es uns an Energie fehlt, um ständig wach und bewußt zu bleiben. Wir dürfen daher unsere Energie nicht vergeuden und müssen Ermüdung vermeiden.

Zweifel *(saṃśaya)* ist die Tendenz unseres Geistes, etwas in Frage zu stellen. Wenn dies nicht von einer Suche nach Antworten begleitet wird, besteht die Gefahr, zynisch zu werden. Man ist nicht mehr bereit, sich weiter zu bemühen.
Nachlässigkeit *(pramāda)* bedeutet Unaufmerksamkeit. Man läßt sich ablenken und kann sich nicht auf eine Sache konzentrieren.
Faulheit *(ālasya)* ist eine Gewohnheit, die daher rührt, daß man sich entmutigen läßt, daß es einem an Begeisterungsfähigkeit und Inspiration fehlt.

Genußsucht oder sinnliche Abhängigkeit *(avirati)* entsteht, wenn Wünsche unterstützt anstatt losgelassen werden.

Irrige Meinung *(bhṛānti)* heißt, daß man die Realität hinter den Dingen nicht sieht.

Nicht in der Lage sein, einen festen Halt zu finden *(alabdha bhūmikatva),* ist zurückzuführen auf einen Mangel an Geduld und Ausdauer.
Wankelmütigkeit *(anavasthitatva)* heißt, man ist nicht in der Lage, angesichts der Höhen und Tiefen des Lebens in seiner Mitte zu bleiben, weil man seine Übungen nicht konsequent durchzieht. Man verliert sich in der vorübergehenden äußeren Schau.

Übung: Mache dir eine Liste, in der du notierst, wie die genannten Ablenkungen in deinem Leben auftreten. Achte genau auf die Reihenfolge im Hinblick darauf, welche dich am meisten belasten. Bemühe dich bewußt um das Gegenteil, indem du die Techniken der Autosuggestion und Affirmation anwendest. Beginne mit denen, die dich am wenigstens belasten, bereinige diese und arbeite dann die Liste weiter ab bis zu Punkt 1 (vgl. Hinweise zu Auto-Suggestionen in Fußnote **(4)**.

31. *duḥkha-daurmanasya-aṅgam-ejayatva-śvāsa-praśvāsā vikṣepa-sahabhuvaḥ*

duḥkha = Angst, Schmerz, Schwierigkeit

daurmanasya = Depression, Verzweiflung

aṅga = Körper-Glied

ejayatva = zittern, wackeln, unregelmäßig

śvāsa = Einatmung, Atmung

praśvāsa = Ausatmung

vikṣepāḥ= Ablenkungen

sahabhuvaḥ = begleitend, zusammen auftretend

Die Begleiterscheinungen [dieser] Ablenkungen sind Zittern von Körperteilen, unregelmäßige Atmung, Depression und Angst.

Ablenkende Gedanken *(vikṣepāḥ)* sind jene Regungen des Bewußtseins, die uns unsere innere Bewußtheit vergessen oder verlieren lassen. Wenn wir uns zu sehr in unsere Gedanken vertiefen und unser inneres Gleichgewicht verlieren, kann es sogar zu Auswirkungen auf unsere Psyche kommen in Form von Depression (*daurmanasya)* oder Angst *(duḥkha)*, oder auch Zittern des Körpers, Unruhe oder unregelmäßige Atmung (*ejayatva-śvāsa-praśvāsā).* Diese Begleiterscheinungen ablenkender Gedanken können uns daran erinnern, wie weit wir uns von unserem wahren Selbst entfernt haben und uns somit helfen, dorthin zurückzukehren. Wir können chanten oder liebevoll etwas tun, um unsere Gefühle zu verändern oder auch tief atmen oder Yoga-Asanas machen, um unseren Geist, unsere Gefühle und unseren Körper zu beruhigen. Psychotherapie bleibt in der Regel an der Oberfläche bei den Symptomen, während diese yogischen Übungen bis hinab zum Urgrund unseres Wesens wirken. Der Körpergeist hat einen eigenen Willen und ein eigenes Erinnerungsvermögen. Das war in alten Zeiten wohlbekannt. Ein ganzheitlicher Ansatz wie beim *Yoga* verhindert, daß diese Begleiterscheinungen zu schlimmeren Krankheiten führen.

Übung: Wenn du unruhig oder verwirrt bist, mach *yoga āsanas.* Klarheit wird kommen. Oder verharre einfach ruhig in einem *āsana* und richte deine Aufmerksamkeit auf den Atem. Übe das bewußte Atmen, bis eine ruhige, tiefe, sanfte Atmung dir zur ständigen Gewohnheit wird.

32. *tat-pratiṣedha-artham-eka-tattva-abhyāsaḥ*

tad = diese (bezieht sich hier auf *artha*)

pratiṣedha = ausschalten, fernhalten

artham = Sinn und Zweck

eka = einzig

tattvam = Sache, Thema, Prinzip; wörtlich: "Istheit"

abhyāsaḥ = konzentrierte, regelmäßige Übung

Die Konzentration auf ein einzige Sache ist der beste Weg, um [die Hindernisse und

ihre Begleiterscheinungen] auszuschalten.

Die Konzentration auf ein einziges Thema *(eka-tattva-abhyāsaḥ)* hindert den Geist daran, sich ablenken zu lassen oder in Gedanken zu verlieren. Die innere Achtsamkeit wächst. Die Hindernisse, wie Stumpfsinn *(styāna)*, Krankheit *(vyādhi)*, Faulheit *(ālasya)*, Zweifel *(saṃśaya)*, Nachlässigkeit *(pramāda)* und Genußsucht *(avirati)* sowie ihre Begleiterscheinungen wie Angst *(duḥkha)* und Depression *(daurmanasya)* verschwinden allmählich. Bei allen *Yoga*-Techniken geht es um die Konzentration auf etwas ganz Bestimmtes: den Körper *(aṅga)*, den Atem, ein *mantra* oder die Meditation *(dhyāna)*.

Indem wir etwas als Symbol benutzen, können wir Klarheit gewinnen und einen sicheren Blick, und dies wiederum wird uns helfen, schließlich das Symbol zu transzendieren und unser wahres Wesen zu erkennen. Die Instrumente der Konzentration werden je nach Neigung unterschiedlich sein, aber das Ziel, die Selbstverwirklichung, bleibt das gleiche.

Die Tendenz des Geistes, sich ablenken zu lassen, hält uns gefangen in der Illusion des Getrenntseins: Man kann die Erfahrung des Eins-Seins mit dem All nicht machen. Gedanken, die oft wiederholt werden, führen zu dem illusionären Glauben, daß etwas beständig ist, und sie laden ungebetene Gäste ein: die Hindernisse und ihre Begleiterscheinungen.

Das Wort „*tattvam*" bezieht sich auch auf die 24 Prinzipien der *prakṛti* nach der Philosophie des *Sāṅkhya yoga* und die 96 Prinzipien der Natur, die im *Tirumantiram,* Vers 125, 154 und 381-410, aufgezählt werden. Die tamilischen *siddhas* waren hervorragende Naturwissenschaftler. Sie erforschten alle Erscheinungsformen und Ebenen der Natur. Anstatt die Natur einfach zu transzendieren oder über die manifestierte Welt hinauszugehen, untersuchten sie sie und strukturierten ihr Naturverständnis im System der *tattvas.* Indem sie der Natur in all ihren Erscheinungsformen Genüge taten, waren sie in der Lage, das Höchste Wesen zu erkennen.

Der tamilische Begriff *tattuvam* besteht aus zwei Teilen: „*tat*" in der Bedeutung von "Es", d. h. „*civam*" (Skt. *Śiva)* und „*tuvam*" (= suffix *ūtva* in Sanskrit) in der Bedeutung von: die Natur des "Es". Die Philosophie des „tattuvam" besteht darin, die wahre Natur der menschlichen Seele und des Allerhöchsten zu erkennen.**(5)**

In der Regel ist es einfacher, sich auf eine Form zu konzentrieren als auf etwas Formloses. Daher wird, wenn man die "Ein-Punktigkeit" entwickeln will, für den Anfang empfohlen, sich auf ein konkretes Objekt zu konzentrieren. Wenn es sich dabei um ein Objekt handelt, das man faszinierend oder erhebend findet, wird es einfacher sein, denn dann wird der Geist nicht so leicht abschweifen. Schließlich kann man sich auf *īśvara* selbst oder das Ich-Gefühl konzentrieren.

Übung: Richte deine Aufmerksamkeit auf ein einziges Objekt, z. B. mit offenen Augen auf eine Kerzenflamme oder visualisiere in der Meditation mit geschlossenen Augen ein einzelnes Objekt, folge deinem Atem oder wiederhole ein *mantra.* Konzentriere dich regelmäßig auf die Gestalt der von dir gewählten Gottheit (deiner *ista devatā),* z. B. auf *Babaji, Kṛṣṇa, Śiva* oder die Göttliche Mutter, und zwar nicht nur während der Meditation, sondern auch im Laufe des Tages. Wähle eine Gottheit, von der du dich angezogen fühlst, bei der du eine Resonanz spürst. Erlaube der von dir gewählten Gottheit, dir nahe zu kommen, bei dir zu sein, wenn du betest, durch dein Bild von ihr lebendig zu werden. Sei dir der Gegenwart des Göttlichen bewußt, wie es an deiner Seite geht, mit dir spricht, dich führt und dich trägt, wann immer es erforderlich ist. Lache auch mit dem Göttlichen (Einweihungsstufe III von *Babaji's Kriya Yoga*).

33. *maitrī-karuṇā-muditā-upekṣāṇāṃ sukha-duḥkha-puṇya-apuṇya-viṣayāṇāṃ bhāvanātaś-citta-prasādanam*

maitrī = Freundlichkeit, Wohlwollen

karuṇā = Mitgefühl

muditā = Freude, Heiterkeit

upekṣāṇāṃ = Gleichmut

sukha = glücklich, Vergnügen

duḥkha = unglücklich, Unzufriedenheit, Leid, Angst

puṇya = tugendhaft, verdienstvoll

apuṇya = böse, untugendhaft, ohne Verdienste

viṣayāṇāṃ = von Objekten, durch Zustände

bhāvanātaḥ = indem man kultiviert, praktiziert

citta = Bewußtsein

prasādanam = ungestörte Ruhe, Stille

Indem man Freundlichkeit gegenüber den Glücklichen, Mitgefühl gegenüber den Unglücklichen, Freude gegenüber den Tugendhaften und Gleichmut gegenüber den Untugendhaften praktiziert, bewahrt der Geist seine ungestörte Ruhe.

Der Geist kann ein Hindernis oder eine Hilfe beim Prozeß der Selbst-Verwirklichung sein. Um den Prozeß zu erleichtern, wird empfohlen, im täglichen Leben diese vier Verhaltensweisen zu pflegen. Selbst wenn wir keine spirituellen Ziele anstreben, werden wir eine heitere Gelassenheit empfinden, wenn wir diesem Rat folgen. Der Geist tendiert allerdings manchmal in die entgegengesetzte Richtung.

Freundlichkeit oder Wohlwollen (*maitri)* gegenüber den Glücklichen (*sukha)*: Es ist nötig, sich um eine solche Haltung zu bemühen, weil wir manchmal eifersüchtig oder neidisch gegenüber denjenigen sind, die glücklich sind, und diese kritisieren. So kann es z. B. vorkommen, daß wir neidisch sind, wenn andere auf der materiellen Ebene die Früchte ihrer Arbeit genießen. In einem solchen Fall sollten wir stattdessen sagen: "Möge es ihnen weiterhin gut gehen."

Mitgefühl (*karuṇa*) gegenüber denen, die leiden (*duḥkha)*: Selbst wenn wir durch unsere

Gedanken oder Handlungen nur wenig für einen anderen Menschen tun können, so wird doch unsere eigene Psyche verändert, indem wir uns dem Mitgefühl öffnen. Wir sollten diese Menschen nicht verurteilen, indem wir etwa sagen: "Sie leiden eben wegen ihres schlechten *karma*."

Sich erfreuen *(muditā)* an den Tugendhaften *(puṇya)*: Nimm sie dir zum Vorbild und freue dich, daß es solche Menschen gibt.

Gleichmut *(upekṣā)* gegenüber untugendhaften Menschen *(apuṇya)*: Laß deinen Geist nicht durch negative Menschen beeinflussen. Urteile nicht über andere. Wir sollten solche Menschen, die vielleicht leiden, auch nicht mißachten, sondern auch sie lieben. Wir können jemand durchaus lieben, ohne über sein Verhalten zu urteilen. Wenn wir jemand verurteilen, verstärken wir nur in unserem eigenen Geist die negativen Eigenschaften, die wir ablehnen. Es ist in der Regel so, daß wir bei anderen gerade das ablehnen, was wir selbst in uns haben. Die Welt ist in uns. Um die Welt zu verändern, brauchen wir nur unsere Gedanken zu ändern. Sieh einfach über die Fehler der anderen hinweg. Gehe nicht näher auf ihre Schwächen ein. Wenn wir das tun, übertragen wir auf sie Gedanken, die ihre Schwächen nur verstärken.

Indem wir uns um solche Einstellungen bemühen, wird unser Geist gereinigt, und das führt zu einer konzentrierten heiteren Gelassenheit.

Übung: Bemühe dich um Freundlichkeit gegenüber den Glücklichen und zeige Mitgefühl gegenüber den Unglücklichen. Erfreue dich an den Tugendhaften und übe Gleichmut gegenüber den Untugendhaften. Nutze deine persönlichen Beziehungen, um diese Fähigkeiten zu entwickeln und beobachte, wie daraus Ruhe entsteht.

34. *pracchardana-vidhāraṇābhyāṃ vā prāṇasya*

pracchardana = Ausatmung

vidhāraṇābhyāṃ = durch Anhalten von

vā = oder

prāṇasya = des Atems; des Lebens

[Diese ungestörte Ruhe des Geistes wird] auch [erreicht] durch [bewußte] Ausatmung und Anhalten des Atems.

Durch Verfeinerung des Atems *(prāṇa)* mit Hilfe einer bewußten, langsamen und gleichmäßigen 4-stufigen Atmung im Verhältnis 1:0:2:0 oder 2:0:2:0 werden Geist und Sinne beruhigt. Diese Zahlen beziehen sich auf die relative Länge der Einatmung, die Pause zwischen Einatmung und Ausatmung, die Ausatmung und schließlich die Pause zwischen Ausatmung und der nächsten Einatmung. Die Null bedeutet, daß der Atem nicht angehalten wird. Indem man beobachtet, wie der Atem langsam ein- und ausströmt, findet man zu einem inneren Gleichgewicht. Geist und Atem sind eng verbunden. Jeder psychische Zustand hat sein entsprechendes Atemmuster. Wenn der Atem langsamer wird, verlangsamt sich auch die Aktivität des Geistes. Wenn der Geist erregt ist, ist auch der Atem heftig. Das bedeutet, wir können unseren Geist kontrollieren, indem wir unseren Atem kontrollieren. In diesem Vers geht es nicht um Atemkontrolle *(prāṇāyāma)*, sondern um eine bewußte, langsame, gleichmäßige Atmung, daher die besondere Terminologie. In diesem Zusammenhang ist die *„haṃsaḥ*"-Meditation und die "Geh-Meditation mit koordinierter Atmung" aus *Babaji's Kriya Yoga* zu sehen.

Im Tirumantiram, Vers 567, heißt es dazu:

> „Laß *prāṇa* mit dem Geist verschmelzen
> Und beide zusammen still werden,
> Dann wird es Geburt und Tod nicht mehr geben.
> Deshalb lerne, deinen Atem zu lenken."

In der Pause zwischen Einatmung und Ausatmung hat man die Chance, die Wahrheit zu erfahren. Bewußtes Atmen kann man jederzeit und für längere Zeit üben. Es empfiehlt sich besonders, wenn der Geist unruhig ist. Auf diese Weise kann die kognitive Versenkung *(samādhi)* erreicht werden.

Übung: „*Haṃsaḥ*"-Meditation und "Geh-Meditation" mit koordinierter Atmung, wie sie in *Babaji's Kriya Yoga* gelehrt werden.

35. *viṣaya-vatī vā pravṛttir-utpannā manasaḥ sthiti-nibandhanī*

viṣayavatī = ein Sinnesobjekt erfassen

vā = oder

pravṛttiḥ = Aktivität, Neigung, Ausrichtung; Erkennen

utpannā = hervorgebracht, entstanden, geboren, produziert

manasaḥ = des Geistes

sthitiḥ = Stabilisierung, Gleichmäßigkeit, Beständigkeit, Ausrichtung

nibandhanī = (fest)halten, verpflichten, veranlassen

Oder die Stabilisierung des Geistes wird erreicht durch Ausrichtung auf [einen Fokus in der] Welt der Sinne.

Die subtilen Sinneswahrnehmungen stehen im Mittelpunkt des Interesses von mehreren *dhyānas* und *kriyās,* d. h. von Meditationstechniken in *Babaji's Kriya Yoga.* Im Traumzustand *(svapna)* wird dieser Erfahrung keine Beachtung geschenkt. Indem man sie jedoch zum Gegenstand der Meditation macht, geht man auf Distanz von den psychischen Erregungen und lenkt bewußt den Fluß der Gedanken. Der Geist wird ruhig (*prasādanam*) und gleichmäßig ausgerichtet (*sthitiḥ).* Dabei kann es auch zu Hellsehen oder Hellfühlen kommen. Man kann z. B. die Aura an der Nase oder den Fingerspitzen wahrnehmen oder sie um eine andere Person sehen. Wenn der Geist dagegen abgelenkt ist, gibt es keine Achtsamkeit und daher keine Ruhe.

Die Konzentration auf die Nasenspitze erhöht das Geruchsempfinden. Nach Swami Hariharananda Aranya verstärkt die Konzentration auf die Zungenspitze das Geschmacksempfinden, die Konzentration auf die Zunge den Tastsinn und auf die Zungenwurzel das Gehör.

Übung: Praktiziere die Visualisierungs- oder Konzentrationsübungen in Verbindung mit den fünf subtilen Sinneswahrnehmungen.

36. *viśokā vā jyotiṣmatī*

viśoka = glückselig, sorgenfrei

vā = oder

jyotiṣmatī = zusammengesetzt aus: *jyotiṣ* = das höchste Licht, Erleuchtung und *matī* = haben, besitzen

Oder [indem man sich konzentriert auf] das ewig glückselig machende höchste Licht im Inneren, [läßt man alles Leid hinter sich und gelangt zu Klarheit].

Eine weitere Möglichkeit, um den Geist zu beruhigen, ist, sich ein helles Licht oder eine Kerzenflamme in uns selbst, z. B. in der Stirn, im Herzen oder irgendeinem *cakra* vorzustellen. Schließlich werden wir die Gegenwart des Göttlichen Lichtes überall als Wirklichkeit erfahren. In vielen Traditionen wird über die Erfahrung des Göttlichen Lichts - *jyoti* oder die „Vision des Goldenen Lichts" - berichtet. Im *Kriya Yoga* gibt es verschiedene *dhyāna kriyās,* bei denen es um diese Vision geht. In diesem Zusammenhang sind "die Drei Göttlichen Eigenschaften" und die Konzentration auf eine Kerzenflamme (*trāṭaka)* zu sehen. Dies ermöglicht uns, Prägungen unseres Unterbewußtseins (*saṃskāras)* verschwinden zu lassen und uns selbst als einen Ozean von Licht zu erfahren. Die Ruhe kommt, weil man die Ebene der Dualität mit ihrer Gedanken-Vielfalt hinter sich läßt und auf die Ebene des Absoluten vorstößt, wo alles wie ein Ozean von Licht wahrgenommen wird. Die Klarheit wird erreicht, wenn der Bodensatz sich absetzt. Das Licht durchdringt alles, aber wir bemerken es kaum, weil wir ausschließlich mit den äußeren Formen beschäftigt sind. Wie bei den Bildern eines Films sehen wir die Leinwand nicht, obwohl sie unmittelbar vorhanden ist. Christus sagte: "Ich bin das Licht".

Eine Möglichkeit, dies zu üben ist, daß man sich in seinem Herzen einen strahlenden Glanz vorstellt, grenzenlos wie der Himmel oder auch durchsichtig. Und in diesem Glanz sieh dein Selbst. Sage dir: "Ich bin über alles ausgebreitet".

<u>Übung</u>: Übe *sārūpya jyoti samādhi dhyāna kriyā,* wie es in Einweihungsstufe III von *Babaji's Kriya Yoga* gelehrt wird.

37. *vīta-rāga-viṣayaṃ vā cittam*

vīta = frei, losgelassen, überwunden

rāga = Anhänglichkeit, emotionale Abhängigkeit, Leidenschaft

viṣayaṃ = Objekt

vā = oder

citta = Bewußtsein

Oder [diese ungestörte Ruhe des Geistes wird erreicht, wenn] das Bewußtsein [ausgerichtet ist auf den Geist jener großen Seelen], die emotionale Abhängigkeiten überwunden haben.

In den vorangegangenen Versen erwähnt Patañjali Hindernisse und ihre Begleiterscheinungen, die den Geist stören, sowie verschiedene Mittel und Wege, um sie durch Ruhe zu beseitigen. In diesem Vers erfahren wir, daß Ruhe des Geistes auch erreicht werden kann, indem wir uns auf den Geist eines Menschen konzentrieren, der eine reine "große Seele" geworden ist. Ein solcher Mensch hat sich von allem befreit, was den Geist stört: von Wünschen, Ängsten, Wut und dem Streben nach Macht und Besitz. Die Schwingungen und das Wesen solcher Seelen beruhigen unseren gestörten Geist, und aufgrund des Resonanzgesetzes werden auch wir ruhig und lassen los. Dies ermöglicht ihrem Wesen, ihrem Geist und ihrer Energie, uns zu führen. Wir werden ihr Instrument. Die Illusion, allein von sich aus handeln zu müssen, löst sich auf. Diese Technik wird im *Tirumantiram* erwähnt und gehört auch zu *Babaji's Kriya Yoga.*

<u>Übung</u>: Meditiere über große spirituelle Persönlichkeiten. Laß ihre Eigenschaften in dich eindringen, so daß sie von dir aufgesogen werden können.

38. *svapna-nidrā-jñāna-ālambanaṃ vā*

svapna = Traum

nidrā = Schlaf

jñāna = Wissen, Erkenntnis, Bewußtsein, Bewußtheit; Weisheit *ālambana* = Basis; unterstützen; Anschluß, fester Wohnsitz

vā = oder

Oder [diese ungestörte Ruhe des Geistes] wird unterstützt durch Erkenntnisse, die in Träumen und im Schlaf auftauchen.

Der Geist kann sich an den Zustand der Ruhe und heiteren Gelassenheit erinnern, indem er sich Träume, die ihn auf eine höhere Bewußtseinsebene versetzt haben, oder den während eines tiefen Schlafes empfundenen Frieden ins Gedächtnis zurückruft. Gemeint ist nicht, sich an die Müdigkeit zu erinnern, sondern an den Frieden. Es gibt besondere visionäre Träume, in denen wir einen höheren Seins-Zustand, das Göttliche Licht oder neue Dimensionen des Wohlbefindens erleben. Die Erinnerung an solche Erfahrungen kann uns inspirieren, zu unserem wahren Selbst zurückzukehren, dessen Wesen das Sein, die Bewußtheit und Glückseligkeit ist. In dem Maße, in dem durch unser *sādhana* unsere innere Bewußtheit wächst, können solche visionären Träume häufiger und klarer werden. Damit wird auch die Erkenntnis wachsen.

Übung: Führe ein Tagebuch über deine Träume. Du kannst Träume als Meditationsobjekte nutzen.

39. *yathā-abhimata-dhyānād-vā*

yathā = wie auch

abhimata = gewünscht

dhyānād = durch Meditation oder Kontemplation

vā = oder

Oder durch ein nach [eigenen] Wünschen [beliebig gewähltes] Meditationsthema.

Wir können jedes Meditationsthema wählen, das wir mögen, am besten jedoch etwas, das uns fasziniert und emporhebt. In den vorangegangenen Versen hat Patañjali bereits viele solcher Themen erwähnt. Der Geist fühlt sich zu unterschiedlichen Sinnesobjekten oder Themen hingezogen, je nach Interessenlage und Wünschen der betreffenden Person. Indem wir uns erlauben, einen Fokus zu wählen, der unseren Wünschen entspricht, kann der Geist das betreffende Thema erforschen und seine Grenzen ausloten. Allmählich werden unsere Interessen sich von den äußeren Dingen abwenden hin zu dem, was nur im Inneren zu sehen ist, wie *cakras*, *nāḍis*, Gottheiten, Licht und metaphysische Begriffe. Indem wir uns darauf konzentrieren, zieht der Geist sich von den äußeren Ablenkungen zurück. Er findet Ruhe sowie die "Ein-Punktigkeit" als Vorbereitung für *samādhi.*

Übung: Wähle ein Thema und bleibe bei diesem Thema. Übe das zweite *dhyāna kriyā.*

40. *parama-aṇu-parama-mahat(t)va-anto 'sya vaśīkāraḥ*

parama = äußerst; Grenze; hier: atomares oder elementares Teilchen

aṇu = klein, fein, winzig

parama = äußerst

maha(t)tva = Größe, Umfang, Ausdehnung

antaḥ = Ende, Schluß

asya = davon

vaśīkāraḥ = Meisterschaft, Beherrschung

[Allmählich] dehnt sich die Beherrschung [der Konzentration] aus vom kleinsten [atomaren Teilchen] bis zur gewaltigsten Größe.

Yogins sind in der Lage, mit ihrem Geist ständig bei jedem beliebigen Objekt zu bleiben – vom kleinsten subatomaren Teilchen bis zum gesamten Universum. Für solche Menschen wird alles erreichbar. Hat man erst einmal gelernt, seinen Geist zu beherrschen, gibt es kein schwieriges Meditationsthema mehr.

Man entwickelt die *siddhis* der Levitation (*laghiman)* und Vergrößerung der eigenen Person (*mahiman*), die Bewußtheit des Mikro- und Makrokosmos. Indem man den normalerweise zerstreuten Geist auf ein Objekt ausrichtet (*saṃyama* oder Eins-werden), wird man selbst zu diesem Objekt und kann es manifestieren. Die Fähigkeit der Materialisierung und die anderen *siddhis* oder yogischen Wunderkräfte entwickeln sich. So können aus der Ausrichtung des Geistes alle diese übernatürlichen Fähigkeiten entstehen.

Übung: Meditiere über die Erscheinungen der Natur – von der subatomaren Ebene über die sichtbaren und unsichtbaren Phänomene bis hin zur kosmischen Ebene.

41. *kṣīṇa-vṛtter-abhijātasya-iva maṇer-grahītṛ-grahaṇa-grāhyeṣu tat-stha-tad-añjanatā samāpattiḥ*

kṣīṇa = vermindert, geschwächt, verringert

vṛttiḥ = Fluktuationen

abhijāta = wertvoll, edel, rein

iva = wie

maṇer = von einem Edelstein, Kristall

grahīṭr = Wissender, Erkennender

grahaṇa = Wissen, Vorgang des Erkennens

grāhyeṣu = Erkanntes, im Erkannten

tat = diese, seine

stha = stehen, (dabei)bleiben

tad = diese, seine

añjanatā = die Farbe [jedes beliebigen Objektes] annehmen

samāpattiḥ = kognitive Versenkung, bei der man sich mit dem Meditationsgegenstand identifiziert; Übereinstimmung, Vereinigung, Zusammenkommen

Ebenso wie ein reiner Kristall die Farben [oder Formen] der in der Nähe befindlichen Objekte annimmt, so [kommt es zur] kognitiven Versenkung, wenn sich die Fluktuationen des Bewußtseins [durch verschiedene Mittel] verringert haben – der Erkennende, das Erkannte und ihre Beziehung zueinander sind nicht mehr zu unterscheiden.

Hier wird der Prozeß beschrieben, durch den *samādhi* erreicht wird. Wenn die Fluktuationen des Bewußtseins *(cittavṛttiḥ),* einschließlich der Sinneswahrnehmungen, der begrifflichen Vorstellungen, der Erinnerungen etc. (vgl. Vers I.2 und I.5), sich mit Hilfe der in den vorangegangenen Versen beschriebenen verschiedenen Techniken verringert haben, sieht der *yogin* keinen Unterschied mehr zwischen ihm selbst, den Objekten seiner Erkenntnis und dem eigentlichen Prozeß des Erkennens (d. h. zwischen dem Meditierenden, dem Meditationsgegenstand und der Meditation). Wenn der Unterschied zwischen Subjekt und Objekt verschwindet, hört auch der Prozeß des Erkennens auf. Der Geist ist völlig versunken und nimmt die Form seines Meditationsobjektes an, wie ein reiner Kristall, der die Form einer neben ihm befindlichen Blume widerspiegelt. Wenn der Geist sich in die Gedanken eines Heiligen oder einer anderen großen Seele versenkt, wird er die Eigenschaften dieses Heiligen widerspiegeln, d. h. der Geist spiegelt das wider, worin er sich versenkt.

Übung: Meditiere über den Guru, der in der Mitte deines Herzens wie ein reiner Kristall leuchtet. Versenke dich in "Das" – ICH BIN.

42. *tatra śabda-artha-jñāna-vikalpaiḥ saṃkīrṇa savitarkā samāpattiḥ*

tatra = wobei

śabda = Klang, Wort

artha = Objekt, Bedeutung, Sinn und Zweck

jñāna = Wissen, Erkenntnis

vikalpaiḥ = durch oder mit Vorstellung, begriffliches Denken

saṃkīrṇā = gemischt, durchsetzt; undeutlich

savitarkā = mit Beobachtung, Denken, Schlußfolgern, Reflexion

samāpattiḥ = kognitive Versenkung, bei der man sich mit dem Objekt der Betrachtung identifiziert; Zusammentreffen

Die kognitive Versenkung, bei der die Subjekt-Objekt-Identifikation mit spontan auftauchenden Worten, Bedeutungen und Erkenntnissen durchsetzt ist, wird als „*savitarkā samādhi*" bezeichnet: *samādhi* mit Reflexion.

In diesem und den folgenden beiden Versen I.43-44 analysiert Patañjali „*saṃprajñāta samādhi*", das als "unterscheidende" oder "objekt-orientierte" kognitive Versenkung definiert wird (vgl. Vers I.17). Er unterscheidet dabei vier Stufen: „*savitarkā*" („ausgehend von einem konkreten Objekt mit Reflexion"), „*nirvitarkā*" („ausgehend von einem konkreten Objekt ohne Reflexion"), „*savicāra*" („ausgehend von einem abstrakten Thema mit Reflexion") und „*nirvicāra*" („ausgehend von einem abstrakten Thema ohne Reflexion"). Während der ersten Stufe der kognitiven Versenkung (*samādhi),* die als *savitarkā* bezeichnet wird („*sa*' in der Bedeutung von 'mit', ‚*vi*' in der Bedeutung 'hin und her' und ‚*tarkā*' = Reflexion), kann die Identifikation zwischen dem Meditierenden und dem konkreten, sichtbaren Meditationsobjekt durchsetzt sein mit Erkenntnissen und begrifflichen Vorstellungen über den konkreten bzw. sichtbaren Meditationsgegenstand, die von einer supra-mentalen Ebene kommen. Dies geschieht spontan. Der sichtbare bzw. konkrete Meditationsgegenstand kann die Gestalt eines Heiligen, ein Yantra oder irgend etwas aus der Welt der Natur sein – Dinge, die oft als Meditationsgegenstand gewählt werden.

Dabei handelt es sich nicht um die Produkte umherschweifender Gedanken oder um unklare Vorstellungen, wie beim normalen Denken. Vielmehr sind diese plötzlichen Erkenntnisse von einer einzigartigen Klarheit und Kraft. Die Tatsache, daß sie überhaupt auftauchen, zeigt, daß noch keine vollständige Verschmelzung von Subjekt und Objekt (*samādhi*) erreicht wurde. Worte, Objekte und Erkenntnisse können auch unabhängig und getrennt voneinander zwischen den Phasen der Versenkung (*samādhi)* auftauchen.

Übung: Während du über eine Visualisierung oder - mit geöffneten Augen - über einen sichtbaren, konkreten Gegenstand, wie eine Kerzenflamme oder den *Śiva-lingaṃ*-Stein, meditierst, laß zwischen Ein- und Ausatmung spontan und ohne Anstrengung Erkenntnisse aufsteigen. Lerne und übe die *dhyāna kriyās*, wie sie in der Einweihungsstufe I von *Babaji's Kriya Yoga* gelehrt werden.

43. *smṛti-pariśuddhau sva-rūpa-śūnya-iva-artha-mātra-nirbhāsā nirvitarkā*

smṛti = Eindrücke, Erinnerungen

pariśuddhau = gereinigt oder rein

svarūpa = eigene Form, Wesenskern

śūny = leer

iva = sozusagen, wie, als ob, "scheint zu sein"

artha = Objekt, Form

mātra = nur

nirbhāsā = leuchtet auf, ist erleuchtet

nirvitarkā = ohne Reflexion

Die kognitive Versenkung, bei der die Subjekt-Objekt Identifikation vollständig gereinigt ist von äußeren Eindrücken und man sozusagen leer geworden ist, reduziert auf den eigenen Wesenskern, leuchtend ohne jede Reflexion, ist „*nirvitarkā samādhi.*"

Zu einer Versenkung, die nicht mehr von Gedanken begleitet wird *(nirvitarkā samādhi),* kommt es, wenn die supra-mentalen Erkenntnisse und begrifflichen Vorstellungen über die konkreten bzw. sichtbaren Meditationsobjekte völlig aufhören. Im Unterschied zu der von Gedanken begleiteten Versenkung (*savitarkā samādhi* vgl. Vers I.42) ist die Subjekt-Objekt-Identifikation hier vollständig. Es gibt keine supra-mentalen Erkenntnisse mehr über den sichtbaren oder konkreten Meditationsgegenstand zwischen den Versenkungsphasen. Der Erkennende ist erkannt.

Übung: Während du über eine Visualisierung, oder - mit offenen Augen - über einen konkret sichtbaren Gegenstand wie einen *Śiva-lingaṃ* -Stein meditierst, laß den Raum zwischen den Atemzügen sich ausdehnen und alle Gedanken in Stille versinken.

44. *etayā-eva savicārā nirvicārā ca sūkṣma-viṣayā vyākhyātā*

etayā = in der gleichen Weise

eva = so

savicāra = reflektierend, mit subtiler Reflexion

nirvicāra = super- oder nicht-reflektierend, ohne subtile Reflexion

ca = und

sūkṣma = subtil, fein(stofflich)

viṣayā = Objekte (vgl. Vers I.11), Zustand

vyākhyātā = erklärt, detailliert aufgeführt

Ähnlich werden [die Zustände der kognitiven Versenkung] in feinstoffliche Meditationsobjekte erklärt, [bei denen die Subjekt-Objekt-Identifikation] gemischt [ist] mit Worten und Reflexionen - „*savicāra*" [*samādhi*] – bzw. ohne Worte und Reflexionen [abläuft] - „*nirvicāra*" [*samādhi*].

Unter Bezug auf Vers I.17 sind feinstoffliche Meditationsobjekte als Abstraktionen, d. h. als etwas, das nicht konkret wahrgenommen wird, zu verstehen. Solche Abstraktionen können z. B. sein "Liebe", "Reinheit", "Glückseligkeit", "Sein", oder "Gott". Am Anfang, d. h. wenn man beginnt, den Geist im Meditieren zu üben, können diese Begriffe selbst Gegenstand der Meditation sein. Wenn, wie in Vers I.42 dargestellt, spontane Erkenntnisse oder begriffliche Vorstellungen als plötzliche Inspiration von einer supra-mentalen Quelle auftauchen – die zu unterscheiden sind von vage umherschweifenden Gedanken – spricht man von „*savicāra samādhi*."

Ebenso wie in Vers I.43 gilt: Wenn wir aufhören, uns mit solchen Abstraktionen zu identifizieren (vgl. Vers I.2), d. h. wenn der Geist leer ist und nur das Gefühl "Ich bin" bleibt, unvermischt mit Ideen oder Reflexionen über die Abstraktionen, handelt es sich um „*nirvicāra* (nicht-reflektierendes) *samādhi*."

Übung: Wenn du über Abstraktionen oder Begriffe meditierst, laß in der Pause zwischen Ein- und Ausatmung spontan und ohne Anstrengung Erkenntnisse aufsteigen. Lerne und übe *arūpya dhyāna kriyā* aus der Einweihungsstufe I von *Babaji's Kriya Yoga*. Laß dann später diesen Zwischen-Atem-Raum sich ausdehnen und alle Gedanken in der Stille vergehen.

45. *sūkṣma-viṣayatvaṃ ca-aliṅga-paryavasānam*

sūkṣma = subtil, feinstofflich

viṣayatva = Objektheit, Art der Beschaffenheit, Natur

ca = und

aliṅga = unmanifestiert; nach Vyasa: *prakṛti* als feinstofflichste Ursache

paryavasānam = einschließlich, Ende, Beendigung

Die feinstoffliche Natur der Dinge endet im Unmanifestierten.

In Vers I.45 beschreibt Patañjali, wie die wiederholte Erfahrung der nicht-reflektierenden kognitiven Versenkung – ob der Ausgangspunkt nun ein konkretes Objekt oder ein abstraktes Thema ist – letztlich zu einem andauernden Zustand der kognitiven Versenkung führt, der als „*asaṃprajñāta samādhi*" bezeichnet wird. Die Erfahrung des Geistes – zunächst mit konkreten, sichtbaren Objekten aus der Welt der Natur, dann mit subtileren wie Abstraktionen – löst sich auf in der ursprünglichen Quelle: der feinstofflichsten Ursache. Das ist der Bereich des Transzendentalen, der eigentlichen Realität, die hinter dem liegt, was „*buddhiḥ*" oder der Intellekt begreifen kann. Ebensowenig wie man den Ozean mit einem Meßbecher messen kann, kann man die letzte Wirklichkeit mit unserem Urteilsvermögen erfassen. Das ist auch der Grund weshalb "diejenigen, die *samādhi* kennen, nicht darüber reden, und die, die es nicht kennen, davon erzählen". In der Selbstverwirklichung gibt es keinen Unterschied mehr zwischen Erkennendem, Erkannten und Erkennen. Es herrscht Stille. Es bleibt nur der Sehende.

Übung: Wenn du über Abstraktionen oder Begriffe meditierst, erlaube der Atempause sich auszudehnen und laß alle Gedanken in der Stille versinken.

46. *tā eva sabījaḥ samādhiḥ*

tāh = diese

eva = eben (emphatisch)

sabīja = mit Keim, Samen; mit ursprünglicher Ursache

samādhi = kognitive Versenkung

Und eben diese kognitiven Versenkungen bergen [noch] Samen.

An dieser Stelle könnte man fragen: "Was für ein Leben ist möglich nach einer solchen Erfahrung?" *Yogins* tappen oft in eine Falle, wenn sie meinen, daß sie automatisch Heilige geworden sind oder die höchste Stufe der Vollkommenheit erreicht haben, nachdem sie die eine oder andere Form von *samādhi* erfahren haben. Es muß betont werden, daß *samādhi* ein mentaler Zustand ist, in dem der Geist zum größten Teil still wird. Die vier Formen von *samādhi,* die in den Versen I.42-I.44 und I.47 erwähnt werden, „*savitarkā*", „*nirvitarkā*", „*savicāra*", und „*nirvicāra*", bergen alle die Gefahr latenter Samen von belastenden Gedankenmustern. Diese sind im Unterbewußtsein gespeichert, bis sie durch entsprechende Lebensumstände hochgeholt werden. Bis sie endgültig verbrannt werden durch das Feuer des *sādhana* und die höchste Stufe von *samādhi,* besteht immer die Gefahr, daß das Bewußtsein des *yogin* wieder in diese aus dem Unterbewußtsein aufsteigenden Muster zurückfällt und daß die Selbst-Bewußtheit wieder durch Ego-Identifikation ersetzt wird (vgl. Vers I.4). Unter Umständen fühlt sich der *yogin* wie in einer Art Fahrstuhl, der ihn in den Phasen intensiver Übungspraxis "hoch"-trägt in *samādhi* und zu anderen Zeiten hinunter auf die Ebene der geistigen Ablenkungen und Neurosen. Auf dieses Syndrom des "Fahrstuhls," der sich auf und ab bewegt, bezieht sich Vers IV.27, wo es heißt: “Zwischendurch können aufgrund vergangener Eindrücke ablenkende Gedanken hochkommen”. Das erklärt, weshalb so viele *yogins,* die sich in *samādhi*-Zustände versetzen können, wenn sie “herunterkommen” genau so neurotisch sind wie jeder andere auch. Und schlimmer noch: es kommt sogar vor, daß sie ihre *samādhi-*“Erfahrung” benutzen, um ihr Ego aufzublähen und ihr autoritäres Verhalten anderen gegenüber rechtfertigen. Man sollte vor *yogins* auf der Hut sein, die versuchen, aufgrund sogenannter spiritueller Erfahrungen, ihr unmoralisches Verhalten zu rechtfertigen.

Das Mittel, um zu verhindern, daß man in eine solche Falle spirituellen Hochmuts tappt, gibt Patañjali in Vers IV.28. Dort erinnert er uns an die Beseitigung der Ursachen von Belastungen (Vers II.1, 2, 10, 11 und 26) – durch intensive Übungspraxis und Loslassen.

Übung: Nutze jeden Augenblick, jedes Geschehen, um das “loszulassen”, was deinen Geistesfrieden stört. Verzichte auf Reaktionen. Übe dich in Zufriedenheit. Bleibe gleichmütig angesichts des Hin und Her im Leben (Gib aber auch acht und sei dir bewußt, welche Verhaltensmuster hochkommen, bis diese schließlich völlig aufgelöst sind).

47. *nirvicāra-vaiśāradye‘dhyātma-prasādaḥ*

nirvicāra = nicht-reflektierend; jenseits von Reflexion

vaiśāradye = klar; rein; Klarheit des Verstandes

adhyātman = Höchstes Selbst

prasādaḥ = ungestörte Ruhe

Im reinen Zustand von *nirvicāra samādhi* [Versenkung ohne Worte und Reflexion] [erstrahlt] das Höchste Selbst in ungestörter Ruhe.

Ungestört durch jegliche Regung - selbst der subtilsten Art - verharrt der *yogin* in einem Zustand erhöhter Bewußtheit, in dem er sich mit dem Höchsten Selbst identifiziert, rein, klar und leuchtend. Es bleibt nur das Gefühl “Ich bin”. Man ist über eine vorübergehende Erfahrung hinausgegangen zu einem ständigen, dauerhaften Zustand des Seins – von der Erfahrung der Selbst-Verwirklichung oder Erleuchtung zum permanenten Zustand der Selbst-Verwirklichung bzw. Erleuchtung.

Es ist bedeutsam, daß Patañjali den Begriff ungestörte Ruhe (*prasādaḥ*, vgl. Vers I.33) benutzt. In einem solchen Zustand der Ruhe stören die zahllosen Erscheinungsformen der Natur nicht die grundlegende Erfahrung des “Ich bin”. Man bleibt in der Welt, aber ist nicht mehr von dieser Welt. Stille ist ein weiterführender Schritt jenseits der Ruhe. Es gibt dann nichts mehr, dessen man sich bewußt ist, außer jenem undifferenzierten Sein. Ruhe heißt nicht, daß keine Gedanken und Emotionen mehr vorhanden sind, man ist vielmehr mit ihnen präsent.

Übung: Übe aktiv ruhig und in der Ruhe aktiv zu sein. Sei präsent bei allen Aktivitäten und allen Reaktionen deines Geistes. Übe die Technik der ständigen Glückseligkeit *(nityānanda kriyā),* wie sie in der Einweihungsstufe II von *Babaji's Kriya Yoga* gelehrt wird.

48. *ṛtaṃ-bharā tatra prajñā*

ṛtaṃ = Wahrheit, *dharma,* Ordnung

bharā = enthalten, einschließen

tatra = dort

prajñā = Weisheit, Wissen, Intelligenz; wörtlich: vorwärts *(pra)* + zu wissen *(jñā);* Bewußtsein

In diesem [*nirvicāra samādhi*-Zustand der Versenkung ohne Worte und Reflexion] erfaßt das Bewußtsein die Wahrheit.

Im normalen Wachbewußtsein wird Wissen *(prajñā)* erlangt über die Sinne oder über logisches Denken. In *samādhi* kommt es jedoch aus direkter Erkenntnis oder Einsicht und "enthält die Wahrheit", d. h. frei von Irrtum. Intuitiv weiß man direkt die Wahrheit über die Dinge, indem man eins mit ihnen wird. Das wird möglich über den 6. Sinn bzw. ein übersinnliches Wissen. Durch Identifizierung mit den Erscheinungen der Natur (*prakṛti*), wird der *yogin* ein Weiser. Er bzw. sie kann sich kompetent über jedes Thema äußern, ohne daß er/sie je etwas darüber gelernt hat. Was Georg Feuerstein als die "Vision der Unterscheidung"**(6)** bezeichnet hat, erläutert Patañjali näher in den Versen II.26 und III.49.

Übung: Achte auf die Erkenntnisse und Weisheiten, die in diesen Zuständen hochkommen. Sie kommen aus dem Urgrund und geben dir ein erstaunlich gutes Gefühl der Geborgenheit.

49. *śruta-anumāna-prajñābhyām-anya-viṣayā viśeṣa-arthatvāt*

śruta = gehört, aus der Überlieferung oder aus einer heiligen Schrift

anumāna = Schlußfolgerung

prajñābhyām = von Wissen

anya = unterschiedlich

viṣayà viśeṣa = diese besondere Wahrheit

arthatvāt = Zweck

Diese besondere Wahrheit hat ihren eigenen Zweck, anders als Wissen, Schlußfolgerung oder das Studium heiliger Schriften.

Hier unterscheidet Patañjali die "Erkenntnisse, die die Wahrheit enthalten" und in „*nirvicāra samādhi*" aufsteigen, von den Worten, Erkenntnissen und Reflexionen, die in I.42 beschrieben werden. Wenn wir diese Erkenntnis, die "die Wahrheit enthält" (*ṛtaṃbharā prajñā)* erlangen, transzendieren wir den Geist und können das Höchste Wesen und das Selbst erkennen. Keine der mündlich überlieferten Lehren (*śruti)* oder logische Schlußfolgerung (*anumāna)* kann die Wahrheit des Allerhöchsten oder des Selbst offenbaren, denn der Geist kann nichts erfassen, was subtiler ist als er selbst. Man kann solche inneren Erkenntnisse vergleichen mit ihren Beschreibungen in heiligen Schriften oder mit eigenen logischen Schlußfolgerungen, aber selbst das ist nicht nötig. Die Erkenntnis des Selbst vollzieht sich, wenn der Geist ruhig wird. Wie es im Psalm heißt: "Sei still und wisse: Ich bin Gott."

Übung: Sei achtsam und erkenne mit Liebe und Dankbarkeit an, wie oft du in einem Zustand der Gnade bist.

50. *taj-jaḥ saṃskāro'nya-saṃskāra-pratibandhī*

tad = das, dem

jaḥ = geboren, entstanden, hervorgegangen aus, produziert durch

saṃskāra = unterbewußter Eindruck, Prägung

anya = andere

pratibandhī = blockieren, verhindern, hemmen

Die unterbewußten Eindrücke, die aus dieser [die Wahrheit erfassenden Bewußtheit] entstehen, verhindern [das Aufkommen] anderer unterbewußter Eindrücke.

Der reine, nicht-reflektierende Zustand der kognitiven Erkenntnis verhindert den Rückfall des Bewußtseins in alte Denk- und Verhaltensmuster oder Gewohnheiten. Der *yogin* ist an nichts mehr gebunden. Der Hintergrund ist im Bewußtsein des *yogins* zum Vordergrund geworden. Es herrscht das Gefühl "Ich bin" vor. Der *yogin* kann weiterhin ein normales Leben führen, aber ohne daß er an irgendetwas gebunden ist außer an die Empfindung "Ich bin". Wie Aurobindo es prägnant (und humorvoll) ausdrückte: "Ich habe die Gewohnheit des Denkens verloren". Wenn dieser Zustand erreicht ist, wird alles durch ein höheres Bewußtsein gelenkt. Der *yogin* befindet sich nicht mehr in einem Fahrstuhl, der "auf- und abwärts fährt" zwischen Neurose und "Erfahrung" der Selbst-Verwirklichung. Der *yogin* ist erleuchtet: er ist ständig und ohne sich darum zu bemühen im Zustand der Selbst-Verwirklichung bzw. strahlender Bewußtheit.

Übung: Die Selbst-Verwirklichung ist jetzt mühelos und dauerhaft. Laß zu, daß diese neue Tendenz deines Geistes, diese höhere Bewußtheit, anstelle der alten Denkgewohnheiten tritt. Sei DAS und erlaube, daß es durch dich wirkt.

51. *tasya-api nirodhe sarva-nirodhān-nirbījaḥ samādhiḥ*

tasya-api = selbst von diesem

nirodhe = mit dem Aufhören (vgl. I.2)

sarva = alle

nirodhān = aufgehört oder ausgeschaltet

nirbījaḥ = ohne Samen, Keim bzw. Prägung [im Unterbewußtsein]

samādhiḥ = kognitive Versenkung

Mit dem Aufhören [der Identifizierung mit] selbst diesem letzten Eindruck [„Ich bin“], während alle [anderen] ausgeschaltet sind, ergibt sich *„nirbija samādhi“*, der samenlose Zustand des *samādhi*.

Wie den Stock, den man benutzt, um das Feuer zu schüren, ehe man ihn selbst ins Feuer wirft, so läßt man schließlich auch den letzten Eindruck – “Ich bin” – los, nachdem man ihn benutzt hat, um das Selbst von der Identifizierung mit den Dingen (*prakṛti*), die das Bewußtsein beschäftigen, zu lösen. Übrig bleibt strahlende Selbst-Bewußtheit, die unabhängig von allem ist. Es gibt keine Trennung mehr zwischen dem Erkennenden und dem Erkannten. Da ist nicht einmal mehr das Gefühl “Ich habe Gott erkannt”. Es gibt keine Geburt und keinen Tod mehr.

Tirumūlar definiert *samādhi* oder Selbst-Erkenntnis als den Zustand, in dem das “Ich” zum “Er” wird bzw. das “Er” ist.

Er und er kennen Ihn nicht;
Wenn er Ihn erkennt, dann ist er kein Erkennender mehr;
Wenn er Ihn erkannt hat,
Dann sind er, der Erkennende, und Er, der Erkannte,
Eins geworden. (TM 1789)

Übung: Reflektiere darüber: “Bist du Willens und bereit für einen Zustand, in dem du nichts mehr haben willst, einen Zustand, in dem du nichts weißt, einen Zustand, in dem du überhaupt niemand bist?”

KAPITEL II: SĀDHANA PĀDA

„SĀDHANA" BEDEUTET DISZIPLIN. Die tamilischen *yoga siddhas* haben ein berühmtes Sprichwort: „Das Maß an Glück im Leben ist proportional der Selbstdisziplin." Darin ist alles eingeschlossen, was wir tun können, um uns an unser wahres Sein zu erinnern und das loszulassen, was wir nicht sind. In diesem Kapitel empfiehlt Patañjali *kriyā yoga* als *sādhana* oder Weg zur Selbst-Verwirklichung. Feuerstein hat darauf hingewiesen, daß Patañjali in seinem Text die auf den *aṣṭāṅga yoga* (den „8-stufigen Yoga") bezogenen Verse offenbar aus einer anderen Quelle zitiert hat.**(1)** Patañjalis *kriyā yoga,* wie er in Vers II.1 erwähnt und in der Einführung erörtert wird, erfordert eine intensive Übungspraxis *(tapas),* Loslassen *(vairāgya),* Selbst-Reflexion *(svādhyāya)* und Hingabe an Gott *(īśvara-praṇidhāna).* Da aber nur wenige Menschen dazu in der Lage sind, hat Patañjali offenbar den *aṣṭāṅga yoga* als Vorbereitung empfohlen. Es entbehrt nicht einer gewissen Ironie, daß der Name Patañjali heute mit dem *aṣṭāṅga yoga* anstatt mit dem *kriyā yoga* assoziiert wird. Tirumūlar hat viel über *aṣṭāṅga yoga* geschrieben, ebenso Babajis *guru,* Boganathar (Pōkanāthar). Als er im 19. Jahrhundert die alte wissenschaftliche Kunst des *kriyā yoga* wiederbelebte, hat Babaji zweifellos sehr viel aus Patañjalis *sūtras* geschöpft. Die zahlreichen Parallelen zwischen Babajis *kriyā yoga* und den *sūtras,* auf die in diesen Kommentaren hingewiesen wird, zeigen, daß Patañjali eine von Babajis Quellen war.

1. *tapas svādhyāya-īśvara-praṇidhānā kriyā-yogaḥ*

tapas = intensive Übungspraxis; glühen, gerade biegen durch Feuer; "Verbrennen der Last des *karma"*

svādhyāya = Selbst-Studium, Selbst-Reflexion, Selbst-Analyse

īśvara = Gott, das Höchste Wesen

praṇidhāna = Hingabe, Sich-Führen-lassen (vgl. I.23, II.45)

kriyā = bewußtes Handeln

yoga = Verbindung (vgl. I.1)

Intensive Übungspraxis, Selbst-Studium und Hingabe an Gott – das ist *kriyā yoga.*

Tapas heißt „intensive Übungspraxis". Der Begriff kommt vom Wortstamm *tap* = erhitzen. Er bezieht sich auf jede intensive bzw. längere Übungspraxis zur Selbst-Verwirklichung, die darauf abzielt, die naturgebundenen Neigungen von Körper, Denken und Gefühl zu überwinden. Aufgrund von Widerständen in Körper, Denken oder Gefühlen können dabei - sozusagen als Nebenprodukt – Wärme- oder Schmerzempfindungen entstehen, aber dies kann nie das eigentliche Ziel der Übung sein. Wir mögen uns noch so gut in den heiligen Schriften auskennen, noch soviele hingebungsvolle Rituale ausführen, aber wenn wir nicht *tapas* üben, werden die Sinne, das Denken und die Gefühle letzlich in unserem Bewußtsein die Oberhand gewinnen:

> In Furcht flüchteten sie vor dem Krokodil im Fluß,
> Am Ufer fielen sie in die Arme des Bären.
> So sind sie – die Unwissenden,
> die keine Schriften kennen.
> Vor dem strengen *tapas* laufen sie davon,
> um doch für immer hungrig umherzuwandern. (TM 1642)

Die Kontrolle über die Sinne ist kein Selbstzweck:

> Im geistigen Eins- Sein übte ich *tapas*
> Und wurde Zeuge von Gottes Größe;
> In eifriger Suche übte ich *tapas*
> Und erlebte den Zustand des *Śiva*;
> Allein das ist *tapas,*
> Was du aus der Sehnsucht deines Herzens tust;
> Was nützt *tapas* jenen,
> die es nicht so üben? (TM 1636)

Selbst-Studium (*svādhyāya)* heißt nicht einfach das Studium heiliger Schriften, dazu gehört vielmehr auch die Beobachtung des eigenen Verhaltens und der eigenen Psyche. Dazu kann auch gehören, daß wir unsere Erfahrungen in einem Tagebuch festhalten, wodurch es uns möglich wird, unsere subjektiven Erfahrungen zu objektivieren. Das führt dazu, daß wir uns bewußt werden, was bleibt – der Sehende (*draṣṭa,* vgl. Vers I.3). Allmählich hört man auf, sich mit seiner Person, mit der Summe seiner mentalen und gewohnheitsmäßigen Reaktionen zu identifizieren. Selbst-Studium (*svādhyāya)* führt zu Unterscheidungsfähigkeit und Selbstbeherrschung. *Siddhas* wie Patañjali strebten nicht einfach nach Transzendenz, sondern auch nach Transformation der niedrigeren menschlichen Natur. Es gibt kein schärferes Schwert als ein spirituelles Tagebuch, um dem „großen Dieb" beizukommen, dem Ego-Bewußtsein, das die „Perle des Selbst" entwendet hat. Das Ego-Denken beschert uns viele Sorgen und Enttäuschungen. Wir dürfen nicht nachsichtig mit ihm sein, sondern müssen es ständig kontrollieren. Ein spirituelles Tagebuch, in dem wir unsere Beobachtungen über uns selbst festhalten, hilft uns dabei und gibt uns die Gelegenheit, unsere täglichen Fehler zu korrigieren. Es gibt uns auch Trost und Inspiration.

Auch das Studium heiliger Schriften kann befriedigend sein, uns daran erinnern, wer wir wirklich sind – und so helfen zu wachsen.

Zu *īśvara praṇidhāna,* der "Hingabe an Gott", gehört sowohl das Bemühen um eine

bedingungslose Liebe gegenüber Gott als auch das Loslassen von allem, was uns stört. Daraus ergibt sich schließlich Gleichmut. Man "läßt los und läßt Gott machen" (vgl. die Kommentare zu den Versen I.23 und II.45).
Der Begriff *Kriyā Yoga* ist abgeleitet vom Wortstamm *kṛ* = tun, machen, der auch verwandt ist mit *karma*, dem Prinzip, daß jede Handlung, jede Aktion, zu einer Reaktion führt. Patañjalis *yoga* ist daher ein dreifacher Weg: intensive Übungspraxis *(tapas)*, Selbst-Studium bzw. Reflexion *(svādhyāya)* und Hingabe an Gott *(īśvara-praṇidhāna)*. Im ersten Kapitel, in den Versen I.12 bis I.16, geht Patañjali auf die erste dieser drei Komponenten ein. Er sagt uns, daß eine konsequente regelmäßige Übungspraxis (*abhyāsa*) und Loslassen (*vairāgya*) die Instrumente des *Yoga* sind.

Es ist interessant festzustellen, daß Patañjali nicht genau festlegt, was wir ständig üben sollen, d. h. welche spezifischen Techniken – außer dem Loslassen (*vairāgya)*. Es spricht vieles dafür, daß jemand, der mindestens 3 Monate lang ununterbrochen das Loslassen übt, indem er alle störenden mentalen und emotionalen Reaktionen ausschaltet, den Zustand der Erleuchtung, der höchsten Bewußtheit, erreichen würde. Ramana Maharshi beschrieb diese höchste Stufe von *samādhi* mit folgenden Worten: „Jetzt kann mich nichts mehr stören." Da wenige Menschen von Natur aus dazu neigen, konsequent und ständig zu üben (*abhyāsa*) und loszulassen (*vairāgya*), beschreibt Patañjali im zweiten Kapitel vorbereitende Übungen. Feuerstein hat jedoch darauf hingewiesen, daß Patañjali's *Yoga* nicht der *aṣṭāṅga* oder "achtgliedrige" *Yoga* ist, der in den Versen II.28 bis III.8 beschrieben wird – wie üblicherweise von den meisten Übersetzern angenommen wurde. Text-Analysen haben ergeben, daß diese Verse lediglich aus einer anderen unbekannten Quelle zitiert wurden.(1) Es gibt zahlreiche Hinweise auf *aṣṭāṅga yoga* in den *Śaivāgamas*, und einige dieser Schriften sind älter als Patañjalis *Sūtras*. Feuerstein hat das folgende Diagramm erstellt, das die Beziehung zwischen den beiden Zweigen von Patañjali's *Kriyā Yoga* veranschaulicht: **(2)**

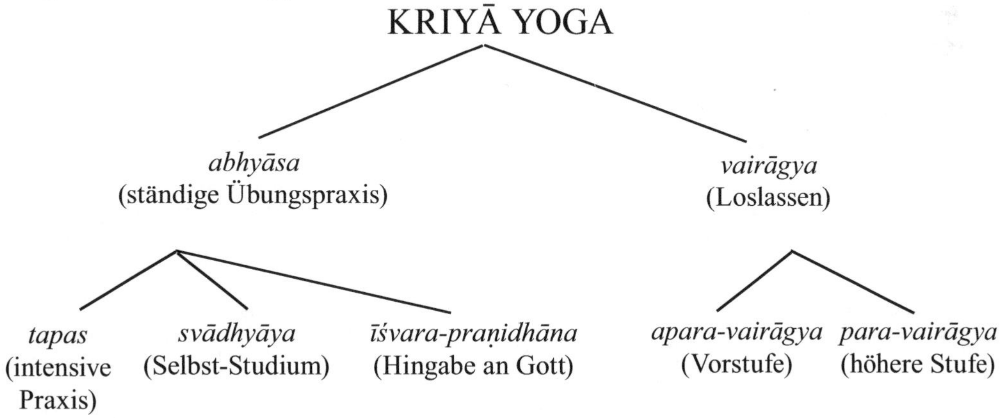

Übung: Übe intensiv *(tapas*). Nimm dir Zeit für eine konzentrierte und kontinuierliche Praxis aller Formen von *Yoga*. Dehne die Zeit allmählich bis auf 24 Stunden aus an den Tagen, die ausschließlich dem *Yoga* gewidmet sind. Übe an den anderen Tagen immer häufiger *śhuddhi* oder die *nityānanda kriyās*. Entwickele Gleichmut angesichts von

Schmerz und Freude, Gewinn und Verlust oder anderen gegensätzlichen Erfahrungen.

Übung: Reflektiere über dich selbst *(svādhyāya)*: Schreibe deine Meditationen in ein Notizbuch. Führe ein spirituelles Tagebuch, in dem du die Beobachtungen über deine Gewohnheiten festhältst. Studiere spirituelle Texte, wie Patañjalis *Sūtras* und das *Tirumantiram.*

Übung: Übe dich in der Hingabe an Gott (*īśvara-praṇidhāna*): Bemühe dich um Hingabe und Liebe zu Gott, wie im Kommentar zu Vers I.23 beschrieben. Äußere Rituale sind nicht so wichtig wie die innere Andacht – z. B. beim vierten Atemübungs-*kriyā (*ein *prāṇāyāma kriyā,* das in der Einweihungsstufe I von *Babaji's Kriya Yoga* gelehrt wird) – oder das Bemühen, das Göttliche in allen Dingen und Wesen zu verehren.

2. *samādhi-bhāvana-arthaḥ kleśa-tanū-karaṇa-arthaś-ca*

samādhi = kognitive Versenkung, Bewußtseinserweiterung

bhāvana = pflegen, sich bemühen um, üben in, manifestieren

arthaḥ = Zweck und Ziel

kleśa = Belastung

tanū = reduziert, verringert, abgeschwächt

karaṇa = tun, machen, herbeiführen

arthaḥ = Zweck und Ziel

ca = und

[Sie dienen] dem Zweck, die Belastungen zu verringern [und] sich in der kognitiven Versenkung zu üben.

Bevor wir das *Yoga*-Ziel, die kognitive Versenkung *(samādhi),* erreichen können, müssen wir die Fluktuationen des Bewußtseins *(cittavṛttiḥ),* die weiter oben als belastend *(kliṣṭāḥ)* und nicht-belastend *(akliṣṭāḥ)* definiert wurden (vgl. Vers 1.5), beseitigen. Dies ist in der Regel ein langer Prozeß, aber selbst eine kleine Übungspraxis beseitigt schon die Ursachen von großem Leid, wie in den folgenden Versen gezeigt wird. *Kriyā Yoga* beseitigt den Egoismus, die Gewohnheit, sich mit dem Komplex von Körper und Psyche zu identifizieren. Während die Fluktuationen des Bewußtseins allmählich schwächer werden, beginnt die Selbst-Verwirklichung.

Übung: Übe dein *sādhana* ohne Hochmut in einem Geist des Loslassens (*vairāgya*), mit dem Ziel, dich zu reinigen und die Ursachen des Leidens zu beseitigen.

3. *avidyā-asmitā-rāga-dveṣa-abhiniveśāḥ pañca-kleśāḥ*

avidyā = Ignoranz, Nicht-Wissen, Unwissenheit, Unkenntnis

asmitā = Egoismus, Ego, Ich-Gefühl

rāga = Verhaftetsein, Anhänglichkeit

dveṣa = Abneigung, Ablehnung; Haß; Zurückweisung

abhiniveśāḥ = Festhalten [am Leben], Wunsch nach Kontinuität

pañcakleśāḥ = fünf Belastungen

Unwissenheit, Egoismus, Anhänglichkeit, Abneigung und Festhalten am Leben sind die fünf Belastungen.

Hier führt Patañjali die fünf Belastungen auf, die die Verwirklichung des Selbst verhindern. In den folgenden Versen erklärt er sie einzeln. Die Reihenfolge, in der er sie nennt, ist von Bedeutung. Die Unkenntnis unseres wahren Selbst läßt das Ego hervortreten; das Ego, die Gewohnheit, uns mit unseren Gedanken und Empfindungen zu identifizieren, führt zu starker Anhänglichkeit oder Ablehnung (etwas mögen oder ablehnen) und diese wiederum zu Angst (vor dem Tod).

Diese fünf Belastungen sind vergleichbar mit den fünf grundlegenden Fesseln, die die individuelle Seele binden *(pañca-pāśāḥ)* und von denen wiederholt im *Tirumantiram* die Rede ist:

1. *tirodayi (tam.)*: die Macht der Verwirrung (wörtlich des Verdeckens);
2. *āṇava (tam.)*: Egoismus;
3. *mayeyam (tam.)*: Wünsche als äußere Manifestation von maya;
4. *māyā*: die konkrete Ursache der Verbindung zwischen Bewußtsein und Unterbewußtsein;
5. *karma*: die Kraft, die durch ihre Kontinuität und Entwicklung das Wesen und die Entfaltungsmöglichkeiten der Seele in ihren wiederholten Inkarnationen bestimmt.

Übung: Meditiere über die Art dieser Belastungen *(kleśāḥ)*. Ordne sie nach Kategorien. Beschreibe genau, wie jede einzelne in deinem Leben in Erscheinung tritt.

4. *avidyā kṣetram-uttareṣāṃ prasupta-tanu-vicchinna-udārāṇām*

avidyā = Unwissenheit

kṣetram = Feld, Nährboden, Ursprung

uttareṣāṃ = der anderen

prasupta = ruhend, schlafend, unterschwellig

tanu = schwach, abgeschwächt, vermindert

vicchinna = mit Unterbrechungen, unterdrückt, überwältigt

udārāṇām = aktiv, zwingend, voll wirksam, stark ausgeprägt

Unwissenheit ist der Nährboden, [auf dem die anderen] Belastungen [gedeihen]. Sie können unterschwellig, abgeschwächt, mit Unterbrechungen oder stark ausgeprägt sein.

Hauptursache des Leidens ist das Nichtwissen *(avidyā)*. Aus ihm entstehen die anderen Belastungen. Damit ist nicht Unwissenheit im allgemeinen gemeint, sondern vielmehr ganz speziell die fehlende Bewußtheit des Selbst. Hier liegt die Ursache der Verstrickung zwischen dem Subjekt - "Ich bin" - und den Objekten der Wahrnehmung. Dieses Nichtwissen überdeckt unsere innere Bewußtheit und schafft eine falsche Identität, nämlich: Ich bin der Körper, das Denken, die Sinne, die Gefühle usw.

Beim Durchschnittsmenschen sind Unwissenheit *(avidyā)*, Egoismus (*asmitā*), Anhänglichkeit (*rāga*), Abneigung *(dveṣa)* und das ängstliche Festhalten an diesem Leben *(abhiniveśaḥ)* anhaltend und stark ausgeprägt. Wir folgen ständig dem Antrieb unserer im Unterbewußtsein gespeicherten Wünsche. Wenn unser Wohlergehen oder unser Überleben bedroht sind, reagieren wir auf eine typisch ängstliche Weise ohne jede Reflexion. Wenn wir jedoch beginnen, *Yoga* zu üben, hinterfragen wir unsere Motivationen, widersetzen uns ihnen und ersetzen sie durch Gefühle der Liebe, Selbstdisziplin, der Großzügigkeit *(dāna)* usw. Dazu muß man jedoch ständig auf der Hut sein und sich bemühen; andernfalls leben die alten Gewohnheiten wieder auf.

Bei einem fortgeschrittenen Yoga-Schüler werden diese Belastungen *(kleśāḥ)* sehr schwach *(prasuptāḥ)*. Sie sind nur noch unterschwellig vorhanden, weil der oder die Betreffende nicht mehr auf sie reagiert. Durch die ständige Disziplin (*sādhana*) hat der Schüler ein Stadium des Gleichmuts erreicht, das durch solche unterschwelligen Antriebe nicht mehr gestört werden kann.

Übung: Nachdem du dir über deine Belastungen klar geworden bist, beginne damit, eine Gewohnheit bzw. einen Wunsch nach der/dem anderen aufzugeben. Beobachte wie deine Erfahrung in diesem Ausschaltungsprozeß immer mehr wächst. Zunächst bemüht man sich gar nicht, diese Belastungen loszuwerden; auf der nächsten Stufe beginnt man, sich zu bemühen; auf der 3. Stufe kann man den Versuchungen schon fast mühelos widerstehen. Auf der 4. Stufe sind sie nur noch unterbewußt vorhanden. In den letzten Stadien treten sie vielleicht nur noch im Traumschlaf auf.

5. *anitya-aśuci-duḥkha-anātmasu nitya-śuci-sukha-ātma-khyātir-avidyā*

anitya = vergänglich

aśuci = unrein

duḥkha = leidvoll

anātmasu = im Nicht-Selbst, das Nicht-Selbst, Ego [betreffend]

nitya = unvergänglich, ewig, dauerhaft

śuci = rein, makellos

sukha = freudvoll, Glück, Wohlergehen

ātman = das Selbst

khyātiḥ = Erkennen, Wahrnehmen

avidyā = Unwissenheit

Unwissenheit heißt, das Vergängliche als unvergänglich, das Unreine als rein, das Leidvolle als freudvoll und das Nicht-Selbst als das Selbst zu sehen.

Dies ist der fundamentale Irrtum, zu dem die Menschen neigen. Er rührt daher, daß wir uns mit dem identifizieren, was wir nicht sind. Wir sagen: "Ich bin müde" oder "Ich bin krank, verärgert oder besorgt". Wir kommen der Wahrheit jedoch näher, wenn wir sagen: "Mein Körper ist müde" oder "Ich habe zornige Gedanken". Unser heutiges kulturelles Umfeld, die Medien, der Aufbau unserer Sprache und unser Bildungssystem – sie alle unterstützen diesen fundamentalen Irrtum, der unsere wahre Identität, unser Selbst, verbirgt. Das Selbst ist der ewige Beobachter, der Sehende, ein unveränderliches, reines ganzheitliches Wesen, unbegrenzt, alles durchdringend, in allem vorhanden. Alles andere verändert sich und wird daher eines Tages verloren sein. Indem wir an dem Vergänglichen, an dem, was sich verändert, festhalten, ignorieren wir das Wahre, und wir leiden. Jeder Wunsch ist schmerzhaft, denn er führt zu einem unstillbaren Verlangen etwas zu haben, was wir im Moment nicht besitzen oder etwas zu sein, was wir nicht sind. Selbst wenn Wünsche erfüllt werden, wird es immer weitere Wünsche geben – ganz abgesehen von dem Wunsch, das, was wir haben, nicht zu verlieren. Und so werden wir immer weiter leiden.

Übung: Nimm das unvergängliche reine Selbst wahr, das alles durchdringt. Und verharre in IHM.

6. *dṛg-darśana-śaktyor-eka-ātmatā-iva-asmitā*

dṛg = (*dṛś*) Sehender

darśana = das Gesehene; korrekt verstehen; hier: Instrument des Sehens

śaktyor = von den beiden Kräften (*śakti)*

ekātmata = Identität, individuelles Wesen oder Persönlichkeit; "mit den Eigenschaften der Person"

iva = als ob

asmitā = Egoismus; "Ich-Gefühl"

Egoismus ist die fälschliche Identifikation der Kräfte des Sehenden [*puruṣa*] mit denen des Instruments des Sehens [Körper-Geist].

Egoismus (*asmitā)* ist die Gewohnheit, sich mit dem zu identifizieren, was man nicht ist – der Persönlichkeit, die durch Körper und Geist bedingt ist und nur das Instrument des Erkenntnisprozesses darstellt. Fälschlicherweise identifizieren wir uns mit Gedanken, Empfindungen und Gefühlen, ohne zu begreifen, daß es sich dabei nur um Objekte handelt, um nichts als Reflexionen unseres Bewußtseins. Das führt zur Individualisierung unseres Bewußtseins – zur "Ich-Verhaftung" und der Verwechslung mit "Ich bin der Körper", "Ich bin dieses Gefühl" usw. Diese Verwechslung von Subjekt und Objekt wird beendet durch Üben des Loslassens und der Unterscheidung. Der ganze Irrtum ist zurückzuführen auf unsere grundsätzliche Unkenntnis darüber, wer wir wirklich sind.

Übung: Spüre, daß du nicht der "Handelnde" bist, sondern nur der Sehende. Sei Beobachter und Instrument und nimm wahr, wie alles wie von selbst geschieht. Wenn es gut läuft, danke Gott. Wenn es schlecht läuft, übernimm Verantwortung und lerne, es besser zu machen.

7. *sukha-anuśayī rāgaḥ*

sukham = Freude, Vergnügen

anuśayīn = festhalten, klammern an; beruhen auf

rāgaḥ = Anhänglichkeit, an etwas hängen

An etwas hängen heißt, sich an das Vergnügen klammern.

Durch die Individualisierung des Bewußtseins und seine fälschliche Identifizierung mit einem bestimmten Körper, mit bestimmten Gedankenmustern und Erinnerungen fühlen wir uns von gewissen angenehmen äußeren Erfahrungen angezogen. Diese Anziehung *(rāgaḥ),* kommt – ebenso wie die Angst – aus unseren inneren Vorstellungen (*vikalpa).* Sie entsteht dadurch, daß wir die Erfahrung des inneren Glücks *(ānanda)* mit einer äußeren Situation oder äußeren Faktoren durcheinander bringen und diese Assoziation als Vergnügen *(sukham)* bezeichnen. Wir meinen, daß unsere Freude abhängig ist vom Vorhandensein dieser äußeren Umstände oder Faktoren. Wenn sie nicht mehr da sind, erleben wir Abhängigkeit, die in der Täuschung besteht, daß die innere Freude nur zurückkehren kann, wenn die entsprechenden äußeren Faktoren wieder da sind. Zu dieser Abhängigkeit gehört das Festhalten *(anuśayī)* und natürlich das Leiden *(duḥkhaṁ)*. Selbst wenn die äußeren Faktoren vorhanden sind, können wir uns immer noch gefühlsmäßig abhängig fühlen – und zwar aus der ängstlichen Vorstellung heraus, sie zu verlieren. In Wirklichkeit existiert jedoch dieses innere Glücksgefühl aus sich selbst heraus, ohne Bedingungen und unabhängig von äußeren Umständen und Faktoren. Um das zu erfahren, braucht man es sich nur bewußt zu machen.

Übung: (1) Bemühe dich um Bewußtheit vor, während und nach angenehmen Tätigkeiten oder Erlebnissen. Beobachte, daß das innere Glücksgefühl die ganze Zeit vorhanden ist – solange du dir nämlich seiner bewußt bist (2). Übe, gefühlsmäßige Abhängigkeiten loszulassen.

8. *duḥkha-anuśayī dveṣaḥ*

duḥkha = Leiden

anuśayīn = festhalten, klammern an; beruhen auf

dveṣa = Abneigung

Abneigung heißt, sich an das Leid klammern.

In der gleichen Weise fühlen wir uns von bestimmten Erfahrungen in unserem Umfeld abgestoßen. Das ist allerdings nur bedingt zu sehen, denn was für den einen schmerzhaft ist, mag für den anderen erfreulich sein. Es gibt jedoch noch eine dritte Möglichkeit zu reagieren, und zwar mit Gleichmut, Loslassen *(vairāgya)* – nach Patañjali der Schlüssel, um über Freud und Leid hinauszuwachsen (vgl. Vers I.12, 15).

Wenn wir tief in uns hineingehen und eine schmerzhafte Erfahrung aus der Distanz betrachten, wird deren Ursache klar. Wenn wir uns um einen solchen Standpunkt, eine solche Betrachtungsweise bemühen und gleichzeitig Geduld und Toleranz üben, machen wir uns keine Sorgen mehr. "Wenn etwas den Frieden unseres Geistes stört, dann ist der Preis zu hoch". Eine schwierige äußere Situation zu ändern, ist oft unmöglich, ohne vorher unsere Einstellung zu der Sache geändert zu haben. Wir sollten uns also zuerst darauf konzentrieren, unser Bewußtsein zu klären und eine tieferes Verständnis für die betreffende Sache zu entwickeln, um zu verhindern, daß wir mit Ablehnung reagieren. Bemühe dich um eine äußere Veränderung, um eine Harmonisierung der Situation. Akzeptiere jede Aufgabe, die dir übertragen wird, im Geiste von *karma yoga* (selbstloses Dienen) als eine spirituelle Übung, um dich von Abhängigkeit *(rāga)* und Abneigung *(dveṣa)* zu befreien.

Übung: Verrichte alle Tätigkeiten selbstlos, geschickt und geduldig und erkenne, daß du nicht derjenige bist, der handelt. Bemühe dich um Gleichmut bei allem, was du tust und auch im Hinblick auf die Ergebnisse deiner Handlungen.

9. *sva-rasa-vāhī viduṣo'pi tathā-rūḍho'bhiniveśaḥ*

svarasa = eigene Neigung; wörtlich: "eigener Saft, eigene Substanz"

vāhī = getragen; unterstützt, angetrieben

viduṣo'pi = selbst der Weise

tathā = auf die gleiche Weise

rūḍhaḥ = entstanden, hervorgebracht, vorkommen

abhiniveśaḥ = sich an das Leben klammern, Wunsch nach Kontinuität

Sich an das Leben klammern [aus] Selbsterhaltungstrieb kommt selbst bei Weisen vor.

Hier handelt es sich um den grundlegenden Trieb der Selbsterhaltung, den fundamentalen Willen zu leben, der in allen Lebewesen vorhanden ist. Es ist ein Instinkt, der begründet ist auf der Angst vor dem Tod und der fälschlichen Identifizierung mit dem Körper. Wir mußten so oft die schmerzhafte Erfahrung des Todes und der Wiedergeburt machen, daß wir davor zurückschrecken, dies zu wiederholen. Wenn wir uns erst einmal bewußt geworden sind, daß wir das unsterbliche Selbst sind, können wir uns von all diesen Belastungen (*kleśāḥ)* befreien.

Übung: Reflektiere über die Worte: "bis zum Tode sterben, unfähig werden zu sterben, weil der Tod keine Realität mehr ist."

10. *te pratiprasava-heyāḥ sūkṣmāḥ*

te = diese (bezieht sich auf Belastungen)

pratiprasava = zurückführen auf ihre Ursache; Dinge zurückverfolgen bis zu ihrem Ursprung

heyāḥ = zerstört, überwunden

sūkṣmāḥ = subtil, feinstofflich

Diese [Belastungen] werden [in ihrer] feinstofflichen [Form] zerstört, indem man [ihre] Ursache[n] zurückverfolgt bis zu [ihrem] Ursprung.

Diese fünf Belastungen (*pañca-kleśāḥ*) bewahren unsere falsche Identität und erhalten die Trennung vom Selbst aufrecht. Patañjali sagt uns in den Versen II.10 und II.11, daß sie auf zwei Ebenen beseitigt werden können. Auf der feinstofflichen Ebene sind sie als unterbewußte Prägungen (*saṁskāras*) vorhanden und können nur beseitigt werden, indem wir immer wieder durch die verschiedenen Stufen von *samādhi* zu unserem Ursprung zurückkehren. Da wir im Wachbewußtsein und selbst in der Meditation keinen Zugang zu unseren unterbewußten Prägungen haben, muß man ihre Wurzel, den Egoismus, beseitigen, indem man sich immer wieder mit seinem wahren Selbst identifiziert. Dadurch wird das kleine “ich” allmählich dem großen “Ich” untergeordnet, und auf diese Weise lösen sich die unterbewußten Prägungen auf.

Es ist bezeichnend, daß Patañjali keine härteren Methoden empfiehlt, wie z. B. gewisse Verhaltenweisen spiritueller Lehrer, um das “Ego zu zerschmettern” oder etwa Diskussionen und Beurteilungen bzw. emotionale Ansätze. Er empfiehlt lediglich, die Belastungen (*kleśāḥ)* zurückzuverfolgen bis zu ihrer eigentlichen Ursache, nämlich – wie in Vers II.4 dargelegt – der Unwissenheit (der fehlenden Selbst-Bewußtheit, der Verwechslung zwischen dem Sehenden und dem Gesehenen, den Objekten der Wahrnehmung). In Vers I.12 hat er die Mittel vorgegeben, um dies zu tun: ständiges Üben und Loslassen. Frage dich: “Wer ist abhängig?” “Wer spürt Abneigung?” “Wer spricht von ‘ich’, ‘mein’, ‘meines’?” Solche Gedanken und Gefühle gehören nicht zu dir. Laß sie los.

Es ist das Ego, das Schuld und Hochmut empfindet. Es ist das Ego, das wegen bestimmter Handlungen, die es als schlecht bewertet, Schuldgefühle entwickelt und sich daher minderwertig fühlt. Es ist das Ego, das denkt, daß es die Übungen ausführt und daß es selbst es ist, das uns von unserem Ego befreit. Es ist das Ego, das denkt, “ich” kann die Übungen nicht ausführen, kann nicht meditieren oder meine Gefühle bzw. Gewohnheiten beherrschen. Ein starkes Ego bringt uns dazu, uns im Sumpf der Schuld zu suhlen. Das Ego ist die Vorstellung, der Handelnde zu sein und die Verantwortung für unser Leben zu tragen. Das Ego meint sogar, wenn es nicht die Führung hätte, könnten wir nicht überleben. Indem wir unser sādhana ausführen, uns auf das Selbst konzentrieren, beginnen wir zu begreifen, daß die Natur es ist, die alles macht, und daß das Ego niemals etwas getan hat. Zunächst müssen wir uns jedoch mit der grobstofflicheren Ebene der mentalen Fluktuationen, die im Bewußtsein entstehen, auseinandersetzen – wie Patañjali im nächsten Vers ausführt.

11. *dhyāna-heyās-tad-vṛttayaḥ*

dhyāna = Meditation

heyāḥ = zerstört, beseitigt

tad = diese, jene

vṛittayaḥ = Fluktuationen [die im Bewußtsein entstehen]

[Im aktiven Stadium] werden diese Fluktuationen [die im Bewußtsein entstehen] durch Meditation beseitigt.

Hieraus geht hervor, daß die Beseitigung der Fluktuationen, die im Bewußtsein entstehen (vgl. Vers I.2 und I.5), eine Voraussetzung für die kognitive Versenkung (*samādhi)* ist. Diese Beseitigung kann durch Meditation (*dhyāna)* erreicht werden, die (vgl. Vers III.2) definiert werden kann als "die Erfahrung, den Geist auf ein einziges Objekt auszurichten (*pratyaya-ekatānatā dhyānam)*".

Meditation *(dhyāna)* ist der einfachste Vorgang im menschlichen Geist, aber begrenzt in seinen Ergebnissen. Ständige Bewußtheit ist schwieriger aber von größerer Bedeutung im Hinblick auf die Ergebnisse. Selbst-Beobachtung und Befreiung von den Fesseln des Denkens ist am schwierigsten, führt aber zu den besten Ergebnissen. Man kann eine dieser Methoden wählen oder alle zusammen anwenden, je nachdem, wo sie hinpassen und wie weit sie für ein bestimmtes Objekt geeignet sind. Das erfordert einen festen Glauben, Geduld und einen starken Willen bei der Anwendung des *Yoga.*

Übung: Meditiere, um das Selbst zu verstehen. Übe dich in ständiger Bewußtheit, um das Selbst zu erfahren. Und beobachte dich selbst, um zu erkennen, was du aufgeben mußt, damit du das Selbst werden kannst.

12. kleśa-mūlaḥ karma-āśayo dṛṣṭa-adṛṣṭa-janma-vedanīyaḥ

kleśaḥ = [grundsätzliche psychische] Belastungen

mūlaḥ = Wurzel, Fundament

karma-āśayaḥ = Speicher des Karma

dṛṣṭa = sichtbar, gegenwärtig

adṛṣṭa = unsichtbar, zukünftig

janma = Geburt, Existenz, Leben

vedanīyaḥ = gespürt oder erfahren werden

Das gespeicherte *karma,* das in den Belastungen verwurzelt ist, wird in der sichtbaren [gegenwärtigen] oder unsichtbaren [künftigen] Existenz erfahren.

Aufgrund der Existenz der *kleśāḥ*, der Belastungen durch Unwissenheit (*avidyā),* Egoismus *(asmitā),* Anhänglichkeit (*rāga),* Abneigung (*dveṣa*) und Festklammern am Leben *(abhiniveśaḥ),* häufen wir *karma* an und leben es aus. Es gibt drei Arten von *karma*:

1. *prārabdha karma*: Karma, das gegenwärtig gelebt und in dieser Inkarnation abgebaut wird;
2. *āgama karma*: neues Karma, das während dieser Inkarnation geschaffen wird;
3. *saṃjita karma*: Karma, das sich in künftigen Inkarnationen erfüllen wird.

Der Aufbewahrungsort für alle Arten von Karma wird als *karma-āśaya* bezeichnet, als Speicher oder "Mutterschoß" des Karma bzw. "Depot der Handlungen."

Das *karma* wartet auf eine Gelegenheit, an die Oberfläche zu kommen und sich über die *kleśāḥ* bemerkbar zu machen, z. B. sucht ein starkes *karma* sich bestimmte Geburtsumstände und einen bestimmten Körper, um ausgelebt zu werden. Weiteres, damit eng verbundenes Karma wird gleichzeitig ausgelebt und auf diese Weise abgebaut. Das geht immer so weiter, bis man die Selbst-Verwirklichung erreicht und kein neues *Karma* mehr erzeugt.

Wir müssen begreifen, daß wir einfach unser karmisches Schicksal ausleben. Zeit ist *karma*, sagen die Weisen. Wir haben unseren eigenen karmischen Lebensplan. Wir müssen auch begreifen, daß jeder Mensch sein eigenes *karma* hat und dementsprechend handelt. Wir mögen uns wundern, warum jemand in einer bestimmten Weise handelt oder auf eine bestimmte Art lebt. Er wundert sich genauso über uns. In jedem von uns ist eine bestimmte Veranlagung vorprogrammiert. Unsere Meinungen darüber, was in Ordnung ist, sind darauf zurückzuführen, was uns beigebracht wurde und wie gut wir unsere Lektionen gelernt haben. Die Umstände unseres Lebens ergeben sich aus unserem *karma*. Wir haben jedoch einen freien Willen zu entscheiden, wie wir damit umgehen wollen – auf positive oder negative Art. Wenn wir uns entscheiden, negativ zu reagieren, z. B. indem wir anderen Menschen Leid zufügen, fällt das in einer noch heftigeren und schlimmeren Form auf uns zurück. Indem wir auf die gegebenen Umstände mit Geduld reagieren, andere Menschen glücklich machen, neutralisieren wir allmählich die karmischen Auswirkungen.

Übung: Reflektiere über die Aussage: "Um uns von unserem *karma* zu befreien, müssen wir realisieren, daß wir das, was wir suchen, bereits erreicht haben."

13. *sati mūle tad-vipāko jāty-āyur-bhogāḥ*

sati = sein, existieren, vorkommen

mūle = Wurzel

tad = diese, [deren]

vipākaḥ = Früchte

jāti = Geburt(sumfeld), Erzeugung, Herstellung

āyuḥ = Lebensspanne, Lebenskraft, Leben

bhogāḥ = Erfahrungen, Vergnügungen, Essen

Solange die Wurzeln vorhanden sind, solange gibt es [deren] Früchte, [nämlich] Geburt, Leben und [deren] Erfahrungen.

Solange der Geist an Zuneigungen und Abneigungen festhält, wird die Einzelseele wiedergeboren, um das angehäufte Karma zu erfüllen. Wenn jemand übermäßig essen will, kann das *karma* besser im Körper eines Schweines ausgelebt werden. Diese Seele wird sich durch die Erfahrung im Körper eines Schweines weiter entwickeln. Es ist weder der Körper noch sind es die Sinne, die bestimmte Freuden erfahren oder Leid vermeiden wollen. Es ist vielmehr der Geist, der von seinen *kleśāḥ* und dem angehäuften *karma* angetrieben wird. Die Lebensdauer *(āyuḥ)* und die Art der Erfahrung *(bhogāḥ)* in einem bestimmten Lebensumfeld *(jāti)* werden bestimmt durch das angehäufte karma *(karma-āśayaḥ).* Wenn ein Teil des *karma* aufgelöst ist, versucht die Seele, das restliche *karma* auszuleben. Das erleben wir jedesmal, wenn unser Leben eine neue Wendung nimmt, z. B. bei der Midlife-Krise oder einer größeren beruflichen Veränderung.

Befreiung heißt, frei zu sein von *karma* und *saṁskāras.* Das bedeutet nicht das Ende der physischen Existenz, obwohl damit gewisse Rollen im Spiel des Lebens beendet sein mögen. Es kann bedeuten, daß du eine neue Rolle spielst. Du wirst dir aber völlig bewußt sein, daß du nur eine Rolle spielst, und das wird es dir ermöglichen, sie mit bedingungsloser Liebe und Aufrichtigkeit zu spielen.

Übung: Wiederhole: "Gott, ich nehme die Situation an, wie sie ist." Dann sei still und, ohne darüber nachzudenken, tu, was getan werden muß – mit bedingungsloser Liebe und in totaler Aufrichtigkeit. Erfülle deine Pflicht mit Geschick im Geiste des selbstlosen Dienens (*karma yoga)* und ohne an die Früchte deiner Arbeit gebunden zu sein. Bemühe dich um Gleichmut und Achtsamkeit.

14. *te hlāda-paritāpa-phalāḥ puṇya-apuṇya-hetutvāt*

te = sie (Pl.), diese

hlāda = Vergnügen, Freude; hier: glücklich, freudvoll

paritāpa = Schmerz, Leid, Sorge

phalāḥ = Früchte, Konsequenzen, Ergebnisse

puṇya = verdienstvoll, günstig, ehrenhaft, tugendhaft

apuṇya = ohne Verdienst, ungünstig, unehrenhaft, untugendhaft

hetutvāt = verursacht durch; aufgrund der Ursache, Motivation

Durch tugendhaftes und untugendhaftes *karma* ergeben sich [entsprechend] freudvolle und leidvolle Konsequenzen.

Wenn wir anderen Glück *(hlāda)* bringen, werden wir selbst glücklich, wenn wir anderen Leid (*haritāpa)* zufügen, werden wir selbst Leid erfahren. Wenn wir uns selbst erlauben, wirklich glücklich zu sein, machen wir automatisch auch die Menschen in unserer Umgebung glücklicher – ob sie das nun gleich registrieren oder nicht. Unsere Gewohnheiten bzw. unsere unterbewußten Prägungen *(saṃskāras)* bestimmen weitgehend unsere Handlungen. Daher wird die Qualität des Umfeldes, in das wir hineingeboren werden *(jāti)*, unseres Lebens *(ayuḥ)* und unserer Lebenserfahrungen (*bhogāḥ)* durch unsere unterbewußten Prägungen *(saṃskāras)* bestimmt. Daher sollten wir uns um Gedanken, Worte und Handlungen bemühen, die uns selbst und andere aufbauen.

Übung: Bemühe dich um Gedanken, Worte und Handlungen, die dich selbst und andere aufbauen, aber als erstes höre auf die Führung deiner inneren Stimme und vermeide egoistische Reaktionen.

15. *pariṇāma-tāpa-saṃskāra-duḥkhair-guṇa-vṛtti-virodhāc-ca duḥkham-eva sarvaṃ vivekinaḥ*

pariṇāma = Transformation, Veränderung

tāpa = Verlangen, Sorgen, Unruhe, Angst

saṃskāra = unterbewußte Prägungen; Eindrücke, die von früheren Handlungen zurückgeblieben sind

duḥkhair = durch Leid

guṇa = Qualität, grundlegende Kraft der Natur

vṛittiḥ = Fluktuationen [des Bewußtseins]

virodhāt = durch einen Konflikt oder Widerspruch

ca = und

duḥkha = Leid; hier: beklagenswert, leidvoll

eva = in der Tat, daher

sarva = alles

vivekinaḥ = wer urteilt, unterscheidet

Aufgrund des Konflikts zwischen den Fluktuationen [des Bewußtseins] und den grundlegenden Kräften der Natur sowie aufgrund des Leids, [das sich] aus den unterbewußten Prägungen, Verlangen und Veränderungen [ergibt], ist für einen Menschen, der urteilt, in der Tat alles beklagenswert.

Selbst wenn wir das bekommen, was wir wollen, erfahren wir noch Leid *(duḥkha),* da wir Angst haben, das Erreichte wieder zu verlieren oder da die Gewohnheit, Dinge zu begehren, zu immer größerem Begehren *(tṛṣṇa)*, zu Angst *(bhaya)* und Sorgen *(tāpa)* führt. Obwohl es Momente der Freude geben mag, gehen diese unweigerlich vorüber, und das zu wissen führt zu Unruhe, Angst und Leid. Keine Erfahrung bringt dauerhaftes Glück. Wenn wir uns darüber klar werden, fangen wir an zu begreifen, daß die Quelle dauerhaften Glücks jenseits der Bindung an Dinge oder Personen liegt. Es ist nicht die Erfahrung angenehmer Dinge, die zu Leid führt, sondern die Abhängigkeit von diesen Dingen. Die Weisen lassen die Dinge kommen und gehen, ohne sich darüber in Gedanken der Angst, in Sorgen oder in Abhängigkeit zu verlieren. Die Weisen üben das Loslassen *(vairāgya),* um die Gewohnheit, sich an etwas zu binden, aufzugeben und die Verwirrung zwischen Wohlbefinden und äußeren Dingen oder Umständen zu beenden.

Übung: Laß die Gefühle von Sorge, Not, Angst und Unruhe los, sobald sie in deinem Alltag auftauchen. Spüre die Erleichterung, wenn du diese Gefühle vollständig losläßt.

16. *heyam duḥkham-anāgatam*

heya = beseitigt, überwunden, zerstört

duḥkha = Sorge; Leid

anāgatam = Zukunft

[Was] beseitigt werden sollte, ist die Sorge um die Zukunft.

Wir brauchen nicht zu leiden, um glücklich zu sein! So klingt das zwar plausibel, aber unsere Konditionierung durch die unterbewußten Prägungen *(saṃskāras)* und die fünf grundsätzlichen Belastungen *(pañca-kleśāḥ)* versetzt uns in einen Zustand, in dem wir diese Binsenwahrheit total vergessen. *Yoga* erinnert uns letztlich wieder daran und wirkt als eine Art "Gegengift" gegen die Vergeßlichkeit des Menschen. Nur wenn wir uns an das Selbst erinnern, können wir hinauswachsen über das "Leid, das noch kommt" *(duḥkham-anāgatam)* aufgrund unseres angesammelten *karma (karma-āśaya).* Wenn wir nur das Vergnügen suchen, vergessen wir, daß alles, was durch Zeit und Raum bestimmt ist, irgendwann vorübergeht. Die Jagd nach Vergnügen führt demnach unweigerlich zu Leiden. Wenn wir uns jedoch um innere Bewußtheit bemühen, finden wir das Glück *(ānanda),* selbst wenn das Leben uns eine karmische Ladung fauler Tomaten beschert! Wir treten einfach einen Schritt zurück von dem Drama und stellen fest: "Also, schau dir das mal an!"

Übung: Mache dir eine Liste von all dem, was der Mensch nach deinem inneren Gefühl nicht tun sollte. Frage dich, welche dieser Dinge du von deiner Veranlagung her geneigt bist zu tun. Wenn du irgend eines der Dinge auf deiner Liste getan hast, frage dich, mit welchem Ergebnis? Urteile nicht.

17. *draṣṭṛ-dṛśyayoḥ saṃyogo heya-hetuḥ*

draṣṭṛ = der Sehende

dṛśyayoḥ = das Gesehene, sichtbare [von jenen beiden]

saṃyogo = Vereinigung, Verbindung

heya = beseitigt, zerstört; überwunden

hetu = Ursache, Grund, Motiv

Die Ursache [des Leidens], die zu beseitigen ist, ist die Verbindung zwischen dem Sehenden und dem Gesehenen.

Wenn wir einen körperlichen Schmerz spüren oder einen Verlust erlitten haben, sagen wir "ich leide." Wir verwechseln das Selbst *(puruṣa),* das sieht *(dṛśya),* mit den grundlegenden Kräften der Natur (*prakṛti*), d. h. mit allem übrigen. Frage dich: "Wer leidet?" Du wirst dir sofort darüber klar werden, daß das nicht du bist. Du bist nur der Beobachter. Eine falsch verstandene Identität ist die Wurzel allen Leidens. Die Verbindung zwischen dem Sehenden und dem Gesehenen *(draṣṭṛ-dṛśyayoḥ saṃyogaḥ)* existiert nur scheinbar.

Oder anders ausgedrückt: Geh in den Schmerz hinein, bis du auf der anderen Seite wieder herauskommst. Sei völlig bei dem Schmerz. Er ist dein größter Lehrmeister. Du wirst das jedoch nie verstehen, wenn du ihn nicht in seinem ganzen Ausmaß gespürt hast.

Wir sind hier in dieser Welt, um – bewußt oder unbewußt – an der Verstrickung zwischen dem Sehenden und dem Gesehenen teilzuhaben. Wenn der Körper aufgrund seines *karma* bestimmte Erfahrungen machen muß, gibt es nur einen Weg, das unvermeidliche Leid zu vermeiden – nämlich Bestimmung und Willen in Einklang zu bringen. Vom Standpunkt der Natur aus gesehen, ist dir in gleicher Weise Freude und Leid beschieden. Wenn wir unseren persönlichen Willen in Übereinstimmung mit dem Göttlichen Willen bringen können, können wir Freude und Leid gleichermaßen akzeptieren. Die Erfahrungen, die auf uns zukommen, sind die Erfahrungen, die wir gerade brauchen.

Übung: Nimm Freude und Leid gleichermaßen an. Setze dich still hin und übergib sowohl das Leid als auch die Freude dem Höchsten Wesen.

18. *prakāśa-kriyā-sthiti-śīlaṃ bhūta-indriya-ātmakaṃ bhoga-apavarga-arthaṃ dṛ śyam*

prakāśa = Klarheit, Licht, Glanz

kriyā = Aktivität

sthiti = Trägheit, Beharrungsvermögen; verharren

śīlaṃ = Natur, Qualität, Eigenschaft, Charakter

bhūta = Element, Bestandteil der Welt der Erscheinungen

indriya = Sinnesorgan

ātmakaṁ = das Wesen haben von; bestehen aus

bhoga = Erfahrung

apavarga = Befreiung

artham = Zweck

dṛśyaṁ = das Gesehene

Das Gesehene hat die Eigenschaften der Klarheit, Aktivität und Trägheit; es besteht aus den Elementen und den Sinnesorganen, die den Zweck haben, [sowohl] Erfahrung zu vermitteln als auch die Befreiung [des Selbst] herbeizuführen.

Mit diesem Aphorismus werden die grundlegenden Kräfte der Natur (*prakṛti),* des Gesehenen *(dṛśya),* definiert. Darin ist alles enthalten, was zum Objekt des transzendentalen Subjekts bzw. des Selbst werden kann. Die drei grundlegenden Erscheinungsformen der Natur entsprechen den drei grundlegenden Qualitäten der Natur (*tri-guṇas*). Klarheit bzw. Gleichgewicht gehört zu der Qualität, die als *sattva* bekannt ist. Aktivität oder Bewegung gehört zu dem *guṇa rajas* und Trägheit oder Dichte zu *tamas.* Diese drei Formen des Seins finden wir sowohl auf der physischen als auch der psychologischen Ebene. Die Natur vermittelt uns Erfahrungen, und schließlich befreit sie unser Bewußtsein von dem Zwang der falschen Identifikation. Am Ende haben wir das Gefühl, daß wir genug durch die Natur gelitten haben und suchen einen Ausweg aus der Ego-Verstrickung ("Ich bin der Körper, die Psyche" usw). Zur Natur gehören die Elemente sowie unser Körper, unser Denken und unsere Gefühle. Die Natur verändert sich unaufhörlich. Durch Loslassen und Unterscheiden lernen wir darüber hinauszugehen. Die Befreiung des Selbst aus den Fesseln der Unwissenheit (vgl. Vers II.3) erfolgt, indem wir aus den Erfahrungen, die uns die Natur machen läßt, lernen.

Übung: Übe die in *Babaji's Kriya Yoga* gelehrten *dhyāna kriyās*, bei denen es um die fünf Sinne geht, damit du die Sinne und die Sinneserfahrungen richtig verstehst und einordnen kannst. Nimm alle Erfahrungen als Gelegenheit wahr, Bewußtheit zu üben, der Sehende zu sein und dich von der Identifizierung mit dem Gesehenen – den Objekten der Erfahrung – zu lösen.

19. *viśeṣa-aviśeṣa-liṅga-mātra-aliṅgāni guṇa-parvāṇi*

viśeṣa = spezifisch, eindeutig

aviśeṣa = unspezifisch, undeutlich

liṅgamātra = definiert, gekennzeichnet

aliṅga = undefinierbar

guṇa = grundlegende Komponenten, Kräfte der Natur

parvāṇi = Unterteilung, Abstufung

Die Kategorien der grundlegenden Kräfte der Natur sind: spezifisch, unspezifisch, definiert und undefinierbar.

Patañjali analysiert die Natur. Auf der subtilsten Ebene ist sie in einem statischen undefinierbaren Zustand. Dann, wenn sie beginnt sich zu manifestieren, kann sie definiert werden. Dann formt sie sich zu den subtilen Sinnesobjekten, die von Geist und Verstand wahrgenommen werden (z. B. geistige Bilder oder Ideen). Schließlich manifestiert sie sich auf der materiellen Ebene in Form von grobstofflichen Objekten, die wir mit den fünf Sinnen wahrnehmen können. Vom Standpunkt unseres normalen Denkens aus müssen wir alles erst mit einem unserer körperlichen Sinne wahrnehmen. Wenn sich im *Yoga* jedoch die Intuition und die subtilen Sinne entwickeln, können wir solche außersinnlichen Erscheinungen wie die Aura oder Ereignisse, die an einem entfernten Ort oder in der Zukunft stattfinden, wahrnehmen.
Im Unterschied zu anderen *siddhas* und *tantrikas* bezeichnet Patañjali die Natur nicht als eine Antriebskraft *(śakti)*, als Göttliche Mutter oder ein anderes weibliches Wesen bzw. eine persönliche Energieform.

Die *siddhas* waren hervorragende Naturwissenschaftler. Sie zeichneten ihre Naturbeobachtungen auf und wandten sie in vielen Bereichen der Wissenschaft an, darunter Medizin, Botanik, Alchemie und Physik.

Übung: Denke darüber nach, wie die Natur sich auf allen Ebenen manifestiert, wie die Erkenntnisse der Natur- und Sozialwissenschaften zeigen. Laß dich inspirieren, indem du in diesen Bereichen forschst. Leiste deinen Beitrag zum Wissen der Menschheit über die Natur der Dinge. Übe die *dhyāna kriyās* mit den fünf Sinnen, wie sie bei den Einweihungen in *Babaji's Kriya Yoga* gelehrt werden.

20. *draṣṭā dṛśi-mātraḥ śuddho'pi pratyaya-anupaśyaḥ*

draṣṭā = der Sehende (vgl. I.3)

dṛśi = Kraft des Sehens

mātraḥ = nur, bloß

śuddhaḥ = rein, richtig, gereinigt

api = auch, sogar (emphatisch)

pratyaya = Bewußtheit; hier: Gedanken

anupaśyaḥ = wahrnehmen

[Als] reines [Wesen] nimmt der Sehende durch die bloße Kraft des Sehens [direkt] Gedanken wahr.

Der Sehende ist das Selbst (vgl.Vers I.3), das reine Subjekt, das transzendiert. Es beobachtet ständig die im Inneren, im Geist, aufkommenden Regungen. Während der Geist durch die fünf Sinne, die Gefühle, die Erinnerung usw. viele verschiedene vorübergehende Erfahrungen macht, bleibt das Selbst unwandelbar. Der Geist ist sein Objekt. Es hat den Anschein als ob der Sehende durch den Geist sieht, aber in Wirklichkeit ist das Sehen des Sehenden unabhängig von den Erfahrungen, die der Geist macht.

Unsere Gedanken und Ideen behindern oder komplizieren manchmal den Göttlichen Willen. Das Beste, was wir tun können, ist, uns diesem Willen zu öffnen. Wenn wir bewußt still und ruhig sind, ermöglichen wir der Göttlichen Weisheit, frei durch uns hindurchzufließen.

Übung: Sitze still, laß alle Gedanken an Tun, Sein oder Haben los und übergib absolut alles an Gott.

21. *tad-artha eva dṛśyasya-ātmā*

tadartha = um [des *puruṣa*s] willen

eva = nur

dṛśya = das Gesehene, *prakṛti*

ātman = das Selbst

Das Gesehene [existiert] nur um des Selbst willen.

Wie bereits in Vers II.18 angedeutet, existiert das Gesehene nur zum Zwecke der Befreiung des Selbst. Wenn der Sehende erst einmal befreit ist von seiner Verstrickung mit dem Gesehenen, dient das Gesehene keinem weiteren Zweck mehr. Der Sehende ist nur ein Beobachter, er tut nichts, er erfreut sich an nichts. Bis zu diesem entscheidenden Punkt vermittelt das Gesehene Erfahrungen, und durch diese Erfahrungen wachen wir allmählich auf von dem Traum, daß wir das Gesehene sind. Diejenigen *siddhas,* die für eine unbestimmte Zeit auf der materiellen Ebene bleiben, tun dies, um anderen bei ihrer Befreiung zu helfen.

Übung: Mache einen klaren Unterschied zwischen dem Sehenden und dem Gesehenen und bleibe allein beim Sehenden. Erkenne dankbar an, daß das Gesehene uns zahlreiche Gelegenheiten bietet, um diesen Unterschied zu begreifen und den Sehenden vollständig zu befreien.

22. *kṛta-arthaṃ prati naṣṭam-apy-anaṣṭaṃ tad-anya-sādhāraṇatvāt*

kṛta = getan, erreicht

arthaṃ = Zweck, Ziel

prati = für [denjenigen]

naṣṭa = zerstört, verschwunden, verloren

api = sogar obwohl

anaṣṭam = nicht zerstört

tad = dies, dessen

anya = andere

sādhāraṇatvāt = wegen, aufgrund von Allgemeingültigkeit, Universalität

Für den, der das Ziel [der Befreiung] erreicht hat, verschwindet [das Gesehene. Es] wird [jedoch] nicht zerstört, da es allgemein gültig ist.

Dieser Aphorismus weist die Auffassung zurück, daß die Welt nur in unserem Geist, nicht aber tatsächlich existiert. Patañjali betont hier, daß äußere Objekte durchaus ihre unabhängige Existenz haben. Sie werden nicht berührt von unserer Selbst-Verwirklichung. Selbst-Verwirklichung ist ein individueller Prozeß, durch den die materielle Welt nicht zerstört wird. Das widerspricht den Lehren vieler *Vedānta*-Schulen, die behaupten, daß die Natur (*prakṛti*) eine Illusion (*māyā)* ist ohne objektive Realität. Die Lehren des *Śaiva Siddhānta*, des *Kashmir-Śaivismus* und des *Tantrischen Śaktismus* stimmen alle darin überein, daß "die Welt bzw. das Sichtbare eine Realität ist."

Wir können anderen nur dienen, indem wir unser Selbst sind. Wir können andere nur lieben um des Selbst willen. Unterscheide klar das Selbst in anderen Menschen von ihrem äußeren Verhalten. Vielleicht mögen wir dieses Verhalten nicht, aber trotzdem lieben wir ihr Selbst. Sie "träumen" in der Regel einfach "mit offenen Augen", wie die *siddhas* den Zustand von uns Menschen beschrieben haben.

Übung: Sieh den Sehenden in jedem. Geh mit den Menschen so um wie sie wirklich sind und nicht wie sie glauben zu sein. Behandle jeden Menschen und jedes Ding mit Achtung.

23. *sva-svāmi-śaktyoḥ sva-rūpa-upalabdhi-hetuḥ saṃyogaḥ*

sva = eigen; hier: Besitz (*prakṛti*)

svāmi = der Besitzer (*puruṣa*); Herr, Meister

śaktyoḥ = Kraft, Energie, Fähigkeit [der beiden]

svarūpa = Wesen; eigene Form; Natur (vgl. I.3)

upalabdhi = Erkennen, Wahrnehmen

hetu = Ursache, Zweck und Ziel [hier: führt zu]

saṃyoga = Verbindung

Die Verbindung zwischen dem Besitzer [*puruṣa*] und dem Besitz (*prakṛti*) führt zum Erkennen des Wesens und der Kraft beider.

Durch die Welt der Natur *(prakṛti),* zu der unsere Sinne, Verstand und Gefühle gehören, gelangen wir zur Erkenntnis unseres Selbst. Die Natur ist also nicht einfach das, was unser Selbst verbirgt; vielmehr belehrt sie uns wie eine Mutter und führt uns schließlich heim. Die Verflechtung zwischen den beiden *(saṃyoga)* schafft einen Gegensatz, aus dem wir letztlich sehr viel lernen.

Übung: Sei mit Ruhe aktiv und aktiv in der Ruhe, verwurzelt im Sein als ein Beobachter allen Geschehens in dieser Welt. Sei dir darüber klar, daß du nicht der Handelnde bist. Lerne und übe das *kriyā* der andauernden Glückseligkeit (*nityānanda kriyā),* das in der Einweihungsstufe II von *Babaji's Kriya Yoga* gelehrt wird.

24. *tasya hetur-avidyā*

tasya = sein, von ihm; ihre, von ihr

hetu = Ursache; Grund, Motiv

avidyā = Unwissenheit

Die Ursache dieser Verbindung ist Unwissenheit.

Die fälschliche Identifizierung unseres Selbst mit den Objekten der Erfahrung ist keine Illusion, sie basiert einfach auf Unwissenheit *(avidyā).* Wenn wir unseren Irrtum erst einmal eingesehen haben, können wir sagen: "Wie unwissend war ich!" Selbst-Verwirklichung ist der Ausweg aus dieser Unwissenheit.

Übung: Erinnere deinen Geist daran, daß er nicht das "Subjekt" ist. Tritt zurück von ihm und bleibe der starke Sehende in deinem Inneren.

25. *tad-abhāvāt saṃyoga-abhāvo hānaṃ tad-dṛśeḥ kaivalyam*

tad = ihr (bezieht sich auf Unwissenheit)

abhāvāt = durch Fehlen oder Nicht-Vorhandensein

saṃyoga = Verbindung

abhāvaḥ = Nicht-Vorhandensein, Fehlen, Verneinung

hānaṃ = Beseitigung, Aufhebung, Abwesenheit, Rückgang

tad = das

dṛśeḥ = vom Gesehenen

kaivalyam = totale Befreiung (vgl. IV.34), vollständige Einheit, Glückseligkeit, Lösung von allen anderen Verbindungen; Alleinsein, All-Eins-Sein.

Ohne diese Unwissenheit [*avidyā*] gibt es eine solche Verbindung [*saṃyoga*] nicht. Das ist die totale Befreiung [*kaivalyam*] vom Gesehenen [*dṛśeḥ*].

Wer leidet? Wer ist glücklich? Wer bin ich? Wenn wir diese Fragen beantworten, merken wir, daß wir nur der Beobachter sind, reine Bewußtheit. Daher sind wir völlig frei, aber allein. Der Sehende ruht in seinem wahren Wesen (*svarūpa,* vgl. Vers I.3). Das *karma* des Sehenden entfaltet sich, aber der Sehende wird davon nicht berührt, er bleibt distanzierter Beobachter des Lebensdramas.

Übung: Laß alle Geschehnisse, Gedanken und Emotionen zum Objekt deiner Wahrnehmung werden und bleibe so der Sehende. Lerne und übe *nityānanda kriyā.*

26. *viveka-khyātir-aviplavā hāna-upāyaḥ*

viveka= Unterscheidung, Unterscheiden

khyāti = Wahrnehmung, Wissen

aviplavā = ununterbrochen, ungebrochen, unentwegt

hāna = Beseitigung, Abwesenheit, Rückgang; Entrinnen

upāya = Methode, Mittel zum Zweck

Ständig zu unterscheiden wissen ist das Mittel, um sie zu beseitigen.

Wie sollen wir diese Unwissenheit (*avidyā*) beseitigen und die Selbst-Verwirklichung erreichen? Patañjali rät uns zu unterscheiden zwischen dem, was beständig ist und dem, was vorübergehend ist, zwischen dem Wirklichen und dem relativ Unwirklichen, dem Selbst im Unterschied zur Welt. Wir nehmen den Standpunkt eines Beobachters ein und schulen unser Bewußtsein, sich allmählich zurückzuziehen, - selbst von unseren eigenen Gedankengängen. Im Endstadium dieses Unterscheidungsprozesses identifizieren wir uns in nicht-objekt-orientierter kognitiver Versenkung (*asaṃprajñàtaḥ samādhi*) mit dem Selbst. Feuerstein bezeichnet das als die "ständige Schau der Unterscheidung."(**3**) Um die Wahrheit zu begreifen, ist es notwendig, in jedem Augenblick auf Beobachterposition zu sein. Jeder von uns muß selbst entscheiden, was er loslassen soll und was bleiben kann.

Übung: Übe für immer längere Zeit, in jedem Augenblick die Position des Beobachters einzunehmen, der das Beständige von dem Vorübergehenden, das reine Subjekt von den Objekten, unterscheidet.

27. *tasya saptadhā prānta-bhūmiḥ prajñā*

tasya = sein, ihr

saptadhā = siebenfach

prānta = End-, letzte/r

bhūmi = Grund, Stadium

prajñā = Weisheit

Die Weisheit im Endstadium ist siebenfach.

Patañjali erklärt nicht, was die "siebenfache" Weisheit (*saptadhā prajñā*) ist. Der Weise Vyāsa hat sie wie folgt definiert: Wir erleben das Vergehen (1) des Wunsches, mehr zu wissen; (2) des Wunsches, etwas loszulassen; (3) des Wunsches, etwas Neues zu erlangen; (4) des Wunsches, etwas zu tun; (5) der Sorgen; (6) der Angst und (7) der Selbsttäuschung.

Dies geschieht, wenn wir anfangen, bei "unserem eigenen wahren Wesen bzw. unserer wahren Natur" zu bleiben (*svarūpa)*:

1. Wir erkennen, daß die Quelle aller Weisheit in uns selbst ist. Unsere Suche nach Wahrheit außerhalb von uns selbst ist vorbei.
2. Alles Leid vergeht, wenn wir nicht mehr an irgendetwas hängen (*rāgāḥ*) oder etwas ablehnen (*dveṣāḥ*).
3. In der kognitiven Versenkung (*samādhi*) verschwindet jedes Empfinden, als Individuum getrennt zu sein oder etwas zu entbehren. Ein Gefühl der

Verbundenheit mit allem Sein entsteht.

4. Wir spüren, daß wir nicht mehr der Handelnde sind; es gibt keine Abhängigkeiten, keine egoistischen Wünsche mehr.
5. Das Ego weicht zurück und die unterbewußten Prägungen können den Geist nicht mehr stören.
6. Die unterbewußten Prägungen fallen weg "wie Felsbrocken von einer Bergspitze fallen, um niemals mehr zurückzukehren."
7. Nur das Selbst bleibt zurück – in seinem wahren Wesen bzw. seiner wahren Natur, in absoluter Ruhe, völlig rein und allein. Die Illusion der Identifizierung mit dem Geist ist beendet, und wir bleiben im ständigen Zustand der kognitiven Versenkung (*samādhi*).

Übung: Wenn im Laufe des Tages mentale oder emotionale Störungen auftreten, frage dich, wann immer es möglich ist: "Kann ich jetzt mein Verlangen dies zu wissen, zu haben, zu tun, zu sein oder zu vermeiden, loslassen?" Und dann frage dich: "Werde ich es loslassen?" und "Wann?" Fühle, wie der an den Körper gebundene Geist die Spannung losläßt, die mit dem Festhalten verbunden ist.

28. *yoga-aṅga-anuṣṭhānād-aśuddhi-kṣaye jñāna-dīptir-ā-viveka-khyāteḥ*

yoga = Verbindung, Vereinigung

aṅga = Glied, Teil eines Systems

anuṣṭhāna = durch eine Handlung oder Übungspraxis

aśuddhi = unrein

kṣaye = beim Zerstören, Verschwinden oder Verlust

jñānadīpti = Licht der Weisheit, Erkenntnis

ā = bis, so weit wie

viveka = Unterscheidung[svermögen]

khyāti = Wahrnehmung, Wissen

Indem man die Glieder des Yoga praktiziert, verschwinden allmählich die Unreinheiten, und es dämmert das Licht der Weisheit, das zum Unterscheidungsvermögen führt.

Dieser Vers zeigt, daß der *Yoga* als System lange vor den *Sūtras* des Patañjali existierte. Er wurde vor allem mündlich überliefert, aber unterschiedliche *Yoga*-Systeme wurden auch in früheren Schriften, darunter z. B. der *Maitrāyaṇīya-Upaniṣad,* erwähnt. Aus diesem Vers ist zu entnehmen, daß die Praxis des *aṣṭāṅga Yoga*, die im folgenden Vers erläutert wird, zu dem führt, was in Vers II.26 beschrieben wird.

Die verschiedenen Glieder (*aṅga*) des *Yoga* sind kein Selbstzweck: Sie dienen nicht dazu, dem Leben zu entfliehen oder andere durch unser Äußeres oder unser Können zu beeindrucken. Sie dienen uns nur, wenn sie uns helfen, uns zu reinigen und zu Weisheit (*prajñā*) und der "ständigen Schau der Unterscheidung" (*asaṃprajñātaḥ samādhi)* zu gelangen. Indem wir unsere Übungen regelmäßig ausführen, werden wir Meister unseres Körpers, Atems und Geistes, und so unterstützen wir die Befreiung des Selbst von der Verwirrung des Ego und den negativen Gewohnheiten.

Übung: Führe alle Übungen mit voller Achtsamkeit aus, so daß du der Sehende und nicht der Handelnde bist.

29. *yama-niyama-āsana-prāṇāyāma-pratyāhāra-dhāraṇā-dhyāna-samādhayo'ṣṭāv-aṅgāni*

yama = Selbstbeschränkung, Selbstkontrolle, Selbstbeherrschung

niyama = Verhaltensregeln

āsana = Körperhaltung, Körperstellung

prāṇāyāma = Atemkontrolle

pratyāhāra = Rückzug der Sinne, Retreat

dhāraṇā = Konzentration

dhyāna = Meditation

samādhyayaḥ = (von *samādhi)* Betrachtungen, Versenkungen oder überbewußte Bewußtseinszustände

aṣṭau = acht

aṅgāni = Glieder oder Teile

Die acht Glieder des Yoga sind:

1. yama	*[Selbstbeschränkung]*
2. niyama	*[Verhaltensregeln]*
3. āsana	*[Körperhaltung]*
4. prāṇāyāma	*[Atemkontrolle]*
5. pratyāhāra	*[Rückzug der Sinne]*
6. dhāraṇā	*[Konzentration]*
7. dhyāna	*[Meditation]*
8. samādhi	*[kognitive Versenkung, Überbewußtsein]*

Mit diesem Vers beginnt ein neuer Abschnitt, der nach Georg Feuerstein entweder späteren Ausgaben der *Sūtras* hinzugefügt oder von Patañjali aus einer unbekannten Quelle zitiert wurde.**(4)**

Im *Tirumantiram,* Vers 549, schreibt Tirumūlar, daß *Naṇḍi* bzw. *Śiva* die achtfache Wissenschaft des Yoga (*yoga aṣṭāṅga*) offenbarte. Es handelt sich um die gleichen acht Glieder wie in den *Sūtras,* aber in den Versen 549 bis 631 des *Tirumantiram* sind sie viel ausführlicher und freimütiger beschrieben als in den *Sūtras.* Man kann nicht behaupten, daß Tirumūlar seine Ideen von Patañjali übernommen hat. Das *Tirumantiram* legt den Yoga in seiner ganzen Breite dar – wie er zu jener Zeit bekannt war, während Patañjali plötzlich aufhört.

Während die meisten Kommentatoren diese acht Glieder als Stufen interpretiert haben, die nacheinander praktiziert werden sollten, hat zumindest ein Kommentator (5) erkannt, daß das nicht der Fall ist, daß sie vielmehr auch kreisförmig angeordnet gesehen werden können: mit ihrer vereinten Kraft treibt der *Yogin* sich selbst an auf dem Weg der Verinnerlichung.

Vergleiche hierzu Vers 552 des *Tirumantiram*:

> *Yama, niyama* und zahllose *āsana,*
> *Prāṇāyāma,* das heilsame, und auch *pratyāhāra,*
> *Dhāraṇā, dhyāna* und *samādhi* als Triumph,
> Dies sind die acht stählernen Glieder des *Yoga.*

Den heutigen Schülern des *Haṭha Yoga* wurde von modernen Experten weisgemacht, daß der *Haṭha Yoga,* wie er in der *Gheranda Saṁhitā,* und der *Haṭha Yoga Pradīpika* dargelegt wird, erst Anfang des zweiten Jahrtausends entstanden ist. In diesem Vers und den Versen 558 bis 563 des TM ist die Rede von mindestens 180 wichtigen *āsanas.* Patañjali beschreibt in den folgenden Versen jedes der acht Glieder.

Übung: Praktiziere alle Glieder des *Yoga* als ein System, in dem jedes die anderen ergänzt und unterstützt.

30. *ahiṃsā-satya-asteya-brahmacarya-aparigrahā yamāḥ*

ahiṃsā = Gewaltlosigkeit, Nichtvorhandensein des Wunsches zu töten oder zu verletzen

satya = Wahrheitsliebe; Authentizität, Aufrichtigkeit

asteya = Nicht stehlen

brahmacarya = Keuschheit, Kontrolle der Sexualität, sexuelle Enthaltsamkeit

aparigrahāḥ = Begierdelosigkeit, Verzicht

yamāḥ = Zurückhaltung, Selbstbeherrschung, Selbstbeschränkung

Die Selbstbeschränkungen sind Gewaltlosigkeit, Wahrheitsliebe, Nicht-Stehlen, Enthaltsamkeit und Begierdelosigkeit.

Zur Gewaltlosigkeit *(ahiṃsā)* gehört Nicht-Verletzen – egal ob durch Taten, Worte oder Gedanken. *Hiṃsā* heißt Verletzen und *ahiṃsā* demnach nicht verletzen. Unsere Worte und Gedanken haben eine große Kraft. Sie können andere verletzen. Sie können zu Taten anstiften, die verletzen. Wenn wir aufhören, andere zu verletzen, stellen wir fest, daß es in unserem Geist keine Gefühle des Hasses, des Neids, der Wut oder Angst mehr gibt. Durch diesen Prozeß wird unser Bewußtsein gereinigt. Indem wir uns bemühen zu verzeihen, können wir solche Gefühle, die nicht nur andere, sondern letztlich auch uns selbst verletzen, ausschalten.

Bei der Wahrheitsliebe *(satya)* geht es nicht nur um Nicht-lügen, sondern auch um Übertreiben, Betrügen, Vortäuschen, Heuchelei und Ehrlichkeit in der Werbung. Andernfalls betrügen wir uns selbst, verschieben die Aufarbeitung von ausstehendem *karma* und schaffen neues *karma* bzw. verstärken das vorhandene. Wenn man alle Fiktionen, alle Vorstellungen und alles Unwirkliche im Denken, Reden und Handeln beiseite läßt, entdeckt man schnell, was die Wahrheit ist. Nichts als die Wahrheit zu sagen, ist sehr aufschlußreich. Vieles, was gesprochen wird, ist unnötig, trivial und unrealistisch. Wer schweigt und wer überlegt, ehe er spricht, um nur das auszusprechen, was erbaulich ist, bringt große Klarheit in seinen Geist und seine Beziehungen.

Nicht-Stehlen *(asteya)* heißt nichts nehmen, was einem nicht gehört. Stehlen hüllt unser Bewußtsein in Dunkelheit, in der wir unsere wesentlichen Gemeinsamkeiten nicht erkennen. Es verschließt unser Herz, unterstützt egoistische Tendenzen und bringt uns ab vom Weg der Selbst-Verwirklichung. Es ist ein Ausdruck von Angst und Schwäche angesichts eines Wunsches. Wenn wir stehlen, geben wir unsere Stärke, die in der Selbstbeherrschung liegt, auf und verstärken den Einfluß negativer Kräfte.

Enthaltsamkeit *(brahmacarya)* schließt sexuelle Enthaltsamkeit auf körperlicher und emotionaler bzw. energetischer und mentaler Ebene ein. Auf diese Weise kann man vieles loslassen, was für die meisten Menschen – und somit auch für den Prozeß der Selbst-Verwirklichung – gewöhnlich eine große Quelle der Ablenkung und des Leids ist. Auch wenn man in einer festen Partnerbeziehung lebt, können Ablenkung und Zerstreuung weitgehend vermieden werden, wenn man sich um Mäßigung und Bewußtheit beim Sex bemüht. Man liebt den anderen wie sein eigenes Selbst. Wenn man ein Versprechen nicht korrekt einhält, besteht die Gefahr der Verdrängung und folglich gefährlicher psychologischer Auswirkungen. Man sollte sich davor hüten, Antipathien gegenüber dem anderen Geschlecht oder Gefühle von Schuld, Scham oder Frustration gegenüber der eigenen Sexualität aufkommen zu lassen. In unserer heutigen hedonistischen Gesellschaft mag das Ideal sexueller Enthaltsamkeit und Reinheit den meisten Menschen nicht nur abwegig, sondern sogar unmöglich erscheinen. Es ist weder das eine noch das andere. Derjenige, der es praktizieren will, sollte jedoch gründlich über die Werte und Erwartungen unserer heutigen Kultur sowie das Wesen der Sexualität nachdenken. Um dieses Ideal zu erreichen, muß man von einem ganzheitlichen Standpunkt an die Sache herangehen und viel Geduld und Ausdauer aufbringen.

Zur Begierdelosigkeit *(aparigrahaḥ)* gehört, daß man sich in seinen Vorstellungen nicht mit materiellem Besitz beschäftigt oder Dinge begehrt, die anderen gehören. Oft geben sich die Menschen dem Wunschtraum hin, plötzlich reich zu werden, indem sie das große Los ziehen, einen reichen Partner heiraten oder an der Börse gewinnen. Und sie meinen, daß sie damit das dauerhafte Glück finden. Das ist aber reine Torheit. Sich solchen Phantasien hinzugeben, lenkt nur ab von der inneren Quelle dauerhaften Glücks.
Im *Tirumantiram* werden in Vers 554 zehn Selbstbeschränkungen *(yamas)* aufgezählt:

> Er tötet nicht, er lügt nicht, er stiehlt nicht,
> Er ist voll Tugend; gut, sanft und gerecht;
> Er teilt seine Freuden, kennt keinen Makel,
> Weder Trunksucht noch Lust.

Die Selbstbeschränkungen *(yamas)* regulieren und harmonisieren das soziale Umfeld des *yogin* und schaffen die Grundlage für unsere Übungspraxis. Es mag am Anfang schwierig sein, sie einzuhalten. Dazu gehört bewußte Anstrengung und großer Willenseinsatz. Aber indem wir uns weiterentwickeln, wird es uns nicht nur zur Gewohnheit, sondern erfordert praktisch auch keine Mühe mehr, sie einzuhalten. Es wird eine Funktion unserer Selbst-Verwirklichung.

Übung: Beobachte in Ruhe – ohne über dich selbst oder andere zu urteilen – deine Handlungen und Gefühle gegenüber anderen Menschen und beobachte weiter, was sich daraus ergibt. Erinnere dich an die Selbstbeschränkungen (*yamas*) als ein Instrument des Loslassens *(vairāgya)* und der Unterscheidung zwischen dem Sehenden und dem Gesehenen *(viveka-khyāti)*. Notiere dir, wann du diese Selbstbeschränkungen vergißt. Nimm Affirmationen zur Hilfe, um die Selbstbeschränkungen verstärkt zu üben (vgl. Vers II. 33 und II.34).

31. *jāti-deśa-kāla-samaya-anavacchinnāḥ sarva-bhaumā mahā-vratam*

jāti = Klasse, Stand, Status

deśa = Ort

kāla = Zeit

samaya = Umstand, Vereinbarung, Zusammenkommen, Verpflichung

anavacchinnāḥ = nicht begrenzt durch, unabhängig von

sārva-bhaumāḥ = *(*von *sarva-bhūmiḥ)* die ganze Welt umfassend; universell

mahāvratam = Großes Gelübde, Entschluß, Führung oder Beschluß

Dieses Große Gelübde ist universell, unabhängig von Status, Ort, Zeit oder Umständen.

Hier betont Patañjali, daß diese ethischen Prinzipien unabhängig von unserem Status zu befolgen sind. Selbst der vollendete *yogin* darf sie nicht ignorieren. Verrückte (weise) Eingeweihte verschiedener spiritueller Traditionen haben sie zeitweise ignoriert und sich selbst damit diskreditiert oder ruiniert. **(6)**

Dieses Große Gelübde (*mahā-vratam*) ist für den *Yoga*-Schüler eine große Hilfe, um seine egoistischen Wünsche zu überwinden und die totale Hingabe zu erreichen. Um absolut unbeeinflußt von allem äußeren Geschehen zu bleiben, brauchen wir ein reines Herz. Um gleichmütig zu bleiben und nicht zu reagieren, müssen sich auch die Großen von allem freimachen, was ihren Charakter verderben könnte.

Viele Yogaschüler sind überrascht, wenn "spirituelle Meister" die Selbstbeschränkungen (*yamas*) und Verhaltensregeln (*niyamas*) nicht einhalten. Sie wissen nicht, daß man spirituell weit fortgeschritten sein und über yogische Fähigkeiten (*siddhis*) verfügen kann und trotzdem im Unterbewußtsein negativ programmiert ist. Deshalb beginnen wir in *Babaji's Kriya Yoga* mit *śuddhi dhyāna kriyā*, als dem ersten *dhyāna kriya* in der Einweihungsstufe I, um das Unterbewußtsein zu reinigen. Dies ist ein langer Prozeß, aber selbst eine kleine Anstrengung hilft schon, viele Programmierungen, die uns ablenken, aufzulösen. Wie aus den Versen II.33 und II.34 zu entnehmen ist, ist es – abgesehen von der Reinigung des Unterbewußtseins – für den Yogaschüler auch sinnvoll, negative Gedanken durch positive zu neutralisieren. Wenn andere – und unter ihnen auch "spirituelle Meister" – nicht alle *yamas* und *niyamas* einhalten, sollten wir sie nicht verurteilen. Wir sollten ihnen einen "Besen" geben und sie ermuntern, ihr Untergeschoß zu kehren – genauso wie das jeder andere auch tun muß. Wir sollten jedoch nicht unsere Kraft an sie verschwenden. Jeder ist verantwortlich für seine bzw. ihre eigenen Handlungen und Fehler. Und außerdem: Ehe nicht das höhere Bewußtsein vollständig den Energiekörper und den physischen Körper durchdrungen und transformiert hat, besteht immer ein großes Risiko, daß die egoistischen Tendenzen weiter bestehen und Probleme verursachen. Ständige Achtsamkeit und Selbstkontrolle sind erforderlich, um diese ersten beiden Glieder des Yoga bis zur höchsten Ebene der Selbstverwirklichung einzuhalten.

Übung: Halte dich an diese Selbstbeschränkungen *(yamas)* in unterschiedlichen Situationen, z. B. bei der Arbeit, im Umgang mit "schwierigen Menschen" oder bei Versuchungen. Reflektiere über die folgenden Worte: "Der Körper ist anpassungsfähig und unpersönlich ohne eigenen Willen. Laß ohne eigenen Willen wie ein Rundfunkgerät DAS unbeeinträchtigt hindurchfließen." Übe *śuddhi dhyāna kriyā* im Alltag.

32. *śauca-saṃtoṣa-tapaḥ-svādhyāya-īśvara-praṇidhānāni niyamāḥ*

śauca = Reinheit, Sauberkeit

saṃtoṣa = Zufriedenheit

tapas = ständige Übung; Anstrengung; Selbstzucht

svādhyāya = Selbst-Studium

īśvara-praṇidhāna = Gottesverehrung oder völlige Hingabe an Gott

niyamāḥ = Verhaltensregeln

Die Verhaltensregeln [*niyamas*] sind Reinheit, Zufriedenheit, Selbstzucht, Selbst-Studium und Hingabe an Gott.

Bei den Verhaltensregeln *(niyamas)* geht es um Selbstdisziplin. In Vers II.1 wurden bereits Selbst-Studium *(svādhyāya),* Hingabe an Gott *(īśvara-praṇidhāna)* und ständiges Üben *(tapas)* behandelt. Die Reinigung *(śauca)* bezieht sich auf die körperliche, energetische und mentale Ebene. Zufriedenheit *(saṃtoṣa)* wird erreicht, indem wir das schätzen, was wir haben und nicht mehr erstreben als wir für unseren Lebensunterhalt brauchen. Die *yamas* und *niyamas* erinnern an die 10 Gebote in der jüdischen, christlichen und islamischen Tradition. Ähnliche Anweisungen für ethisches Verhalten finden sich in vielen religiösen Traditionen. Der Lohn für die Einhaltung dieser Regeln ist jedoch nicht der Himmel oder irgendeine moralische Tugend, vielmehr handelt es sich um eine notwendige Voraussetzung für die Selbst-Verwirklichung.

Im *Tirumantiram* Vers 556 werden zehn Verhaltensregeln *(niyamas)* aufgeführt:

> Reinheit, Mitgefühl, einfache Nahrung und Geduld,
> Geradlinigkeit, Wahrheit und Standhaftigkeit -
> Diese liebt er heiß und innig;
> Töten, Stehlen und sinnliche Begierden verabscheut er.
> Damit verfügt über zehn Tugenden,
> wer die *niyamas* einhält.

In Vers 557 TM werden weitere zehn Kennzeichen von *niyama* aufgeführt:

> *Tapas*, Meditation, Heiterkeit und Heiligkeit,
> Wohltätigkeit, *Śaiva*–Gelübde und *siddhānta*–Lehren,
> Verzicht, *Śiva, pūja* und reine Gedanken,
> Mit diesen zehn vollendet der Seinen Weg, der dem *niyama* folgt.

Es gibt keine physische Existenz und kein spirituelles Leben ohne Ordnung und Rhythmus. Die *niyamas* sind Instrumente für eine harmonisches und geordnetes Leben, das Leistung und Vervollkommnung ermöglicht und den *sādhaka (yogin)* in die Lage versetzt, jede Arbeit auszuführen, die ihm oder ihr aufgetragen wird.

Übung: Meditiere über jede dieser Verhaltensregeln mit dem vierten Meditations-*kriyā* (*arūpa dhyāna kriyā*), das in *Babaji's Kriya Yoga* Einweihungsstufe I gelehrt wird.

33. *vitarka-bādhane pratipakṣa-bhāvanam*

vitarka = Beobachtung und Analyse konkreter Dinge (vgl. I.17); hier: negative, abschweifende Gedanken

bādhane = Versklavung; behindert, gehemmt durch

pratipakṣa = Gegenteil

bhāvanam = Praktizieren; auch: Meditation

[Wenn man] durch negative Gedanken behindert wird, sollte man sich gegenteiliger [d. h. positiver] Gedanken befleißigen. [Das ist] *pratipaksa bhāvanam*.

Mit "negativen Gedanken" ist hier alles gemeint, was den in den vergangenen Versen aufgeführten moralischen Prinzipien der *yamas* und *niyamas* widerspricht. Anstatt näher auf sie einzugehen oder sie rational zu deuten, schreibt Patañjali vor, direkt zu handeln, nämlich sich gegenteiliger Gedanken zu befleißigen (*pratipakṣa-bhāvanam*). Wenn wir z. B. jemand grollen, sollten wir uns bemühen, dieser Person zu verzeihen. Oder im Fall von Angst sollten wir Gedanken des Muts und der Zuversicht hegen. Obwohl Patañjali nicht näher auf die Praxis von *pratipakṣa bhāvanam* eingeht, wissen wir, daß *siddhas* wie Patañjali ausgezeichnete Psychologen waren. Um den tiefsitzenden Tendenzen zu negativem Denken entgegenzuwirken, ist es erforderlich, regelmäßig und sorgfältig solche Methoden wie Affirmationen, Autosuggestion und Selbst-Hypnose anzuwenden. Das Unterbewußtsein funktioniert – ähnlich wie ein Computer – nach den Programmen, die seit der frühen Kindheit eingegeben wurden, selbst wenn diese schaden oder zu Leid führen. Die Programme stammen von unseren Eltern, Freunden und Lehrern, den Massenmedien und den kulturellen Werten und Symbolen, die in unserer Gesellschaft verbreitet sind. Es ist seltsam, daß die meisten unserer Lehrer und Autoritäten in der heutigen Yoga-Szene es versäumt haben, auf die wissenschaftliche Kunst der Autosuggestion und Affirmation hinzuweisen bzw. diese zu lehren. Zu oft glauben diejenigen, die den geistigen Weg einschlagen, daß ihre geistigen Übungen automatisch tiefsitzende psychologische Konflikte auflösen. Eine Psychotherapie mag am Anfang hilfreich sein, ihr fehlt jedoch oft eine umfassende spirituelle Perspektive. Letztlich ist es für den Heilungsprozeß eines jeden Menschen erforderlich, unheilsamen Gedanken und Emotionen mit geeigneten Mitteln zu begegnen, anstatt sie einfach zu unterdrücken (vgl. Fußnote **(7)** betr. geeignete Techniken zur praktischen Anwendung dieses Verses).

Übung: Erkenne deine negativen Gedankenmuster und teile sie in Kategorien ein. Nutze Affirmationen und Autosuggestionen, um diesen negativen Tendenzen in geeigneter Form entgegenzuwirken. Meditiere über die positiven Empfindungen, die mit deinen positiven Suggestionen und Affirmationen verbunden sind. Übe dich im Verzeihen.

34. *vitarkā hiṃsā-ādayaḥ kṛta-kārita-anumoditā lobha-krodha-moha-pūrvakā mṛdu-madhya-adhimātrā duḥkha-ajñāna-ananta-phalā iti pratipakṣa-bhāvanam*

vitarkāḥ = hier: negative, abschweifende Gedanken

hiṃsā-ādayaḥ = Gewalt etc.

kṛta = getan, ausgeführt

kārita = verursachen, veranlassen

anumoditāḥ = gebilligt; erlaubt

lobha = Gier; Lust

krodha = Wut, Leidenschaft

moha = Vernarrheit, Verblendung; Selbst-Täuschung

pūrvakāḥ = als Folge von, verbunden mit

mṛdu = gelinde, gering

madhya = mittel; mäßig

adhimātrāḥ = stark

duḥkha = Leid; Unzufriedenheit

ajñāna = Unwissenheit

ananta = unendlich, grenzenlos; ewig

phalā = Früchte; Ergebnisse

iti = so

pratipakṣa = gegenteilige Gedanken, wörtlich "die Gegenseite" oder "ein Gegner oder Feind"

bhāvanam = Meditation; praktizieren, manifestieren; hegen, pflegen

Wenn man negative Gedanken hegt oder Taten wie Gewaltakte etc. ausführt, sie veranlaßt oder auch nur billigt – ob dies nun aus Gier, Wut oder Selbst-Täuschung geschieht, ob in geringem, mäßigem oder starkem Ausmaß – sie basieren auf Unwissenheit und führen zu endlosem Leid. [Deshalb] sollte man gegenteilige Gedanken pflegen.

Patañjali erklärt in aller Deutlichkeit die Konsequenzen, die sich ergeben, wenn man sich negativen Gedanken – in welcher Form oder in welchem Ausmaß auch immer – hingibt, und betont die Bedeutung gegenteiliger Gedanken. Der *yogin* sollte sehr vorsichtig sein mit negativen Gedanken und sich ihnen nicht einmal andeutungsweise hingeben. Das erinnert an Vers II.1, in dem er *Kriyā Yoga* als Selbst-Studium (*svādhyāya*) definiert. Wenn man aufschreibt, was einem durch den Kopf geht, und dabei losläßt (*vairāgya*), kann jeder Einzelne erkennen, woran er noch arbeiten muß. Dabei können moderne Techniken der Selbst-Hypnose und Affirmation angewandt werden **(7)**.

Manchmal müssen wir uns körperlich einer Situation oder Atmosphäre entziehen, wo negatives Denken vorherrscht. Wenn das nicht möglich ist, dann nimm diese Schwierigkeit als Gelegenheit wahr, Gleichmut und Distanzierung von negativen Reaktionen zu üben. Bete und suche Gottes Unterstützung und Führung. Meditiere mit dem Herzen als Fokus und konzentriere dich auf das Gefühl der Liebe. Wenn negative Gedanken aufkommen, notiere sie und registriere durch welches Gefühl sie ausgelöst wurden. Achtsamkeit ist der erste Schritt.

Übung: Führe ein Tagebuch und registriere deine negativen Tendenzen. Wende die Techniken der Autosuggestion und Affirmation an, um gegenteilige Gedanken zu unterstützen.

35. *ahiṃsā-pratiṣṭhāyāṃ tat-saṃnidhau vaira-tyāgaḥ*

ahiṃsā = Gewaltlosigkeit

pratiṣṭhāyam = zur Grundlage gemacht

tat = das, dessen

saṃnidhau = in Gegenwart, Nähe

vaira = Feindschaft

tyāgaḥ = aufgegeben; Verzicht

In der Gegenwart eines Menschen, der sich die Gewaltlosigkeit zur Lebensgrundlage gemacht hat, hören alle Feindseligkeiten auf.

Indem er sich um inneren Frieden bemüht, schafft der *yogin* einen Raum, in dem alle Frieden finden. Unsere Gedanken beeinflussen andere Menschen – und zwar meist negativ; daher findet der Durchschnittsmensch den Frieden gewöhnlich allein oder in der Natur. Der Bewußtseinszustand des *yogin* ist ein großes Geschenk für die Welt. Er oder sie kann dazu beitragen, jeden Menschen in seinem bzw. ihrem Umfeld zu heilen. Wenn ein Unglück geschieht, dann begrüßt ein solcher *yogin* es als eine Gelegenheit zu heilen. Diese *yogins* sind in der Tat die Hoffnungsträger für diese Welt mit all ihren Feindseligkeiten und Leiden.

In Indien gibt es viele Geschichten über Heilige, die im Wald lebten – ohne durch wilde Tiere behelligt zu werden. Der Einfluß von Mahatma Ghandi, der die Bewegung der Gewaltlosigkeit zur politischen Befreiung Indiens begründete, lebt heute noch fort in den Bürgerrechtsbewegungen und ähnlichen Gruppierungen.

Nach der "Mutter" des Sri Aurobindo Ashram befindet sich die reine Existenz *(sat)* jenseits jeder Manifestation. Sie ist wunderbar strahlend, unbeweglich und ruhig. Sie ist Glückseligkeit ohne Schwingung. Und sie ist sehr nützlich. Wir sollten sie im Hinterkopf behalten und immer wieder auf sie zurückkommen, um Störungen auszugleichen. Halte sie stets dort fest, so als ob sie aus dem Hintergrund alles unterstützt. Sie ist von Natur aus wortlos, unbeweglich und strahlend, und sie vermittelt ein Gefühl von Ewigkeit und Unendlichkeit. Sie ist das Heilmittel für Unordnung.

Übung: Reflektiere über *sat,* das reine Sein, strahlend, wortlos, ruhig und voll Glückseligkeit. Erinnere dich daran in all deinen Beziehungen – zu Menschen und zu Dingen.

36. *satya-pratiṣṭhāyāṃ kriyā-phala-āśrayatvam*

satya = Wahrhaftigkeit, Wahrheit

pratiṣṭhāyām = zur Grundlage, Basis gemacht

kriyā = Handlung

phala = Früchte, Ergebnisse

āśrayatvam = abhängen von; Entsprechung; folgend, entsprechend

Ein Mensch, dessen Basis die Wahrheit ist, bestimmt die Handlungen und deren Ergebnisse.

Buchstäblich heißt das, für einen Menschen, der immer zur Wahrheit steht, wird eine Zeit kommen, wenn alles, was er sagt, wahr wird. Der *yogin* bekommt die Kraft, das, was immer er sucht, automatisch anzuziehen. Die Natur sorgt dafür. Wir geben uns jedoch Phantasien und Halbwahrheiten hin und vergeuden unsere Energien. Die Kräfte des Universums können nicht ohne weiteres durch uns hindurchfließen, solange wir nicht dauerhaft in Wahrheit und Selbst-Verwirklichung zentriert sind.
Jemand, dessen Basis die Wahrheit *(satya)* ist, wird furchtlos, denn es gibt nichts zu verbergen. Wahrhaftigkeit erfordert zunächst Anstrengung, denn wir sind gewohnt zu lügen, besonders gegenüber uns selbst. Aber indem wir üben, wahrhaftig zu sein, wird es leichter werden, besonders wenn wir merken, wie wunderbar es sich auswirkt, ehrlich zu sein.

Übung: Reflektiere: "Bin ich fähig, alles in meinem Leben ohne Verzerrung anzuschauen? Bin ich willens, das zu sehen, was wirklich vor mir ist und nicht das, was ich sehen möchte?"

37. *asteya-pratiṣṭhāyāṃ sarva-ratna-upasthānam*

asteya = Nicht-Stehlen

pratiṣṭhāyam = als Basis, Grundlage haben, fest fundiert

sarva = alle

ratna = Edelstein, Juwel; Wohlstand, Reichtum

upasthānam = Präsenz, Erscheinen, hier: zukommen auf

Reichtum kommt zu allen, deren Grundlage das Nicht-Stehlen ist.

Analog zu II.36 bedeutet das, wenn das Nicht-Stehlen die Basis des *yogin* ist, kommt Reichtum auf ihn zu. Zu Diebstahl kommt es, wenn wir Verlangen nach etwas haben, das uns nicht gehört und aus diesem Verlangen heraus handeln. Im weiteren Sinne gehören dazu auch Habgier, Phantasien über das, was wir nicht haben, und – wenn wir zu Vermögen gekommen sind - dieses zu horten. Patañjali erinnert uns, daß die Natur wie ein Wasserstrom durch uns hindurchfließen will. Wenn wir gierig werden oder Dinge anhäufen, verschenkt sie ihre Gaben anderweitig. Um es noch einfacher auszudrücken: "Geben ist seliger denn Nehmen." Wenn wir nämlich geben, erlauben wir dem Universum, uns mehr zu geben und durch uns zu wirken. Schließlich stellen wir – wie der *karma yogin* - fest, daß wir nicht der Handelnde sind. Wir rechnen uns das, was wir getan haben, nicht mehr als Verdienst an – wir hören auf, uns etwas unrechtmäßig anzueignen oder uns auf Kosten anderer zu profilieren.

Wenn das Nicht-Stehlen für uns Lebensprinzip ist, bemühen wir uns, unsere Arbeit bzw. unsere Aufgaben mit großer Sorgfalt, ohne Spannung und ohne Erwartung eines Lohns zu erledigen. Aller Wohlstand kommt durch Selbstlosigkeit. Wir werden belohnt durch die vier Dinge, die uns wirklich reich machen: Ausgeglichenheit, Frieden, inneres Wohlbehagen in jeder Situation sowie Freude und Lachen der Seele.

Übung: Reflektiere: Bin ich fähig zu geben, ohne etwas dafür haben zu wollen?

38. *brahmacarya-pratiṣṭhāyāṃ vīrya-lābhaḥ*

brahmacarya = Keuschheit, [sexuelle] Enthaltsamkeit

pratiṣṭhāyām = zum Prinzip gemacht

vīrya = Kraft; Power, Stärke, Energie

lābha = wird gewonnen, erreicht

Wer sich Enthaltsamkeit zum Prinzip gemacht hat, gewinnt Vitalkraft.

Enthaltsamkeit *(brahmacarya)* heißt, sich sexueller Phantasien zu enthalten. Über Sex zu phantasieren oder sich lustvollen Gefühlen hingeben, zerstreut den Geist und lenkt ihn ab – ebenso wie der körperliche Akt des Sex zum Verlust der Lebenskraft führt. *Brahmacarya* befähigt uns, die Lebensenergie zu sublimieren, um die höheren Bewußtseinszentren zu erwecken und das Bewußtsein zurückzuziehen von flüchtigen Sinneswahrnehmungen hin zur letzten inneren Quelle der Freude. Selbst in der Ehe sollten wir im Sex Mäßigung üben und versuchen, die sexuellen Energien durch praktische Übungen und innere Einstellung umzuwandeln. So können wir unseren Partner als eine lebendige Verkörperung des Göttlichen sehen. Im *Tirumantiram* Vers 1938 heißt es:

> Wer ein Sklave der Lust wird,
> wird in ständiger Angst leben;
> Sein Körper wird krank,
> Und er siecht dahin;
> Er wird die Gnade nicht erlangen
> Und im *Śiva Yoga* nicht durchhalten.

Und im Vers 1952:

> In Unwissenheit verschwendet das Volk ihn täglich;
> Zugrunde gerichtet durch die Sinne, weinen sie vor Leid;
> Wenn sie in Weisheit bewußt den höchsten *Yoga* praktizieren,
> Verschwindet *bindu* (umgewandelte sexuelle Energie), göttlich verwandelt.

Indem wir über uns selbst hinauswachsen, können wir von den Problemen loskommen, doch die Probleme sind unterbewußt immer noch vorhanden und müssen gelöst werden. Wenn wir tief zu unserem emotionalen Wesen vordringen und unser Herzzentrum dem Frieden und dem ruhigen Streben nach dem Göttlichen öffnen, erfordert Keuschheit keine Anstrengung mehr.

Aber, wie Sri Aurobindo es ausdrückt: Wenn wir uns an "Du sollst" und "Du sollst nicht" klammern, ist zu beachten, daß das, was dem einen schadet, für den anderen hilfreich sein kann. (8) Was unter gewissen Umständen schadet, kann unter anderen Bedingungen nützlich sein. Was in einem bestimmten Geist getan wird, kann katastrophal sein, aber die gleiche Tat, in einem völlig anderen Geist vollbracht, kann harmlos, vielleicht sogar hilfreich sein. Viele Dinge müssen berücksichtigt werden: der Geist, die Umstände, die Person, ihre natürlichen Bedürfnisse und Veranlagungen sowie die jeweilige Entwicklungsstufe. Deshalb heißt es, daß der *guru* auf jeden Schüler entsprechend seiner Eigenart individuell eingehen und sein *sādhana* entsprechend lenken muß. Selbst wenn die große Linie des *sādhana* für alle gilt, so gibt es doch für jeden an jedem Punkt Abweichungen.

Übung: Bin ich in der Lage, Gott in meinem Herzen, Geist und Körper zu behalten, wenn ich eine sexuelle Erfahrung mache? Kann ich so lieben, daß ich mich in der Liebe völlig dem Göttlichen hingebe? Bin ich fähig, der Sehende zu bleiben gegenüber dem Gesehenen? Bin ich fähig, meinen Partner als eine Verkörperung des Göttlichen zu sehen?

39. *aparigraha-sthairye janma-kathaṃtā-saṃbodhaḥ*

aparigraha = Begierdelosigkeit

sthairye = gefestigt, fundiert in; in Festigkeit, Stabilität oder Standhaftigkeit

janma-kathaṃtā = das "Wie und Warum" der Geburt, Sinn des Lebens

saṃbodha = Erkenntnis; Verstehen

Wenn jemand in der Begierdelosigkeit gefestigt ist, erkennt er das Wie und Warum seines Lebens.

Je mehr wir die Gier *(aparigraha)* loslassen bzw. aufhören, an etwas festzuhalten, umso mehr identifizieren wir uns mit dem Selbst. Aus der Perspektive des Selbst, das jenseits von Zeit und Raum angesiedelt ist, wird das Wissen über frühere Inkarnationen und Schicksalstendenzen offenbart. Wir sind nicht mehr gebunden an den begrenzten gegenwärtigen Rahmen der auf dem Ego basierenden Wünsche. Die tief im Unterbewußtsein eingeprägten Gewohnheiten werden zugänglich. Es ist wichtig, diese distanziert zu betrachten. Viele Menschen, denen das nicht gelingt, werden von ihren Erinnerungen überwältigt.

Wenn unser persönliches Selbst das Gefühl des Verlangens endgültig überwunden hat und wir unsere Vorlieben aufgeben, indem wir uns erinnern "Dein Wille geschehe", dann sind wir frei von Begierden. Wir beginnen auf immer tieferen Ebenen zu arbeiten. Manchmal, wenn eine unterbewußte Prägung (*saṃskāra)* dabei ist hochzukommen, um aufgelöst zu werden, kommt auch das Wissen über eine Erfahrung aus einem früheren Leben, die dieses *saṃskāra* in das Unterbewußtsein eingeprägt hat, hoch. Das ist vielleicht so, damit die Einschränkung oder Schicksalstendenz ein für alle Mal aus dem Körper-Geist entfernt werden kann. Das beste ist, sich nicht zu sehr für diese Enthüllung zu interessieren bzw. sich nicht zu stark auf sie einzulassen, vielmehr die damit verbundene Befreiung, die den Körper aufnahmebereiter für Veränderungen macht, einfach zuzulassen.

Übung: Reflektiere über die Frage: "Bin ich bereit, alles loszulassen?", sowie über "Dein Wille geschehe."

40. *śaucāt-sva-aṅga-jugupsā parair-asaṃsargaḥ*

śauca = Reinheit, Reinigung

sva-aṅga = der eigene Körper

jugupsā = spontane Distanzierung

paraiḥ = mit anderen

asaṃsarga = kein Kontakt bzw. keine Assoziation

Durch Reinigung entsteht eine spontane Distanzierung des eigenen Körpers vom Kontakt mit anderen [Körpern].

Im Zusammenhang mit diesem Vers kann *jugupsā* auch etwas Positiveres oder eher Ausgleichendes bedeuten, im Sinne von Distanzierung oder Behutsamkeit gegenüber dem eigenen Körper und dem Umgang mit anderen. Da er weiß, wie schwierig der Weg zur Selbst-Verwirklichung ist und da er die Neigungen des Geistes kennt, sich z. B. Gedanken der Sinneslust hinzugeben, versucht der *yogin* das Risiko des Versagens auf ein Minimum zu reduzieren, indem er z. B. den Kontakt mit anderen Körpern meidet.

Der physische Körper ist ständig mit dem Stoffwechsel beschäftigt und scheidet vor allem durch die Haut Abfallstoffe aus. Die meisten Menschen versuchen, das zu verbergen, indem sie Kleidung, Deodorant, Parfum und Kosmetika benutzen. Wahrscheinlich bringen wir 90 Prozent unserer Tageszeit damit zu, uns direkt oder indirekt um unseren physischen Körper zu kümmern. Die Abneigung des *yogin* kann jedoch schließlich zu einer neuen Perspektive reifen. Der *yogin* kann dann seinen Körper auf eine bessere Art sehen. Wie Tirumūlar in Vers 725 des TM sagt:

> Es gab eine Zeit, da ich den Körper verachtete;
> Aber dann sah ich in ihm Gott
> Und ich verstand, daß der Körper der Tempel des Herrn ist.
> Und so begann ich, ihn zu bewahren
> Mit unendlicher Sorgfalt.

Übung: Reflektiere über die Frage: "Bin ich der physische Körper?"

41. *sattva-śuddhi-saumanasya-eka-agrya-indriya-jaya-ātma-darśana-yogyatvāni ca*

sattvaśuddhi = Reinheit des Seins

saumanasya = innere Freude, Heiterkeit

ekagrya = Ein-Punktigkeit, Konzentrationsfähigkeit

indriyajaya = Meisterschaft über, Beherrschung der fünf Sinne

ātmadarśana = die wahre Schau des Selbst erlangen

yogyatvāni = Eignung, Befähigung

ca = und

Außerdem erlangt man die Reinheit des Seins, innere Freude, Ein-Punktigkeit sowie die Herrschaft über die Sinne und wird fähig zur Selbst-Verwirklichung.

Es gibt kein deutsches Wort, mit dem man *sattva* übersetzen könnte. Es handelt sich um die grundlegende Kraft der Natur, die zum Gleichgewicht führt, zum Zustand des Friedens, der Balance, Ausgeglichenheit und Klarheit. Wörtlich übersetzt heißt es "das Wesen des Seins." *Sattva* entwickelt sich als Ergebnis des Reinigungsprozesses (vgl. Vers I.2 und II.28, 29 and 30), und zwar zusammen mit innerer Freude bzw. einem inneren Glücksgefühl, das unabhängig von äußeren Umständen ist. Der Geist kann sich leicht konzentrieren und wird nicht mehr abgelenkt durch Wünsche oder Sinnesreize. Und letztlich ergibt sich damit auch die Fähigkeit zur Selbst-Verwirklichung. Indem wir die *yamas* und *niyamas* einhalten, erlangen wir diese Reinheit des Seins *(śuddhisattva)*, die erste der fünf Verhaltensregeln *(niyama)*.

Übung: Meditiere über die Reinheit des Seins *(śuddhisattva)*.

42. *saṃtoṣād-anuttamaḥ sukha-lābhaḥ*

saṃtoṣād = durch Zufriedenheit

anuttamaḥ = höchst; unübertroffen, ausgezeichnet

sukha = Freude, Glück

lābhaḥ = wird gewonnen, erhalten

Durch Zufriedenheit wird größte Freude gewonnen.

Zufriedenheit *(saṃtoṣād)* (vgl. Vers II.32), eine der fünf Verhaltensregeln *(niyamas)*, kennt weder Zuneigung noch Abneigung; Zufriedenheit ergibt sich, wenn der Mensch einfach er selbst ist. Das Wesen unseres Seins ist absolute Freude *(ānanda)*. Es ist nichts zu tun, als diesen Zustand zu würdigen bzw. ihn wahrzunehmen.

Zufriedenheit ist eine innere Haltung, zu der Harmonie, innere Freude und Liebe gehören. Man ist unbeeinflußt von Schwierigkeiten im äußeren Umfeld. Ob jemand Zufriedenheit fühlt oder nicht, hängt davon ab, ob er oder sie bereit ist, sich ihr zu öffnen.

Übung: Teile deine Zufriedenheit und Freude – nicht aber deine Unzufriedenheit – mit anderen. Übe dich darin, in anderen nur das Beste zu sehen, nicht aber ihre Fehler.

43. *kāya-indriya-siddhir-aśuddhi-kṣayāt-tapasaḥ*

kāya = Körper

indriya = Sinnesorgan

siddhi = Vervollkommnung, Vollkommenheit, Erfüllung

aśuddhi = Unreinheit

kṣayāt = durch Beseitigung

tapasaḥ = durch Enthaltsamkeit, Selbstzucht, Askese; Selbstdisziplin; ständiges Üben

Durch Selbstzucht werden die Unreinheiten des Körpers und der Sinne beseitigt und Vollkommenheit erreicht.

Durch ständiges Üben *(tapas)* bzw. anhaltendes Bemühen werden Unreinheiten *(aśuddhi)*, die den Körper, die Lebensenergie und die Psyche beeinträchtigen, allmählich beseitigt. Dadurch entwickeln sich die fünf feinstofflichen Sinne, die den körperlichen Sinnen entsprechen (wie Hellsehen, d. h. Sehen ohne Augen, Hellhören, Hören ohne Ohren usw.). Der Körper wird unverletzbar, anmutig und schön (vgl. Vers III.46 zu näheren Ausführungen über die Vervollkommnung des Körpers bzw. *kāya-siddhi*). Im *Tirumantiram* finden sich an mehr als Hundert Stellen Hinweise auf die Vollkommenheit des Körpers und der Sinne *(kāya indriya siddhiḥ)*.

Zum Beispiel:

Nicht nachlassend in der Einhaltung der Gelübde,
Wird der *yogin,* der gelernt hat zu meditieren,
Die *kuṇḍalini* durch die Wirbelsäule aufsteigen zu lassen
Und die drei *maṇḍalas* mit der gleichen Freude zu bewältigen,
Ewig in seinem Körper inkarniert bleiben. (TM 612)

Wenn der Körper stirbt, verläßt *prāṇa* ihn
Und das Licht der Wahrheit wird nicht erreicht.
Ich lernte, wie ich meinen Körper bewahre
Und damit auch mein *prāṇa.* (TM 724)

Wenn die Samenflüssigkeit sich durch sexuelle Enthaltsamkeit verdickt,
wird der Körper nicht sterben;
Wenn der Körper durch strenge Disziplin leicht wird,
wird das Leben lang sein;

Wenn wenig Nahrung aufgenommen wird,
ergibt sich viel Gutes;
Du kannst wahrlich werden
Wie der Herr mit der dunklen Kehle (*Śiva* mit blauer Kehle oder *Nīlakaṇṭha*)
(TM 735)

Man sollte mit der menschlichen Natur nicht wie mit einer Maschine nach strengen Verstandes-Regeln umgehen; vielmehr ist im Umgang mit ihren komplexen Trieben eine große Flexibilität erforderlich – so Sri Aurobindo. Es ist jedoch – so fügt er hinzu – auch eine Kontrolle der Gefühle und des Ego nötig, damit Harmonie und Ganzheit im Körper und im Leben herrschen. Wenn wir im *Yoga* davon sprechen, uns vom Ego zu befreien und immer mehr zu vervollkommnen, sind natürlich strikte Verhaltensregeln und Disziplin angebracht. Ein persönlicher Ermessensspielraum ist erlaubt, sofern man ihn besonnen nutzt. Letztendlich ist im *Yoga* der Gehorsam gegenüber dem *guru* oder dem Göttlichen bzw. dem Gesetz der Wahrheit die Basis für ein spirituelles Leben. Was für manchen wie Askese aussieht, kann einfach heißen, daß man bewußt die richtige Wahl trifft.

Übung: Reflektiere darüber: "Was könnte in deinem Tagesablauf für andere wie Askese aussehen? Ist es für dich Askese oder einfach eine Art zu leben?"

44. *svādhyāyād-iṣṭa-devatā-saṃprayogaḥ*

svādhyāyāt = durch Selbst-Studium

iṣṭadevatā = gewählte Gottheit

saṃprayoga = Vereinigung; enge Verbindung; Eins-werden

Durch Selbst-Studium [wird man] Eins mit der gewählten Gottheit.

Selbst-Studium *(svādhyāya)* wurde in Vers II.1 – zusammen mit ständiger regelmäßiger Übungspraxis (*tapas*) und Hingabe an Gott (*īśvara-praṇidhāna*) - als eines der drei wesentlichen Instrumente von Patañjalis *Kriyā Yoga* genannt. Hier sagt er, daß Selbst-Studium es uns ermöglicht, der von uns gewählten Gottesform *(iṣṭa-devatā)* näher zu kommen. Wie ist das zu verstehen? Wie bereits im Kommentar zu Vers II.1 erläutert: Wenn wir uns bewußt werden, was wir nicht sind, werden wir uns immer bewußter, was wir sind: *īśvara*. Auch das Studium heiliger Schriften kann uns daran erinnern, wer wir wirklich sind. Anfangs mag es einfacher sein, unsere Liebe zum Göttlichen auf etwas zu richten, das außerhalb von uns ist, und sicher ist es auch leichter, sich auf eine Form als auf etwas Formloses zu konzentrieren. So erklärt sich die Popularität einer Vielzahl von Gottesbildern oder Gottesformen. Diejenige, die uns am meisten anspricht, ist unsere *iṣṭa-devatā*, die von uns gewählte Gottheit. Wie jedoch bereits in der Einleitung gesagt, zeichneten sich die *siddhas* dadurch aus, daß es für sie eine solche Verehrung von Gottheiten nicht gab. Die *siddhas* erkannten, daß der Höchste Gott in ihnen selbst wohnt.

Von verschiedenen Seiten wurde behauptet, daß der klassische *Yoga* des Patañjali die Möglichkeit einer Vereinigung (*saṃyoga*) zwischen dem eigenen Selbst und *īśvara* oder Gott ausschließt **(9)**. Das mag stimmen, wenn man davon ausgeht, daß Patañjali ein strikter Anhänger der *Saṃkhyā*-Philosophie war, die dualistisch ist und in ihren Anfängen sogar die Existenz eines Höchsten Wesens bestritt. In Versen wie diesem und dem nächsten sowie in Vers I.23 macht Patañjali jedoch deutlich, daß wir fähig sind zur Vereinigung mit Gott. In der Einleitung habe ich darauf hingewiesen, daß die Philosophie und Theologie Patañjalis der Philosophie und Theologie Tirumūlars und der tamilischen *siddhas* entsprach. Sie alle benutzten eine Sprache, die vom Dualismus ausging, aber dies bezog sich nur auf den beschränkten und illusorischen Bewußtseinszustand des Durchschnittsmenschen – vor der Selbst-Verwirklichung. Die enge Verbindung unserer Seele *(saṃyoga)* mit unserer gewählten Gottheit *(iṣṭa-devatā)* bedeutet letztlich, daß "sie nicht zwei sind" und daß „*jīva* zu *Śiva* wird." Seelen, die noch gebunden sind durch die fehlende Erkenntnis ihrer wahren Natur, werden befreit und treten in diese Vereinigung mit ihrem Gott, sobald sie durch Selbst-Studium den Unterschied zwischen ihrem wahren Selbst und ihrer Persönlichkeit bzw. ihren psychischen Regungen erkannt haben. Das wird noch deutlicher im nächsten Vers.

Wenn wir beginnen, uns selbst gründlich zu erforschen, entdecken wir allmählich in unseren eigenen Herzen Eigenschaften, die nicht nur Attribute der von uns bevorzugten Gottesvorstellung *(iṣṭa-devatā)* sind, sondern auch Attribute unseres eigenen inneren Selbst. Alles ist aus den gleichen Elementen zusammengesetzt, und daher ist jede Veränderung auf die Wechselbeziehung zwischen den Dingen zurückzuführen. Wenn es nur eine Kraft, eine Substanz, ein Bewußtsein, eine Wahrheit gibt, dann ist das einzige, was uns fehlt, die Bewußtwerdung dieser Einheit. Mit dieser Bewußtwerdung kommt langsam die Vereinigung *(saṃprayogaḥ)*. Sie kommt über alle Wahrnehmungskanäle. Wir können sie hören, sehen, schmecken, fühlen oder erkennen. Sie kann auf eine so subtile Weise geweckt werden, daß wir uns ihrer gar nicht bewußt sind, aber sie ist da. Sanft führt sie uns, informiert uns, tröstet uns und manchmal trägt sie uns sogar.

Übung: Reflektiere: Das Wichtigste für die Reinigung des Herzens ist absolute Aufrichtigkeit und Ehrlichkeit mit dem Gott-*Guru*-Selbst. Kommuniziere mit IHM ohne Vorwände, ohne etwas zu verbergen, ohne Lügen oder Verzerrungen der Wahrheit. Beichten hilft, das Bewußtsein von Störfaktoren zu reinigen. Es reinigt die innere Atmosphäre und trägt bei zu einer engeren Verbindung mit dem Gott-*Guru*-Selbst. Wie Jesus sagte: "Die Wahrheit wird euch freimachen."

45. *samādhi-siddhir-īśvara-praṇidhānāt*

samādhi = kognitive Versenkung

siddhir = Erreichen, Kraft

īśvara-praṇidhānāt = durch totale Hingabe oder innige Liebe zu Gott

Durch totale Hingabe an Gott wird die kognitive Versenkung erreicht.

Hier geht Patañjali näher auf die fünfte Verhaltensregel (*niyama*) ein, nämlich die Hingabe oder innige Liebe zu Gott (*īśvara-praṇidhāna*). Es ist die einzige, die sich direkt auf die kognitive Versenkung *(samādhi)* bezieht, doch nichts deutet daraufhin, daß die anderen vier *niyamas*, nämlich Reinheit (*śauca*), Zufriedenheit *(saṃtoṣād)*, ständiges Üben *(tapas)* und Selbst-Studium (*svādhyāya),* weniger wichtig sind oder daß die Hingabe an Gott *(īśvara-praṇidhāna)* eine Alternative zu ihnen wäre. Wie bei einem Kuchenrezept gehören diese fünf *niyamas* zusammen und wirken synergetisch. Hingabe an Gott wurde weiter oben in I.23 bereits beschrieben als ein Instrument auf dem Weg zu *samādhi.* Wie schon in Vers II.1 gesagt, definiert Patañjali die drei wichtigsten Übungspraktiken seines *Kriyā Yoga* – neben dem Loslassen *(vairāgya)* – als liebende Hingabe an Gott, Selbst-Studium und ständiges Üben.

Während die Hingabe an Gott von der Dualität zwischen dem Verehrer und dem Verehrten ausgeht, wird mit der Vollendung (*siddhi*) der kognitiven Versenkung (*samādhi)* die Dualität transzendiert und somit die Nicht-Dualität bzw. Einheit erreicht.

Wie für Patañjali ist auch für Tirumūlar das Mittel zur Überschreitung der Grenze zwischen Getrenntheit und Einheit die Hingabe:

> Er ist Unser Eigen,
> Er ist der Ursprung,
> Er lehrte die vier *Vedas,*
> Er ist das Licht, das im reinsten Gold erstrahlt.
> Sie verehrten Ihn in Liebe,
> Sie näherten sich Ihm ohne jeden Wunsch.
> Alle waren emporgestiegen auf dem Baum der Mystik,
> Hatten ihren Atem in *Samādhi* angehalten.
> Sie wurden Eins mit Ihm. (TM 626)

In TM 136:

> Wenn die starken Sonnenstrahlen auf das Wasser herabbrennen,
> nimmt das gelöste Salz Kristallform an;
> Wird dieses Salz in Wasser gelöst, wird es wieder zu Flüssigkeit.
> So wird *Jīva* wieder in *Śiva* aufgelöst.

Obwohl Salz und Wasser sich unterscheiden, "sind sie nicht zwei."

Man öffnet sich Gott, und früher oder später versinkt man in IHM. Man versenkt sich in Gott und in seine Eigenschaften. Wir dürfen nicht ungeduldig sein. Gott selbst tut alles zu dem Zeitpunkt, den ER wählt. Wenn wir in Dankbarkeit annehmen, daß Er alles tut und daß für uns nichts zu tun – und nicht einmal etwas zu ersehnen – bleibt, dann kommt es auf uns zu. Es ist einfach und spontan, und alles, was wir tun müssen, ist, uns mit unserem ganzen Herzen, Körper und Geist Gott hinzugeben.

Übung: Denke ständig an Gott – in der Art, die dich persönlich anspricht.

46. *sthira-sukham-āsanam*

sthira = stabil

sukha = angenehm

āsanam = Körperhaltung

Āsana ist eine stabile, angenehme Körperhaltung.

Hier sagt Patañjali, was eine *Yoga* Körperhaltung (*āsana*) kennzeichnet. Sie muß den Übenden in die Lage versetzen, stabil zu bleiben, d. h. unbeweglich, und sie muß angenehm sein, d. h. sie muß dem Übenden ermöglichen, sich zu entspannen. Später, im Mittelalter, etwa um das 12. Jahrhundert, wurde *Haṭha Yoga* weiter entwickelt zu einem Instrument, um die physischen und feinstofflichen Energie-Prozesse zu beherrschen und die Kundalini-Energie zu erwecken. In den Sutras finden wir nirgendwo einen Hinweis auf die *kuṇḍalini*, die feinstofflichen Energiezentren (*cakras)* oder die Energie-Kanäle (*nāḍīs),* die für den *Haṭha yogin* oder *yoga tantrika* so wichtig sind. Das soll nicht heißen, daß sie Patañjali nicht bekannt waren, aber er ist einfach nicht auf sie eingegangen. Im *Tirumantiram* Vers 558-563 werden acht wichtige Haltungen (*āsanas)* detailliert beschrieben. Sie alle entsprechen Patañjalis Anforderungen in Bezug auf Stabilität und Bequemlichkeit. Das ist vermutlich die älteste schriftlich niedergelegte Beschreibung von *Yoga āsanas.* Tirumūlar erwähnt außerdem noch weitere 180 wichtige Haltungen (*āsanas),* ohne sie jedoch mit Namen zu nennen:

Bhadra, Gomukha, Padma und *Siṁha*
Sothira, Vīra und *Sukha,*
Diese sieben und ganz besonders *Svāstika*
Sind die acht. Einhundertachtzig jedoch
Sind es insgesamt, alle *āsanas* mitgerechnet. (TM 563)

In den heutigen *Yoga*-Schulen geht diese Betonung auf Entspannung, Wohlbefinden und Stabilität oft verloren, wenn *Yoga* mit so etwas wie Aerobics oder Tanz kombiniert wird und man sich zunehmend darauf konzentriert, immer schwierigere Haltungen auszuführen. Von ihrem eigentlichen Zweck losgelöst, dienen Körperhaltungen (*āsanas)* den kulturellen Werten unserer Zeit: Gut aussehen, Wettbewerb und Individualismus.

Übung: Praktiziere *Babaji's Kriyā Haṭha Yoga* in Stufen und paarweise mit Entspannungsphasen dazwischen.

47. *prayatna-śaithilya-ananta-samāpattibhyām*

prayatna = Bemühung, Bestreben, Anstrengung; Spannung

śaithilya = Loslassen, Entspannung, Lockerheit

ananta = unendlich

samāpattibhyām = kognitive Versenkung, Zustand des Gleichgewichts; [zweierlei]

Durch Entspannung und [Ausrichtung auf] die unendliche Einheit [wird *samādhi* erreicht].

Wenn eine Haltung (*āsana*) korrekt ausgeführt wird, ist sie nicht nur stabil und angenehm, vielmehr läßt auch jede – körperliche und psychische – Spannung (*prayatna*) nach, und schließlich stellt sich der atemlose Zustand kognitiver Versenkung *(samādhi*) ein. Dieser Prozeß wird in I.41 beschrieben. Der Körper fühlt sich an wie reine Empfindung, reine Schwingung. Der Psalmist erinnert uns an den eigentlichen Sinn eines korrekt ausgeführten *Yoga āsana*:

„Sei still und wisse Ich bin Gott."

Übung: Wähle eine Haltung *(āsana)* und meistere sie. Eine Haltung meistern heißt, sie muß anstrengungslos werden. Man kann in ihr bequem für eine unbegrenzte Zeit verbleiben – bis zu einem Punkt, an dem wir in ihr meditieren können. Nimm ein Kissen oder eine Decke zu Hilfe, wenn es erforderlich ist.

48. *tato dvandva-anabhighātāḥ*

tato = danach; davon, dadurch

dvandva = Dualitäten; ein Gegensatzpaar, Polaritäten

anabhighātāḥ = unverletzbar

Danach ist man unverletzbar durch Gegensätze.

Wenn ein *Yoga āsana* stabil und angenehm ist, führt es zu einem Zustand tiefer Entspannung und kognitiver Versenkung; das Bewußtsein wird von der äußeren Welt mit all ihren Gegensätzen *(dvandvas)* zurückgezogen. Wir vergessen, ob es heiß oder kalt ist, ob der Körper Schmerz empfindet oder schmerzfrei ist.

Es kann sich ein Gefühl einer angenehmen Benommenheit einstellen, oder ein *āsana* ist plötzlich spontan da. Man kann auch das Gefühl haben, in größere Tiefen einzutauchen.

Übung: Wenn du eine Haltung gemeistert hast, nimm sie immer wieder ein bei der Meditation. Es kann sein, daß du in diesem *āsana* einen tiefen Frieden empfindest oder eine Ruhe, die einfach darin besteht, daß es im Körper keine Störungen gibt. Vielleicht hast du auch das Gefühl, daß aus dieser Ruhe eine gewisse Stabilität und Kraft entsteht.

49. *tasmin-sati śvāsa-praśvāsayor-gati-vicchedaḥ prāṇāyāmaḥ*

tasmin = in diesem oder jenem; dabei

sati = sein

śvāsa = Einatmung, Atem

praśvāsayor = von der Ausatmung

gati = Bewegung, Ursprung, Umfang, Zustand

vicchedaḥ = abschneiden, brechen; trennen, unterbrechen; Aufhören; hier: Kontrolle

prāṇāyāma = Atemkontrolle

Dabei [in diesen Körperhaltungen] heißt Atembeherrschung die Kontrolle der Bewegungen von Ein- und Ausatmung.

Der Begriff *vicchedaḥ* (vgl. II.4) heißt wörtlich "abschneiden". Im Zusammenhang mit der Atmung bedeutet er jedoch "die Ein- und Ausatmung zu kontrollieren bzw. zu regulieren." Das heißt auch Kontrolle der Lücke zwischen beiden, in der der Atem angehalten werden kann, denn dadurch können die psychischen Regungen beeinflußt werden (vgl. I.34).

Übung: Während du deinen Körper zur Ruhe bringst, lenke den Atem in ihn hinein, indem du bewußt ein- und ausatmest. Nutze den Atem, um den Körper zur Ruhe zu bringen. Laß ihn stabil und angenehm werden und in diesem Zustand verharren. Nutze den Atem, um dich tiefer in die Haltung hineinsinken zu lassen.

50. *bāhya-abhyantara-stambha-vṛttir-deśa-kāla-saṃkhyābhiḥ paridṛṣṭo dīrgha-sūkṣmaḥ*

bāhya = nach außen, äußerlich

abhyantara = nach innen, innerlich

stambha = festgehalten, unterdrückt, angehalten

vṛttir = Fluktuation

deśa = Ort, Raum

kāla = Zeit

saṃkhyābhiḥ = durch Zählen, Zahl

paridṛṣṭa = gesehen, betrachtet, wahrgenommen, gemessen

dīrgha = lang, verlängert; erhaben, hoch-aufragend

sūkṣma = fein

Die Kontrolle des Atems erfolgt beim Einatmen, Ausatmen und Atemanhalten. Er wird gemessen nach Zeit, Raum und Zahl und [wird] lang und fein.

Es gibt drei Phasen der Atemregulierung *(prāṇāyāma)*: Einatmung (innerlich oder *abhyantara*), Ausatmung (äußerlich oder *bāhya*) und Anhalten (festgehalten oder *stambha*). Außerdem kann dazu auch gehören, den Atemstrom mental in eine bestimmte Körperregion (*deśa*) zu lenken, z. B. in ein feinstoffliches Energiezentrum, ein Chakra (*cakra).* Auch die Zeit (*kāla*) wird reguliert, indem man die Atemlänge durch Zählen mißt. Kontrolliert werden muß auch die Anzahl (*saṃkhyaḥ*) der Atemzüge. Das ist nötig, weil es unangenehme Reaktionen geben kann, wenn *prāṇāyāma* zu ausgiebig oder nicht korrekt geübt wird. Man sollte sich einen Lehrer suchen, der Erfahrung mit *prāṇāyāma* hat und dem Schüler bei eventuell auftretenden Schwierigkeiten helfen kann. Es gibt viele verschiedene Arten von *prāṇāyāma.* Jede einzelne hat ganz bestimmte Wirkungen.

Übung: Lenke die Ausatmung mental in die Wärme oder Spannung, die in der Haltung entsteht. Stelle dir vor, wie der Atem den Körper geschmeidig macht, ihn nicht zwingt. Du meisterst die Haltung, wenn dein Atem entspannt fließt und sich Ruhe ausbreitet. Lerne und übe die verschiedenen *prāṇāyāmas* aus *Babaji's Kriyā Yoga*, besonders *kriyā kuṇḍalini prāṇāyāma.*

51. *bāhya-abhyantara-viṣaya-ākṣepī caturthaḥ*

bāhya = nach außen, äußerlich

abhyantara = nach innen, innerlich

viṣaya = Bedingung, Objekt

ākṣepī = Rückzug, Lücke

caturtha = viertes

Viertens gibt es die Lücke [zwischen] der Ein- und Aus-[Atmung].

Hier bezieht sich Patañjali auf eine besondere Übungspraxis (fortgeschrittenen Schülern von *Babaji's Kriya Yoga* vertraut), bei der wir uns zwischen Ein- und Ausatmung auf ein Objekt konzentrieren. Wenn der Atem langsam wird, vergrößert sich diese Atemlücke, und wenn sich die Konzentration auf das Objekt vertieft, wird der Atem noch langsamer, bis schließlich Atem und Geist ganz ruhig werden und wir in einen Zustand kognitiver Versenkung (*samādhi*) eintreten. Diese besondere Praxis wird in der Regel durch andere Formen von *prāṇāyāma*, wie sie in Vers 49 und 50 beschrieben werden, vorbereitet.

<u>Übung</u>: Praktiziere die *haṃsa-*(wörtlich „Schwan") Meditation, während du dem Atem folgst.

52. *tataḥ kṣīyate prakāśa-āvaraṇam*

tataḥ = dadurch; dann

kṣīyate = wird zerstört, aufgelöst; verringert

prakāśa = Licht; Klarheit; Glanz

āvaraṇam = Schleier; Verborgenheit; Hülle

Dadurch wird der Schleier von dem [inneren] Licht entfernt.

Hier bezieht sich Patañjali auf einen bestimmten Zustand: „das Fallen des Schleiers von dem inneren Licht" (fortgeschrittenen Schülern von *Babaji's Kriya Yoga* vertraut). Auf die gleiche Weise, wie ein Schleier Faden für Faden entfernt werden kann, beseitigt *prāṇāyāma* einen nach dem anderen die Gedanken, die zusammen eine innere Dunkelheit erzeugen. Was dann hervortritt, ist das Licht der Bewußtheit hinter dem Dunkel. Bis zu diesem Punkt sind wir wie Kinder, die, wenn sie ein Holzpferd anschauen, nur ein Pferd sehen und nicht das Holz.

<u>Übung</u>: Fahre fort mit deinem Körperübungs-*sādhana. Haṭha Yoga* öffnet den Körper für Energie, Freude, tiefen Frieden und Entspannung.

53. *dhāraṇāsu ca yogyatā manasaḥ*

dhāraṇāsu = betr. Konzentration

ca = und

yogyatā = Befähigung

manasaḥ = des Geistes

Und der Geist wird fähig zur Konzentration.

Die schrittweise Beseitigung des inneren Schleiers (*āvaraṇam)* geistiger Dunkelheit erleichtert die Konzentration (*dhāraṇā*). Die Erfahrung des inneren Lichts (*prakaśa)* ist also kein Selbstzweck. Wenn Körper, Geist und Atem sich entspannen und das innere Licht enthüllt wird, fallen die naturgegebenen Widerstände weg. Es wird leicht, sich zu konzentrieren, wenn Körper, Geist und Atem ruhig werden.

Übung: Sei ungezwungen; erlaube dem Leben einfach zu sein (besonders wenn es dir "kompliziert" vorkommt).

54. *sva-viṣaya-asaṃprayoge cittasya sva-rūpa-anukāra iva-indriyāṇāṃ pratyāhāraḥ*

sva = eigen

viṣaya = Umstand; Bedingung; Objekt

asaṃprayoge = Loslösung; trennen

cittasya = des Geistes; des Bewußtseins

svarūpa = eigene Form, eigenes Wesen

anukāra = Nachahmung, Ähnlichkeit

iva = als ob, so wie

indriyāyāṇaṃ = der Sinnesorgane

pratyāhāra = Rückzug

Wenn sich die Sinne von ihren eigenen Objekten zurückziehen und der eigenen Gedankenform ähnlich werden – das ist Rückzug der Sinne.

Prāṇāyāma allein reicht nicht aus, um den unruhigen Geist zu zügeln, weil die Sinne (*indriyāḥ)* ständig aktiv sind. Wenn die fünf Sinne Sehen, Hören, Schmecken, Fühlen und Riechen aktiv sind, ist das Bewußtsein bei den Sinnesobjekten und wir vergessen unser Selbst. Wenn man ein Gefühl der Hitze hat, sagt man z. B. "Mir ist heiß". Wenn wir jedoch den Aktionsradius der fünf Sinne einschränken, indem wir z. B. die Augen schließen und uns bequem ohne irgendwelche Ablenkungen hinsetzen, identifiziert sich das Bewußtsein nicht mehr mit den äußeren Sinnesobjekten, und die fünf Sinne werden selbst zu Bewußtsein: formlos, ruhig und nach innen gerichtet. Die Sinne sind wie ein Spiegel: Wenn sie nach außen gerichtet sind, spiegeln sie die materielle Welt; nach innen gerichtet, spiegeln sie das reine formlose Licht. Wir übernehmen zwangsläufig die Formen, die die Sinne hereinlassen. Wenn wir immer wieder die Bilder von Heiligen und Göttlichen Wesen anschauen, übernimmt unser Geist diese Formen. Schauen wir uns

Pornographie oder Gewaltszenen im Film an, entwickelt unser Geist Lustgefühle und Tendenzen der Gewalt. Rückzug der Sinne (*pratyāhāra*) heißt daher, sie zu kontrollieren, um so den Geist zu kontrollieren. Das erfordert auch im Alltag – und nicht nur in der Meditation – Unterscheidungsvermögen. Um das zu schaffen, ist jahrelange Praxis erforderlich. Wir können diesen Prozeß unterstützen, indem wir Freizeitbeschäftigungen wählen, die unser Bewußtsein aufrichten und uns an unsere höchsten Ideale erinnern. Auch die Nahrung, die wir aufnehmen, sollten wir dem Göttlichen weihen (*prasāda*). Swami Ramdas sah seine gewählte Gottheit (*iṣṭa devatā)* "Rāma" in allem und jedem und nahm alles, was geschah, an als den Willen Rāmas. Das ist eine höhere Form des Rückzugs der Sinne (*pratyāhāra).*

Wenn wir das Licht und den Frieden in uns spüren, wird das für unser ganzes Wesen zu einer sicheren Basis für richtige Handlungen. Wir werden ruhig bleiben und uns nicht mehr nach außen gezogen oder verletzt fühlen durch irgendetwas, was unsere Sinne wahrnehmen.

Übung: Werde dir klar darüber, was du in dein Bewußtsein eindringen läßt. Distanziere dich von Dingen, die deinen Geistesfrieden stören. Wichtig ist bei dieser Unterscheidung, ob deine innere Verbindung zum Selbst aufrechterhalten werden kann oder nicht.

55. *tataḥ paramā vaśyatā-indriyāṇām*

tata = davon; dann

paramā = höchste

vaśyatā = Beherrschung

indriyā = Sinn

Dann [sollte sich] die vollkommene Beherrschung der Sinne [ergeben].

In diesem letzten Vers des zweiten Kapitels, das sich mit *sādhana*, dem Weg zur Erkenntnis, befaßt, geht Patañjali nicht näher darauf ein, was die vollkommene Beherrschung der Sinne bedeutet. Aus der Tatsache, daß dieser Vers am Ende des Kapitels steht, können wir jedoch schließen, daß er zum nächsten Kapitel überleitet, das sich mit den außergewöhnlichen Fähigkeiten *(siddhis)* befaßt.

Wenn wir uns von den Störungen der äußeren Welt zurückziehen, wird unsere innere Welt ruhig und unser Wesen reiner. Wir fangen an, die Dinge so zu sehen, wie sie sind und nicht wie wir sie gern haben möchten. Wir werden in unserer Unschuld und Spontaneität wie Kinder. Uns fehlt es an nichts; wir sind mit allem zufrieden so wie es ist.

Im *Tirumantiram* finden sich zehn Verse über den Rückzug der Sinne (*pratyāhāra)*, angefangen von Vers 578:

Übe Schritt für Schritt den Rückzug des Geistes
Und schau nach innen;
Eins nach dem anderen siehst du viel Gutes im Inneren;
Und dann kannst du dem Herrn begegnen,
Jetzt und hier unten,
den der alte *Veda* noch immer überall sucht.

In weiteren Versen spricht er von der Konzentration auf bestimmte Zentren im Körper, die zur Erweckung der *kuṇḍalini* führt sowie zu verschiedenen Erfahrungen der Einheit mit Gott. Im letzten Vers zum Thema Rückzug der Sinne (*pratyāhāra)* heißt es im Tirumantiram:

Mit Vollzug von *pratyāhāra*
Wird die gesamte Welt geschaut;
Sei frei von der verachtenswerten Dunkelheit
Und suche den Herrn.
Wenn deine Gedanken fest zentriert sind,
wirst du das Göttliche Licht sehen
Und dann unsterblich sein. (TM 587)

Das verdeutlicht sowohl wie *pratyāhāra* zu praktizieren ist, als auch welche Ergebnisse zu erwarten sind.

Übung: Übe in der Meditation und im Laufe des Tages, nichts zu wollen und mit allem zufrieden zu sein, so wie es ist.

Kapitel III: VIBHŪTI PĀDA

VIBHŪTI WIRD AN KEINER STELLE IN DEN SŪTRAS ERKLÄRT. Gemeint sind damit die außergewöhnlichen Fähigkeiten, die in diesem Kapitel geschildert werden. Im *Tirumantiram* bezieht sich *vibhūti* auf die heilige Asche, mit der *Śiva-yogins* ihren Körper, vor allem die Stirn, einreiben (TM Vers 1655-1667). Diese Asche bleibt zurück von den Feuer-Zeremonien *(yajñās)*, die die Śaiva-Asketen (*sādhus*), regelmäßig zelebrieren. Als Rückstand ihrer strengen Riten symbolisiert sie die Reinigung durch das Feuer intensiver Übungspraxis (*tapas*) (vgl. II.1), der sie sich unterziehen. Diese übermenschlichen Kräfte sind Ausdruck des Göttlichen, das im Kern jedes Individuums vorhanden ist und das hervortritt, sobald die oberflächlichen, an das Ego gebundenen Schichten der Persönlichkeit durch das Feuer intensiver Übungspraxis verbrannt worden sind. Obwohl Patañjali *vibhūti* nicht definiert, können wir es verstehen als "Endergebnis intensiver Yoga-Praxis". Solche Kräfte haben für sich allein keinen Wert, und wenn man von ihnen abhängig wird, können sie ein Hindernis für die Selbst-Verwirklichung werden. Der Begriff *vibhūti* drückt daher treffend sowohl die Reinheit aus, die sich aus ständiger Praxis ergibt, als auch das Loslassen von allem, was man erreicht hat.

1. *deśa-bandhaś-cittasya dhāraṇā*

deśa = ein Ort, eine Stelle

bandhaḥ = Bindung

cittasya = des Bewußtseins

dhāraṇā = Konzentration

Konzentration heißt, das Bewußtsein an eine Stelle, ein Objekt oder einen Gedanken zu binden.

Konzentration *(dhāraṇā)* ist das fünfte Glied im achtgliedrigen System des *aṣṭāṅga Yoga*. Dazu gehören alle Techniken, bei denen es darum geht, den Geist an ein einziges Sinnesobjekt oder einen Punkt zu binden. Das kann auch über die feinstofflichen Sinne des Sehens, Hörens, Riechens, Tastens und Schmeckens geschehen, nicht aber über die körperlichen Sinne wie beim Starren in eine Kerzenflamme (eine Form von *trāṭaka*) oder Musikhören. Das Ergebnis ist, daß der Geist ruhig wird, wie es im *Tirumantiram* Vers 597 heißt:

Die fünf zermürbenden Sinne des Körpers
In den fünf Elementen zu zentrieren,
Die fünf Elemente
In den inneren Sinnesorganen zu zentrieren,
Die inneren Sinnesorgane in ihren *tanmātras* (fünf Sinnen) zu zentrieren,
Die *tanmātras*
In dem nicht-erschaffenen Wesen zu zentrieren,
Das wahrlich ist *dhāraṇā,*
In Stufen praktiziert.

Wer in *Babaji's Kriya Yoga* eingeweiht wird, lernt in den aufeinanderfolgenden Einweihungsstufen, sich auf jede der fünf feinstofflichen Sinnesfähigkeiten (*jñāna indriyas*) zu konzentrieren und sie von den fünf körperlichen Sinnen (d. h. Sehen, Hören, Schmecken, Tasten, Riechen) sowie den fünf Elementen oder *pañca-bhūta* (Äther, Luft, Feuer, Wasser und Erde, in denen sie jeweils aktiv sind) zu unterscheiden. Dabei werden einem die grobstofflichen Wirkungsprinzipien der Natur (*tattvas)* bewußt. Schließlich lernt man, wie man sein Bewußtsein aus der Verstrickung in diese löst.

Übung: Übe das zweite ("einzelne Form" oder *tam. eka rūpa),* das dritte ("bewegliche Form" oder *īnai rūpa)* und fünfte (*pūrṇa bhāva,* wörtlich „voll Emotionen"*) dhyāna kriyā* oder die Konzentration auf konkrete Objekte (*trāṭaka kriyā*s).

2. *tatra pratyaya-ekatānatā dhyānam*

tatra = dabei

pratyaya = Absicht; Gedanke, Vorstellung, Erfahrung, Glaube, Wissen, Basis, religiöse Betrachtung; meinen

ekatānatā = die Fähigkeit haben von (*tā),* auszudehnen (*tāna)*; die Fähigkeit, den Geist auf nur ein (*eka*) Objekt auszurichten

dhyānam = Meditation

Meditation ist in diesem Zusammenhang die Erfahrung, den Geist auf nur ein Objekt auszurichten.

Konzentration (*dhāraṇā*) erfordert Anstrengung, denn der Geist wandert ständig umher, d. h. man muß sich mit Geduld und Entschlossenheit von den Ablenkungen lösen und immer wieder zu dem gewählten Objekt zurückkehren. Es ist leicht aufzugeben und zu sagen: "Ich bin für Meditation nicht geeignet". Doch wenn du mit den Neigungen des Geistes so geduldig bist, wie du es unter Umständen mit einem kleinen Hund wärst, den du versuchst abzurichten, kannst du Erfolg haben. Wenn die Konzentration (*dhāraṇā)* mühelos erreicht wird, beginnt die Meditation (*dhyāna).* Das heißt Meditation ergibt sich aus der Beherrschung der Konzentration. Das Objekt der Meditation kann Dynamik gewinnen, es kann Gedanken oder Aussagen einschließen, die mit ihm im Zusammenhang stehen. Es kann eine konkrete Form haben oder formlos sein. Wir können Meditation definieren als "ständiges Bewußtsein eines gewählten Objektes oder Themas." Alle Meditations-Schulen können diese Definition akzeptieren, denn in allen Schulen geht es bei der Meditation um den Versuch, einen Strom unaufhörlicher Achtsamkeit auf ein gewähltes Objekt oder Thema zu richten. Worin sich die einzelnen Schulen unterscheiden, ist das gewählte Objekt oder Thema: Einige wählen den Atem oder die Nasenspitze, andere etwas Natürliches wie eine Rose, andere eine geometrische Form wie ein *yantra* oder *maṇḍala* als Fokus, um die Gottheit anzurufen; wieder andere wählen einen abstrakten Begriff wie "Liebe" oder meditieren mit offenen Augen über ein Objekt wie Pfeil und Bogen.

In der Meditation (*dhyāna*) gibt es das Objekt, das Subjekt (der Meditierende) und ihre Beziehung zueinander. Das bedeutet, der Meditierende bleibt sich des Objektes und der auf dieses bezogenen Gedanken bewußt. Das *Tirumantiram* beschreibt in den Versen 598 bis 617 verschiedene Arten der Meditation.

Meditation (*dhyāna*) ist die wissenschaftliche Kunst, den Geist zu beherrschen. Sie ist eine Wissenschaft, denn sie enthält alle Elemente eines methodischen wissenschaftlichen Vorgehens. Sie beginnt mit einer Hypothese, die getestet wird, nämlich der Technik. Dann folgt das eigentliche Experiment; man wendet die Technik an. Dann registriert man seine Erfahrungen - ebenso wie die Wissenschaftler es tun. Dann vergleicht man seine Erfahrungen mit denen anderer Anwender oder des Lehrers, ebenso wie die Wissenschaftler es auf ihren Konferenzen tun. Meditation ist eine Kunst, weil sie viel Übung und Geschick erfordert. Es reicht nicht aus, lediglich zu wissen, wie die Technik funktioniert. Wenn das so wäre, würde es ausreichen, einfach ein Buch zu lesen oder einen Kurs zu besuchen, in denen die Technik erklärt wird, um erleuchtet zu werden.

Übung: Übe verschiedene Formen der Meditation (*dhyāna*), um den Geist auf allen Ebenen zu beherrschen. Zum Geist gehören das Unterbewußtsein, die fünf körperlichen Sinne und deren feinstoffliche Entsprechungen, der Intellekt, die Psyche und die überbewußte Ebene.

3. *tad-eva-artha-mātra-nirbhāsaṃ sva-rūpa-śūnyam-iva samādhiḥ*

tad= dieses [die Meditation (*dhyāna)*]

eva = in der Tat

arthamātra = die ganze Bedeutung oder das ganze Objekt

nirbhāsaṃ = aufleuchten, erstrahlen; zu sein scheinen

svarūpa = individuelle Form

śūnyam = leer

iva = als ob

samādhiḥ = kognitive Versenkung

Kognitive Versenkung [*samādhiḥ*] ist die Meditation, [bei der] das ganze Objekt [als Bewußtsein] erstrahlt, so als ob es seiner individuellen Form entkleidet sei.

In der kognitiven Versenkung (*samādhiḥ)* geht die Meditation (*dhyāna)* über eine reine Mühelosigkeit hinaus. Es gibt keine Unterscheidung mehr zwischen Subjekt, Objekt und ihrer Beziehung zueinander. Es gibt keine Wahrnehmung mehr, von irgendetwas getrennt zu sein. *Samādhi* wird nicht geübt. Anstrengung und Übung sind nur bis zur Meditation erforderlich. Der Handelnde verschwindet in *samādhi.* Man ist einfach in *samādhi,* der kognitiven Versenkung. Das kann anfangs ein atemfreier Zustand der Verbundenheit mit Gott sein. Nachdem man diese Erfahrung öfter gemacht hat, kann sie allmählich unseren Geist auch im Wach- und Schlafzustand durchdringen.

Übung: Beginne mit der *haṃsa*-Meditation und laß den Abstand zwischen den Atemzügen und zwischen den Gedanken allmählich größer werden. Später lerne und übe die *samādhi kriyās,* wie sie in *Babaji's Kriya Yoga,* Einweihungsstufe III, gelehrt werden.

4. *trayam-ekatra saṃyamaḥ*

traya = von den dreien

ekatra = auf ein Objekt, an einer Stelle, in enger Verbindung; zusammen, alles zusammen

saṃyama = wörtlich: vollkommene bzw. vollendete Selbstbeherrschung, von *sam* = vollendet, außerordentlich, kom-, kon- und *yama* = Selbstbeschränkung (vgl. Vers II.29); hier zu verstehen als "Kommunion" im Sinne von "Eins-werden" oder auch "Beschränkung."

Die Praxis dieser drei *[dhāraṇā, dhyāna und samādhi]* zusammen auf ein Objekt gerichtet, ist das Eins-werden *[saṃyama]*.

Wenn Konzentration, Meditation und *samādhi* in einer einzigen Übung kombiniert werden, kann man von „vollendeter Selbstbeherrschung", „Beschränkung" oder „Eins-werden" sprechen. *Saṃyama wurde oft übersetzt mit "Beschränkung".*
Das Sanskrit-Präfix *"sam"* kommt in seiner Bedeutung dem lateinischen Präfix "kom" oder "kon" im Sinne von "zusammen mit", "vollständig" oder "außerordentlich" nahe. Wie aus den folgenden Versen zu ersehen ist, schließt *saṃyama* verschiedene Elemente, Objekte und Gedanken ein und führt zu übermenschlichen Fähigkeiten *(siddhis)* in dieser Welt. In diesem Zusammenhang kann die Beziehung zu verschiedenen Objekten am besten durch den Begriff "Eins-werden" übersetzt werden.

In einem solchen Zustand des "Eins-werdens" (*saṃyama)* mit dem Objekt der Kontemplation, strömen göttliche Kräfte in jedes Objekt bzw. jeden Gedanken, auf den man sich konzentriert. Und dies manifestiert sich spontan. Ebenso wie man im Mikrokosmos des menschlichen Körpers nur die gedankliche Anweisung zu geben braucht, den Arm zu heben, damit er gehoben wird, so manifestieren sich im Makrokosmos auf Wunsch die göttlichen Kräfte, wenn man durch *saṃyama* den Zugang zu ihnen gefunden hat.

Übung: Tu alles mit einer festen Absicht und der klaren Vorstellung, was getan werden soll. Handle in Ruhe, damit das Universum durch dich seinen Willen kundtun kann.

5. *taj-jayāt prajñā-ālokaḥ*

tad = dies, das

jayāt = durch Beherrschung, Bewältigung, Sieg

prajñā = Scharfblick; Verstehen; Erkenntnis (vgl. I.20)

āloka = Licht, Glanz, Pracht; schauen, sehen, betrachten

Durch Beherrschung [des Eins-werdens] geht das Licht der Erkenntnis auf.

In Vers I.20 wird dieses erkennende Wissen (*prajñā)* als eine der Voraussetzungen für die nicht-objekt-orientierte kognitive Versenkung (*asaṃprajñāta-samādhi*) genannt. Gemeint ist damit nicht ein alltägliches Wissen, das auf den Erfahrungen des Geistes oder den Schlußfolgerungen des Intellekts beruht; es geht vielmehr um ein sehr klares Wissen, das als Inspiration von einer übersinnlichen bzw. transzendentalen Ebene des menschlichen Bewußtseins kommt. Man weiß etwas, weil man dieses Etwas "ist". Das wurde im Kommentar zu den Versen I.42 und I.44 erläutert.

Übung: Frage Gott "Was soll ich tun?" Übe regelmäßig das *Babaji saṃyama dhyāna-kriyā,* wann immer du Führung brauchst.

6. *tasya bhūmiṣu viniyogaḥ*

tasya = sein(e)

bhūmiṣu = in Stufen; fundiert; geerdet; Erdboden

viniyoga = Anwendung, Fortschritt

Der Fortschritt erfolgt in Stufen.

Die Erkenntnisse kommen allmählich und können verbunden sein mit konkreten oder abstrakten Meditationsobjekten, wie in den Versen I.42 und I.44 erläutert. Wie in Vers

I.17 erwähnt, kann die objekt-orientierte kognitive Versenkung (*saṃprajñātaḥ samādhiḥ)* begleitet werden von Beobachtungen, Reflexionen, Freude oder der Erfahrung des "Ich bin". Immer von neuem wiederholt, stabilisiert und klärt sie sich allmählich.

Übung: Übe regelmäßig alle *dhyāna kriyās,* die in *Babaji's Kriya Yoga,* Einweihungsstufe I, gelehrt werden. Schreibe die Erkenntnisse, zu denen du dabei kommst, in ein Tagebuch.

7. *trayam-antar-aṅga*m *pūrvebhyaḥ*

traya = drei; Dreier-; dreiteilig

antar = inneres

aṅga = Glied

pūrvebhyāḥ = [verglichen mit den] vorangegangenen [Yogagliedern]

[Verglichen mit den] vorangegangenen Gliedern, sind [diese] drei [zusammen] die inneren Glieder [des *aṣṭāṅga yoga*].

Dieser Vers bezieht sich auf die acht Glieder bzw. Komponenten des *aṣṭāṅga yoga*, die in Vers II.29 genannt werden. Die ersten Glieder, nämlich Selbstbeschränkung (*yama*), Verhaltensregeln (*niyama*), Körperhaltung (*āsana*), Atemkontrolle (*prāṇāyāma)* und Rückzug der Sinne (*pratyāhāra*), beziehen sich auf die äußeren Beziehungen des *yogin,* die Beziehungen, zum physischen Körper und zur Umwelt. Die letzten drei, Konzentration (*dhāraṇā*), Meditation (*dhyāna*) und kognitive Versenkung (*samādhi),* beziehen sich auf die eigentliche Bewußtheit und gelten daher als eher innere Glieder.

Wenn wir mehr nach innen gehen, fangen wir an, unser Bedürfnis, getrennt und etwas "Besonderes" zu sein, loszulassen. Durch diese Übungspraktiken werden wir allmählich frei von Egozentrik und egoistisch motiviertem Handeln. Durch die Praktiken der Meditation und Kontemplation werden wir uns stärker der kosmischen Einheit bewußt. Wenn wir beginnen, die Erfahrung der Einheit mit etwas, das viel größer ist als wir selbst, zu machen, entsteht allmählich in uns der Wunsch, freizuwerden von den Trieben, Instinkten und unbedeutenden Regungen unseres Geistes.

Übung: Übe regelmäßig die Unterscheidung. Erkenne bei allem, was du tust, ob Motivationen oder Gefühle des Ego im Spiel sind.

8. *tad-api bahir-aṅgaṃ nirbījasya*

tad = diese

api = wiederum, sogar, in der Tat

bahir = außen, äußerlich

aṅgaṃ = Glieder

nirbījasya = des Keimlosen, Folgenfreien

Diese drei sind wiederum die äußeren Glieder der folgenfreien kognitiven Versenkung [samādhi].

In bezug auf die kognitive Versenkung ohne "Keime" bzw. Folgen (*asaṃprajñāta samādhi,* vgl. Vers I.51) sind diese drei letzteren äußere Glieder, reine Hilfsmittel, über die man schließlich hinauswächst.

Dazu Sri Aurobindo: „Wenn das innere Selbst, das die Quelle des spirituellen Strebens ist, hervortritt und das Bewußtsein absorbiert, ergeben sich ganz natürlich und spontan Frieden, Ekstase, Freiheit, Weite und Öffnung zum Licht und höheren Wissen."

Übung: Entwickle Reinheit in deinen Gefühlen, ob es sich nun um Gefühle der Sympathie, der Liebe oder einer anderen Art handelt. Erlebe wahre Gefühle ohne versteckte Hintergedanken. Registriere jedes Gefühl, das hochkommt; sei dir jeder aus dem Ego kommenden Motivation bewußt, die dahinterstecken könnte.

9. *vyutthāna-nirodha-saṃskārayor abhibhava-prādurbhāvau nirodha-kṣaṇa-citta-an vayo nirodha-pariṇāmaḥ*

vyutthāna = aufsteigen, nach außen gerichtet sein; unruhig

nirodha = Aufhören (vgl. I.2); Abklingen

saṃskārayoḥ = der zurückgebliebenen Eindrücke; Prägung durch vergangene Handlung, die künftige Handlungen bestimmt; Prägungen im Unterbewußtsein

abhibhava = Überwindung; kraftvoll

prādurbhavau = Erscheinung, Manifestation

nirodha = Aufhören; Selbstbeherrschung

kṣaṇa = Moment, Augenblick

citta = Bewußtsein; Geist

anvayoḥ = folgend, Nachfolge, Verbindung

nirodha = Aufhören, Selbstbeherrschung

pariṇāmaḥ = Transformation, Verpflichtung; Entwicklung

Wenn die unruhigen [Bewegungen], die im Bewußtsein aufsteigen, [durch] Selbstbeherrschung überwunden werden und abklingen, wird im gleichen Moment die Selbstbeherrschung in das Unterbewußtsein eingeprägt.

In den Versen III.9 bis III.15 geht es um das Wesen der Veränderung bzw. Transformation. Im Unterschied zu den späteren klassischen Texten wie den *Upaniṣaden*, für die jede Veränderung unwirklich ist, betrachten sowohl Patañjali als auch das *Tirumantiram* Veränderung als Wirklichkeit. Das Bewußtsein *(citta)* ist die Konstante, aber seine Inhalte sind ständiger Veränderung unterworfen. So ist auch die Natur (*prakṛti*) eine Konstante, in deren Rahmen unterschiedliche Erscheinungen kommen und gehen. *Nirodha* bezieht sich hier auf das Aufhören der falschen Identifikation mit dem, was vorübergehend ist, d. h. dem Egoismus. Der Prozeß der Reinigung von Egoismus wurde in den Kommentaren zu I.2 und I.12 beschrieben.

Sri Aurobindo spricht in diesem Zusammenhang von der "reinigenden Bewegung Shivas." **(1)** An einem bestimmten Punkt verliert man ohne ersichtlichen Grund das Interesse an der Welt und am Leben in dieser Welt. Wenn diese Gleichgültigkeit auf einer reineren Bewußtseinsebene entsteht, wird sie zur Glückseligkeit der Eins-Werdung, der Liebe, des Mitgefühls und der Verbundenheit. Es kommt zu einer Veränderung. Die alte Form dieser Regungen verschwindet. Es entsteht ein freier Raum, in dem sich das neue Höhere Selbst manifestieren kann. In der Phase des Übergangs und der Veränderung entsteht ein Vakuum, das sich in Enttäuschung äußert. Aber dieses Vakuum kann durch Expansion gefüllt werden. Und diese neue Daseinsform bildet eine feste Grundlage für dauerhaftes Bhakti und Glückseligkeit.

Übung: 1. *śuddhi dhyāna kriyā*, wie es in *Babaji's Kriya Yoga,* Einweihungsstufe I, gelehrt wird; 2. Wenn sich das Herz öffnet, richte es allein auf das Göttliche und bewahre seine unentbehrliche Reinheit. Wenn du dich dem höheren Bewußtsein öffnest, sei still und verliere dich nicht in Bewegungen deines Geistes. Verlange nichts, nicht einmal zu verstehen, was geschieht.

10. *tasya praśānta-vāhitā saṃskārāt*

tasya = sein, ihr

praśānta = ruhig

vāhitā = Fließen, Fluß

saṃskārāt = durch Gewohnheit, unterbewußte Prägung

Der ruhige Fluß reinigender Transformation entsteht durch unterbewußte Prägungen.

Indem man immer wieder das Loslassen übt (vgl. Verse I.2 und I.12), entsteht allmählich im Unterbewußtsein ein Verhaltensmuster (*saṃskāra)* des Loslassens (*vairāgya).* Auf diese Weise "läßt" man automatisch die Neigung des Egos, sich mit den Objekten der Wahrnehmung, mit Gedanken und Emotionen zu identifizieren, "los". Wie in I.17 dargelegt, gibt es, wenn diese Loslösung vollständig erreicht ist, kein Bemühen mehr loszulassen. Man hat losgelassen und ist ohne Wünsche. Es herrscht absoluter Frieden.

Wenn wir anfangen, uns eines anderen Bewußtseins außerhalb des Ego bewußt zu werden und tatsächlich beginnen, unser Leben mehr und mehr unter diesem Aspekt zu leben, wird das reinigende Verhalten zu einem kontinuierlichen Prozeß, der wie von selbst abläuft.

Übung: Wenn du Frieden, Freude und Liebe erfährst, werde dir klar, was es ist und verfolge diese Erfahrung zurück bis zu ihrem Ursprung. Wiederhole diese Erfahrung immer wieder, bis sie zu einem festen Bestandteil deines Wesens geworden ist.

11. *sarva-arthatā-ekāgratayoḥ kṣaya-udayau cittasya samādhi-pariṇāmaḥ*

sarva = alle, viele

arthatā = Bedeutung, Objekt; Vergegenständlichung, Objektivität

ekāgratayoḥ = Ein-Punktigkeit, Fokussieren

kṣaya = Abnahme; Schwinden

udayau = Auftreten

cittasya = des Geistes, Bewußtseins

samādhi-pariṇāmaḥ = Entwicklung, Sich-Einlassen auf oder Veränderung in *samādhi*

Wenn die Vergegenständlichung schwindet und die Ein-Punktigkeit [auftritt,] entwickelt sich die kognitive Versenkung [samādhi] des Geistes.

Der Geist wird normalerweise durch viele äußere Dinge abgelenkt, die über die fünf Sinne und deren feinstoffliche Entsprechungen (über die Vorstellung) auf ihn wirken. Der *yogin* übt Konzentration (*dhāraṇā)* und Ein-Punktigkeit (*ekāgrataḥ*). Er wendet sein Bewußtsein nach innen, bis es sich in ein einziges Objekt versenkt. Das kann ein feinstoffliches Objekt oder das Selbst sein.

Übung: Übe das zweite *dhyāna kriyā (eka rūpa* oder „einzelne Form"), wie es in *Babaji's Kriya Yoga,* Einweihungsstufe I, gelehrt wird. Wenn du arbeitest, konzentriere dich immer nur auf eine Aufgabe. Im Alltag bleibe zentriert, als Beobachter auf einen inneren Fokus ausgerichtet.

12. *tataḥ punaḥ śānta-uditau tulya-pratyayau cittasya-ekāgratā-pariṇāmaḥ*

tataḥ = dann; daher; also

punaḥ = wieder, wiederholt

śānta = abgeklungen, ruhig, beruhigt, besänftigt, beschwichtigt, still, ungestört

udita = hochkommen, offensichtlich, sichtbar

tulya = gleich, dasselbe, von der gleichen Art, ähnlich

pratyaya = Gedanken, die die Wahrnehmung steuern; Motivation

cittasya = des Bewußtseins

ekāgratā = Ein-Punktigkeit, Fokussierung

pariṇāma = Transformation; Veränderung; Entwicklung

Wenn sich also die Motivationen, die das wiederholte Hochkommen und Abklingen [der Gedanken] steuern, ähnlich werden, kommt es zu einer Veränderung [hin zur] Ein-Punktigkeit des Bewußtseins.

Hier geht Patañjali auf den Transformationsprozeß (*pariṇāma)* des normalerweise zerstreuten Bewußtseins in Richtung kognitive Versenkung *(samādhi)* ein.

„Warum sollte der Gleichmütige, der weiß, daß das Objekt seiner Wahrnehmung im Grunde nichts ist, die eine Sache als akzeptabel und die andere als unakzeptabel betrachten?" (*Aṣṭavakra Saṃhitā III.13*). Das einzige, was uns wirklich beeinflußt, ist, was wir über die Dinge denken. Auf wen wirken sich unsere Gedanken aus? Wenn wir uns mit dem Körper identifizieren, mit den Sinnen, den Augen, die sehen, und den Ohren, die hören, was erleben wir dann wirklich? Selbst wenn wir nur an Gott denken, erzeugen wir in unserem Eifer manchmal Unruhe in unserem Geist, die unseren Fortschritt blockiert.

Übung: Übe Gleichmut angesichts der Dualitäten Gewinn oder Verlust, Erfolg oder Mißerfolg, Lob oder Tadel, Freude oder Schmerz.

13. *etena bhūta-indriyeṣu dharma-lakṣaṇa-avasthā-pariṇāmā vyākhyātāḥ*

etena = dadurch, damit

bhūta = die Elemente: Erde, Wasser, Feuer, Luft, Raum; die Bestandteile der manifestierten Welt

indriya = Sinnesorgan; Kraft

dharma = Eigenart, Wesen

lakṣaṇa = äußere Merkmale; Zeitfaktor

avasthā = Stabilität, Stadium, Zustand

pariṇāma = Transformation, Veränderung; Verpflichtung; Evolution, Reife, Ergebnis

vyākhyātāḥ = erklärt, detailliert

Dadurch ist die Veränderung der Sinnesorgane und Elemente in ihrer Eigenart, ihren [zeitbedingten] Merkmalen und in ihrem [allgemeinen geistigen] Zustand hinreichend erklärt.

Patañjali erklärt, wie es auf dreierlei Art zu Veränderungen kommt: (1) Veränderung in der Substanz oder Eigenart (*dharma-pariṇāma*); (2) chronologisch, d. h. in Vergangenheit, Gegenwart, Zukunft (*lakṣana-pariṇāma*); (3) im allgemeinen Zustand mit Phasen des Wachstums und Verfalls (*avasthā-pariṇāma*). So kann z. B. die Substanz Ton in der Gegenwart die Form eines Wasserkrugs haben; in der Vergangenheit war es einfach ein Klumpen Lehm; in Zukunft wird es irgendwann Staub sein. Veränderungen dieser Art beziehen sich auf alles – sowohl auf die materielle Welt als auch auf die Bewußtseinsinhalte. Ebenso wie in dem genannten Beispiel der Ton die Konstante ist, so ist im Prozeß des Entstehens und Loslassens von Gedanken das Bewußtsein die Konstante.

Beim Transformationsprozeß (*pariṇāmaḥ)* kommt es zu viel Ächzen und Krächzen. Es ist eine göttliche Reibung, die die Veränderung bewirkt. Wir werden nicht nur mit liebenden Händen geformt und geprägt. Manchmal werden Hammer und Meißel gebraucht. Große Entschlossenheit und Zielstrebigkeit sind erforderlich. Aber gerade in den Momenten, in denen wir mit dem Hammer bearbeitet werden, machen wir wirklich Fortschritte. Voraussetzung ist, daß wir den festen Willen haben und entschlossen sind, uns zu verwirklichen.

Übung: Gewöhne dir eine regelmäßige Disziplin an und bleibe dabei. Übe Achtsamkeit bei allem Geschehen.

14. *śānta-udita-avyapadeśya-dharma-anupātī dharmī*

śānta = besänftigt, zur Ruhe gekommen, ungestört, abgeklungen

udita = entstanden, hochgekommen, geboren, produziert, manifestiert

avyapadeśya = unbestimmt, undefiniert

dharma = Natur, Charakter, Eigenart, Wesensart

anupātī = folgend, entsprechend

dharmī = Besitzer des dharma; das Gesetz kennen bzw. ihm gehorchen; etwas, dessen Zustand von einem bestimmten Stadium abhängt

Das, [was] bestimmten Naturgesetzen [d. h. *prakṛti*] unterworfen ist, ist in seinem Wesen zur Ruhe gekommen, manifestiert und unbestimmt.

Eine Substanz gibt es immer, obwohl sie in ihrer Form oder Erscheinung unterschiedlich sein kann. Die abgeklungenen Formen sind die, die die Substanz in der Vergangenheit hatte. Die manifestierten sind die, die sie jetzt hat; und die unbestimmten sind jene, in denen sie in Zukunft erscheinen wird. Zum Beispiel war der Tontopf, der jetzt auf dem Regal steht, früher nichts als ein Klumpen Erde gewesen. Und irgendwann einmal, nachdem er zerbrochen ist, wird er zweifellos wieder zu Staub zerfallen. Tirumūlar analysiert die Natur, indem er 96 Elemente (*tattvas*) (TM Vers 154) als Mittel benutzt, um sie letztlich zu transzendieren. In Vers 125 des TM sagt er:

> *Siddhas,* die Śivas Welt hier gesehen haben,
> *Nada* (das Klang-Prinzip) und *Nadanta* (der Grundton),
> Das Ewige, Reine, ungetrübt in Glückseligkeit ruhend,
> Sechsunddreißig Schritte, die zur Befreiung führen.

Die „Sechsunddreißig" sind die fünf Śiva-Prinzipien (*tattvas*), die im reinen, immateriellen Bereich auftreten; die sieben Prinzipien des Wissens (*vidyā tattvas)* im immateriellen/materiellen Bereich und die vierundzwanzig (*prakṛti tattvas),* die nur im materiellen Bereich vorkommen. Hinter dieser Analyse steht die Auffassung: Wenn man versteht, wodurch das Bewußtsein gebunden wird, kann man das Selbst letztlich davon befreien.

Übung: Übe *īnai (tam.) rūpa,* (wörtlich: "bewegliche Form"), das Vierte *dhyāna kriyā* (*arūpa* oder "formlos"), das Fünfte (*pūrṇa bhāva,* wörtlich „voll Emotionen"*)* sowie fortgeschrittene *dhyāna kriyās* mit jedem der sechsunddreißig *tattvas* als Objekt.

15. *krama-anyatvaṃ pariṇāma-anyatve hetuḥ*

krama = Folge, Reihe, Aufeinanderfolge, Anordnung

anyatvaṃ = Differenzierung, Anderssein

pariṇāma = Entwicklung; Transformation; Evolution

anyatve = im oder in bezug auf das Anderssein bzw. den Unterschied

hetu = Ursache; Grund

Die Differenzierung in der Aufeinanderfolge [dieser verschiedenen Phasen] ist die Ursache für die Unterschiede in [den Stadien] der Evolution.

Einfach ausgedrückt, ist die riesige Vielfalt in der manifestierten Welt zurückzuführen auf diese drei zeitlich bedingten Phasen, die im vorangegangenen Vers beschrieben wurden. Das Universum befindet sich in einem ständigen Kreislauf. Alles wird bestimmt von dem Naturgesetz zu existieren, sich zu verändern und zerstört zu werden. Das Selbst wird davon nicht berührt. Die Dinge werden nur aufgrund ihrer eigenen Unflexibilität zerstört, aber selbst dann sind sie nicht wirklich zerstört. Die wesentlichen Elemente bleiben im Stadium des Verfalls die gleichen wie im Leben. Es scheint, als ob die Dinge ein Stadium der Desintegration durchlaufen, um ihre Form zu verändern. Das Universum entsteht aus dem Selbst und löst sich wieder im Selbst auf.

Übung: Sei dir darüber klar, daß "alles, was je existiert hat, und alles, was je existieren wird, auch gerade jetzt existiert." Und daß "alles aus der gleichen Grundsubstanz besteht und alles von den Wechselbeziehungen bestimmt wird." (Die Mutter) **(2)**

16. *pariṇāma-traya-saṃyamād-atīta-anāgata-jñānam*

pariṇāma = [Stadium der] Evolution; Transformation, Reife, Ergebnis

traya = drei

saṃyamād = durch das Eins-werden mit

atīta = Vergangenheit

anāgata = Zukunft

jñānam = Wissen

Durch Eins-werden mit den drei [Stadien der] Evolution ergibt sich Wissen über Vergangenheit und Zukunft.

Mit diesem Vers beginnt Patañjali die Beschreibung des Prozesses, wie durch das Eins-werden (*saṃyama*) mit unterschiedlichen Objekten bzw. Themen bestimmte Fähigkeiten erworben werden und schließlich die höchste Verwirklichung der nicht-objekt-orientierten kognitiven Versenkung (*asaṃprajñātaḥ samādhi*) erreicht wird. In diesem Vers bezieht er sich auf die dreifache Art der Transformation bzw. Veränderung *(pariṇāma),* die in Vers III.13 erläutert wurde: Äußere Form, Zeitfaktor und allgemeiner Zustand. Das heißt, daß zum Beispiel ein in der sogenannten Einswerdung (*saṃyama*) erfahrener *yogin* die Vergangenheit, Gegenwart und Zukunft jedes Menschen kennt, auf den er sich konzentriert.

Wir wollen alle diese Fähigkeiten des inneren Wissens realistisch und praktisch betrachten. Die Tatsache, daß es gewissen fortgeschrittenen *yogins* möglich ist, die Vergangenheit, Gegenwart und Zukunft eines Menschen zu kennen, weist auf die große Einheit hin: Das Eins-Sein aller Materie. Dabei geht es nicht darum, daß wir alle danach streben sollten, die Fähigkeit zu erlangen, in die Zukunft zu sehen. Wenn ER es möchte, werden wir es können, wenn nicht, welchen Unterschied macht es?

Übung: Fühle dich mit deinen Mitmenschen verbunden, mit Freunden und Verwandten ebenso wie mit Fremden. Liebe dich selbst und andere. Fälle keinerlei Urteile.

17. *śabda-artha-pratyayānām itara-itara adhyāsāt-saṃkaras tat-pravibhāga-saṃyamāt-sarva-bhūta-rūta-jñānam*

śabda = Laut; Wort

artha = Bedeutung, Sinn und Zweck

pratyayānām = von Gedanken, Motivationen

itara-itara = jeweilig, gegenseitig, einer mit dem anderen

adhyāsāt = durch Überlagerung

saṃkaraḥ = vermischt, Verwirrung, Verschmelzung

tad = deren

pravibhāga = Unterscheidung, Trennung, Teilung

saṃyamāt = durch das Eins-werden mit

sarva = all

bhūta = Lebewesen

rūta = akustische Äußerung, Geschrei, Gebrüll, Heulen; Geräusch, Klang; Resonanz

jñānam = Wissen, Kenntnis

Durch die gegenseitige Überlagerung von Worten, [ihren] Bedeutungen und Motivationen [ergibt sich] Verwirrung, [aber] durch das Eins-werden [ausgerichtet auf deren Unterscheidung, erlangt man] die Kenntnis der Sprachen aller Lebewesen.

Im allgemeinen unterscheidet man nicht zwischen einem Objekt, seiner Bezeichnung durch ein Wort (*śabda*) und dem Klang (*rūta)* des Wortes. Es heißt jedoch, daß durch das Eins-werden (*saṃyama)* mit dieser Unterscheidung der *yogin* die Kenntnis von Fremdsprachen erlangt. Wir sollten uns bewußt sein, welch starke Wirkung Worte auf uns haben können. Diese Wirkung ergibt sich aus der Bedeutung des Wortes und der ihm innewohnenden Energie. Wenn die Stimme Worte formt, können diese sich auf andere Menschen auswirken. Durch das, was wir sagen, und die Worte, die das beschreiben, was wir glauben, kann unser Leben beeinflußt werden.

Übung: Sei dir der Worte bewußt, die du dir selbst sagst und die du anderen gegenüber aussprichst. Denke daran, daß sie kraftvoll genug sind, etwas zu erschaffen und sich selbständig zu machen.

18. *saṃskāra-sākṣāt-karaṇāt-pūrva-jāti-jñānam*

> *saṃskāra* = unterbewußte Eindrücke
>
> *sākṣāt-karaṇāt* = intuitive Wahrnehmung; momentanes Gefühl, unmittelbare Ursache von etwas
>
> *pūrva* = frühere
>
> *jāti* = Geburt; Leben
>
> *jñānam* = Wissen

Das Wissen über frühere Leben [ergibt sich] aus der intuitiven Wahrnehmung unterbewußter Eindrücke.

Im Zustand des Eins-werdens (*saṃyama*) kann der *yogin* zum direkten Beobachter unterbewußter Eindrücke werden und als Zeuge der Vergangenheit sehen, wo diese entstanden sind. Auf diese Weise ist es sogar möglich, Wissen über frühere Leben (*jāti*) zu erlangen.

Im allgemeinen ist es nicht ratsam, zu erforschen, was in früheren Leben geschehen ist, denn man kann überwältigt werden von den vielen schmerzlichen Erfahrungen. Wenn ein solches Wissen jedoch spontan hochkommt, kann es durchaus nützliche Erkenntnisse bringen. Wenn man sehr gut loslassen kann (*vairāgya),* kann man das Wissen über frühere Leben besser verkraften.

Übung: Übe das Erinnerungs-Ketten *dhyāna kriyā,* das in der Einweihungsstufe III von *Babaji's Kriya Yoga* gelehrt wird.

19. *pratyayasya para-citta-jñānam*

> *pratyayasya* = der Vorstellung, Motivation
>
> *para-citta-jñānam* = die Gedanken eines anderen lesen

[Ähnlich ist man durch intuitive Wahrnehmung] der Motivation [eines anderen in der Lage,] dessen Gedanken zu lesen.

Der erfahrene *yogin* ist in der Lage, die Gedanken eines anderen Menschen zu lesen, indem er *saṃyama* praktiziert und die Wahrnehmung der Gedanken des anderen zurückverfolgt bis zu ihrem Ursprung. Die meisten Menschen nehmen zwar hin und wieder Gedanken anderer auf, schenken ihnen jedoch im allgemeinen keine Beachtung oder verwechseln sie mit eigenen Gedanken. Der *yogin* sieht jedoch, daß solche Gedankenformen von außen kommen. Durch *saṃyama* kann er sie nicht nur zurückverfolgen bis zu ihrem Urheber, er kann auch, wenn er sozusagen erst einmal "drinnen" ist, die momentanen Gedanken des anderen lesen. Ehe wir jedoch nicht unser eigenes Unterbewußtsein gereinigt haben, ist es nicht ratsam, uns auf andere zu konzentrieren oder zu versuchen, ihre Gedanken zu lesen, denn das könnte lediglich unsere eigenen negativen Tendenzen, wie Gier, Lust oder das Streben nach Macht und Manipulation, verstärken. Selbst wenn diese Fähigkeit benutzt wird, um anderen zu helfen oder sie zu heilen, muß der *yogin* respektieren, daß der/die andere sein/ihr *karma* selbst aufarbeiten muß. Durch das Eingreifen des *yogin* kann die Karma-Arbeit des anderen lediglich aufgeschoben werden. In der Regel greift der *yogin* nicht ein, wenn er nicht darum gebeten wird. Im übrigen lohnt es sich bei den meisten Gedanken, die die Menschen haben nicht, sie zu lesen. Daher bemüht sich der *yogin* im allgemeinen auch nicht darum.

Übung: Konzentriere dich nur auf den Geist großer Heiliger, bis dein Unterbewußtsein gereinigt ist.

20. *na ca tat-sa-ālambanaṃ tasya-aviṣayī-bhūtatvāt*

na = nicht

ca = und

tad = das, dies

ālambanam = mit einer Basis, oder Grundlage; hier: Motiv

tasya = sein

aviṣayī = kein Objekt haben

bhūtatvāt = aufgrund der Tatsache, ein Element zu sein

Aber [das Lesen der Gedanken eines anderen] hat keine [echte] Basis, denn es gibt kein Objekt auf der Ebene der Elemente.

Mit anderen Worten, das Wissen auf der feinstofflichen Ebene hat keine Entsprechung im manifestierten Bereich der Elemente. Dieses Gedankenlesen hat seine Grenzen.. Patañjali stellt hier fest, daß es nicht so weit geht, daß man in der Lage ist, die äußeren Objekte *(viṣaya)* zu sehen, die von der anderen Person erfahren werden bzw. aus denen sie ihre Gedanken herleitet.

Übung: Sieh in jedem Menschen das Göttliche, jenen Teil von ihm, der universell, grenzenlos und ewig ist.

21. *kāya-rūpa-saṃyamāt-tad-grāhya-śakti-stambhe cakṣuḥ-prakāśa-asaṃyoge' ntardhānam*

kāya = Körper

rūpa = Form; eines der *tanmātras*

saṃyamāt = durch das Eins-werden, die Verschmelzung mit

tad = dessen

grāhya = greifbar, wahrnehmbar sein

śakti = Kraft; hier: Fähigkeit, Eigenschaft

stambhe = Aufheben; Unterdrücken; Einstellen

cakṣus = Auge

prakāśa = Licht

asaṃyoge = Unterbrechung; Trennung; Zwietracht

antardhānam = Unsichtbarkeit; versteckt, verborgen, unsichtbar

Durch Eins-werden mit der Erscheinung des Körpers, [ergibt sich] durch Aufhebung seiner Eigenschaft, wahrnehmbar zu sein, mit der Unterbrechung des Lichts, [das der betreffende Körper aussendet] Unsichtbarkeit für das Auge.

Patañjali erklärt hier, daß ein *yogin,* der *saṃyama* mit seinem eigenen Körper praktiziert und dabei den Lichtstrom, den sein Körper aussendet, unterbricht, so daß dieses Licht die Augen anderer Menschen nicht mehr erreichen kann, unsichtbar, jedenfalls von anderen nicht bemerkt wird. Es wurde immer wieder berichtet, daß der Heilige Ramalinga in der 2. Hälfte des 19. Jahrhunderts auf Gruppenfotos mit seinen Schülern kein Bild auf der Fotoplatte hinterließ. Da, wo er in der Gruppe gestanden hatte, gab es jedes Mal nur einen leeren Fleck. Er selbst sagte dazu, daß dies auf eine göttliche Verwandlung seines Körpers zurückzuführen sei und daß er sich nicht absichtlich unsichtbar mache.

Sei bescheiden, einfach und richte dich nach innen, tu alle Arbeit bewußt, ohne dich abhängig zu machen von Lohn oder Aufmerksamkeit. Konzentriere dich auf die Einheit allen Seins. Spüre, wie eng wir alle miteinander verbunden sind. Das sind Möglichkeiten, unsichtbar zu werden, die von bleibendem Wert sind.

Übung: Übe Bescheidenheit, Einfachheit und bewußte Achtsamkeit bei deiner Arbeit.

22. *sa-upakramaṃ nir-upakramaṃ ca karma tat-saṃyamād-apara-anta-jñānam-ariṣṭebhyaḥ vā*

sa-upakramam = in Bewegung setzen; auf sich nehmen; manifestiert

nir-upakramam = nicht in Bewegung; nicht in Anspruch genommen, nicht fortgesetzt; latent

ca = und

karman = Handlung

tat = das, dies

saṃyamāt = durch das Eins-werden, die Verschmelzung mit

apara-anta = Todesstunde; das Ende; Schlußfolgerung; wörtlich: der äußerste Westen

jñānam = Wissen

ariṣṭebhyaḥ = böse Omen, Zeichen des nahenden Todes

vā = oder

Karma ist entweder latent oder manifestiert. Wenn man das Eins-werden darauf oder auf die Zeichen des nahenden Todes ausrichtet, [entsteht] Wissen über den Tod.

In den Versen II.12-14 wurden das gespeicherte *karma*, die Arten von *karma* und die Ursachen von *karma* erläutert. Hier geht es darum, daß der *yogin*, wenn er sich in *saṃyama* auf das gespeicherte *Karma* tief in seinem Unterbewußtsein konzentriert, die Trends und Muster seines künftigen Lebens, einschließlich der Umstände seines Todes, sehen kann. Vorzeichen sind äußere Zufälle oder ungelegene Ereignisse, die auf künftige Geschehnisse hinweisen können. Manche Menschen mögen sie als Aberglauben abtun, aber es gibt eine Wissenschaft und Kunst, sie zu deuten.

Es ist vorgekommen, daß große *yogins* den Tod oder andere unglückselige Ereignisse vorausgesehen haben und es ihnen durch außergewöhnliche Anstrengung gelungen ist, die Zukunft zu verändern. Ein Mensch, der eins ist mit dem Absoluten, hat große Kraft. Wir können sogar als kollektives Bewußtsein helfen, die Zukunft zu verändern.

Übung: Übe dein *sādhana* nicht nur zu deinem eigenen Wohl, sondern zum Wohle aller. Denke an die Worte des Versprechens von *Babaji's Kriya Yoga.*

23. *maitry-ādiṣu balāni*

maitry-ādiṣu = Freundlichkeit und so weiter

balāṇi = Kräfte, Stärken

[Durch Eins-werden] mit Freundlichkeit und anderen derartigen Eigenschaften, [erlangt man] die Kraft, [diese zu übertragen].

Dieser Vers bezieht sich auf die innere Haltung, die in Vers I.33 empfohlen wird, nämlich Freundlichkeit *(maitri)* gegenüber den Glücklichen *(sukha)*, Mitgefühl *(karuṇā)* gegenüber den Unglücklichen *(duḥkha)*, Freude *(muditā)* an den Tugendhaften *(puṇya)* und Gleichmut *(upekṣā)* gegenüber den Untugendhaften *(apuṇya)*. Eine solche Haltung beruhigt den Geist und bereitet ihn darauf vor, Kraft *(bala)* zu entfalten. Befleißigt man sich nicht einer solchen Haltung, beschwört man das Gegenteil herauf, nämlich – wie im normalen menschlichen Bewußtsein – alle möglichen Formen von Kraft-Zersplitterung durch Konflikte, überflüssige Auseinandersetzungen und Verluste. Der Durchschnittsmensch vergeudet seine Lebenskraft durch tausende von unnötigen und unklugen gesellschaftlichen Aktivitäten oder sinnlosen Einstellungen wie Wettbewerbsdenken, Eifersucht, Angst, Wut, Depression, Hochmut usw.

Übung: Sei in deiner Mitte, voll Sanftmut und Freundlichkeit und befleißige dich einer solchen Haltung gegenüber allen Menschen, mit denen du in Kontakt kommst. Schenke den Menschen so oft du kannst ein aufrichtiges Lächeln.

24. *baleṣu hasti-bala-ādīni*

baleṣu = Stärken; Kräfte

hasti = Elephant

bala = die Stärke

ādīni = andere

[Durch Eins-werden] mit den Kräften von Elefanten und anderen [derartigen Tieren gewinnt man] deren Stärke.

Bringt man sich in völligen Einklang *(saṃyama)* mit Tieren oder Naturerscheinungen, wie Feuer, Wind, Luft, gewinnt man die für diese typische Kraft. Wenn man z. B. Körperkräfte entwickeln will, könnte ein Elefant das Meditationsobjekt sein. In schamanischen Traditionen, wie z. B. im Südwesten der USA, kommunizieren die Schamanen mit den dort lebenden Tieren und demonstrieren die für sie typischen Kräfte. Dies entspricht dem bekannten Prinzip der verwandten Schwingungen in der Physik. Wir haben die Tendenz, das zu werden, was wir denken. Kulturen mit festen Idealen oder Heldenbildern tendieren dahin, diesen Helden und deren heldenhaftem Verhalten nachzueifern. Dagegen sind die Idole in unserer heutigen weltweiten Pop-Kultur Filmstars oder bekannte Sportler, die heute „in“ und morgen vergessen sind. Das Ergebnis ist eine Kultur, die gekennzeichnet ist durch Zynismus, Schwäche und Depression, in der das Leben nichts weiter ist als eine Fortsetzung von Film und Fernsehen. Einfach ausgedrückt, “du bist, was du dir anschaust.”

Übung: Denke nach über die Eigenschaften verschiedener Tiere, zu denen du dich hingezogen fühlst. Laß dich von diesen Eigenschaften durchdringen, indem du sie mit Affirmationen unterstützt.

25. *pravṛtty-āloka-nyāsāt sūkṣma-vyavahita-viprakṛṣṭa-jñānam*

pravṛtti = Aktivität; Vorwärtsbewegen, Fortschreiten, Fortschritt; hervorkommen; Erscheinung, Manifestation, Erkenntnis (vgl. I.35); hier: innere Sinne

āloka = Licht, Erleuchten

nyāsāt = durch Lenkung, Einsetzen, Anwenden oder Ausrichtung

sūkṣma = feinstofflich, subtil

vyavahita = verborgen; blockiert

viprakṛṣṭa = entfernt, weit weg

jñānam = Wissen

Indem man das Eins-werden auf die erleuchteten inneren Sinne ausrichtet, erlangt man Wissen über das, was feinstofflich, verborgen und weit entfernt ist.

Der Begriff *pravṛtti-āloka* kann unter Bezug auf Vers I.35 (*pravṛtti* = Erkenntnis) und III.5 (*āloka* = Licht) als “erleuchtete Sinne” verstanden werden. In der Regel beherrscht man sie nicht, und sie sind, außer bei außergewöhnlichen Menschen wie Hellsehern, nicht entwickelt. Sie werden jedoch von den meisten Menschen im Traum erfahren. Wenn man sich in der Meditation in völlige Übereinstimmung (*saṃyoga)* mit einem oder allen diesen inneren Sinnen bringt, kann man verborgenes Wissen über subtile Dinge (*sūkṣma)* wie Atome, über das, was versteckt ist, (*vyavahita)* wie Schätze und über das, was weit weg ist (*viprakṛṣṭa),* wie ferne Länder, erlangen. In der Regel erfordert die Meditation eine gewisse Anstrengung, bis es zu spontanen Erfahrungen durch Inspiration kommt.

Übung: Bemühe dich um Inspiration und die Erleuchtung deiner inneren Sinne, indem du regelmäßig *īnai rūpa* (wörtlich „bewegliche Form“) *dhyana kriya* und *pūrṇa bhāva* (wörtlich „voll Emotionen“) *dhyana kriya* praktizierst, wie sie in *Babaji's Kriya Yoga,* Einweihungsstufe I, gelehrt werden.

26. *bhuvana-jñānaṃ sūrye saṃyamāt*

bhuvana = Universum, Welt, Kosmos

jñānam = Wissen

sūrye = mit der Sonne

saṃyamāt = durch das Eins-werden, die Verschmelzung mit

Durch Eins-werden mit der Sonne erlangt man Wissen über die Welt und den Kosmos.

Dieser Vers erklärt, wieso die Meister in der Lage waren, das Universum zu erforschen – wie aus ihren Werken über Astronomie und Astrologie ersichtlich ist. Es ist hilfreich, wenn man sich eine Zeichnung seines Geburtshoroskops besorgt. Nach vedischer Überlieferung gibt es eine Aufzeichnung davon, was deine Seele versprochen hat, in diesem Leben zu tun und zu lernen. Einige Kommentatoren, wie Swami Hariharananda Aranya, meinen, daß sich das Wort "Sonne" in diesem Zusammenhang auf das "Sonnentor" im menschlichen Körper bezieht und daß damit der zentrale Energiekanal (*suṣumna nāḍī)* in der Wirbelsäule gemeint ist, der zum Scheitelpunkt führt. **(3)** Da der menschliche Körper ein mikrokosmisches Abbild des Makrokosmos ist, wird, wenn man *saṃyama* auf diesen Strahl glänzenden Lichts richtet, das gesamte Universum offenbart. Weiterhin erklärt er die sieben Existenz-Ebenen, wie sie erstmals von dem Weisen *Vyāsa* beschrieben wurden: (1) die Ebene der Wahrheit (*satya-loka*); (2) die Ebene der strengen Einfachheit (*tapas-loka*); (3) die Ebene der Menschen (*jana-loka*); (4) die Ebene des großen Prajāpati, Brahma, des Schöpfers (*mahar-loka*); (5) die Ebene des großen Gottes Indra (*mahar-indra-loka*); (6) eine Zwischenebene, die sich bis zum Polarstern erstreckt (*antarikṣa-loka*); und (7) die ätherische Ebene, die zu dieser Erde gehört, wo sich die verstorbenen menschlichen Seelen aufhalten (*bhu-loka*).

Wenn man die Fluktuationen des Geistes *(cittavṛttiḥ)* ausschaltet, kann man die Existenz verschiedener kosmischer Ebenen *(lokas)* wahrnehmen. Wenn man in der Stunde des Todes den Körper durch das "Sonnentor", d. h. *suṣumna,* verläßt, gelangt man zu den höheren astralen Ebenen der *devas* oder noch darüber hinaus zu den kausalen Ebenen der Wahrheit. Man spricht in diesem Fall, d. h. wenn der *yogin* seinen Körper durch den Scheitelpunkt verläßt, von der großen kognitiven Versenkung (*mahā-samādhi*). In den anderen Fällen verläßt man den Körper durch das "Mondtor", d. h. eine der neun Körperöffnungen (Genitalien, Anus, Augen, Ohren, Nasenöffnungen, Mund), je nachdem wie man auf die Wünsche reagiert, die man am Ende des Lebens hat. Wenn man durch die feinstofflichen Öffnungen des Anus oder der Genitalien austritt, hat man möglicherweise auf den unteren astralen Ebenen zu leiden. Dort ist der Geist aktiv und voller Wünsche, die jedoch nicht erfüllt werden können, weil man ohne Sinnesorgane keine Kraft hat zu handeln.

27. *candre tārā-vyūha-jñānam*

candre = mit dem Mond

tārā = Sterne

vyūha = Anordnung, Konstellation, Verteilung

jñānam = Wissen

[Durch Eins-werden] mit dem Mond [ergibt sich] Wissen [über die] Konstellationen der Sterne.

In ähnlicher Weise war es den Meistern, wenn sie bis zur völligen Verschmelzung *(saṃyama)* über den Mond meditierten, möglich, nicht nur Wissen über seinen Einfluß, sondern auch über die Einflüsse entfernter Himmelskörper und ihrer Konstellationen auf uns Menschen zu erlangen. Die *Siddhas* entwickelten die Wissenschaft des *Svara Yoga*, bei der es darum geht, den Einfluß des Mondes auf unseren physischen und subtilen Körper zu nutzen. Dazu gehören die Atmung durch die rechte und linke Nasenöffnung, die rechte und linke Gehirnhälfte, der Menstruations– und Fruchtbarkeitszyklus der Frau – ganz zu schweigen von den Gezeiten sowie elektromagnetischen und psychischen Einflüssen.

Swami Hariharananda Aranya sieht im "Mond" in diesem Zusammenhang die "lunaren Öffnungen", die Sinne. Demnach müssen die Menschen, die ihren Körper nicht durch *suṣumna* bzw. "das Sonnentor" verlassen, wie im vorangegangenen Vers dargestellt, wieder auf der Erde inkarnieren. **(4)**

Übung: Achte auf die Phasen des lunaren Atmens (durch die linke Nasenöffnung), wenn das kreative, räumliche, visuelle Denken und die Vorstellungskraft vorherrschen.

28. *dhruve tad-gati-jñānam*

dhruve = mit dem Polarstern

tad = diese (bezieht sich auf Sterne im vorangegangenen *sūtra)*

gati = Bewegung

jñānam = Wissen

[Durch Eins-werden] mit dem Polarstern ergibt sich Wissen [über] die Bewegungen der Sterne.

Auf ähnliche Weise wird, wenn man bis zur Verschmelzung über den Polarstern meditiert *(saṃyama),* Wissen über die Bewegung der Sterne offenbart. Da er seine Stellung am

Himmel nicht verändert, dient der Polarstern als Bezugspunkt. Wenn man seine ganze Aufmerksamkeit auf einen einzigen Punkt, wie den Polarstern, richtet, dabei in absoluter Ruhe verharrt und sich gleichzeitig in den Himmel versenkt, erlangt man Wissen über die Bewegungen der Himmelskörper.

29. *nābhi-cakre kāya-vyūha-jñānam*

nābhi = zentraler Punkt; Nabel

cakre = auf das Rad, Chakra [gerichtet]

kāya = Körper

vyūha = Anordnung, hier: Konstitution

jñānam = Wissen

[Durch Eins-werden] ausgerichtet auf das Nabel-Chakra, erhält man Wissen über die Konstitution des Körpers.

Wenn man bis zur totalen Verschmelzung (*saṃyama*) auf den Solarplexus oder das Nabelchakra (*nābhi-cakra)* meditiert, kann man die feinstofflichen Strukturen des menschlichen Körpers erkennen. Dieses *cakra* ist das Zentrum der Tatkraft. Die Meister-*yogins* haben mehr als 72,000 Kanäle (*nāḍīs*) ausgemacht, die den menschlichen Körper auf der physischen und feinstofflichen Ebene durchziehen. Einige wichtige *nāḍīs* stehen im Mittelpunkt bestimmter Yogatechniken.

"Die Mutter" weist darauf hin, daß man durch Erforschung des Nabelzentrums den Sinn und Zweck seines Lebens erkennen kann. Um sich mit diesem Bereich zu verbinden, schlägt sie vor, den Lebensatem (*prāṇa)* im Nabelbereich zirkulieren zu lassen und sich zu entspannen. Atme zusammen mit diesem Lebensatem "eine ruhige Ausgeglichenheit" ein. Stell dir vor, wie dieses *prāṇa* den verspannten Bereich weitet. Entspanne dich und laß los. "Stell dir vor, daß du in einer Wellenbewegung Halt findest und entspanne dich. Laß dich tragen von dieser unendlichen Wellenbewegung."**(5)**

Übung: Praktiziere die oben beschriebene Technik, um den Bereich des Nabelzentrums weit werden zu lassen. Klage nicht über die Aufgaben, die das Leben dir stellt. Bemühe dich allzeit um eine optimistische Haltung. Sieh dein Leben und deine Arbeit in einem neuen Licht.

30. *kaṇṭha-kūpe kṣut-pipāsā-nivṛttiḥ*

kaṇṭha = Hals, Kehle

kūpe = auf den Brunnen, Hohlraum, die Grube

kṣudh = Hunger

pipāsā = Durst

nivṛttiḥ = Aufhören, Verschwinden

[Durch Eins-werden], ausgerichtet auf die Halsgrube, hören Hunger und Durst auf.

Das *viśuddhi cakra* im Halsbereich ist das Zentrum der Vorstellungskraft. Hunger und Durst hängen in erster Linie von Vorstellungen und Gewohnheiten ab. Essen und Trinken vermitteln unmittelbare Genugtuung und lindern negative Gefühle wie Depression und Frustration. Wenn man jedoch diese emotionalen Bedürfnisse befriedigt, indem man das Kehlkopf-Cakra *(viśuddhi cakra)* direkt neutralisiert, kann man den Impuls zu essen oder zu trinken weitgehend ausschalten.

Übung: Praktiziere *mantras, āsanas* und *dhyāna kriyās,* die das Kehlkopf-*cakra* öffnen. Laß deine Wünsche los. Kontrolliere die gefühlsbedingten Triebe zu essen oder zu trinken. Iß nur, wenn du hungrig bist. Teile deine Gefühle anderen mit.

31. *kūrma-nāḍyāṃ sthairyam*

kūrma- = Schildkröte

nāḍī = feinstofflicher Energiekanal; Bahn, auf der sich *prāṇa* im Körper bewegt

sthairyam = Bewegungslosigkeit; Festigkeit, Stabilität

[Durch Eins-werden], ausgerichtet auf *kūrma nāḍī* [den Schildkrötenkanal], wird Bewegungslosigkeit [erreicht].

Der Schildkrötenkanal (*kūrma nāḍī*) ist einer der großen Energiekanäle (*nāḍīs)* im Energiekörper. Er befindet sich unterhalb der Kehle. Wenn man sich in *saṃyama* auf diesen Energiekanal konzentriert, erreicht man Bewegungslosigkeit bzw. Stabilität in der Meditation.

Die Schildkröte ist Symbol für die Begegnung von Himmel und Erde. Der obere Panzer der Schildkröte ist Symbol für den Himmel und der eckige Bauchpanzer für die Erde. Die Schildkröte wird assoziiert mit dem Mondzyklus, der Urmutter und der Ur-Substanz. Wenn wir beginnen, die Verbundenheit aller Dinge wahrzunehmen, erkennen wir, daß der Weg zum Himmel über die Erde führt.

Übung: Zentriere deinen Geist auf diesen Schildkrötenkanal (*kūrma nāḍī*), indem du das Sechste *dhyāna kriyā* (*nāḍī dhyāna*) praktizierst und erfahre die innere Stille.

32. *mūrdha-jyotiṣi siddha-darśanam*

> *mūrdha* = Kopf
>
> *jyotiṣi* = mit dem Licht; Glanz
>
> *siddha* = Vollendeter, vollkommener Meister
>
> *darśanam* = Vision

[Durch Eins-werden] mit dem Licht [am Scheitelpunkt] des Kopfes, erlangt man eine Vision vollendeter Meister.

Jeder Mensch hat eine Ausstrahlung um seinen physischen Körper. Wenn sich diese mit fortschreitender *Yoga*-Praxis verstärkt, kann ein intensives Licht um den Kopf herum, vor allem über dem Kopf, wahrgenommen werden. Wir sind nicht auf unseren physischen Körper begrenzt. Über unserem Scheitelpunkt ist der Sitz des Höchsten Wesens. Durch *saṃyama* mit dem Licht am Scheitelpunkt können wir Visionen von aufgestiegenen und vollendeten Meistern und anderen göttlichen Wesen haben. Im *Tirumantiram* Vers 194 heißt es:

> Die Biene, die Nektar sucht, fliegt hoch zur Blüte ganz oben,
> Und so saugt sie den duftenden Saft ein,
> Ebenso streben die, die die beglückende göttliche Gnade suchen,
> Zum Licht jenseits dessen, was für unsere Augen sichtbar ist.

Wenn du das Licht *(jyotis)* über dem Scheitelpunkt des Kopfes *(mūrdha)* durchdringst, gibt es keinen Unterschied mehr zwischen Subjekt und Objekt, außer wenn sich deine Individualität über die Vorstellungskraft ausdrückt. Für die meisten Yoga-Schüler ist das Licht der Meister erreichbar, auch wenn sie diese Technik noch nicht gemeistert haben. Das Licht strahlt aus den niedergeschriebenen Worten der Meister. Es ist ein greifbares Licht, in das du dich jedesmal versenken kannst, wenn du ihr Buch zum Lesen in die Hand nimmst. Sri Aurobindo sagt: „Das Wort hat Kraft – selbst das einfache geschriebene Wort hat Kraft. Wenn es ein inspiriertes Wort ist, hat es umso mehr Kraft. Welche Kraft es hat, hängt von der Art der Inspiration ab sowie von dem Thema und der Rolle des Wesens, das davon berührt wird. Wenn es sich um das Wort selbst handelt, wie es an bestimmten Stellen in bedeutenden Schriften, wie den Veden, Upanischaden und der Gita, geschrieben steht, kann es die Kraft haben, einen spirituellen und erhebenden Impuls und sogar gewisse Formen der Selbstverwirklichung auszulösen."

Übung: Studiere voller Hingabe die heiligen Schriften der erleuchteten und vollendeten Meister. Du findest darin eine auf deine Person zugeschnittene tägliche Führung und Inspiration. Diese Führung erreicht dich genau im richtigen Moment. Praktiziere *svarupa jyoti samadhi dhyana kriya,* wie es in *Babaji`s Kriya Yoga*, Einweihungsstufe III, gelehrt wird.

33. *prātibhād-vā-sarvam*

prātibhād = Blitzstrahl der Erleuchtung; Intuition; spontanes und unvermitteltes Aufblitzen von Intuition

vā = oder

sarvam = alles

Oder alle [die Kräfte ergeben sich von selbst durch] einen Blitzstrahl der Erleuchtung.

Ein Blitzstrahl der Erleuchtung (*prātibha)* ist eine Erfahrung, die als Beispiel steht für das, was später kommen kann: die dauerhafte Erleuchtung bzw. die nicht-unterscheidende kognitive Versenkung (*asaṃprajñātaḥ samādhi*). Das heißt, auch ohne daß man *saṃyama* praktiziert, können einem solche Kräfte spontan als Begleiterscheinung eines Blitzstrahls der Erleuchtung zuwachsen. Die übliche Verdunklung des menschlichen Bewußtseins löst sich durch einen solchen Zustrom von Licht und Bewußtheit auf.

Als Sri Aurobindo gefragt wurde, ob die Meditationsmethode, sich leer zu machen, um zu sehen, was von den Göttern und Göttinnen an Intuition kommt, effektiv sei, antwortete er: "Man nimmt an, daß es so ist. Wenn der Geist ruhig wird, wird erwartet, daß eine Intuition, ob sie nun vollkommen oder unvollkommen ist, einfach daherkommt, hereinspringt und sich umschaut. Natürlich ist das nicht die einzige Möglichkeit. Alles, was ich seit 1909 geschrieben habe, habe ich jedenfalls auf diese Weise geschrieben, besser gesagt, aus einem stillen Geist heraus oder vielmehr nicht nur aus einem stillen Geist, sondern aus einem stillen Bewußtsein heraus. Götter und Göttinnen hatten damit allerdings nichts zu tun."**(6)**

Übung: Achte auf die Eingebungen, die dir kommen, wenn dein Geist still ist. Man braucht nicht in einem perfekten *āsana* zu sitzen, damit der Geist ruhig wird. Das kann auch beim Autofahren oder Geschirrabwaschen geschehen. Achtet darauf, daß eine gedankenlos ausgeführte Tätigkeit uns oft öffnen und empfangsbereit machen kann.

34. *hṛdaye citta-saṃvit*

hṛdaye = im Herz; Sitz der Gefühle und Empfindungen

citta = Bewußtsein

saṃvit = Wissen; Verstehen

[Durch Eins-werden] im Herz-Zentrum [erlangt man] Wissen [über die Beschaffenheit] des Bewußtseins.

Das Bewußtsein *(citta)* manifestiert sich beim Durchschnittsmenschen lediglich auf drei Ebenen: der physischen (über die fünf Sinne), dem Traum (sei es im Schlaf oder in Form von Wachträumen) und dem traumlosen Schlaf. Es gibt allerdings eine vierte Ebene *(turīya)*. Das ist der elementare transzendentale Zustand der Bewußtheit. Dieser vierte Zustand ist nur zu erreichen, indem wir unsere Aufmerksamkeit auf das Herz richten. Gemeint ist nicht das physische Herz, sondern die Mitte unseres Seins, die, räumlich gesehen, in der Mitte der Brust zu finden ist. Von diesem Punkt aus können wir die anderen Bewußtseinszustände objektiv unterscheiden, während wir normalerweise von ihnen praktisch unbewußt völlig beansprucht werden.

Übung: Richte deinen Fokus in der Meditation auf das Herzzentrum (nicht das physische Herz).

35. *sattva-puruṣayor-atyanta-asaṃkīrṇayoḥ pratyaya-aviśeṣaḥ bhogaḥ para-arthatvāt sva-artha saṃyamāt puruṣa-jñānaṃ*

sattva = Zustand des Seins; Produkt der *prakṛti;* hier: manifestiertes Sein in der Natur

puruṣa = das Selbst; passiver Beobachter; Seele; Mensch, uranfängliches Mensch sein als Quelle von allem

atyanta = völlig, endlos, ungebrochen, unaufhörlich, äußerst, sehr groß

asaṃkīrṇa = unvermischt, nicht schmutzig, nicht verworren; rein

pratyaya = Wahrnehmung; Motivation; Konzept

aviśeṣo = unklar

bhogaḥ = Erfahrung; Nutzen, Anwendung, Lebenserfahrung

para = gegensätzlich, jenseitig; anderweitig, weiter, mehr als, höher oder tiefer

artha = Objekt, Ziel, Zweck

para-arthatvāt = wegen der Abhängigkeit von jemand anderem, der größte Vorteil; hier: Hintergedanken

sva-artha = eigener Zweck; um seines selbst willen

saṃyama = Eins-werden, verschmelzen, sich vereinigen mit

puruṣa = Selbst; Mensch, uranfängliches Menschsein als Quelle von allem

jñānam = Wissen, Erkenntnis

[Wenn es] Hintergedanken gibt, macht man die Erfahrung, [daß] kein Unterschied [besteht zwischen] der Wahrnehmung des manifestierten Seins in der Natur und

dem Selbst. [Wenn man] das Eins-werden um seines selbst willen [praktiziert, gelangt man zur] Erkenntnis des Selbst.

Die Natur manifestiert sich auf dreierlei Art (*tri-guṇas),* nämlich: Aktivität *(rajas)*; Trägheit *(tamas)* und Sein (*sattva). Sattva* schließt Gleichgewicht, Gleichmut und den subtilsten Teil der manifestierten Natur, den Verstand, ein. Im Bewußtsein des Durchschnittsmenschen, das durch Unwissenheit verschleiert ist, herrscht Verwirrung, d. h. es gibt keine Unterscheidung zwischen unserem wahren Selbst, das nicht in die Erscheinungen der Natur verstrickt ist, und dem Komplex von Körper und Geist. Wenn wir in der Meditation mit dieser Unterscheidung zwischen dem reinen Selbst (*puruṣa*) und den Erscheinungen der Natur (*prakṛti*) auf der subtilsten Ebene unseres Seins (*sattva*) verschmelzen *(saṃyama),* können wir erkennen, was das Selbst ist.

<u>Übung</u>: Wenn du auf der intellektuellen Ebene damit beschäftigt bist zu lesen, zu lernen oder nachzudenken, bleibe in deiner inneren Bewußtheit wach und distanziert als Beobachter des Wort- und Gedankenspiels. Lerne und übe *nityānanda kriyā* wie es in *Babaji's Kriya Yoga,* Einweihungsstufe II, gelehrt wird.

36. *tataḥ prātibha-śrāvaṇa-vedanā-ādarśa-āsvāda-vārtāḥ jāyante*

tatas = so

prātibha = Intuition; Weissagung; hier: plötzliche intuitive Wahrnehmung

śrāvaṇa = Hören; Gehör, auditiv

vedanā = Berühren, Fühlen, Spüren; Tasten

ādarśa = Sehen, Sehvorgang

āsvāda = Schmecken; genießen; Geschmack

vārtā = Riechen; Geruch

jāyante = geboren oder produziert werden; entstehen

So entstehen plötzliche intuitive Wahrnehmungen [auf der Basis von] Hören, Tasten, Sehen, Schmecken und Riechen.

Nach Vers III.35 kann die Erkenntnis des Selbst durch *saṃyama,* bezogen auf die Unterscheidung zwischen dem Selbst (*puruṣa)* und dem Sein (*sattva)*, zu den Fähigkeiten des Hellsehens, Hellhörens und Hellfühlens führen. Wenn man sich mit dem göttlichen Selbst identifiziert, fließen dessen Kräfte in die latenten feinstofflichen Fähigkeiten.

<u>Übung</u>: Übe das innere Sehen und Hören mit Hilfe von *īnai rūpa* (wörtlich „bewegliche Form") *dhyana kriya* und *pūrṇa bhāva* (wörtlich „voll Emotionen") *dhyana kriya*, wie sie in *Babaji's Kriya Yoga,* Einweihungsstufe I, gelehrt werden, sowie die fortgeschrittenen *kriyās* im Zusammenhang mit den *siddhis.*

37. *te samādhāu-upasargāḥ vyutthāne siddhayaḥ*

te = diese [*siddhis*]

samādhau = in kognitiver Versenkung

upasargāḥ = Behinderung, Hindernisse, Schwierigkeiten

vyutthāne = aufstehen, aufwachen, zulassen, ausweichen; hier: im Wachzustand

siddhayaḥ = außergewöhnliche Fähigkeiten, Erfolg, Leistung, Erfüllung, Vollendung

Diese Fähigkeiten sind Hindernisse für die kognitive Versenkung. Im Wachzustand sind sie jedoch außergewöhnliche Fähigkeiten.

Man sollte sich von diesen besonderen Fähigkeiten (*siddhis)* nicht abhängig machen, mögen sie, aus einer weltlichen Perspektive betrachtet, noch so wunderbar sein. Wenn man sie zum Ziel macht, verzögert sich nur die vollkommene kognitive Versenkung (*samādhi).* Laß sie kommen, aber laß sie auch wieder gehen. Sie sind wie Wegweiser entlang des Weges, aber auf keinen Fall notwendig.

"Die Mutter" zu diesen außergewöhnlichen Fähigkeiten (*siddhis*): „All diese Kräfte, Gaben, Veranlagungen und Erscheinungen erinnern mich an das Leben eines Gauklers. Du bist wie ein Gaukler, der von einem Rummelplatz zum anderen zieht, um seine Kunststückchen vorzuführen. Es gab eine Zeit, als ich all dies geeignet fand, um meine Vorstellungskraft zu erweitern und meine Fähigkeiten in den Dienst des Herrn zu stellen. Aber das ist nicht notwendig." Es ist aufregend wie perlender Champagner, aber es kompliziert die Dinge, verschleiert das, worauf es ankommt. Du mußt warten, bis der Sekt ausgeperlt ist, ehe du dich wieder in Ruhe auf den Weg machen kannst zu deinem Ziel.

Übung: Übe *Yoga,* ohne von den Ergebnissen abhängig zu sein.

38. *bandha-kāraṇa-śaithilyāt pracāra-saṃvedanāt ca cittasya para-śarīra-āveśaḥ*

bandha = binden, halten; Bindung

kāraṇa = Ursache, Grund, Motiv, Ursprung

śaithilyāt = durch die Lockerung

pracāra = hervorkommen, sich zeigen, Manifestation, Erscheinung *saṃvedanāt* = aufgrund von bzw. durch Wissen

ca = und

cittasya = des Geistes oder Bewußtseins

paraśarīra = ein anderer Körper, eine andere Verkörperung

āveṣaḥ = Eingang; Besitz ergreifen; eintreten

Durch die Lockerung der Bindungszwänge und das Wissen um die Manifestation [ist] der Eintritt in ein anderes Körperbewußtsein [möglich.]

Das ist bekannt als *prāpti,* eine der acht großen Fähigkeiten, die in verschiedenen Yogatexten, darunter dem *Tirumantiram* Vers 668, aufgezählt werden:

> Winzig klein werden wie das Atom im Atom *(animan)*
> Riesig werden in festen Proportionen (*mahiman*)
> Leicht werden wie Dunst in der Levitation (*laghiman*)
> In andere Körper eintreten in Transmigration (*prāpti*)
> In allen Dingen sein, alles durchdringend (*prākāmya*)
> Herr aller Schöpfung sein, allmächtig (*īṣita)*
> Überall sein, allgegenwärtig *(vaṣitā)*
> Jeden Wunsch erfüllen (*kāmāvasāyitā*)
> Diese acht sind die Großen *siddhis.*

In seinem Gedicht „Ozeanische Lebensgeschichte" beschreibt der *Siddha* Pōkanāthar (sprich: *Boganathar*) wie er eine andere Körpergestalt annahm, um seine Mission in China zu erfüllen. Tirumūlar selbst erzählt, wie er die Gestalt des toten Kuhhirten *Mūlar* annahm (TM 68). Dies geschah, um ihre Aufgaben (*dharma*) zu erfüllen. Boganathar wurde von seinem Guru Kalaṇgi Nāthar aufgefordert, eine Mission in China zu übernehmen. Nachdem er begonnen hatte, dort zu arbeiten, stellte er fest, daß es notwendig war, eine andere Körpergestalt anzunehmen, um seine Aufgabe zu erfüllen. Tirumūlar spricht ebenfalls von einer Mission, mit der Śiva ihn in Südindien betraute, und von der daher erforderlichen Transmigration in den Körper des toten Kuhhirten *Mūlar.* Vermutlich wird von uns in diesem Leben nicht verlangt werden, unseren Körper auszutauschen, wir alle sollten uns aber auf unsere nächste Wiedergeburt vorbereiten, indem wir sie visualisieren, Inspiration suchen und mit unserem zur Zeit vorhandenen *karma* so umgehen, daß das nächste Leben leichter wird.

Übung: Laß Gottes Plan sich durch dich erfüllen. Visualisiere die idealen Bedingungen für deine nächste Inkarnation.

39. *udāna-jayāt-jala-paṅka-kaṇṭaka-ādiṣu asaṅga utkrāntiś-ca*

udāna = die Lebenskraft im Oberkörper; aufsteigender Atem, eine der fünf Lebensenergieformen; nach oben ausatmen

jayāt = durch, aufgrund von Meisterschaft; Sieg

jala = Wasser

paṅka = Schlamm

kaṇṭaka = Dorn

ādisu = und so fort

asaṅgaḥ = ungebunden, frei von Bindungen, unabhängig, Unverletzbarkeit

utkrāntiḥ = nach vorne, außen, hinüber oder darüber hinaus gegangen; hier: Levitation

ca = und

Durch Beherrschung der Lebenskraft im oberen Bereich des Körpers [erlangt der *yogin* die Kraft, die ihn] unverletzbar [macht] gegenüber Wasser, Schlamm und Dornen [sowie fähig zur] Levitation.

Der Strom der Lebenskraft *(prāṇa)* wird eingeteilt entsprechend den fünf Körperregionen: (1) Herzbereich *(prāṇa)*; (2) Bauch *(samāna)*; (3) Beckenregion und Beine (*apāna*); (4) Kopf und Hals (*udāna*); (5) *vyāna,* das alle Teile des Körpers durchdringt. Wenn man eins wird (*saṃyama*) mit der Lebenskraft in den oberen Körperregionen, ermöglicht das die Levitation des Körpers, bekannt als *laghima*, eine der acht großen *siddhis,* die im TM 668 erwähnt werden.

"Die Mutter" meint, Atemkontrolle *(prāṇāyāma),* die mit dem Gedanken verbunden ist, besondere Kräfte zu gewinnen, schadet mehr als alles andere. Übe *prāṇāyāma* einfach als eine Hilfe für deine Weiterentwicklung. *Prāṇa* in kranke Körperteile zu lenken, ist sehr wohltuend. Aus *Babaji's Kriya Yoga,* Einweihungsstufe II, ist das bekannt als *prāṇa sahitchay kriyā.* Die Beherrschung der Lebensenergien (der verschiedenen Formen von *prāṇa)* fühlt sich laut der Mutter so an, als ob Gott als Luft in den Körper eintritt, und wenn die Beherrschung im Körper anhält, als ob diese Luft hinausfließt zu allen anderen Menschen, um dort in jedem einzelnen ihre Wirkung zu entfalten, begleitet von einem außerordentlichen Wohlgefühl, heiterer Gelassenheit und Zuversicht, einfach wunderbar friedvoll. **(7)** Zweifellos gelingt es Asketen, körperlich unverletzbar gegenüber Dornen, Schlamm, Insekten usw. zu werden. Symbolisch können wir das Wasser jedoch als Emotionen deuten, den Schlamm als das, was das Licht des Selbst verdunkelt, und die Dornen als den dornigen Pfad, der uns Schmerzen bereitet, wenn wir falsche Schritte tun und zu schlechten alten Gewohnheiten zurückkehren.

Übung: 1. Übe *prāṇa sahitchay kriyā* und die anderen Selbstheilungs-*kriyās,* die in *Babaji's Kriya Yoga,* Einweihungsstufe II und III, gelehrt werden. 2. Übe in tiefer Meditation *śuddhi dhyāna kriyā* und den Rückzug der Sinne *(pratyāhāra),* wie in Einweihungsstufe I. 3. Wenn du merkst, daß du innerlich unruhig bist, sage: "Herr, befreie du mich von diesen Gewohnheiten. Ich schaffe es allein nicht." Wenn wir erst einmal von diesen Dingen befreit sind, verändert sich unser Bewußtsein. An diesem Punkt sollten wir uns "leichter als Luft" fühlen.

40. *samāna-jayāj-jvalanam*

samāna = Lebenskraft in der Bauchgegend

jayāt = durch Beherrschung

jvalanan = Leuchten, Ausstrahlung

Durch Beherrschung der Lebenskraft in der Bauchgegend [entsteht] Ausstrahlung.

Das kann geschehen durch Konzentration in Verbindung (*saṃyoga*) mit der Lebenskraft (*prāṇa*) in dieser Körperregion (*samāna)* oder auch durch Atmung zur Aktivierung des Solarplexus. Das Reservoir bzw. die Hülle der Lebenskraft, die den Körper umgibt, ist in der Regel gefüllt. Mit dem Älter-werden erschöpft sich allmählich dieses Reservoir. Die Aura wird glanzloser oder verliert bei Krankheit sogar ganz ihre Farbe.
Vergleiche hierzu TM Vers 689:

In den Tagen, in denen sich der *Siddha* so selbst kontrolliert *(vaṣitvā)*
Strahlend wie die Sonne,
Wenn er die seltene Vision des wahren Seins erlangt,
Vergoldet sich sein Körper.
Seine Sinnesorgane werden unempfänglich,
Er hat die Vision der *śakti*,
die sich wie eine zarte Weinrebe emporrankt.

Wenn das nach oben fließende *prāṇa* mit dem nach unten fließenden in Becken und Beinen (*apāna*) verbunden wird und beide nach oben steigen, beginnt das *tapas*-Feuer den Körper zu magnetisieren, und die Aura baut sich auf.

Übung: Übe die Technik des *kriyā kuṇḍalinī prāṇāyāma,* um strahlende Gesundheit, Kraft und Ausstrahlung zu entwickeln.

41. *śrotra-ākāśayoḥ saṃbandha-saṃyamād-divyaṃ śrotram*

śrotra = Ohr

ākāśayoḥ = und Äther, Raum

saṃbandha = Beziehung, Verbindung, Vereinigung

saṃyamāt = durch das Eins-werden mit

divyam = göttlich

śrotram = Hören, hier: *divyam-śrotram* = Hellhören

[Durch Eins-werden] mit der Beziehung zwischen Ohr und Äther, entsteht Hellhören.

Der Schall breitet sich aus über den Äther bzw. den Raum. Beim Hellhören trennt man den Gehörsinn vom Gehörorgan, dem Ohr. Man verlagert das Zentrum des Bewußtseins mental an einen entfernten Ort, sozusagen "über den Raum hinweg". Dann lauscht man auf die entstehenden Laute. Für diese Technik ist viel Übung erforderlich. Sie kann aber auch einfach spontan auftreten. (vgl. Vers III.33).

Es ist nützlich, die natürlichen Fähigkeiten unserer subtilen Sinne zu entwickeln. Die Technik, um den subtilen Sinn des Hellhörens zu entwickeln, beginnt mit dem Vorsatz, dies zu tun. "Die Mutter" erklärt, wie wir "hinter einen Laut hören können, indem wir uns mit der subtilen Realität hinter diesem Laut verbinden. Du konzentrierst dich und hörst dann, was dahinter ist. Es erfordert geduldiges Üben über viele Monate hinweg.

Übung: Bejahe deinen Vorsatz, hellhörend zu werden. Übe die fortgeschrittenen *kriyās,* wie sie in *Babaji's Kriya Yoga,* Einweihungsstufe III, gelehrt werden, um diese Fähigkeit zu entwickeln.

42. *kāya-ākāśayoḥ saṃbandha-saṃyamāt laghu-tūla-samāpatteḥ ca ākāśa-gamanam*

kāya = Körper

ākāśa = Raum, Äther; das Substrat der Qualität des Schalls; ein Loch; Null

saṃbandha = Beziehung

saṃyamāt = durch Eins-werden

laghu = leicht

tūla = Baumwollfaser

samāpatteḥ = durch Vereinigung; hier: kognitive Versenkung *ca* = und

ākāśa = Raum, Äther; das Substrat der Qualität des Schalls; ein Loch, Null

gamanam = Bewegung; ausgehend von

[Durch Eins-werden] mit der Beziehung zwischen Körper und Raum und [indem man sich im Zustand der] kognitive[n] Versenkung [befindet, ausgerichtet auf] leichte [Gegenstände wie] Watte, [erlangt man die Fähigkeit, sich frei im] Raum [zu bewegen].

Dies ist ein weiterer Hinweis auf die Levitation, die Fähigkeit, leicht zu werden (*laghima*), wie in Vers III.38 beschrieben. Im allgemeinen, d. h. im normalen Tagesbewußtsein, kümmern wir uns nicht um den Äther, obwohl er das eigentliche Milieu bildet für den Körper und überhaupt jede Art von Erscheinung. Indem man sein Bewußtsein und Sein mit dem Äther (*ākāśaḥ)* verbindet (*samāpattiḥ),* transzendiert der Körper (*kāya)* das Gesetz der Schwerkraft und wird fähig, sich nach eigenem freien Willen zu bewegen.

"Die Mutter" berichtet, daß sie diese Technik praktizierte, als sie krank ans Bett gefesselt war, um durch mehrere Räume zu einem Studio zu gelangen und nachzuschauen, was dort passierte. Dazu wurde sie ganz still, schloß ihre Augen und sandte allmählich ihr Bewußtsein aus. Diese Übung machte sie regelmäßig, jeden Tag zu einer bestimmten Zeit. Sie schlägt vor, mit der Vorstellung zu beginnen, die dann zur Tatsache wird. Nach einiger Zeit hat man die Vision, sich körperlich zu bewegen. **(8)**

Übung: Übe die *samādhi kriyās,* die in *Babaji's Kriya Yoga,* Einweihungsstufe III, gelehrt werden, und wenn du dich in diesem Zustand befindest, konzentriere dich auf einen leichten Gegenstand, wie Watte, Seide oder eine Feder.

43. *bahir-akalpitā vṛttir mahā-videhā tataḥ prakāśa-āvaraṇa-kṣayaḥ*

bahir = Außen-, äußerlich; unwesentlich, äußere Glieder

akalpitā = unvorstellbar, unfaßbar

vṛttiḥ = Fluktuationen [im Bewußtsein: *citta-vṛttiḥ*]

mahā= großartig

videhā = Körperlosigkeit, immateriell, Tod (vgl. I.19)

tataḥ = daher, von da an, dann, folglich

prakāśa = Licht

āvaraṇa = Schleier

kṣayaḥ = Auflösung; Verringerung; Verschwinden; im übertragenen Sinn:

abwerfen".

Bei dieser großartigen Erfahrung der Körperlosigkeit sind die Fluktuationen im Bewußtsein nicht faßbar. Sie werden empfunden als etwas außerhalb des Körpers, und dadurch löst sich allmählich der Schleier vor dem Licht des Selbst.

Aufgrund des Egoismus lassen wir es zu, daß unser Bewußtsein in eine Wolke von Gedanken gehüllt wird, die so dicht ist, daß sie in der Regel unser wahres Selbst verdunkelt, das die Qualität von Licht *(prakāśa)* hat. Durch *saṃyama* mit dem Äther (*ākāśa*, vgl. Vers III.41 und III.42) durchdringt man diese Wolke und sieht das Licht des Selbst, das sich hinter ihr befindet.

"Die Mutter" erklärte ihre in der Tat sehr bedeutsame außerkörperliche Erfahrung so: "Während des ganzen Erlebnisses existierte diese jetzige Individualität nicht mehr. Dieser Körper war nicht mehr vorhanden. Es gab keine Begrenzungen. Ich war nicht mehr da. Was noch da war, war nur 'die Person'." Als sie ihren Körper verließ, bedeutete das nicht, daß sie ihr Körperbewußtsein aufgab. Ihr gesamter Kontakt mit der Erdenwelt blieb bestehen. Nach ihrer Beschreibung verliert die Erscheinung des Körpers, sobald man zu einer bestimmten Ebene aufsteigt, sehr schnell ihre Realität. Die äußere Erscheinung wird dort zu einer großen Illusion. Unsere individuelle Körperform, die wir mit unserem physischen Auge sehen, ist etwas sehr Oberflächliches. Ab der Energie-Ebene ist alles völlig anders. (8)

Übung: Verbinde das Nachdenken über diesen Vers mit der Übung der *samādhi kriyās*, die in *Babaji's Kriya Yoga,* Einweihungsstufe III, gelehrt werden.

44. *sthūla-svarūpa-sūkṣma-anvaya-arthavattva-saṃyamād-bhūta-jayaḥ*

sthūla = grobstofflich, grob, fest, materiell

svarūpa = eigene Form, Wesen, Substanz

sūkṣma = subtil, feinstofflich

anvaya = korrelativ; Verbindung; verbunden sein mit

arthavattva = Zweckmäßigkeit; Bedeutung, Wichtigkeit

saṃyamāt = durch Eins-werden

bhūta = Elemente

jaya = Beherrschung

Durch Eins-werden mit den Objekten [der Natur] auf ihrer grob- und feinstofflichen Ebene, ihrer Substanz, ihren Wechselbeziehungen sowie ihrem Sinn und Zweck er-

langt man die Beherrschung der fünf Elemente.

Die Dinge *(viṣayāḥ)* existieren in der Natur auf verschiedenen Ebenen. Auf der grobstofflichen Ebene können sie mit den Sinnesorganen *(indriyāni)* wahrgenommen werden. Sie haben aber auch eine feinstoffliche Form. Außerdem stehen sie in Beziehung untereinander und erfüllen einen bestimmten Zweck.

Wir können sagen, daß die Elemente der Natur, nämlich Erde *(pṛthvī)*, Wasser *(ap)*, Feuer *(tejas)*, Luft *(vāyu)* und Äther *(ākāśa)*, verschiedenartig und unterschiedlich in ihrer Zusammensetzung sind. Naturwissenschaftlich gesehen, ist Materie Energie in Bewegung. Die Erleuchteten sagen, daß Energie *(prakṛti)* die tätige Kraft des Bewußtseins ist. Wenn auch verschleiert, so existiert das Göttliche doch in allen Dingen, und alles existiert im Göttlichen. Gott bringt die Dinge in jeder möglichen Kombination hervor. Wir sehen sie in einer spezifischen Form. Wir glauben nicht, daß etwas gleichzeitig vorhanden und nicht vorhanden sein kann. Materie kann jedoch auf normale Weise gesehen und gleichzeitig auf eine andere Weise wahrgenommen werden.

Sri Aurobindo sagt: „Eines Tages wird dir klar werden, daß die Materie an sich nicht materiell ist. Sie ist keine Substanz, sondern eine Form des Bewußtseins, *guṇa*, Ergebnis der Qualität des Seins, wahrgenommen durch den Verstand der Sinne.“**(9)**

Übung: Übe *samādhi kriyā* wie es in *Babaji's Kriya Yoga,* Einweihungsstufe III, gelehrt wird, wenn du in *saṃyama* mit den in der Natur vorhandenen Objekten bist.

45. *tato'ṇima-ādi-prādurbhāvaḥ kāya-saṃpat-tad-dharma-anabhighātaś-ca*

tataḥ = daher, daraus, folglich

aṇima-ādi = die Kraft, so winzig wie ein Atom zu werden usw.

prādurbhāva = Erscheinung; sich zeigen

kāya = Körper

saṃpat = Vollkommenheit, Erfolg, Vollendung

tad = sein

dharma = Natur, Charakter, wesentliche Eigenart; was festgelegt oder erhalten wird; Funktion, Vorzug, Religion

anabhighātaḥ = ohne Behinderung, Unangreifbarkeit, Unverletzbarkeit

ca = und

Dann zeigen [sich] Kräfte wie die Fähigkeit, winzig wie ein Atom zu werden usw., Vollkommenheit des Körpers und Unverletzbarkeit seiner Funktionen.

Patañjali bezieht sich zunächst auf eine der berühmten großen acht *siddhis*, bekannt als die Fähigkeit, „so winzig zu werden wie das Atom im Atom." (*aṇima*). Die *Siddhas* waren erstklassige Naturwissenschaftler. Sie waren in der Lage, nicht nur das Sonnensystem zu erforschen, sondern auch die Natur auf der Ebene der subatomaren Teilchen. Viele ihrer Erkenntnisse wurden durch die moderne Physik bestätigt. Mit "usw." meint er die weiteren der acht großen Fähigkeiten, die im Kommentar zu Vers III.35 und anderen Yoga-Texten genannt werden. (Eine ausführliche Beschreibung dieser Fähigkeiten findet sich im *Tirumantiram,* Vers 668-93.) In den verschiedenen überlieferten Texten werden diese Fähigkeiten unterschiedlich interpretiert. *Mahima* kann die Fähigkeit bedeuten, sein Bewußtsein extrem auszudehnen. *Laghima* kann die Fähigkeit zur Levitation bedeuten oder auch die Fähigkeit, den Körper willentlich leicht zu machen bzw. das Luft-Element zu beherrschen. *Prāpti* ist die Fähigkeit, einen anderen Körper anzunehmen bzw. den Subtilkörper oder seine Teile auszudehnen (z. B. in Form von Astralreisen) oder auch die Fähigkeit, jedes gewünschte Ziel an einem beliebigen Ort zu erreichen. *Prākāmya* ist die Fähigkeit, in allen Dingen zu sein, all-durchdringend; die Fähigkeit, sich über alles zu freuen, was man hört oder sieht; die Fähigkeit, andere mit einem unwiderstehlichen Willen zu beeinflussen, oder auch die Fähigkeit, für eine ungewöhnlich lange Zeit ein jugendliches Aussehen zu bewahren. *Vaśitva* ist die Fähigkeit, Herr über alle Schöpfung zu sein, zu lenken und zu erschaffen, mit geistiger Kraft die Illusion (*māyā)* zu besiegen. *Īśitṛtva* ist die Fähigkeit, überall gegenwärtig zu sein, die Kraft zu führen und zu leiten, die sich aus dem Loslassen der Dinge ergibt. *Kāmāvasayitva* ist die Fähigkeit, jeden Wunsch, auch den höchsten, nämlich Selbst-Verwirklichung, zu erfüllen; Vollkommenheit des Körpers und Unverletzbarkeit seiner Funktionen. *Tirumūlar* spricht davon in vielen Versen:

> Das Feuer, das ich in der *kuṇḍalinī* sah, strahlt in vier *kālas*;
> Das *prāṇa,* das ich angefacht habe und das durch die Sieben Zentren strömt,
> durchdringt den ganzen Körper
> mit göttlichem Leben, das die Ambrosia des fleischlichen Körpers durchflutet,
> Ich wurde zu einem sanften Rehkitz. (TM 738)

> Diejenigen, die die mystische Vereinigung
> mit der azurblauen *Śakti* im Inneren vollziehen,
> werden graue Haare und Falten verlieren
> und ein sichtbar jugendliches Aussehen zurückgewinnen,
> Ich sage, daß das tatsächlich so ist, bei *Naṇḍi* dem Großen. (TM 734)

> Der Atem, der zwölf *mātras* lang aufgestiegen ist,
> wenn du ihn kontrollierst und im Inneren festhältst,
> kannst du gut tausend Jahre zu Land und Wasser leben.
> Der Körper verfällt nicht;
> Das ist wahr;
> Beim Herrn des *Naṇḍi*, erkläre ich dies. (TM 722)

Solche Verse finden sich überall in der Literatur der achtzehn tamilischen *Yoga Siddhas*, legendären Figuren der drawidischen Kultur Südindiens, von denen berichtet wird, daß sie nach vielen hundert Jahren immer noch leben. **(10)**

Statt auf die *siddhis* sollte man sich auf die Evolution konzentrieren. Diese Dinge, die in der Welt, wie wir sie kennen, als Wunder gelten, von Meistern und Heiligen vollbracht, sind Beispiele für die Entwicklungsmöglichkeiten, die in uns selbst liegen. Sie sind wie Samen, der zur richtigen Zeit, am richtigen Ort und im richtigen Menschen aufgehen wird.

Sri Aurobindo und "Die Mutter": „Das Körperliche und das Feinstoffliche scheinen zu verschmelzen, so als ob sie sich gegenseitig durchdringen. Die materielle Körpersubstanz hat nicht mehr diese abweisende Dichte, die sich der Durchdringung widersetzt. Eine Schwingung kann die Qualität der anderen verbessern. Das Feinstofflich-Körperliche scheint seine Kraft, sein Licht und das Fassungsvermögen seines Bewußtseins entsprechend der Aufnahmefähigkeit der rein physischen Schwingung zu dosieren. Diese Durchdringung ist wahrnehmbar, wenn sie ganz, ganz allmählich über lange Zeit praktisch ununterbrochen geschieht und vor allem, oder besser nur dann, wenn jede Aktivität beendet, der Körper ruhig, konzentriert und unbeweglich ist...oder vielleicht einfach nur passiv. Sie ist sichtbar. Die Durchdringung verändert tatsächlich die chemische Zusammensetzung. Es geht nicht nur um einen bestimmten Grad der Feinstofflichkeit, sondern vielmehr um eine Veränderung in der inneren Zusammensetzung. Letztlich wirkt dies auf der atomaren Ebene. Und auf diese Weise kann die praktische Möglichkeit der Transformation erklärt werden. Oberflächlich gesehen, ist es eine ganz einfache Sache. Nichts Sensationelles. Keine Erleuchtung, die dich in Glückseligkeit versetzt. Das mag in Ordnung sein für Menschen, die spirituelle Freuden suchen; aber das gehört der Vergangenheit an. Es handelt sich um ein ganz demütiges Bemühen. Die neuen Schwingungskombinationen sind für den Körper schwierig. Der Körper muß ganz ruhig sein, unter absoluter Kontrolle und in totalem Frieden. Anderenfalls gerät er in Panik. Alle diese *Siddhi*-Kräfte, diese außergewöhnlichen Fähigkeiten, all diese Dinge stellen das phantastische Beiwerk, das große spirituelle Spektakel dar. Aber im Grunde ist das nicht so. Es handelt sich um etwas ganz Bescheidenes, Unauffälliges, wozu viel Demut gehört, überhaupt nichts Auffallendes. Jahre um Jahre schweigender, ruhiger und äußerst sorgfältiger Arbeit sind erforderlich, bevor irgendwelche greifbaren Ergebnisse erzielt, bevor irgendetwas bemerkt werden kann. Was diejenigen betrifft, die es eilig haben, so werden sie, wenn sie in diesem Bereich versuchen, schnell voranzukommen, aus dem Gleichgewicht geworfen. Du kannst das nicht auf die Schnelle machen. Beharrlichkeit ist entscheidend. Der Körper ist hartnäckig; und genau das ist erforderlich."**(11)**

Übung: Übe *Svarupa (tam. Soruba) jyoti Samādhi Kriyā* und die Technik der dauernden Glückseligkeit (*nityānanda kriyā*), wie sie in *Babaji's Kriya Yoga,* Einweihungsstufe III, gelehrt werden, und verbinde sie ständig mit den feinstofflichen körperlichen Ebenen, ruhig, geduldig und beharrlich.

46. *rūpa-lāvaṇya-bala-vajra-saṃhananatvāni kāya-saṃpat*

rūpa = schöne Form; Schönheit

lāvaṇya = Anmut

bala = Stärke, Kraft

vajra = Donnerkeil, Blitzstrahl; mächtig, unerschütterlich, daher Unzerstörbarkeit einschließend

saṃhananatvāni = die Eigenschaft der Solidität, Robustheit, Festigkeit haben; Stabilität, Dauerhaftigkeit, Widerstandsfähigkeit

kāyasaṃpat = Vollkommenheit des Körpers

Schönheit, Anmut, Kraft und außergewöhnliche Widerstandsfähigkeit [machen] die Vollkommenheit des Körpers [aus].

Hier definiert Patañjali, was er unter einem vollkommenen Körper versteht (vgl. Vers III.45). In der Literatur der tamilischen Yoga Siddhas wird in diesem Zusammenhang von *kaya siddhi* gesprochen. Anstatt den Körper gering zu schätzen oder seine Vergänglichkeit zu betonen, verklärt ihn Patañjali durch Eigenschaften, die nur als göttlich (*divyam*) bezeichnet werden können: schön (*rūpa)*, anmutig (*lāvaṇya*) und beständig (*vajra-saṃhananatva).*

Tirumūlar spricht in den Versen 724-796 vom „Erreichen [der Vollkommenheit] des Körpers" (*kāya[saṃpat] siddhi*).

> Wenn der Körper stirbt, verläßt ihn *prāṇa*,
> Und das Licht der Wahrheit wird nicht erreicht.
> Ich habe gelernt, meinen Körper zu erhalten
> Und damit auch mein *prāṇa* (TM 724)

Die Erhaltung des Körpers ist also nicht Selbstzweck, sondern ein Mittel, Zeit zu gewinnen, um den Prozeß der Selbstverwirklichung zu vollenden.

> Es gab eine Zeit, da verachtete ich den Körper.
> Aber dann sah ich Gott in ihm,
> Und ich erkannte, der Körper ist der Tempel des Herrn,
> Und so begann ich, ihn zu bewahren
> Mit unendlicher Sorgfalt. (TM 725)

Dieser berühmte Vers veredelt den menschlichen Körper und preist seine Pflege als einen Akt der Verehrung des Höchsten Wesens. Der Körper ist heilig. Er ist ein uns anvertrautes Gut und die Wohnstatt des Herrn.

> Diejenigen, die so eine hundertfache Ausstrahlung gewonnen haben,
> werden tausend Jahre in einem gesunden Körper leben.
> Und die, die so tausend Jahre gelebt haben,
> werden auch gut eine Million oder Billion Jahre leben. (TM 758)

Hier spricht er von unserem Potential, auf unbegrenzte Zeit in unserem Körper zu leben. Wenn das Göttliche ewig ist und wir das Göttliche verwirklichen, werden wir auch an dieser Ewigkeit teilhaben.

> Niemand weiß, wo der Herr wohnt;
> Für die, die ihn suchen,
> Lebt er ewig im Innern.
> Wenn du den Herrn siehst,
> Wirst du eins werden mit ihm. (TM 766)

Dieser letzte Vers enthält den Kern der Philosophie der tamilischen *Siddhas (Saiva Siddhanta): Jīva* wird *Śiva* – im Unterschied zu den Anhängern des *Advaita Vedānta,* die sagen: „Ich bin Brahman." Wenn man diese beiden Standpunkte vergleicht, so läuft die Weltsicht der letzteren darauf hinaus, daß sie sich in einen Ozean versunken sehen, während die ersteren die Dinge aus der Perspektive der Welle an der Oberfläche des Ozeans betrachten. Für die *Advaita Vedāntins* ist die Welt unwirklich. Für die *Saiva Siddhantins* ist sie wirklich, aber in ihrer äußeren Erscheinung vorübergehend.

Unser physischer Körper ist so angelegt, daß er instinktiv schmerzvolle Erfahrungen anzieht. Um den Körper als Mittel zum Zweck zu vervollkommnen, wird man befähigt, jeder Behinderung, jeder Schwierigkeit und allem Schlimmen, was von ihm angezogen wird, entgegenzutreten und vertrauensvoll weiterzumachen. Gedanken können Auswirkungen auf den Körper haben. Sei dir deines körperlichen Befindens bewußt. Wenn dein Körper auf einen Gedanken oder eine Emotion keine Reaktion zeigt, nicht einmal Betrübnis, dann weißt du, daß dein Körper vollkommen ist.

Bei Chapple und Viraj heißt es hierzu: „Vollkommenheit des Körpers ergibt sich nicht aufgrund einer Gesundheitsnorm, sie rührt vielmehr her aus einem Verständnis des Funktionierens der *tattvas* (vgl. *Bhagavad Gita XIII 2-5).*"**(12)**

Übung: Nimm dir Zeit, über körperliches Wohlbefinden nachzudenken. Nimm wahr, was in deinem Körper geschieht, was die emotionalen Quellen von Störungen sind. Entdecke mit Hilfe von *nadi dhyāna kriyā* die verborgenen Ursachen von Schmerzen oder Störungen, wie es in *Babaji's Kriya Yoga,* Einweihungsstufe I, gelehrt wird. Übe die 18 Haltungen, die Babaji in seinem *Kriyā haṭha yoga* empfiehlt.

47. *grahaṇa-svarūpa-asmitā-anvaya-arthavattva-saṃyamād-indriya-jayaḥ*

grahaṇa = begreifen; Fähigkeit der Wahrnehmung

svarūpa = eigene Form, Struktur; Wesensart

asmitā = Ego; Ich-Gefühl

anvaya = Wechselwirkung; Verbindung; Assoziation

arthavattva = Bedeutung; Sinn und Zweck

saṃyamad = durch das Eins-werden

indriya = Sinnesorgan; Sinnesfähigkeiten; körperliche Kraft; Auge, Ohr, Nase, Zunge und Haut

jaya = Meisterschaft; Eroberung, Sieg, Triumph; demnach ist *indriya-jayaḥ* „Sieg über oder Beherrschung der körperlichen Kraft der Sinne."

Durch Eins-werden mit der [Fähigkeit der] Wahrnehmung und der eigenen Wesensart sowie dem Ego, deren Wechselbeziehung und Sinn und Zweck, gelangt man zur Beherrschung der Sinnesorgane.

Weiter oben war von den Sinnen die Rede im Zusammenhang mit Rückzug (*pratyāhāra*) von den Quellen der Ablenkung (vgl. Vers II.54 und II.55). Hier sagt Patañjali, daß man die Sinne beherrschen kann, indem man sie nicht zurückzieht oder unterdrückt, sondern ihr volles Potential ausschöpft. Das kann geschehen, wenn man durch Eins-werden mit der Wahrnehmungsfähigkeit den Sinn und Zweck der Sinne, ihre Beziehung zu unserem wahren Selbst und zu unserem Ego vollkommen versteht. In der Regel nehmen wir keine Notiz von dieser Beziehung, weil wir einfach nur mit dem beschäftigt sind, was die Sinne uns eingeben. Dieser Vers hat im Prinzip eine Parallele zu III.44. Jedoch, während die grobstoffliche Ebene des Seins mit den Elementen verbunden ist, geht es in diesem *sutra* um die feinstoffliche Ebene des Ego bzw. Ich-Gefühls, die mit den Sinnesorganen verbunden ist.

Wenn wir unser Wesen erforschen, können wir sehen, an welchen unterbewußten Prägungen *(saṃskāras)* und Wünschen wir noch festhalten aufgrund unserer Veranlagung und unseres Egos. Vielleicht ist das, woran wir festhalten, unser religiöser Eifer, und wir glauben, daß es gut ist. Oder vielleicht halten wir an dem Bedürfnis fest, anderen zu helfen, der Welt zu dienen, und wir glauben auch hier, daß dies etwas Gutes sei. In Wirklichkeit entspringt jedoch jedes Festhalten an einem Wunsch, Bedürfnis oder Glauben aus dem Ego. Laut der "Mutter" hat unser Geist die Angewohnheit, einen Teil gleich für das Ganze zu halten und alle anderen Teile auszuklammern. Dies ist ein Zeichen spiritueller Unvollkommenheit und Unreife.

Übung: Übe die verschiedenen *dhyāna kriyās,* die zu den fünf Sinnesorganen (*pañca-indriyāni)* gehören und die in *Babaji's Kriya Yoga,* Einweihungsstufe I und III, gelehrt werden. Bemühe dich um Inspiration und die Öffnung der feinstofflichen Sinne. Übe den Yoga der Neun Öffnungen, wie er in Stufe III gelehrt wird, um dein Unterbewußtsein über die fünf Sinne von den Außenreizen zu reinigen.

48. *tato mano-javitvaṃ vikaraṇa-bhāvaḥ pradhāna-jayaś-ca*

tataḥ = daher, folglich

manas = Geist; engl. "mind"

javitvam = Schnelligkeit; Geschwindigkeit; Flinkheit

vikaraṇabhāvaḥ = über das Körperliche hinausgehende Sinnesfähigkeiten

pradhāna = Urheber; eigentliche Ursache, Wesen, Wesenskern; Urnatur, Innerstes des Menschen; Intellekt

jaya = Beherrschung, Meistern

ca = und

Daraus ergeben sich Schnelligkeit des Geistes, über das Körperliche hinausgehende Sinnesfähigkeiten und die Beherrschung der ursprünglichen Natur.

Die Beherrschung der Sinnesorgane (*vikaraṇa*) führt zur Beherrschung der ihnen entsprechenden feinstofflichen Gegenparts. *Javitva* drückt den Zustand aus, in dem sich das Bewußtsein schnell zwischen seinen verschiedenen Ebenen hin und her bewegt, vom Unterbewußtsein zum Überbewußtsein. *Pradhāna* ist ein Synonym für den in der *Saṃkhyaḥ* Philosophie gebrauchten Begriff *prakṛti,* für Natur, zu der 24 bzw. mehr Elemente oder Prinzipien gehören. Indem man mit diesen eins wird (*saṃyama*), erlangt man die Beherrschung der Naturprinzipien (*tattvas).*

Wenn wir erst einmal unsere Sinnesorgane beherrschen, empfinden wir dies als eine Art Befreiung, denn dann sind wir frei von Trieben. Handlung wird zu einer Sache, die frei von der Bindung an ihre Ergebnisse und daher frei von Folgen ist. Wenn "Die Mutter" um Rat gefragt wurde, was in dieser oder jener Situation zu tun sei, sagte sie immer: „Tu, was du möchtest, es macht keinen Unterschied."

Übung: Sieh, wie dich das Göttliche mit unsichtbarer Hand führt. Fühle dich ohne Hochmut als ein Instrument Gottes, indem du einfach so gut wie möglich deine Pflicht tust.

49. *sattva-puruṣa-anyatā-khyāti-mātrasya sarva-bhāva-adhiṣṭhātṛtvaṃ sarva-jñātṛtvaṃ ca*

sattva = Dasein, Leichtigkeit, [reines] Sein, Existenz

puruṣa = das Selbst

anyatā = Unterscheidung, Unterschied

khyātimātra = alleinig, hier: nur durch Erkennen

sarva = über alle

bhāva = Zustand des Seins, der Existenz, Daseinsform

adhiṣṭhātṛtva = Überlegenheit, Oberhoheit, Souveränität; hier: „die Eigenschaft haben, darüber zu stehen“

sarva = All-

jñātṛtva = Allwissenheit; wörtlich: “Status eines *jñātṛ* [jemand, der wissend, intelligent und weise ist]”

ca = und

Durch die Unterscheidung zwischen dem Selbst und dem Sein, erlangt [der *yogin*] die Beherrschung aller [Daseins-]Formen sowie Allwissenheit.

Nachdem man die Kräfte gewonnen hat, die in den vorangegangenen Versen beschrieben wurden, kann man zu Allmacht und Allwissenheit gelangen, sofern man den Wunsch danach aufgibt. Dieses Paradoxon wurde erstmals in Vers II.26 erwähnt, wo es hieß, daß die Wahrnehmung, die ständig unterscheidet *(viveka-khyātir-aviplavā)* zwischen dem Selbst und dem, was vorübergehend ist, der einzige Weg ist, um den höchsten, “keimlosen” *(nirbīja)* Zustand der nicht-objekt-orientierten kognitiven Versenkung *(asaṃprajñātaḥ samādhi)* zu erreichen. Wer das Selbst vom “Dasein” unterscheidet, wird, wenn er Allmacht *(sarva-bhāva-adhiṣṭhātṛtvaṃ)* und Allwissenheit *(sarva-jñātṛtvaṃ)* erlangt, gleichzeitig die beiden letzteren hinter sich lassen. Um es kurz und bündig zu sagen: „Wenn du alles aufgibst, bekommst du alles.“ Oder: Wenn du genügend gereinigt bist, um die Kraft, Berge zu versetzen, zu erlangen, wirst du nicht mehr den Wunsch haben, sie zu versetzen, so daß sie da bleiben, wo sie sind.

Übung: Übe *nirvikalpa samādhi kriyā*, wie es in *Babaji's Kriya Yoga,* Einweihungsstufe III, gelehrt wird, bis es durch wiederholtes Üben *(abhyāsa)*, fest sitzt und immer präsent ist. Danach wird man von innen heraus geführt.

50. *tad-vairāgyād-api doṣa-bīja-kṣaye kaivalyam*

tad = diese

vairāgyāt = durch Loslösung

api = sogar

doṣa = Behinderung, Nachteil, Fehlen, Mangel; Hindernis

bīja = Keim, Samen

kṣaye = mit der, in der Zerstörung

kaivalyam = absolute Freiheit (vgl. IV.34), vollkommene Einheit, Glückseligkeit, Lösung aus allen Bindungen; Alleinsein, All-Eins-Sein

Durch Loslösung selbst von [den siddhis der Allwissenheit und Allmacht] erlangt man [mit der] Zerstörung der Keime dieser Hindernisse die absolute Freiheit.

Ein Gedanke ist wie ein Pfeil, der auf die Wahrheit abgeschossen wird. Er kann einen Punkt treffen, aber nicht die ganze Zielscheibe. Der Bogenschütze ist jedoch so befriedigt über seinen Erfolg, daß er gar nicht mehr verlangt. Dieses Bild trifft sehr genau auf Menschen zu, die glauben, die Wahrheit gefunden zu haben, einfach weil sie es geschafft haben, einen Punkt zu treffen. Das ist jedoch nicht genug. Man muß alle Standpunkte und die Zweckmäßigkeit aller Dinge kennen. Alles ist nützlich und hat seinen Platz. Es gibt keine sich widersprechenden Gedanken. Du siehst das unzerteilte Ganze. Es ist keine Wahl zu treffen. Es gibt nur die Vision von dem Einen.

„Wenn du in der Lage bist sie anzunehmen, gewährt dir Gott eine Beziehung, die so umfassend ist, wie du fähig bist, sie zu verkraften. Es handelt sich weder um einen Anteil oder Teil noch um eine Wiederholung, sondern vielmehr einzig und allein um die Beziehung mit Gott, zu der der Betreffende in der Lage ist. Psychologisch gesehen, hast somit du allein diese direkte Beziehung zu Gott. Man ist allein mit dem Höchsten Wesen" (aus "Agenda of the Mother", 22. 8. 56).

Tirumūlar definiert die absolute Freiheit *(kaivalyam)* als Vereinigung mit *Śiva.* Das erfordert, daß man hinausgeht über Unterscheidungen und Fähigkeiten, wie sie im Kommentar zu Vers III.49 erörtert wurden.

> Sie verweilen nicht in der reinen *māyā* Sphäre von Śivas *tattvas.*
> Zwar erlangen sie dort den Status von Göttern,
> Aber das ist nur ein Sprungbrett.
> Ihre Seele verlangt weiter hinauf zu IHM.
> Sie verschmelzen in der Vereinigung mit IHM, sich selbst auslöschend,
> Werden sie selbst zum reinen Śiva.
> Sie sind fürwahr *śuddha Śaivas.* (TM 1440)

Und

> Ich suchte IHN mit den Begriffen von Ich und Du,
> Doch ER, der das Ich nicht vom Du unterscheidet,
> Lehrte mich die Wahrheit: "Ich" ist in Wirklichkeit "Du",
> Und jetzt spreche ich nicht mehr von "Ich" und "Du" (TM 1441)

Wie Patañjali, der damit begann, das Sein (*sattva*) vom Selbst zu unterscheiden, ging auch Tirumūlar darüber hinaus zum "All-Eins-Sein."

Übung: Übe *nirvikalpa samādhi kriyā*, indem du alle deine Erkenntnisse und Meinungen losläßt.

51. *sthāny-upanimantraṇe saṅga-smaya-akaraṇaṃ punar-aniṣṭa-prasaṅgāt*

sthāni = gut etabliert, einen Platz haben; eine hohe Position einnehmen

upanimantraṇe = Einladung; Angebot

saṅga = Gebundensein

smaya = Lächeln mit Stolz; Hochmut, Arroganz

akaraṇaṃ = kein Vorgang; ohne Ursache; Fehlen von Aktivität

punar = erneut

aniṣṭa = unerwünscht; ungewollt

prasaṅgāt = aufgrund einer Assoziation, Hingabe an, Bindung oder Festhalten an

[Selbst] wenn ihn himmlische Wesen locken, [sollte der yogin] sich nicht binden oder hochmütig werden [weil sich damit] unerwünschte und erneute niedere Tendenzen [entwickeln können].

Dieser Vers bezieht sich auf eine sehr hohe und subtile Bewußtseinsebene, nämlich den Umgang mit *devas* oder himmlischen Wesen, z. B. in einer Vision, einem Traum oder einer außerkörperlichen Erfahrung. Solche Wesen, die auf der materiellen Ebene nicht existieren, können einem alle möglichen Ablenkungen, Vergnügungen und Schmeicheleien anbieten. Der *yogin* sollte jedoch bei einer solchen Erfahrung in einem Zustand absoluten Loslassens, *para-vairāgya,* verharren. Alle spirituellen Erfahrungen bereiten uns vor, sind eine Brücke zur Weiterentwicklung und eine Basis für diese. Es ist nicht nötig, sich solchen Erfahrungen mit himmlischen Wesen hinzugeben, vielmehr sollte man an dem Streben nach Fortschritt und dem Willen zur Vollendung festhalten. Oft wollen die Menschen jedoch in Wirklichkeit solche Visionen und okkulten Erfahrungen. Das ist für sie etwas konkret Faßbares. Wenn wir uns allerdings von der Bewunderung himmlischer Wesen abhängig machen und die besagten Erfahrungen durchmachen, besteht die Gefahr, daß wir selbstgefällig werden.

Übung: Obwohl wahrscheinlich die himmlischen Wesen keine Blumen auf dich herabregnen lassen werden, kannst du doch mit etwas Aufmerksamkeit feststellen, daß du spirituelle Träume oder Vorahnungen hast, daß du irgendwo in deinem Kopf Stimmen hörst, die ermutigende Worte zu dir sprechen oder daß du das Gefühl hast, daß von irgendwoher Unterstützung kommt. Glaube an diese Erfahrungen. Diese Wesen existieren überall um uns herum, und wenn unser Bewußtsein sich genügend ausdehnt, können wir ihrer gewahr werden.

52. *kṣaṇa-tat- kramayoḥ saṃyamād viveka-jaṃ jñānaṃ*

kṣaṇa = Moment; Augenblick; ein Zeitmaß

tad = sein; dies, das

kramayoḥ = Aufeinanderfolge; Nachfolge

saṃyamād = durch Eins-werden mit

viveka-jaṁ = entstehen aus Unterscheidungsfähigkeit

jñānaṃ = Wissen

Es gibt ein Wissen, das entsteht aus dem Fähigwerden zur Unterscheidung durch Eins-werden mit der zeitlichen Abfolge einzelner Augenblicke.

Unser ganzes Leben lang erfahren wir eine Sache nach der anderen. Die göttliche Absicht, die dahinter steckt, ist, daß uns die Schuppen von den Augen fallen. Wenn wir uns die Abfolge der einzelnen Augenblicke in unserem Leben klarmachen, kann es uns so vorkommen, als ob zwei verschiedene Wesen in uns sind. Das eine ist wirklicher als das andere, denn ihm wurde mehr Ausdruck verliehen. Es ist klarer, sich seiner selbst bewußter, aber es hält sich zurück, verharrt tief unter der Oberfläche. Das andere Wesen, die äußere Persönlichkeit, eine riesige Ansammlung von Gedanken und Gefühlen, hat noch nicht die Kraft, dich offen zu deiner Bestimmung zu führen. Und so kann es passieren, daß du im Kreis läufst wie ein Blinder.

Übung: Indem du deine Aufmerksamkeit auf einzelne Momente richtest, kannst du feststellen, was dich davon abhält, deine Bestimmung zu erkennen. Achte auf Menschen oder Situationen in deinem Leben, zu denen du ein gespanntes Verhältnis hast, die dir deine Lebenskraft entziehen oder dich entmutigen. Werde dir darüber klar, was du für deine Selbst-Verwirklichung opfern bzw. nicht opfern möchtest. Übe die Technik der ständigen Glückseligkeit (*nityānanda kriyā*), wie sie in *Babaji's Kriya Yoga,* Einweihungsstufe II, gelehrt wird.

53. *jāti lakṣaṇa deśair-anyatā- anavacchedāt-tulyayos- tataḥ pratipattiḥ*

jāti = Kategorie; Geburt; Ursprung

lakṣaṇa = Erscheinung; Markierung, Zeichen, Symbol, Anzeichen, Merkmal; [günstiges] Zeichen

deśaiḥ = durch Punkte, Teilregionen, Orte, Anteile, Positionen

anyatā = Unterscheidungen, Unterschied

anavacchedāt = nicht begrenzt, getrennt sein; zusammenhängend *tulyayoḥ* = Gleichförmigkeit Ähnlichkeit [zweier Dinge]

tatas = auf diese Weise; so

pratipattiḥ = Wahrnehmung, Ermittlung, Beobachtung

So ergibt sich die Wahrnehmung von zwei [Dingen], die einander ähnlich sind [aufgrund der Tatsache, daß] sie nicht voneinander abgegrenzt sind durch Unterschiede in ihrem Ursprung, ihren Merkmalen und ihrer Position.

Materielle Objekte können einander ähnlich sein, aber es gibt eine Wirklichkeit hinter dieser Ähnlichkeit. Man beginnt, durch ähnlich aussehende Dinge hindurchzusehen, indem man sich mit DEM verbindet, was hinter der Unterschiedlichkeit der lebendigen oder mentalen "Realität" liegt.

Chapple und Viraj stellten fest: „In der traditionellen Auslegung von Vyasa heißt es, daß ein *yogin* in der Lage ist, zwei identische Dinge auseinanderzuhalten, obwohl sie den gleichen Raum einnehmen – aber zu unterschiedlichen Zeiten. Das heißt, daß alle Dinge ständig im Fluß sind. Man kann dieses *sutra* auch so interpretieren, daß es sich auf die Ähnlichkeit zwischen *sattva,* d. h. der unmanifestierten Form von *prakṛti,* und dem *puruṣa* bezieht. Eine Aufzählung ihrer Ähnlichkeiten findet sich in der *Saṃkhya Kārikā XI.* Der Schlüssel zur Befreiung ist die Fähigkeit, den Unterschied zwischen diesen beiden zu sehen. Das ist die höchste *siddhi, kaivalyam.* Dieser Zusammenhang wird bestätigt durch den Text vor und nach diesem Passus (vgl. III.45 und III.55)". **(12)**

Übung: Übe *nadi dhyana kriya,* wie es in *Babaji's Kriya Yoga,* Einweihungsstufe I, gelehrt wird, um die Unterschiede hinter den Erscheinungen wahrzunehmen.

54. *tārakaṃ sarva-viṣayaṃ sarvathā-viṣayam-akramaṇ ca-iti viveka-jaṃ jñānam*

tāraka = zum Überschreiten befähigen, befreiend, rettend

sarva = alle

viṣaya = Zustand

sarvathā = in jeder Weise oder Hinsicht, jederzeit

viṣayam = Objekt

akrama = ohne zeitliche Abfolge, Folgen

ca = und

iti = so; am Satzende auch auf das Ende eines Zitats oder einer Aussage hinweisend: „so heißt es"

viveka-jaṃ = hervorgegangen aus Unterscheidung

jñāna = Wissen

Und, so heißt es, daß das aus Unterscheidung hervorgegangene Wissen befreiend ist, ohne zeitliche Abfolge und alle Zustände und Zeiten [einschließend].

Die *sūtras* als Ganzes können als die Weisheit betrachtet werden, durch die man mit allen Dingen und allen Zeiten verschmilzt, ungeachtet jeder Begrenzung. Im *Tirumantiram* wird diese kollektive Weisheit als "Der Pfad des Wissens" *(jñāna-mārga)* bezeichnet.

> Sie ist subtile Weisheit
> Für die mit subtilem Verstand.
> Dahinter steht die Weisheit des Herrn.
> Das ist *jñāna.*
> Dieser Weg ist der Heilige Weg
> Für die, die den Śiva-Zustand suchen.
> Der Weg von *San-mārga* (*tam.*) (*jñāna)* ist der Wahre Weg. (TM 1228)

Weisheit ist auch die Frucht der Bemühungen und Erfahrungen, die ihr vorangegangen sind. Sie kann stufenweise kommen. Diese Stufen werden im *Tirumantiram* als *carya, kriyā* und *yoga* bezeichnet. *Carya* (wörtlich "Kurs oder Bewegung") wird im TM Vers 1444 beschrieben als „Siva in Liebe anbeten", der Weg der Hingabe, des Dienenden, der zu *sālokya (tam.) mukti* führt, dem Zustand, in dem der Gottesverehrer in der göttlichen Sphäre verweilt. *Kriyā* wird entweder definiert als rituelle Anbetung oder eine innere, mit einem Opfer verbundene Anbetung, wobei die neun Öffnungen des menschlichen Körpers eine Rolle spielen, die den neun Feuer-Opfergruben bei rituellen Feuer-Zeremonien *(yajñas)* entsprechen. Dies führt zu *saṃipa (tam.) mukti*, wobei der Gottesverehrer dem Herrn als sein Kind nahe ist. *Yoga*, die Verbindung oder Vereinigung der Seele mit dem ewigen Sein und Bewußtsein sowie der Wonne des Göttlichen, ist der Weg des Freundes des Herrn, der zu *sārūpya (tam.* für *svarupa) mukti* führt. Hierbei nimmt der Gottesverehrer die Gestalt und die verschiedenen Kennzeichen des Göttlichen an. Dies führt schließlich zu *sayujya mukti,* womit man das Eins-Sein mit dem Höchsten Wesen erreicht (vgl. TM Vers 1015, 1228-29, 1427, 1477-87, 1507-1513, 1567, 1701, 2679).

Zu der besagten Unterscheidung kommt es, wenn wir verstehen, was für unsere Entwicklung wichtig ist und was uns nur von unserem Weg ablenkt. Das Übernatürliche ist interessant, aber es ist für den Yoga nicht unbedingt erforderlich. "Die Mutter" weist darauf hin, daß es sehr wichtig ist, die Schädeldecke zu durchdringen, die unser Bewußtsein in den Dimensionen der Körper-, Energie- und Mentalebene festhält. Dort gibt es einen Verschluß, der entfernt werden muß. Wenn du das schaffst, bist du reif für *Yoga.* Es ist wie die Öffnung zum höheren Bewußtsein, eine mentale Öffnung zu höheren Sphären.

Übung: Übe *kriyā kuṇḍalinī prāṇāyāma*, die höheren *cakra kriyās, prāṇāyāmas* und *mantras* sowie die *samādhi kriyās*, wie sie in *Babaji's Kriya Yoga,* Einweihungsstufe III, gelehrt werden, um die höhere Ebene deines Geistes zu öffnen für die Weisheit, die aus der Erkenntnis entsteht.

55. *sattva-puruṣayoḥ śuddhi-sāmye kaivalyam-iti*

sattva = Sein; Dasein

puruṣayoḥ = des Selbst

śuddhi = Reinheit

sāmya = in Gleichheit, Gleichsein, Identität

kaivalyam = Alleinsein; All-Eins-Sein, Isolation; totale Befreiung

Im Gleichsein der Reinheit von Dasein und Selbst liegt die totale Befreiung.

Wenn der subtilste Teil unseres Seins, das Bewußtsein *(citta)*, wie im Kommentar zu Vers III.50 beschrieben, völlig frei wird von allen Bindungen *(rāgāḥ)* und Abneigungen *(dveṣāḥ)*, verschmilzt es mit dem Selbst. Oder wie Tirumūlar sagen würde, „*Jīva* wird *Śiva*." Der Reinigungsprozeß zur Beseitigung der Belastungen *(kleśas)* des Geistes wurde in den Versen II.3 und II.10 beschrieben. Man wird durchsichtig wie das Wasser eines Sees, in dem sich das Sediment auf dem Grund absetzt, wenn die Gewohnheit, sich mit den Bewegungen des Geistes zu identifizieren, nachläßt. Die Eins-Werdung mit dem Höchsten Wesen wird verwirklicht.

"Die Mutter" beschreibt, was passiert, wenn die totale Befreiung bzw. das Alleinsein erreicht wird. "Wenn das Dasein und das Selbst von gleicher Reinheit sind, geschieht alles von allein. Es geschieht einfach, und es ist eine andere Form des Seins. Nichts wird dann die Macht haben, einen zurückfallen zu lassen in die alte Richtung. Ob du herumläufst oder Geschirr spülst, nichts wird dich von DEM wieder abbringen. Alles was du wahrnimmst, ist DIES – Bewußtsein. Es ist Bewußtsein, Präsenz. Und alles ist zusammen da, die Kraft, die Präsenz, das Bewußtsein, diese Freude und Liebe. Und alles zusammen vermittelt fast den Eindruck einer Form, der Schwingung einer Form, und ist doch formlos."

Übung: Erinnere dich stets an dieses Zitat: „Man darf nie zurückgehen. Man muß immer vorwärtsschreiten. Die Krümmungen des Lebensweges werden uns hierhin und dorthin führen. Wir müssen direkt über sie hinausgehen. Hege keinen Groll. Alle aufrichtigen Gefühle sollten bleiben. Entscheide nichts mit dem Verstand. Lerne passiver zu sein, zu schweigen und laß Gott durch dich sprechen. Verlaß dich selbst in schwierigen Situationen auf deinen Glauben an Gott, um das Beste zu tun. Sage einfach: 'O. K., mal sehen, was geschieht.' Je weniger man erklärt, je weniger man plant, umso besser – jetzt und für alle Zeiten." **(13)**

Kapitel IV: KAIVALYA PĀDA

DIESES ABSCHLIEẞENDE KAPITEL FÜHRT UNS ZUM ENDE unserer Suche: vollständige Befreiung *(kaivalya)* bzw. wie Sri Aurobindo es nannte: „vollkommene Einheit". **(1)** Das erinnert uns an die Quintessenz der Lehre Jesu: „Darum sollt ihr vollkommen sein, wie euer Vater im Himmel vollkommen ist" und „Ihr seid Götter, ihr seid alle Kinder des Höchsten" (Psalm lXXXII, 6; Jesus zitiert in Johannes X.34). Diese Lehre wurde überschattet von dem falschen Dogma, daß Jesus der „eingeborene Sohn Gottes" sei.

Der merkwürdige Gegensatz zwischen Geist und Fleisch, der sich in so vielen Traditionen sowohl im Osten wie im Westen findet, fand auch Eingang in die meisten bisherigen Kommentare der *Sūtras.* Obwohl erkannt wurde, daß die Vereinigung *(yoga)* zwischen dem Selbst *(puruṣa)* und der Natur *(prakṛti)* das Endziel ist, hinderte das Vorurteil dieser Kommentatoren gegenüber der Natur, vor allem der menschlichen Natur, sie doch daran, das große Potential zu erkennen, das in der Selbstverwirklichung liegt, um eben diese Natur zu transformieren. Sie schienen davon auszugehen, daß die bekannten Naturgesetze unveränderbar seien. Die meisten kamen zu der Schlußfolgerung, daß zum Endstadium der Selbstverwirklichung, *kaivalya,* unbedingt gehört, daß die selbstverwirklichte Seele die materielle Ebene verläßt. Auch hier wieder die Trennung zwischen Geist und Körper! Sri Aurobindo spricht dagegen in *The Divine Life* (Das Göttliche Leben) und *The Synthesis of Yoga* (Die Synthese des Yoga) **(2)** von der Möglichkeit eines *supramentalen Herabsteigens,* wodurch die Natur, wie wir sie normalerweise kennen, transformiert wird.

Patañjali sagt bereits in Vers I.3, daß „der Sehende in seinem wahren Wesen ruht" (*svarūpa*). Die individuelle Seele *(jiva)* nimmt durch Ausdehnung ihre wahre Natur bzw. Form *(Śiva)* an. Mit anderen Worten, es kommt zu einer Vereinigung *(Yoga)* des *puruṣa* als reinem Bewußtsein (*cit*) mit der Natur *prakṛti.* Diese Vereinigung kann, wie in Vers IV.2 dargelegt, auf verschiedenen Ebenen zu radikalen Veränderungen führen. Die normale menschliche Natur, die bis dahin lediglich dem Einfluß der grundlegenden Kräfte der Natur (*guṇas*) unterlag, wird durch eine höhere Natur (*svarūpa*) ersetzt, praktisch den Wesenskern oder das wahre Wesen. In der Literatur der tamilischen *Yoga Siddhas* wird an vielen Stellen von dieser wahren Natur des Menschen gesprochen. Tirumūlar nannte sie in zahlreichen Versen (TM 1486, 2441, 2474, 2478-84, 2491, 2496, 2532, 2538, 2566, 2574, 2655, 2675, 2828-29, 2834-46, 2855-64) die "leuchtende Erscheinung des Selbst." Zu den zahlreichen Parallelen zwischen den *Sūtras* und dem *Tirumantiram,* auf die schon in der Einführung zu diesem Kommentar hingewiesen wurde, gehören auch ähnliche Auffassungen vom Endziel, *kaivalya.* Indem wir in diesem letzten Kapitel diese Auffassungen vergleichen, wird auch unsere eigene Bestimmung, und damit unser Weg, viel klarer.

Der Begriff *siddhānta* ist das Endziel der Vervollkommnung bzw. die Vollkommenheit für den *Śaiva,* den Śiva-Anhänger. Ein *siddha* ist demnach jemand, der *siddhi* oder die Vollkommenheit bzw. bestimmte geistige Fähigkeiten erlangt hat. „Ich bin das Höchste Wesen", sagt der *Vedānta*-Anhänger. "Ich werde zum Höchsten Wesen", sagt der Anhänger des *Siddhānta. Kaivalya* bezieht sich somit auf die Endstufe des *yogins*. Gleichzeitig bedeutet es, wenn einmal erreicht, die Eröffnung unbegrenzter Möglichkeiten. Andere Kommentatoren haben diesen wesentlichen Punkt außer Acht gelassen. Feuerstein meint zum Beispiel, daß aufgrund des philosophischen Dualismus, den die *Sutras* vertreten, *kaivalya* erfordert, daß man der Welt entsagt, wenn man die höchste Stufe der kognitiven Versenkung, *asaṃprajñātaḥ samādhi,* erreicht hat. In einem derart streng dualistischen philosophischen Rahmen ist selbst der Status eines *jivan mukta,* d. h. das Leben als befreite Seele, nicht möglich. **(3)** Wenn man jedoch *kaivalya* nicht bloß als Endziel versteht, sondern als Anfang, dann ist es ein Synonym für den Zustand des *siddha*, der durch Selbst-Aufgabe (*sva-praṇidhānam)* die vollkommene Einheit mit dem Höchsten Wesen auf der spirituellen Existenzebene verwirklicht hat. Das geschieht, indem er sich auf allen Ebenen dem Höchsten Wesen (*īśvara)* öffnet und führt zu einer vollständigen Transformation der menschlichen Natur auf intellektueller, mentaler, energetischer und physischer Ebene. Nur eine solch allumfassende Transformation verdient die Bezeichnung "vollkommen". Spirituell in einem kranken Körper, einem neurotischen Geist oder gestörten Energiefeld zu erwachen, kann nicht als "Vollkommenheit" bezeichnet werden.

Die *siddhas* waren keine Fakire oder Gaukler, die bestimmte Fähigkeiten (*siddhis)* oder überirdische Kräfte um ihrer selbst willen demonstrierten. Auch ging es nicht einfach um unterhaltsame Spielchen, die man hinter sich läßt, sobald man die höchste Stufe der Selbst-Verwirklichung erreicht hat. Dieses traurige Image haben viele Kommentatoren fälschlicherweise von den *siddhas* vermittelt. Die zahlreichen Kräfte, die im vorangegangenen Kapitel beschrieben wurden, sind Stufen, vielfach auch Nebenprodukte eines Prozesses, der zur völligen und totalen Einheit (*yoga-parama)* mit Gott (*īśvara)* führt. Indem sie "vollkommen" wurden und all die überirdischen Kräfte erlangten, wurden sie zu *siddhas*. Es ist unwichtig, ob der *siddha* weiter auf der materiellen Ebene in Erscheinung tritt oder nicht. Wenn ein *siddha* das tut, dann nur, um bei der Erweckung und Transformation der Menschheit mitzuwirken. Wenn sie gehen, dann nicht, weil der Verfall ihres menschlichen Organismus sie dazu zwingt.

In *pāda* 4 bereitet Patañjali die Bühne vor für das Endstadium der Selbstverwirklichung. In Wirklichkeit kommt diese jedoch nie zu einem "Ende". Wie könnte man Gott oder seine Schöpfung begrenzen? Da er doch als grenzenlos definiert wird! Das letzte *pāda*, das fünfte, muß noch geschrieben werden, von uns allen.

1. *janma-oṣadhi-mantra-tapaḥ-samādhi- jāḥ siddhayaḥ*

janman = Geburt; Existenz

oṣadhi = Heilkraut; Medikament; abgeleitet von *osa* in der Bedeutung von lichtvoll, vermutlich bezogen auf die Photosynthese der Pflanzen.

mantra = wörtlich "Schutz des Geistes"; heiliger Text oder Wortfolge; Gesang; mystischer Vers; "Instrument des Denkens"; abgeleitet von *manas* (Geist) und *tara* (Schutz).

tapas = intensive Praxis; Glühen; mit Hilfe von Feuer geradebiegen; „die Last des *karma* verbrennen"

samādhi = kognitive Versenkung

jāḥ = geboren; entstanden

siddhayaḥ = Kräfte; Vollkommenheit, Errungenschaft, außergewöhnliche Fähigkeiten

Die außergewöhnlichen Fähigkeiten sind angeboren, werden durch Kräuter, *mantras*, intensive Übungspraxis und kognitive Versenkung erreicht.

Man könnte meinen, daß Patañjali das *Tantra* nicht gekannt hat, weil er weder *kuṇḍalinī* noch *śakti* erwähnte. Dabei vergißt man jedoch diesen Vers und die anderen Verse, in denen er von der Verehrung Gottes (*īśvara,* I.24 and II.1) spricht. Vielleicht ist man sich auch der Bedeutung von *kuṇḍalinī* im weiteren Sinne nicht bewußt. Gemeint ist damit nämlich unser Kräftepotential und unser Bewußtsein. Auch wenn Patañjali nicht die gleichen Begriffe oder Symbole verwendet wie die Tantriker *(tantrikas),* so ist das ganze dritte *pāda* der *Sūtras* doch eigentlich nichts weiter als eine Beschreibung unseres "Kräftepotentials und unseres Bewußtseins." Daß Patañjali die traditionelle *tantrische* Terminologie vermieden hat, mag einerseits auf den prägnanten Schreibstil der *Sūtras* und andererseits auf die dahinter stehende Absicht Patañjalis zurückzuführen sein, Yoga als eine reine Philosophie – ohne sektiererische Symbole, bildliche Darstellungen oder religiöse Glaubensbekenntnisse – darzustellen. Auch die zahlreichen Verse des dritten *pāda* der *Sūtras,* die die Anwendung von *saṃyama* (Eins-werden), bezogen auf ein bestimmtes Objekt oder einen Gedanken beschreiben, beziehen sich im Grunde auf eine *tantrische* Übung, die Vereinigung bzw. Konzentration von Form und Energie (*śakti),* um das individuelle Potential zu verwirklichen.

Im Laufe der Geschichte ist es oft vorgekommen, daß etwas, das im nachhinein als "Verfall" oder Exzeß in der praktischen Anwendung einer religiösen Ideologie gewertet wurde, gleichzeitig zu Reformen angeregt hat. Als Beispiel sei die protestantische Reformbewegung genannt, die – als Reaktion auf den im 15. Jahrhundert einsetzenden Verfall des Christentums – die religiösen Praktiken vereinfacht hat. In religiösen Praktiken und im religiösen Glauben finden sich – in Zeiten von Gärungs- und Interaktionsprozessen zwischen unterschiedlichen Sekten – viele Beispiele eines religiösen Synkretismus, wie z. B. der Sikhismus, der Sufismus, der Kaschmirische Shaivismus und das hinduistische Tantra. Patañjalis Kriya Yoga, wie wir ihn heute kennen, mag entstanden sein aus einer Art Synkretismus, einer Reformbewegung oder auch einfach einer Vermischung anderer komplexer Elemente.

Die Kraft (*śakti),* die im dritten *pāda* der *Sūtras* ausführlich beschrieben wird, kann nicht nur aus der Eins-werdung (*saṃyama*) herrühren, sondern auch aus einer Veranlagung, mit der man geboren wird (*jāti*) bzw. die in einem früheren Leben entwickelt wurde. Auch gewisse Kräutermischungen (*oṣadhi)* können zu besonderen Fähigkeiten wie Hellsichtigkeit (*ādarśa*) oder Präkognition führen. *Mantras* sind besondere Klang-Formeln, die oft zusammen mit rituellen geometrischen Symbolen (*yantras*) benutzt werden, um etwas Bestimmtes zu erreichen. Diese Kräfte können auch entwickelt werden durch eine längere intensive Meditationspraxis *(tapas),* oder sie können auftreten, wenn man in die kognitive Versenkung (*samādhi*) eintritt. Sie können eingesetzt werden, um bestimmte Dinge zu erreichen. So geschah es z. B. in den vierziger Jahren des vorigen (20.) Jahrhunderts, daß der bekannte Asket *(tapasvin)* Prasananda Guru 48 Tage lang bewegungslos neben dem *Brahmanur Kali Koyil* bei Kanadukatan in Tamil Nadu saß, um eine schwere Dürre zu beenden. Am 48. Tag kam der Regen, und seither hat es in dieser Region nie wieder eine Dürre gegeben. In der tantrischen Tradition findet sich viel derartiges esoterisches Wissen. Das gesamte 4. Kapitel (*tantra*) des Tirumantiram ist den *mantras* und *yantras* gewidmet.

Übung: Nimm dir längere Zeiten für eine intensive Praxis. Laß dich richtig in die *mantras* einweihen, so wie in Einweihungsstufe II von *Babaji's Kriya Yoga.* Übe diese *mantras* gründlich. Stell dir die Umstände deines nächsten Lebens vor und schaffe in diesem Leben die Voraussetzungen dafür. Verwende Heilkräuter, um dein Gleichgewicht, deine Gesundheit und deinen Energiehaushalt zu verbessern.

2. *jāty-antara-pariṇāmaḥ prakṛty-āpūrāt*

jāty-antara = in eine andere Spezies, Existenzform; abgeleitet von *jāti* = Wiedergeburt, Existenzform und *antara* = verschiedenartig

pariṇāma = Veränderung, Änderung, Evolution, Transformation

prakṛti = Natur

āpūrāt = durch Übermaß, Überfluß; Auffüllen; gewaltige Möglichkeiten

Die Transformation in eine andere Existenzform [ist zurückzuführen auf] die gewaltigen Möglichkeiten, die der Natur innewohnen.

Dieser Aphorismus weist uns – in Verbindung mit dem vorangegangenen Vers – nicht nur auf die Möglichkeit, sondern sogar die Wahrscheinlichkeit hin, daß sich die menschliche Rasse, so wie sie zur Zeit beschaffen ist, zu etwas Neuem entwickeln wird mit vielleicht bisher ungeahnten Fähigkeiten. Dieser Aphorismus ist besonders hervorzuheben, weil nämlich die *Sūtras* im besonderen und die traditionellen *Yoga*-Texte im allgemeinen meistens nur davon sprechen, daß man als Individuum durch fleißiges Praktizieren der Yoga-Übungen und durch die Prozesse des Yoga höhere Bewußtseinsebenen erreichen kann. Auf eine Mutation der menschlichen Rasse als Ganzes wird selten hingewiesen. Sri Aurobindos *The Divine Life* und Ramalinga Swamigals *Thiruvarulpa* (Göttlicher Gesang der Gnade) sind hier als relativ moderne Texte bemerkenswerte Ausnahmen. **(4,5)** Beide Autoren haben eine tiefgehende Transformation auf der zellularen Ebene ihrer physischen Existenz erfahren und die Vision entwickelt, daß die gesamte Menschheit eines Tages eine solche göttliche Transformation erleben kann. Es ist daher nicht anzunehmen, daß die höheren Bewußtseinszustände des *samādhi* unbedingt nur zu einer mehr geläuterten, zunehmend spirituellen menschlichen Existenz führen und immer weniger mit dem grobstofflichen physischen Körper mit all seinem Leid und seinen dramatischen Erfahrungen zu tun haben werden. Wie vorausschauend und bedeutungsvoll, eine solche Feststellung hier am Anfang des letzten *pāda* der *Sūtras* zu finden! Es scheint, als ob damit gesagt werden soll, daß wir uns als *yogins* nicht nur um unsere eigene Rettung bemühen sollen, sondern vielmehr um eine neue Menschheit, die die göttlichen Eigenschaften haben wird, die in den Versen III.45 und III.46 beschrieben wurden. Dazu gehören Schönheit, Anmut, Kraft, außergewöhnliche Widerstandsfähigkeit und Unverletzbarkeit des menschlichen Organismus.

Zu den wenigen *yogins* der neueren Zeit, die nicht nur für diese Möglichkeit einer neuen Menschheit aufgeschlossen waren, sondern diese Vision auch ausführlich beschrieben und für sie gekämpft haben, gehören Sri Aurobindo und "Die Mutter". Mehr zu diesem nächsten Schritt der Evolution ist zu finden in Sri Aurobindos *The Divine Life*, *The Synthesis of Yoga* und *Savitri* sowie in der *Agenda* der "Mutter". **(6,7)** In diesem Zusammenhang sollte auch die Voraussage von Yoganandas Guru, Sri Yukteswar, erwähnt werden, daß nämlich im Jahr 4000 die Telepathie die allgemeine Form der Kommunikation unter den Menschen sein wird.

Im *Yoga* von Sri Aurobindo geht es darum, „das supramentale Bewußtsein auf die Erde zu bringen, es fest in einer bestimmten Gruppe von Menschen zu verankern und auf diese Weise eine neue Menschenrasse (nicht eine Rasse von Übermenschen!) zu schaffen, die sich in ihrem eigenen Inneren und im sozialen Zusammenleben von den Prinzipien des supramentalen Bewußtseins (den Gesetzen der Weisheit) leiten läßt. Diese Kraft müßte von einem Menschen nach dem anderen – entsprechend der Vorbereitung eines jeden Einzelnen – aufgenommen werden. Dadurch könnte dann ein supramentales Bewußtsein in der materiellen Welt entstehen, das gleichzeitig den Kern für seine eigene Ausdehnung bildet. Dieses neue Bewußtsein wird sich auf alle Völker auswirken. Alle werden mehr LICHT und KRAFT spüren, wodurch sich schließlich ihre Möglichkeiten erweitern." **(8)**

Um für eine solche Kraft bereit zu sein, muß der Geist vorbereitet werden. Der Geist muß frei sein von Begriffen, Meinungen oder sonstigen Gedanken. Nur von einem ruhigen Geist kann diese große Kraft aufgenommen werden und sich im Menschen entfalten, ohne eine zu starke Reaktion und einen zu großen Widerstand hervorzurufen.

Übung: Stell dir vor, du bist völlig eins mit dem Höchsten Bewußtsein. Bringe dich in einen unerschütterlichen Zustand der Konzentration auf DAS. Lebe jeden Augenblick in IHM. Wenn du merkst, daß ein Gedanke, ein Gefühl oder eine alte Gewohnheit dich da herausziehen will, laß es nicht zu. Kehre zurück in die Geborgenheit dieser ruhigen, stillen Helligkeit.

3. *nimittam-aprayojakaṃ prakṛtīnāṃ varaṇa-bhedas-tu tataḥ kṣetrikavat*

nimittam = zufälliger gelegentlicher Anlaß; Motiv; Ursache

aprayojakam = nicht bewirken, verursachen

prakṛtīnāṃ = Erscheinungen der Natur; hier: natürliche Evolution

varaṇa = umgebende, versperrende Hindernisse

bhedaḥ = Abtrennung; Unterteilung; Zerteilung

tu = jedoch

tatas = daher, von dort

kṣetrikavat = wie ein Bauer; wie der Besitzer eines Feldes

Gelegentliche Ereignisse führen nicht [direkt] zur natürlichen Evolution, sie beseitigen jedoch die Hindernisse, ebenso wie ein Bauer, [der die Hindernisse von einem Wasserlauf entfernt, der zu seinem Feld hinfließt].

Dieser Vers bezieht sich auf den vorangegangenen Vers IV.2. Er beschreibt, wie sich die Natur manifestiert, und zwar nicht bloß in bezug auf einzelne Menschen. Im weiteren Sinne ist damit gemeint, daß der einzelne den Lauf der Natur beeinflussen kann. Wir beeinflussen nicht nur uns selbst, sondern im sozialen Zusammenleben auch unsere Umgebung und andere Menschen. Moderne Theorien der Tiefen-Ökologie beschäftigen sich mit dieser Botschaft, die den Eingeweihten, welche das *Babaji's Kriya Yoga Versprechen* abgegeben haben, wohl bekannt ist. Dieses Versprechen besagt kurz zusammengefaßt: „Wir praktizieren Yoga nicht nur zu unserem eigenen Wohl, sondern zum Wohle aller Menschen." Das erinnert uns auch an die Antwort Sri Aurobindos auf die Aufforderung, zurückzukehren, um die Führung der indischen Unabhängigkeitsbewegung zu übernehmen. Er sagte, gebraucht werde "nicht ein Aufstand gegen die britische Regierung, den jeder Beliebige einfach organisieren könne...(sondern) ein Aufstand gegen die gesamte universelle Natur." **(9)**

"Die Mutter" meint, man könne sich nicht darum bemühen oder gar versuchen, es herbeizuführen. Man brauche seinen Intellekt nicht zu bemühen. Es gehe vielmehr um etwas, zu dem man wird, etwas, das man sein und leben müsse. Dieser Prozeß verläuft langsam, so wie ein Kücken im Ei heranwächst. Du weißt nicht, was innerhalb der Schale passiert. Im Inneren gibt es ein Drängen und Schieben, man spürt Druck und trotzdem wird nichts erreicht. Dann plötzlich bricht alles auf, und es ist geschafft. Alles verändert sich. Dein Leben, so wie es bisher war, verändert sich völlig. Du mußt einfach weitermachen. Möglicherweise sind auch Ereignisse, die offenbar zu Chaos, Aufruhr und Zerstörung führen, einfach nur Mittel der Natur, um die Hindernisse und Widerstände aus dem Weg zu räumen. **(10)**

Übung: Vergegenwärtige dir den Aphorismus: "Gott ist unbegrenzte Möglichkeit. Daher kommt die Wahrheit nie zur Ruhe."

4. *nirmāṇa-cittāny-asmitā-mātrāt*

nirmāṇa = schaffen, machen, formen, herstellen

citta = Bewußtsein; *nirmāṇa-citta* kann in diesem Zusammenhang heißen: "individualisiertes" Bewußtsein

asmitā = Egoismus; "Ich-Gefühl"

mātrāt = Begrenzung; nur

Das individualisierte Bewußtsein [entsteht] nur aus den Begrenzungen des Egoismus.

In Vers II.3 hat Patañjali den Egoismus (*asmitā)* als eine der fünf Ursachen für die Belastungen (*pañca-upakleśas)* genannt, die Hindernisse auf dem Weg zur kognitiven Versenkung (*samādhi*) sind. In II.6 hat Patañjali Egoismus definiert als „die Identifizierung des Sehenden mit dem Instrument des Sehens, dem Körper-Geist" *(dṛg-darśana-śaktyor-eka-ātmatā-iva-asmitā).* J.W. Hauer (1958) **(11)** hat darauf hingewiesen, daß *nirmāṇa-citta* „individualisiertes Bewußtsein" bedeuten kann, und zwar verstanden als der Teil des Bewußtseins, der mit Erscheinungen zu tun hat, die als Sinnesobjekte, Gedanken und Gefühle erfahren werden. Das ist etwas anderes als das, was als die Bewußtheit im Kern unseres Seins, das Selbst, bezeichnet werden kann, das sozusagen im Hintergrund als Beobachter existiert. In diesem *sūtra* weist Patañjali darauf hin, daß dieses individualisierte Bewußtsein (*nirmāṇa-citta)* an dem Punkt im Entwicklungsprozeß der Natur vom Potential zur Wirklichkeit entsteht, an dem sich das Subjekt vom Objekt löst. Dieser Punkt wird als "Begrenzung des Egoismus" *(asmitā-mātra)* bezeichnet. An diesem Punkt gibt es eine Trennung zwischen Subjekt und Objekt. Die *Sāṃkhya*-Philosophie spricht hier vom "Ich-Macher" (*ahaṃkāra).* Somit hat das Problem der Individualisierung mit dem ganzen Leid, von dem es begleitet wird, seinen Ursprung in einem Wirkungsprinzip der Natur (*prakṛti).* Mit anderen Worten, unser Leid kommt nicht von außen, sondern von unserer Sichtweise der Natur-Erscheinungen. Um das Leid zu überwinden, müssen wir diese Sichtweise ändern. Aufgabe des *yogin* ist es, diese Begrenzung des Ego zu überwinden, indem er nach einem höheren Selbst-Bewußtsein strebt.

Wir möchten alle gern besondere, einzigartige Persönlichkeiten sein, die besondere "Taten" in dieser Welt vollbringen. Wir glauben, wir brauchen scharfe Sinne und eine Menge Informationen in unserem Kopf, um etwas in dieser Welt zu bewirken. Unser Ego unterstützt diese Haltung, daß wir jemand sind, und unser Bedürfnis, jemand zu sein, stärkt unser Ego. Solange wir auf der Ebene der Sinne bleiben, schätzen wir uns so ein wie andere uns einschätzen. Wir verleihen unserer Individualität und unserem individuellen Bewußtsein eine unabhängige Wirklichkeit, indem wir mit unserer Vorstellungskraft alles in kleinen Einheiten bündeln.

Übung: Laß den "Ich"-Gedanken los. Ersetze ihn und alles, was damit zusammenhängt, durch dein *mantra.* Beschränke alle äußeren Aktivitäten auf die Oberfläche deines Seins.

5. *pravṛtti-bhede prayojakaṃ cittam-ekam-anekeṣām*

pravṛtti = Aktivitäten; sich vorwärts bewegen; Wahrnehmen

bhede = unterschiedlich; Verschiedenartigkeit

prayojakaṃ = Anführer; Initiator; Antriebskraft

cittam = Bewußtsein; Geist

ekam = ein

anekeṣām = der vielen

[Obwohl es individualisiertes Bewußtsein] in verschiedenen Aktivitäten [gibt], ist doch die Antriebskraft der vielen [individualisierten Bewußtseine] das eine Bewußtsein.

Ein einziges Bewußtsein *(cittam-ekam)* durchdringt alle Erscheinungen der Natur. Das Prinzip des Egoismus individualisiert dieses jedoch und vermittelt den künstlichen Eindruck einer Trennung zwischen Subjekt und Objekt. Wenn man das Bewußtsein zurückverfolgt bis zu seiner Wurzel, kann man diese Einheit wahrnehmen und die Begrenzung des Egoismus überwinden.

Obwohl wir einzigartig in unserer Persönlichkeit sind, sind wir im Kern unseres Wesens doch gleich – "Eins ohne ein Zweites." Wenn wir beginnen zu begreifen, daß wir genau wie jeder andere Mensch sind und daß wir alle eng verbunden sind, können wir nur tiefe Demut und Ehrfurcht empfinden. Wenn wir erst einmal erkannt haben, wer wir sind, hören wir allmählich auf, an unserem Verlangen nach einem begrenzten individuellen Selbst festzuhalten.

Übung: Übe, dir bewußt zu sein, was bewußt ist.

6. *tatra dhyāna-jam-anāśayam*

tatra = dort

dhyānajam = entstanden durch, hervorgegangen aus Meditation

anāśayam = ohne Rückstand; hier in der Bedeutung "frei von unterbewußten Ablagerungen bzw. Prägungen"

Dort ist [das, was] aus der Meditation entsteht, ohne Rückstand.

Nachdem Patañjali beschrieben hat, wie das Bewußtsein individualisiert wird, erinnert er uns daran, daß die Meditation *(dhyāna)* ein Mittel ist, um uns von dem Bodensatz im Unterbewußtsein zu befreien. Wir haben in I.24 erfahren, daß die unterbewußten Prägungen die

Früchte unserer Handlungen (*karma-vipāka)* sind und daß ihre Beseitigung das erste Ziel von *Yoga* ist (vgl. Vers I.2). „Die gewohnheitsmäßigen Bewegungen oder Fluktuationen des Bewußtseins (*citta-vṛttiḥ)* sind in diesen Prägungen verwurzelt. Wenn sie allmählich beseitigt werden, wird man mehr und mehr zum Sehenden (vgl. Vers I.3).

Übung: Übe *śuddhi dhyāna kriyā* und die Techniken, die sich auf die neun Öffnungen beziehen, wie sie in *Babaji's Kriya Yoga,* Einweihungsstufe III, gelehrt werden. Denke nach über Sri Aurobindos Worte: „Es ist die Substanz des mentalen Seins, die in einem ruhigen Geist still ist, so still, daß nichts sie stört. Wenn Gedanken oder Aktivitäten kommen, dann kommen sie nicht aus dem Geist, sondern vielmehr von außen. Sie ziehen durch den Geist wie ein Schwarm Vögel, der in der Windstille über den Himmel zieht. Sie ziehen vorbei, sie stören nichts und sie hinterlassen keine Spuren. Selbst wenn tausend Bilder oder die schrecklichsten Ereignisse hindurchziehen, bleibt doch die ruhige Stille, so als ob der Geist aus einer Substanz ewigen und unzerstörbaren Friedens beschaffen sei. Ein Geist, der diese Stille erreicht hat, kann beginnen zu handeln, auch stark und kraftvoll. Er wird jedoch weiter in seiner tiefen Stille ruhen. Nichts entsteht aus ihm selbst. Er empfängt von oben und gibt dem Empfangenen eine mentale Form, ohne daß er etwas von sich aus hinzufügt, ruhig und leidenschaftslos und doch mit Freude an der Wahrheit und einem Glücksgefühl, das aus der Kraft und dem Licht herrührt, die ihn dabei durchströmen." **(12)**

7. *karma-aśukla-akṛṣṇaṃ yoginas-trividham-itareṣām*

karma = Handlung

aśukla = nicht weiß; unrein, befleckt

akṛṣṇa = nicht schwarz oder dunkel

yoginas = der Yogin; jemand, der den *Yoga* erreicht hat

trividham = dreierlei

itareṣa = der anderen

Das *karma* des *yogin* ist weder weiß noch schwarz; [aber das *karma* der] anderen ist von dreierlei Art.

Karma bezieht sich hier nicht nur auf gut und schlecht, sondern auf jede Art von Kategorisierung oder Unterscheidung. Traditionell spricht man von dreierlei Arten von *karma*: Gut, schlecht und gemischt. Gutes *karma* sind Handlungen, die einen dem *samādhi*-Ziel näher bringen; schlechtes *karma* hält einen in den Fesseln von *saṃskāra* mit all dem damit verbundenen Leid; mit "gemischt" sind Handlungen gemeint, die sowohl Glück als auch Leid bringen. Natürlich kann ein Übermaß an glückbringendem *karma* irgendwann in Leid umschlagen. Wenn man z. B. jemandem in Not unaufhörlich gibt, wird dies letztlich zu einer Situation führen, in der man nicht nur seine Unabhängigkeit verliert, sondern in der auch viel Groll entsteht. Der vollendete *yogin*, der *para-vairagya* (das absolute Loslassen) gemeistert hat, hat kein Interesse mehr daran, nach Glück zu streben oder das Leid zu meiden. Eine solche Haltung, die auf dem Prinzip der Dualität und der Abhängigkeit von Wünschen beruht, gilt als eine Falle des Ego-Bewußtseins. Wenn der vollendete *yogin* die nicht-objekt-orientierte kognitive Versenkung (*asaṃprajñātaḥ samādhi*) erreicht, dann erzeugt er bzw. sie keine weiteren unterbewußten Prägungen (*saṁskāra* oder *vāsanā*) mehr. Somit legt der *yogin* keine neuen Wurzeln für irgendein künftiges *karma*. Bis zu diesem Punkt muß der sich entwickelnde *yogin* jedoch auf der Hut sein vor seinen Wünschen, und immer weiter eifrig üben (vgl. Vers II.2), damit er die in seinem Unterbewußtsein verwurzelten Prägungen beseitigt.

Ein fortgeschrittener *yogin* kann sogar Handlungen anderer Menschen, die direkt auf ihn abzielen, abwenden. Es ist der Geist, der eine Handlung als gut, schlecht oder neutral beurteilt, der auf die Handlung reagiert und die Früchte erntet. Der *yogin* ist einfach nur Beobachter der Handlungen. Er urteilt nicht und ist völlig distanziert *(vairāgya).*

Übung: Beobachte alles, ohne zu urteilen. Handle selbstlos und überlegt, ohne an die Ergebnisse deines Handelns gebunden zu sein. Bleibe gleichmütig gegenüber Erfolg oder Mißerfolg, Lob oder Tadel, Verlust oder Gewinn, guten oder schlechten Dingen. Sei auf der Hut vor Motivationen aus dem Ego. Erkenne sie und weise sie zurück.

8. *tatas-tad-vipāka-anuguṇānām-eva-abhivyaktir-vāsanām*

tatas = hiervon

tad = dies oder das

vipāka = Erfüllung, Verwirklichung, Reifung

anuguṇānām = Resonanz, günstige Bedingungen finden

eva = nur

abhivyaktir = Hervortreten, Eigenart

vāsanānām = unterbewußte Prägungen; der Eindruck von irgendetwas, der sich im Geist festsetzt; Wissen aus Erinnerung

Hiervon treten nur diejenigen unterbewußten Prägungen hervor, die günstige Reifebedingungen für ihre Früchte finden.

Dieser Vers ergänzt die Verse II.12 und II.13, in denen erklärt wird, wie die unterbewußten Prägungen (*saṃskāras)* hervortreten (*vipāka*), nämlich häufig, indem sie einfach auf die geeigneten, dem betreffenden *saṃskāra* entsprechenden äußeren Lebensumstände warten. Es gibt fast immer einen Zusammenhang zwischen unseren Handlungen (*karma*) und dem, was im Unterbewußtsein gespeichert ist (*saṃskāra).* Der Ausnahmefall tritt ein, wenn ein bewußter Entschluß gefaßt wird, aus diesem Teufelskreis von unterbewußter Gewohnheit und karma-bedingter Handlung auszubrechen. Diesen bewußten Willenseinsatz kann man als *sādhana* betrachten bzw. „die Erinnerung daran, wer man wirklich ist und wer nicht, was in allen Yoga-Formen zum Ausdruck kommen kann." Das, einschließlich der Bemühung um das Gegenteil von negativen Gedanken, wurde im zweiten *pāda* beschrieben.

Ein Problem besteht dabei darin, daß die Prägungen unseres Unterbewußtseins sehr leicht durch unsere Beurteilungen und Vorurteile, unsere Glaubenssätze und Ängste verzerrt werden, so daß wir die Folgen nicht absehen können, bevor wir handeln. Indem wir uns mit einem verzerrten Blick etwas in unserem Geist zurechtlegen, schaffen wir neues *karma*.

Übung: Laß in jeder Situation deinen Geist zur Ruhe kommen, damit du die Wahrheit siehst. Vermeide unmittelbare Reaktionen aufgrund der Prägungen deines Unterbewußtseins.

9. *jāti-deśa-kāla-vyavahitānām-apy-ānantaryaṃ smṛti-saṃskārayor-eka-rūpatvāt*

jāti = Klasse oder Spezies; Lebensumstände, Wiedergeburt

deśa = Raum, Ort

kāla = Zeit

vyavahitānām = verborgen; getrennt, verschieden

api = obwohl, sogar

ānantaryam = Verbindungsglied, direkte Folge oder Nachfolge

smṛti = Erinnerung, Gedächtnis

saṃskārayor = unterbewußte Prägungen/Eindrücke

ekarūpatvāt = aufgrund der Gleichförmigkeit, Gleichartigkeit

Da die Erinnerung und die im Unterbewußtsein zurückgebliebenen Eindrücke gleichartig sind, gibt es eine Verbindung, selbst wenn es sich um verschiedene Leben, Orte und Zeiten handelt.

Mit anderen Worten: „Vergangene Handlungen beeinflussen, selbst wenn man sich nicht an sie erinnert, gegenwärtige Handlungen". **(13)** Karma hinterläßt Eindrücke im individualisierten Bewußtsein. Das Unterbewußtsein eines jeden Menschen hat eine persönliche Prägung aufgrund der engen Verbindung *(ekarūpatvāt)* zwischen Gedächtnis *(smṛti)* und unterbewußten Eindrücken *(saṃskāras)*. Diese werden in die Zukunft übertragen, so daß die Handlungen eines Menschen abhängig sind von den durch sein *karma* geschaffenen unterbewußten Prägungen und nicht von einem der gesamten Menschheit gemeinsamen Fundus von Erfahrungen. Die individuellen Eindrücke häufen sich an und sind in ihrer Stärke und ihrem

Einfluß relativ. Manche unterbewußte Prägungen, wie z. B. die Neigung, leicht wütend zu werden, können durch andere, z. B. die Neigung, anderen zu verzeihen, neutralisiert werden. Patañjali will hier deutlich machen, daß unsere Handlungen (*karma*) bestimmt werden durch die von uns gespeicherten unterbewußten Eindrücke (*saṃskāras)* und daß diese persönliche Ansammlung von *saṃskāras* sich zu unterschiedlichen Zeiten, in unterschiedlichem Umfeld und sogar in verschiedenen Existenzformen (d. h. auch in zukünftigen Leben oder im Leben in einer anderen Spezies) entfalten kann.

Übung: Übe, Beobachter zu sein, die Dinge gelassen zu sehen und die Entfaltung deines Karma mit Gleichmut hinzunehmen.

10. *tāsām-anāditvaṃ ca-āśiso nityatvāt*

tāsām = von diesen [Eindrücken]

anāditvam = ohne Anfang; keinen Anfang haben

ca = und

āśisaḥ = bitten um; Gebet; Wunsch, Verlangen; Segnung; andauernde Gnade; sichere Erfüllung

nityatvāt = aufgrund der Ewigkeit, Kontinuität

Diese [Eindrücke] sind ohne Anfang, da Wünsche ewig sind.

Der fundamentale Drang von Mutter Natur zu überleben, zu wachsen und sich durch Wünsche auszudrücken, führt zu einer endlosen – und daher auch anfangslosen – Zahl von Formen und Schöpfungen, darunter auch jene unterbewußten Eindrücke (*saṃskāras),* die im Gedächtnis (*smṛtiḥ)* gespeichert werden. Zum Wünschen gehört, sich an das Leben zu klammern. Vergleiche hierzu die *sutras* II.3 und II.9, die die Todesfurcht als eine der fünf Belastungen (*kleśas)* nennen. Eine der stärksten Urtriebe des Menschen ist die Identifizierung mit dem Körper. Wir werden mit einer ausgesprochen starken Neigung, in diesem Körper zu leben, geboren. Solange wir nicht begriffen haben, daß wir nicht der Körper sind, bereitet uns dieser Urtrieb zum Überleben Todesangst.

Übung: Erinnere dich: „Verbleibe in Mir (*Babaji*) und laß dich von diesen Eindrücken transformieren.“ Sei stets geduldig mit dir.

11. *hetu-phala-āśraya-ālambanaiḥ saṃgṛhītatvād-eṣām-abhāve tad-abhāvaḥ*

hetu = Ursache

phala = Frucht; Ergebnis; Wirkung

āśraya = Entsprechung; Basis; das, von dem alles abhängt; Abhängigkeit

ālambanaiḥ = durch Unterstützung

saṃgṛhītatvāt = von dem, was aufgenommen, aufgefangen, gesammelt, zusammengehalten wird

eṣām = von diesen oder jenen

abhāve = durch das spurlose Verschwinden, Abwesenheit

tat = diese oder jene

abhāvaḥ = Verschwinden; Abwesenheit

Die Eindrücke, die zusammengehalten werden durch Ursache und Wirkung, durch eine Basis sowie durch Unterstützung, verschwinden, wenn diese vier verschwinden.

Die Ursache *(hetu)* bezieht sich hier auf die grundlegende Ursache allen Leids, die in Vers II.4 genannt wird, nämlich Unwissenheit *(avidyā,* d. h. die Verwechslung des Selbst mit dem Nicht-Selbst), die zu allen anderen Belastungen führt: Ego *(asmitā)*, Anhänglichkeit *(rāga)*, Abneigung *(dveṣa)* und Überlebenswille *(abhiniveṣaḥ)* (vgl. II.3 und II.9). Wirkung bzw. Frucht *(phala)* bezieht sich auf das Heranreifen der Ursache bzw. Handlungen *(karma,* vgl. IV.8). Basis *(ālambana)* bezieht sich auf Gedächtnis *(smṛtiḥ)* bzw. den Teil des Bewußtseins, der den Persönlichkeitsanteil in jedem Menschen ausmacht (vgl. Vers IV.9). Mit Unterstützung *(āśraya)* ist der Stimulus gemeint, der ein von den Sinnen wahrgenommener objektiver Reiz oder auch ein subjektiver Trieb sein kann.

Patañjali sagt uns hier, daß wir die unterbewußten Prägungen *(saṃskāras)* zwar nicht direkt beseitigen können, aber sie allmählich zum Verschwinden bringen können, indem wir den Einfluß dieser vier Faktoren, Ursache, Wirkung, Basis und Unterstützung, die die *saṃskāras* zusammenhalten, bzw. unsere Identifikation mit ihnen, reduzieren. Wie genau man diesen Einfluß ausschaltet, das ist eben der Prozeß des *Yoga,* wie er an anderer Stelle erläutert wird (vgl. z. B. die Verse II.2 und II.11).

Übung: Übe ständig und intensiv, dich selbst zu erforschen *(svādhyāya)*, das Loslassen *(vairāgya)* und die Hingabe *(praṇidhāna)*.

12. *atīta-anāgataṃ sva-rūpato 'sty-adhva-bhedād-dharmāṇām*

atīta = vergangen

anāgatam = Zukunft, das Kommende

svarūpataḥ = in der Wirklichkeit, der wesenseigenen Form, entsprechend dem eigenen wahren Wesen *asti* = [es] existiert, ist

adhva = Pfad, Straße, Weg, Kurs; Fluß

bhedāt = aufgrund des Unterschieds, der Unterscheidung, Trennung

dharmāṇām = der Formen, Charakteristika, wesentlichen Eigenschaften, Tugenden

Vergangenheit und Zukunft existieren im wahren Wesen der Dinge, das sich entsprechend der Unterschiede in dem [von der Natur hervorgebrachten] Fluß der Formen manifestiert.

Vergangenheit und Zukunft sind etwas Reales. Im Laufe der Zeit wird die Natur, die Ursubstanz aller Schöpfung *(prakṛti)*, verändert. Individuelle Formen entwickeln sich aus reinem Potential zur Manifestation und dann wieder zurück zum reinen Potential. Die Vergangenheit schließt alle jene Formen ein, die sich einmal manifestiert haben und die in das Reich der reinen Möglichkeiten zurückgekehrt sind. Die Zukunft schließt alle möglichen Formen ein, die sich noch manifestieren können.

Die Existenz von Vergangenheit und Zukunft läßt sich sehr anschaulich verdeutlichen an den spirituellen Schriften. Es ist das gleiche Eine Bewußtsein, das in vergangenen Jahren diese Schriften verfaßt hat und das sie in künftigen Jahren lesen wird. Das gleiche Bewußtsein, das in der Vergangenheit in all den verschiedenen Formen existiert hat, existiert heute in einer ähnlichen oder anderen Form und wird auch in Zukunft in anderen Formen existieren.

Übung: Stell dir den Gedanken des individuellen Selbst wie einen Tropfen im Ozean vor.

13. *te vyakta-sūkṣmā guṇa-ātmānaḥ*

te = diese [Formen]

vyakta = manifestiert, grobstofflich

sūkṣmā = subtil, feinstofflich

guṇâtmānaḥ = grundlegende Kräfte, aus denen die Natur besteht; Naturkräfte

Diese [Formen] haben grobstoffliche und feinstoffliche Naturkräfte.

Die Erscheinungsformen der Natur *(prakṛti)* können feinstofflich (*sūkṣma)* oder grobstofflich bzw. manifestiert (*vyaktaḥ)* sein, wie in den Versen I.16 und I.19 beschrieben. Ob sie nun feinstofflich oder materiell sind, sie bestehen aus den grundlegenden Kräften bzw. Qualitäten der Natur (*guṇas*); das heißt den Kräften der Aktivität (*rajas* oder auch Veränderung), der

Trägheit (*tamas* oder Statik) und des Gleichgewichts (*sattva* oder auch Gelassenheit).

Ein Klumpen Lehm zum Beispiel ist grobstofflich bzw. manifest, wenn er gegenwärtig oder sichtbar ist. Als Tontopf, der in der Vergangenheit existierte oder in Zukunft existieren wird, ist er feinstofflich. Die fünf Elemente (*pañca-bhūta)* und das "Ich-Gefühl" sind feinstofflich, aber die Sinnes- und Bewegungsorgane sowie das Gehirn sind grobstofflich.

Übung: Denke darüber nach, wie jede Erscheinungsform von diesen drei Kräften bestimmt wird.

14. *pariṇāma-ekatvād vastu-tattvam*

pariṇāma = Transformation, Veränderung

ekatvāt = aufgrund der Einheit, Gleichheit

vastu = Sache, Objekt

tattvam = das So-Sein; Wirklichkeit; Wesenskern

Aus der Gleichheit der Veränderung ergibt sich die Wirklichkeit eines Objekts.

Obwohl sich die Natur (*prakṛti)* ständig verändert, scheint sie doch von einem Augenblick zum anderen eine gleichbleibende Wirklichkeit zu haben, wenn sich eine dieser grundlegenden Kräfte der Natur wiederholt. Patañjali erklärt die Erscheinung der Dauerhaftigkeit von Objekten, indem er sich auf die Wiederholung von Mustern der drei grundlegenden Kräfte der Natur (*tri-guṇas)* bezieht. Im Unterschied zur Vedanta-Philosophie, für die die Welt eine Illusion (*māyā)* ist, gehen sowohl die auf der *Sāṃkhya*-Philosophie basierenden *Sūtras* als auch das *Tirumantiram* von der Realität der Natur-Erscheinungen entsprechend den 24 bzw. mehr Prinzipien (*tattvas)* aus, zu denen die *guṇas* gehören.

Sattvisch ist das *guṇa* im Wach-Zustand,
Rajas im Traum,
Tamas im Tiefschlaf,
Nirguṇa, das die drei anderen *guṇas* zerstört,
Ist das Merkmal des reinen *turiya*-Zustands. (TM 2296)

Obwohl sie unterschiedlich sind, wirken die drei doch zusammen und führen zu Veränderungen. Sie spielen bei allen Veränderungen eine Rolle. Nehmen wir zum Beispiel das Wissen um Geräusche. Dazu gehören Potential, Aktivität und Wahrnehmbarkeit. Wenn wir die weltlichen Dinge aus einer ausgeglichenen spirituellen Perspektive heraus betrachten, können wir die Dinge, die heilend und aufbauend sind, von denen unterscheiden, die störend sind und daher aufgegeben werden sollten. Leiden und das, was Leiden verursacht, ist veränderlich und man kann darauf verzichten. Was dauerhaft, rein, lebendig und ungezwungen ist, ist aufbauend und heilend. Durch diesen Unterscheidungsprozeß muß man hindurch, wenn man die spirituelle Befreiung sucht. Wenn man sie jedoch erlangt hat, ist es nicht mehr erforderlich, die Dinge dieser Welt von einer derartigen spirituellen Perspektive aus zu betrachten und bestimmte Dinge aufzugeben. Was bleibt, nachdem das letzte Ziel erreicht ist, nämlich, daß "der Sehende in seinem wahren Wesen ruht" (Vers I.3), geht über das hinaus, was das normale individualisierte Bewußtsein begreifen kann.

Übung: Übe *inai rūpa dhyāna kriyā* (wörtlich das *kriyā* "Meditation der beweglichen Form") und *pūrṇa bhāva indriya dhyāna kriyā* (wörtlich das *kriyā* "Meditation über Sinneswahrnehmungen voll Emotionen"), wie sie in *Babaji's Kriya Yoga,* Einweihungsstufe I, gelehrt werden und beobachte jede dieser Naturkräfte.

15. *vastu-sāmye citta-bhedāt-tayor-vibhaktaḥ panthāḥ*

vastu = Objekt

sāmye = in der, betr. die Gleichheit; gleich

citta = Bewußtsein; Geist

bhedāt = aufgrund des Unterschieds, der Unterscheidung, Trennung, Vielfalt

tayoh = von, in, betr. diese beiden; jedes; ihr

vibhaktaḥ = geteilt, verteilt, getrennt; kann variieren

panthāh = Pfad, Straße; Kurs; Art

Aufgrund der Vielfalt des Bewußtseins kann die Art der [Wahrnehmung] selbst der gleichen Objekte variieren.

In Vers IV.4 erklärte Patañjali, wie das Bewußtsein aufgrund des Ego (*āsmita*) individualisiert wird. Demzufolge hat jeder ein individualisiertes Bewußtsein, und das gleiche Objekt kann von jedem Menschen anders wahrgenommen werden. In der Regel ist die Wahrnehmung vor allem durch Wünsche und generell durch unterbewußte Prägungen gefärbt. Man könnte sagen, daß die Objekte und das individuelle Bewußtsein auf verschiedenen Ebenen existieren. Die Existenzebene des Objekts wurde in den vorangegangenen drei Versen erläutert.

Solange wir nicht in der Lage sind, ohne Einschaltung des Ego zu sehen, können wir das eigentliche Wesen der Dinge nicht erfassen. Mit unserem Alltags-Bewußtsein nehmen wir die Dinge nur über unseren Verstand, den Geist sowie die Sinne wahr und erkennen sie nur an ihrer äußeren Erscheinung, an ihren Ergebnissen bzw. unseren Schlußfolgerungen.

Übung: Folge in deinem Verhalten deiner Intuition. Blicke in jeder Situation über das Offensichtliche hinaus. Bringe anderen Menschen bedingungslose Liebe entgegen. Das ist der schnellste Weg, um dich auf den Wesenskern aller Dinge einzustimmen.

16. *na ca-eka-citta-tantraṃ vastu tad-apramāṇakaṃ tadā kiṃ syāt*

na = nicht

ca = und

eka = ein

citta = Bewußtsein; Geist

tantram = Faden, wesentlicher Teil, Hauptpunkt, Lehre; hier: abhängig

vastu = Objekt

tad = dies, das

apramāṇakam = nicht nachgewiesen oder veranschaulicht; hier: wahrgenommen

tadā = dann

kiṃ = was

syāt = wird

Die Existenz eines Objekts ist auch nicht von einem einzigen Bewußtsein abhängig, denn wenn dem so wäre, was würde aus diesem Objekt, wenn es von jenem Bewußtsein nicht wahrgenommen würde?

Hier weist Patañjali auf den Unterschied hin zwischen einem Sinnesobjekt, den fünf Sinnesorganen (*buddhīndriyāṇi* oder *jñānendryāṇi),* nämlich Ohren, Augen, Nase, Haut und Zunge, die dieses wahrnehmen können, sowie den fünf Elementen (*pañca-bhūta),* d. h. Erde, Wasser, Feuer, Luft und Äther, durch die die Wahrnehmung möglich wird. Wenn keine Sinnesorgane oder Elemente, die die Wahrnehmung ermöglichen, vorhanden sind, bedeutet das nicht, daß es auch kein Sinnesobjekt gibt. Mit anderen Worten, alle Objekte sind Produkte der *gunas* bzw. der *prakṛti* und nicht eines einzelnen Bewußtseins.

Übung: Übe das *pūrṇa bhāva indriya dhyāna kriyā (*wörtlich: das *kriyā* "Meditation über Sinneswahrnehmungen voll Emotionen"*),* wie es in *Babaji's Kriya Yoga,* Einweihungsstufe I, gelehrt wird, indem du über den Unterschied zwischen Objekten, Sinnesorganen und Elementen nachdenkst.

17. *tad-uparāga-apekṣitvāc-cittasya vastu jñāta-ajñātam*

tad = dessen

uparāga = färben; dunkler machen

apekṣitvāt = aufgrund von Erwartung; gewünscht, erstrebt; Zustand der Notwendigkeit, Abhängigkeit

cittasya = des Bewußtseins oder Denkens

vastu = Objekt

jñāta = bekannt

ajñāta = unbekannt

Ein Objekt ist bekannt oder unbekannt je nachdem, ob das Bewußtsein durch dieses gefärbt ist oder nicht.

Wir erkennen Objekte, weil in unserem Gedächtnis unterbewußt etwas gespeichert ist, das mit einer früheren Erfahrung mit einem derartigen Objekt in Zusammenhang steht. Das nennt Patañjali die Färbung des Bewußtseins. Er benutzt eine Metapher, um zu zeigen, wie unser Erinnerungsvermögen funktioniert.

Letzten Endes ist das Selbst das eigentliche Subjekt. Es steht daher immer über allen Objekten des Bewußtseins (*uparāga-cittasya).* Man kann sich einer Sache nur bewußt werden, weil die Bewegungen innerhalb des Bewußtseins laufend vom Selbst wahrgenommen werden. Der Geist kann sich des Selbst nicht bewußt sein. Nur das Selbst, das darüber steht (*prabhu)*, kann sich dessen bewußt sein, was im Bewußtsein vor sich geht. Wenn sich das Bewußtsein des reinen Selbst, des Urgrundes bzw. der Wurzeln des Bewußtseins, bewußt wird, sprechen wir von Selbst-Verwirklichung.

Übung: Beobachte, wie das (Wieder-)Erkennen von der Erinnerung (*smṛti)* abhängt. Wenn du Dinge so siehst, als ob du sie zum ersten Mal erblickst, tritt das reine Bewußtsein hervor. Sei dir bewußt, was bewußt ist.

18. *sadā jñātās-citta-vṛttayas-tat-prabhoḥ puruṣasya-apariṇāmitvāt*

sadā = immer

jñātaḥ = bekannt

citta = Bewußtsein; Geist

vṛttayaḥ = Veränderungen; Fluktuationen

tat = deren

prabhoḥ = höhere Instanz; Meister

puruṣasya = des Selbst

apariṇāmitvāt = aufgrund der Unveränderlichkeit

Die Fluktuationen des Bewußtseins sind immer bekannt, weil das Selbst, [das die] höchste Instanz [ist], unveränderlich ist.

Die Bewegungen im individuellen Bewußtsein (*citta-vṛttayaḥ)* können nur von der Warte des Beobachters wahrgenommen werden. Gemeint ist der Urgrund, die Wurzel des Bewußtseins. Dies ist Stille, das Selbst. Wenn man die Position des Beobachters einnimmt, kann man erkennen, daß alle Aktivitäten der Naturkräfte Teil eines universellen Wirkens sind und daß Aktivitäten oder Geschehnisse nicht unbedingt das Ergebnis des eigenen bewußten Handelns oder der eigenen Persönlichkeit sind. Das unwandelbare Selbst kann durch dich Dinge geschehen lassen, indem es deine Veranlagung nutzt. Du bist dir in der Regel dessen nicht bewußt.

Übung: Denke nach über die Evolution des Lebens und wie sich seine unzähligen Möglichkeiten entfalten.

19. *na tat-sva-ābhāsaṃ dṛśyatvāt*

na = nicht

tat = dieses [Bewußtsein]

svābhāsaṁ = Ausstrahlung; eigenes Licht

dṛśyatvāt = weil sie gesehen, wahrgenommen werden; die Art des Gesehenwerdens [Objekt]

Diese [Fluktuationen des Bewußtseins] strahlen selbst kein Licht aus, weil sie [Objekte sind,] die gesehen werden.

Das Bewußtsein (*citta*) ist für das Selbst, den Sehenden, ein Objekt, und im LICHT des Selbst kann das Bewußtsein wahrnehmen. Das individuelle Bewußtsein reflektiert das LICHT des Selbst. Ohne das Selbst könnte das Bewußtsein äußere Objekte nicht wahrnehmen. Da es keinen Seher geben kann, der den Sehenden sieht, strahlt der Sehende selbst Licht aus. Dies kommt der pan-tibetisch-buddhistischen Beschreibung der Ausstrahlung des Geistes nahe, die als *sambhogakaya* oder "Körper der Freude" bezeichnet wird. **(14)**

Auch der Geist strahlt selbst kein Licht aus, denn man kann ihn erkennen. Das, was erkannt werden kann, unterscheidet sich deutlich von dem Erkennenden. Veränderungen im Geist, wie Anhänglichkeit, Angst, Wut usw. werden so zu Objekten, zu etwas, das erkannt werden kann. Nur ein reines Subjekt wie der Sehende bzw. Seher ist fähig, aus sich selbst heraus zu strahlen. Der Sehende ist das strahlende Unendliche, der Wesenskern, der sich hinter dem individuellen Bewußtsein mit all seinen Fluktuationen und seinem Instrument, dem Geist, verbirgt.

Übung: Lege dich hin und laß zu, daß dein Körper sich entspannt. Ganz ruhig. Stell dir ein weißes Licht vor, das dich umhüllt und alle Zellen deines Körpers durchdringt im Bewußtsein ihrer Unsterblichkeit.

20. *eka-samaye ca-ubhaya-anavadhāraṇam*

eka = ein und dieselbe

samaye = Zeit; Umstand; Beispiel; Gelegenheit

ca = und

ubhaya = beide

anavadhāraṇam = nicht unterscheiden, wahrnehmen

Folglich kann das Bewußtsein nicht gleichzeitig beide [Subjekt und Objekt] wahrnehmen.

Das Bewußtsein *(citta)* kann Objekte *(vastu)* wahrnehmen, aber es kann sich nicht gleichzeitig seiner selbst bewußt werden. Nur das Höhere Selbst kann das Bewußtsein und seine Veränderungen *(citta-vṛttiḥ)* wahrnehmen. Das Selbst kann nicht Objekt der Wahrnehmung einer anderen Bewußtseinsebene sein, denn es gibt nichts außerhalb dieses Selbst. Unser individuelles Bewußtsein wird in der Regel von äußeren Objekten in Anspruch genommen und ist nicht in der Lage, sich des Selbst, des Sehenden, bewußt zu werden. Es kommt darauf an, den nach außen gerichteten Sinneswahrnehmungen und Gedanken, die auf das Bewußtsein einwirken, zu widerstehen und sich nach innen zu wenden. Sei dir des Selbst bewußt, dessen, was grundsätzlich vorhanden ist und alles durchdringt.

Übung: Übe, dir bewußt zu sein, was bewußt ist.

21. *citta-antara-dṛśye buddhi-buddher-atiprasaṅgaḥ smṛti-saṃkaraś-ca*

citta = Geist, Bewußtsein

antara = andere

dṛśye = Wahrnehmung, wahrgenommen

buddhi = der Intellekt; nach der *Sāṁkhya*-Philosophie das erste *tattva*; das aus der *prakṛti* hervorgeht; Wahrnehmung; Unterscheidung; Bewußtsein

buddheḥ = vom Intellekt, von der Wahrnehmung, der Unterscheidung, dem Bewußtsein

atiprasaṅgaḥ = übertriebene Anhänglichkeit; Impertinenz; hier: unbegrenzte Regression

smṛti= Gedächtnis, Erinnerung

saṃkara = Verwirrung

ca = und

Wenn man davon ausginge, daß ein Bewußtsein von einem anderen [Bewußtsein] wahrgenommen wird, müßte man annehmen, daß es in diesem Prozeß eine unbegrenzte Regression gibt, und das würde zu Gedächtnis-Verwirrung führen.

Den Gedanken, daß es in einem Individuum eine endlose Zahl von individualisierten Bewußtseinsformen gibt, von denen jede die andere wahrnimmt, lehnt Patañjali ab, denn dann würde das Gedächtnis nicht mehr funktionieren. Es gibt in jedem Individuum nur ein Bewußtsein. Durch verschiedene mentale Aktivitäten wird es verzerrt. Wenn diese mentalen Störungen jedoch zur Ruhe kommen, wird ein höheres universelles Bewußtsein wach. Das Gefühl, einen eigenen Körper, eine individuelle Persönlichkeit zu haben, verschwindet.

Übung: Denke nach über die Existenz eines einzigen Bewußtseins, das alle Erscheinungen durchdringt.

22. *citer-apratisaṃkramāyā tad-ākāra-āpattau svabuddhi-saṃvedanam*

citeḥ = vom transzendentalen, höheren Bewußtsein

apratisaṃkramāyāḥ = aufgrund des Unwandelbaren, der Nicht-Auflösung

tad = dieses

ākāra= Form, Figur, Gestalt, Erscheinung

āpattau = durch ein Ereignis, Geschehen; Auftreten; Eintreten in einen Zustand; hier: annehmen

svabuddhi = eigener Intellekt

saṃvedanam = Wahrnehmung

Wenn das unwandelbare transzendentale Bewußtsein die Form von jenem [Bewußtsein] annimmt, [wird] die Wahrnehmung des eigenen Intellekts [möglich].

Das höhere universelle Bewußtsein selbst verändert sich nicht. Aus Unwissenheit erscheint es jedoch in Form des niederen Bewußtseins (vgl. Vers I.4). Das Bewußtsein unseres eigenen Verstandes und Geistes wäre nicht möglich ohne die Nähe des Selbst, denn dieses erhellt den letzteren. Die fälschliche Identifizierung *(sārūpyam)* des Selbst mit dem individualisierten Bewußtsein geschieht jedoch nur scheinbar. Wenn die im Bewußtsein aufsteigenden Bewegungen abklingen, "dann ruht der Sehende (das Selbst) in seinem wahren Wesen" (*tadā draṣṭuḥ sva-rūpe'vasthānam*, Vers I.3).

Übung: Bemühe dich um einen Geisteszustand, in dem alle mentalen Störungen ausgeschaltet sind. Verharre in dem Raum dazwischen. Sei das Selbst.

23. *draṣṭṛ-dṛśya-uparaktaṃ cittaṃ sarva-artham*

draṣṭṛ = der Seher, Sehende

dṛiśya = das Gesehene

uparaktam = getönt, gefärbt

cittaṃ = Bewußtsein; Geist

sarva =alle

artham = Bedeutung; Zweck, Ziel; Objekt

Alle Objekte des Geistes sind gefärbt durch den Seher und das Gesehene.

Weiter oben in Vers IV.17 sagte Patañjali, daß ein Objekt (*vastu*) vom Bewußtsein erkannt werden kann, wenn es durch dieses Objekt gefärbt ist (*uparāga),* (d. h. wenn es bereits eine Erinnerung an ein solches Objekt gibt). Hier nennt er eine weitere wichtige Voraussetzung, damit es zu einer Wahrnehmung kommen kann: Das individualisierte Bewußtsein muß durch das Selbst (den Sehenden) gefärbt (*uparaktaḥ)* oder „erhellt" sein. Diese zweite Voraussetzung besteht, solange man lebt und sich in einem der vier Bewußtseinszustände befindet: Wachbewußtsein, Traum (*svapna),* traumloser Zustand oder Transzendenz (*turya*). Aus Unwissenheit bzw. Verwirrung in bezug auf seine wahre Identität betrachtet das individualisierte Bewußtsein das ewige, unwandelbare Selbst als ein Objekt und verkennt dessen wahre Identität.

Übung: Erinnere dich unentwegt an das Selbst.

24. *tad-asaṃkhyeya-vāsanābhiś-citram api para-arthaṃ saṃhatya-kāritvāt*

tad = das

asaṃkhyeya = zahllos, unzählig; große Menge

vāsanābhiḥ = mit unterbewußten Eindrücken; Gewohnheitsmustern

citram = bunt gefärbt, gefleckt, gesprenkelt; vielfältig

api = auch

para-arthaṃ = das höchste Ziel; das Höchste; das Interesse eines anderen; etwas anderes; ein Objekt, das für einen anderen bestimmt ist.

saṃhatya = zusammen, gleichzeitig; alles gleichzeitig

kāritvāt = aufgrund von Handlung oder Aktivität; bewirkt

Jenes [Bewußtsein] existiert, obwohl es voll unzähliger unterbewußter Eindrücke ist, um eines anderen [des Selbst] willen, denn es kann nur in Verbindung mit diesem handeln.

Zweck des individuellen Bewußtseins ist die Verwirklichung des Selbst. Zwar ist es zunächst voll unzähliger unterbewußter Eindrücke, aber durch den Prozeß der yogischen Reinigung gelangt man schließlich darüber hinaus zur Selbst-Verwirklichung. Die Spielchen des Geistes mögen zwar auf den ersten Blick weniger erhabenen Zielen dienen, wenn wir aber erst einmal den höheren Sinn und Zweck entdeckt haben, lassen wir uns immer weniger auf diese Spielchen des Geistes ein. Wir beginnen, das Spiel des Bewußtseins zu spielen. Wann immer wir bei diesem Spiel bewußt sind, "gewinnen" wir: Wir erleben eine innere Freude. Wann immer wir vergessen, bewußt zu sein, verlieren wir: Wir leiden.

Übung: Spiele das Spiel des Bewußtseins. Bemühe dich zu jeder Zeit, in jeder Situation, ob sie angenehm oder unangenehm ist, um eine freudige Bewußtheit. Übe die Technik der ständigen Glückseligkeit (*nityānanda kriyā),* wie sie in *Babaji's Kriya Yoga,* Einweihungsstufe II, gelehrt wird.

25. *viśeṣa-darśina ātma-bhāva-bhāvanā-vinivṛttiḥ*

viśeṣa = Unterscheidung; besonderes Kennzeichen; Sonder-Eigentum

darśinaḥ = sehen, wahrnehmen, betrachten, beobachten, erkennen, verstehen

ātmabhāva = Existenz der Seele; das eigentliche Selbst; eigenes Wesen

bhāvana = Kultivieren, hegen; Vorgefühl; Nachdenken; Wahrnehmung; Erforschen *vinivṛttiḥ* = zurückdrehen; Rückzug; Aufhören; wegbringen; für immer zu Ende gehen

Jemand, der den Unterschied erkennt zwischen der Wahrnehmung und dem Selbst, wird endgültig aufhören, [ein falsches Selbstgefühl] zu hegen.

Auf höheren Bewußtseinsebenen, z. B. in tiefer Meditation, kann man die Grenze des individualisierten Bewußtseins erreichen: Das reine Sehen. Die Gedanken bleiben dann zurück. An diesem Punkt gibt es kein individualisiertes Bewußtsein mehr. Ohne jede Anstrengung ist man sich seines Selbst bewußt. "Man verliert die Gewohnheit zu denken", wie sich Aurobindo halb scherzend beklagte. Man verharrt in der Bewußtheit, daß man reines Subjekt ist, universell und unvergänglich.

Das geht über die Stufe hinaus, auf der man immer wieder mit dem Verstand fragt "Wer bin ich?" Eine solche intellektuelle Suche mag einen schließlich für das "reine Sehen" vorbereiten, aber in der Regel kann letztlich nur der lange Prozeß des *Yoga* das individualisierte Bewußtsein vorbereiten und läutern. Wie *asaṁprajñāta samādhi* das individualisierte Bewußtsein ausschaltet, ist im Kommentar zu IV.27 nachzulesen.

Die Weisen sagen, wenn du dich in diesem Stadium der Einheit mit dem Göttlichen befindest, wirst du über alles, was in dieser Welt existiert, lachen können! Du siehst Gott überall und in allen Dingen, und es gibt keine Unterschiede. Und nach dieser Erkenntnis hat nichts mehr die Macht, dich zurückzuversetzen in deine alte Betrachtungsweise. Es existiert nichts mehr außer diesem Bewußtsein, dieser Nähe, Kraft und Liebe, für immer.

Es war einmal ein weiser und gelehrter Mann (*sādhu)* mit Namen Chela Swami, der auf seiner Wanderung durch die Welt eines Tages in das kleine Dorf Kanadukatan in der Gegend von Chettinad in Tamil Nadu kam. Er trug keine Kleider und schien verrückt zu sein. Er kam und ging wie der Wind und lächelte immer. Böse Kinder warfen gelegentlich Steine nach ihm. Er lächelte. Ein andermal behandelten sie ihn freundlich und massierten seine Füße. Er lächelte. Manchmal gaben sie ihm eine Banane. Er lächelte. Dann nahmen sie ihm diese wieder weg. Er lächelte immer noch. Was glaubst du, warum er immer lächelte?

Übung: Bemühe dich immer um eine freudevolle Bewußtheit.

26. *tadā viveka-nimnaṃ kaivalya-prāgbhāraṃ cittaṃ*

tadā = dann; in der Tat

viveka = Unterscheidung, Scharfblick; Erkenntnis

nimnaṃ = zu etwas geneigt sein, tendieren

kaivalya = Alleinsein; All-Eins-Sein, absolute Freiheit (vgl. Vers II.24) *prāgbhāram* = durch Schwerkraft hingezogen werden; Schlagseite, Neigung

citta = Bewußtsein, Geist

Dann wird das Bewußtsein zur absoluten Freiheit hingezogen und neigt zur Erkenntnis.

Wenn nur noch ein ganz dünner Schleier der Unwissenheit *(avidyā)* oder Verwirrung *(saṃkāra)* zwischen dem Selbst und dem Nicht-Selbst zurückbleibt, schreitet der Prozeß der Unterscheidung *(viveka)* zwischen beiden automatisch voran und man bewegt sich unweigerlich auf die höchste Stufe von *samādhi* zu. In II.25 wird dieses Endstadium definiert als die totale Befreiung vom Gesehenen *(dṛśeḥ kaivalyam)*. Was bleibt ist die reine Subjektivität des Ur-Bewußtseins. Es mag weiterhin Gedanken und Empfindungen geben, aber ohne das Gefühl, daß sie zu einem gehören oder man ihr Urheber ist. Egal welche Handlung ausgeführt wird, man hat nicht mehr das Gefühl, daß man selbst der Handelnde ist. Man ist nur noch der Sehende.

Kaivalyam, verstanden als "Alleinsein", heißt weder Abgeschiedenheit noch Verzicht, sondern absolute Freiheit von den Ursachen des Leids. Dieses Alleinsein heißt, daß der betreffende Mensch immer offen ist gegenüber seinem göttlichen Wesenskern und dem Göttlichen erlaubt, durch ihn seine Wirkung zu entfalten, da ein solcher Mensch frei von allen persönlichen Neigungen ist. Alleinsein heißt "all-eins" sein, denn es existiert nichts anderes mehr.

Übung: Sei "allein" in einer Menge. Laß nichts deinen Frieden und deinen Gleichmut stören, egal was um dich herum geschieht.

27. *tac-chidreṣu pratyaya-antarāṇi saṃskārebhyaḥ*

tat = dies; das

chidreṣu = zerrissen, durchlöchert, durchstochen, defekt, dazwischen

pratyaya= Absicht; Gedanke, Begriff, Erkennen

antarāṇi= andere

saṃskāra = unterbewußte Eindrücke, Prägungen

Dazwischen [können] aufgrund unterbewußter Prägungen andere Gedanken [auftauchen].

Das höchste Stadium der absoluten Freiheit des Sehenden *(dṛśeḥ kaivalyam)* bzw. der nicht-objekt-orientierten kognitiven Versenkung (*asaṃprajñāta samādhi*) wird in der Regel zunächst nur für kurze Zeit erreicht. Unterbewußte Prägungen (*saṃskāras)* werden weiterhin das aufkeimende höhere Bewußtsein stören. Allmählich wird sich der *yogin* jedoch besinnen und alle äußeren Eindrücke loslassen – außer dem Eindruck des Loslassens *(vairāgya)* selbst. Schließlich werden die nach innen gerichteten Regungen des Bewußtseins stärker werden als die nach außen gerichteten, bis nur noch die klare Selbst-Bewußtheit übrigbleibt.

Übung: Übe Beobachter zu sein. Sieh alle Ablenkungen als Wellen an der Oberfläche des Ozeans deines Seins. Sei der Ozean, nicht die Wellen.

28. *hānam-eṣāṃ kleśavad-uktam*

hānam = verlassen, aufgegeben, ausgelöscht, beseitigt

eṣām = von jenen

kleśavat = wie die Belastung

uktam = erwähnt

Sie können beseitigt werden wie die Belastungen [wie oben erwähnt].

Hier erinnert uns Patañjali, wie wir diese ablenkenden Gedanken loswerden können und weist auf die Verse II. 1, 2, 10, 11 and 26 hin, in denen er die Belastungen *(kleśas)* und ihre Beseitigung erklärt hat.

Übung: Sieh jede Störung als eine Chance, Gleichmut *(upekṣa)* und innere Ruhe zu üben. Allmählich wird es dir immer schneller gelingen, von einer Phase, in der du dich gestört fühlst, in deine Mitte zurückzukehren.

29. *prasaṃkhyāne'py-akusīdasya sarvathā viveka-khyāter-dharma-meghaḥ samādhiḥ*

prasaṃkhyāne = im Erreichen, Aufzählen, Nachdenken, Meditieren

api = sogar

akusīdasya = nicht interessiert an Belohnung oder Gewinn

sarvathā = konstant; jederzeit, ständig

viveka = unterscheidend

khyāteḥ = durch Wahrnehmung (vgl. Vers II.26 und II.28)

dharma = Wesen(sart); Natur, Charakter

megha = Wolke

samādhiḥ = kognitive Versenkung

Wenn man kein Interesse mehr an Belohnung hat und ständig zu unterscheiden weiß, folgt das Stadium der kognitiven Versenkung, das als Wolke des *dharma* bezeichnet wird.

Der Begriff „*dharma*-Wolke" oder „Wolke des *dharma*" wird nicht näher erläutert, aber wenn man von den Merkmalen der Vorbereitung darauf ausgeht, dann muß es sich um das Stadium kurz vor Erreichen der nicht-objekt-orientierten kognitiven Versenkung (*asaṃprajñātaḥ samādhi*), die ultra-kognitive (keimlose oder *nirbīja*) Versenkung, handeln. Das mag dem *dharmakaya* oder „Körper der Wahrheit" im Buddhismus nahe kommen, der Erfahrung des Vakuums, der Leere. Die unterscheidende Wahrnehmung (*viveka-khyāteḥ*) wurde in Vers II.26 und II.28 als das Mittel beschrieben, um das Selbst von der Welt zu unterscheiden. Sie besteht im wesentlichen darin, daß man zuerst alle Regungen des Bewußtseins und dann auch das individuelle Bewußtsein losläßt, um zum "Ur-Bewußtsein des Selbst" zu gelangen.

In diesem Stadium wird der Mensch befreit vom Zwang der "Gegensatzpaare" des dualistischen Denkens (richtig und falsch, schön und häßlich usw.). *Dharmische* Prinzipien wie rechtschaffenes Verhalten oder Pflichterfüllung werden überflüssig. Wenn es kein "Ich" und "mein" mehr gibt, gibt es auch kein dementsprechendes Pflichtgefühl mehr. Man hat keine Wünsche mehr. Man hat nicht mehr das Bedürfnis, irgendetwas tun zu müssen. Auch wenn der Körper aufgrund der Nachwirkungen von vergangenem *karma* noch vorhanden ist, wird der *yogin* doch durch ihn nicht mehr beeinflußt. Seine Körperfunktionen bleiben erhalten, ebenso wie all das, was sich an der Oberfläche seines Geistes abspielt, bis dieses *karma* erschöpft ist.

Übung: Wenn sich das Bewußtsein erweitert und das Herz öffnet, laß nicht zu, daß sie abgelenkt werden durch mentale Regungen wie Erinnerungen, Phantasien oder Sinnesgenuß. Richte sie auf das Göttliche und bewahre dabei Reinheit, Zufriedenheit und die Fähigkeit zu unterscheiden.

30. *tataḥ kleśa-karma-nivṛttiḥ*

tatas = damit

kleśa = Belastung(en)

karma = das Handeln

nivṛtti = Aufhören

Damit hören die Belastungen und das Handeln auf.

Im *dharma-meghaḥ* (Wolken)-*samādhi* rückt der Hintergrund in den Vordergrund und das, was im alltäglichen Körperbewußtsein im Vordergrund steht, rückt in den Hintergrund.

Man verliert dann nie wieder die absolute Wirklichkeit aus dem Blick. Man wird durch nichts mehr belastet (vgl. Vers I.24). Man wird nicht mehr berührt durch vergangene Handlungen, und man schafft kein neues *karma.* Das Bewußtsein hat eine höhere, transzendentale Ebene erreicht. Man hat nicht mehr das Gefühl "Ich bin der Handelnde." Man erwacht aus dem Traum.

Das schließt jedoch nicht aus, daß man weiter aktiv ist bzw. in dieser Welt bleibt. Von Vertretern der *Sāṃkhya*-Philosophie, für die Selbstverwirklichung im Gegensatz zum Leben in dieser Welt steht, wird das ausgeschlossen**. (15)** Die *tamilischen Yoga Siddhas* strebten, wie bereits erwähnt, nicht danach, diese Welt zu verlassen. Ihnen ging es vielmehr darum, ihre Rolle in dieser Welt zu verändern, indem sie sich auf allen Ebenen ihrer Existenz, einschließlich der physischen Ebene, für das höhere Bewußtsein öffneten. Wenn man dann handelt, geschieht es nicht mit dem Gefühl, daß man der Handelnde ist und schon gar nicht aus einer Motivation des Ego heraus. Man ist sozusagen in dieser Welt, aber man ist nicht von dieser Welt. Warum sollte man dann in dieser Welt bleiben? Die *Siddhas* haben immer wieder betont: Wenn sie in dieser Welt bleiben, dann tun sie das nur, um anderen Menschen bei der spirituellen Transformation in ihrem Reifeprozeß zu helfen. Das erinnert an die Haltung eines *bodhisattva*: d. h. entweder man strebt nicht nach der höchsten Erleuchtung, solange nicht alle Lebewesen sie gemeinsam erreichen können; oder man erlangt die Erleuchtung nur zum Wohle aller Lebewesen bzw. wenn man die Erleuchtung erreicht hat, bleibt man solange in dieser Welt wie es Leiden gibt. *Santideva* sagte in seinem *Bodhi sattva caryavartara*: „Solange es Leiden in der Welt gibt, so lange werde auch ich bleiben". **(16)**

Übung: Übe dich immer wieder in tiefem Schweigen. Sprich nur, wenn es nötig ist und aufbauend für andere – nachdem du nachgedacht hast. Sei jedoch nicht stolz auf die Fähigkeit, schweigen zu können. Versuche auch nicht, über die anstehende Selbst-Verwirklichung zu sprechen oder sie begreifen zu wollen. Dies zieht nur das Bewußtsein herab.

31. *tadāsarva-āvaraṇa-mala-apetasya jñānasya-ānantyāj-jñeyam-alpam*

tadā = dann

sarva = alle

āvaraṇa = Verschleierung

mala = Unreinheit, Schmutz, Dreck, Staub

apetasya = von dem, der aufgegeben hat; Beseitigung

jñānaysa = der Weisheit

ānantyāt = aufgrund der Unendlichkeit, Ewigkeit

jñeyam = zu wissen

alpam = wenig; klein

Dann sind alle Verschleierungen und Unreinheiten der Weisheit beseitigt. Aufgrund der Unendlichkeit dieser Weisheit bleibt fast nichts zu wissen übrig.

Normalerweise wird unser Bewußtsein angezogen oder abgelenkt von Dingen, die unsere Aufmerksamkeit aufgrund vorhandener Unzulänglichkeiten, wie Wünsche *(rāgāḥ)*, Erinnerungen *(smṛtiḥ)*, Ego *(asmitā)* und Abneigung *(dveṣaḥ)*, erregen. Wenn diese jedoch beseitigt sind, kann unser Bewußtsein die "absolute Wirklichkeit" widerspiegeln, ohne Beurteilung oder Kategorisierung. Hat man diese Verwirrungen des Geistes erst einmal losgelassen, findet das Selbst seine Identität mit der Wirklichkeit, die allem zugrunde liegt. Alle Erscheinungen werden transparent in einem unendlichen, ewigen Meer des Seins. Das ist Weisheit. Im Unterschied zum Wissen ist sie nicht an Dualitäten gebunden. Sie ist grenzenlos und wird intuitiv wahrgenommen, indem man eins wird mit ihrem Objekt.

Übung: Denke nach über den Unterschied zwischen Wissen und Sein.

32. *tataḥ kṛta-arthānāṃ pariṇāma-krama-samāptir-guṇānām*

tatas = dann, daher

kṛta = getan; hier: erreicht oder erfüllt

arthānām = vom Zweck und Ziel

pariṇāma = Transformation

krama = Reihe; Folge, Prozeß

samāptiḥ = Ende; Schluß; Vollendung

guṇānām = von den Qualitäten oder grundlegenden Kräften der Natur

Dann beenden die Gunas die Folge ihrer Transformationen, denn sie haben ihren Zweck erfüllt.

Nachdem der *yogin* die Bewußtseinszustände des Wachens, Träumens und Tiefschlafs transzendiert hat, verharrt er im vierten Zustand (*turīya*). Dann ist er nicht mehr betroffen oder abhängig von den Kräften der Natur (*guṇas*).

> *Sattvisch* ist das *guṇa* im Wachzustand,
> *Rajas* im Traum,
> *Tamas* im Tiefschlaf,
> *Nirguṇa*, das die drei anderen *guṇas* zerstört,
> Ist das Merkmal des reinen *turīya*-Zustands. (TM 2296)

und

Wenn der Zustand erreicht ist,
In dem das Selbst *Śiva* wird,
Werden die verschiedenen *malas* (Makel), die *pasas* (*tam.* Fesseln),
Die *guṇas* und Erfahrungen
Die mit dem entfremdeten *jīva* entstanden sind,
Allesamt verschwinden,
Wie sogar die Strahlen des Mondes verblassen
Im Angesicht der aufgehenden Sonne. (TM 2314)

Sinn und Zweck der *guṇas* ist es, das Umfeld und die Möglichkeiten zu schaffen, mit deren Hilfe die individuelle Seele (*jīva*) über ihre Unwissenheit hinauswachsen und zur Einheit mit Gott zurückkehren kann. Im Lichte der Selbst-Verwirklichung verblassen sie dann.

Übung: Denke nach über das, was der *Yoga* des bedingten Nicht-Dualismus (*yoga-vāśiṣṭha)* rät: „Laß das, was greifbar ist oder durch dich erreicht werden kann, unangetastet; bleibe unbeeinflußt und unabhängig von allen Dingen der Welt und vertraue auf dein Bewußtsein der Unendlichkeit. Stell dir vor, daß du schläfst, wenn du wach bist. Sieh dich als alles und eins mit dem Großen Geist."**(17)**

33. *kṣaṇa-pratiyogī pariṇāma-apara-anta-nirgrāhyaḥ kramaḥ*

kṣaṇa = Augenblick

pratiyogī = in Wechselbeziehung stehen; Gegenpart

pariṇāma = Transformation

aparānta = Ende

nirgrāhyaḥ = beendet; aufhören; verschwinden

kramaḥ = Zeitablauf; regelmäßige Aufeinanderfolge

Der Ablauf der Zeit und [sein] Gegenpart, der Augenblick, hören mit dem Ende der Transformation auf zu sein.

Nachdem man die höchste Stufe des transzendentalen Bewußtseins erreicht hat, erkennt man das ewig unveränderliche Eine hinter den vordergründigen Veränderungen. „Seid still und wisset, ich bin Gott" sagt mit anderen Worten das, was Patañjali mit diesem Vers meint. In der Stille, im Schweigen erkennt man das Ende der Veränderungen. Die Welle versinkt wieder im Ozean des Seins. Der Geist hat unsere Erfahrung der Wirklichkeit unterteilt in Bruchstücke: Augenblicke, Erfahrungen, Gedanken, Wahrnehmungen. Wenn man erst einmal über den Geist hinausgelangt ist, den Zustand des *samādhi* erreicht hat, erkennt man, daß alles eins ist. Aus dem Traum des Lebens zu erwachen, ist etwa so, wie die Erkenntnis am Ende eines Films, der uns stark gefesselt hat. Wir sehen unser ganzes

Leben rückblickend wie in der Bildfolge eines Videobandes, das zurückgespult wird.

Übung: Denke nach über das Paradoxon, das im folgenden Satz liegt: Am Ende der Reise kehrt man zum Anfang zurück und stellt fest, daß das, was man gesucht hat, immer da war.

34. *puruṣa-artha-śūnyānāṃ guṇānāṃ pratiprasavaḥ kaivalyaṃ svarūpa-pratiṣṭhā vā citi-śaktir-iti*

puruṣārtha = das Ziel des Menschen; der Zweck des Selbst

śūnyānāṃ= ermangelnd, ohne

guṇānāṃ = von den Qualitäten bzw. grundlegenden Kräften der Natur

pratiprasavaḥ = wieder aufgehen; zum Ursprung zurückkehren

kaivalyaṃ = Alleinsein; All-Eins Sein; absolute Freiheit; Unabhängigkeit

svarūpa = wahres Wesen, eigene Form (vgl. Vers I.3)

pratiṣṭhā = Begründen; Feststehen; Beharrlichkeit; zur Ruhe kommen in

vā = oder

citiśakti = Kraft des reinen Bewußtseins, der höheren Bewusstheit

iti = so

So manifestiert sich die höchste Stufe der absoluten Freiheit, indem die grundlegenden Kräfte der Natur wieder in dieser aufgehen, da ihre Aufgabe, dem Selbst zu dienen, erfüllt ist. Oder [anders ausgedrückt] die Kraft des reinen Bewußtseins kommt in ihrem eigenen wahren Wesen zur Ruhe.

In diesem letzten Vers beschreibt Patañjali den höchsten, vollkommenen Zustand der Selbst-Verwirklichung als absolute Freiheit *(kaivalyaṃ)* und sagt uns, daß dazu die Vereinigung des Bewußtseins (*puruṣa*) mit der Natur (*prakṛti*) gehört. Dieser Vers ist gleichsam ein Echo auf Vers I.3: „Dann ruht der Sehende in seinem wahren Wesen" (*tadā draṣṭuḥ svarūpe'vasthānaṃ).* Diese Begriffe finden sich zwar überall in den *Sāṃkhya Kārikās* und *Vedāntas*, aber wie sie hier gemeint sind, ist besser zu verstehen im Kontext vorangegangener Verse (vor allem I.16, 24, III. 35, 49, 55, IV.18) und der Philosophie der tamilischen *Yoga Siddhas* im allgemeinen.

Die tamilischen *Yoga Siddhas* sprechen hier von der Vereinigung *Śivas* (höchstes Bewußtsein) mit *śakti (*Kraft). Ergebnis dieser Vereinigung im *yogin* ist eine radikale Veränderung auf allen Ebenen. Die niedere Natur, die bis dahin nur von den Kräften der Natur (*guṇas)* angetrieben wurde, wird ersetzt durch eine höhere Natur (*svarūpa*) – das eigene wahre Wesen. Wer in *Babaji's Kriya Yoga* eingeweiht ist, kann dies als *svarūpa samādhi* bzw. das goldene *samādhi* erkennen, von dem überall in der tamilischen *Yoga Siddha*-Literatur die Rede ist. In diesem Zustand werden selbst die Zellen des physischen Körpers in ihrer begrenzten Struktur und Programmierung vom *samādhi*-Bewußtsein durchdrungen und erstrahlen in goldenem Licht. Alle 18 *Siddhas* der tamilischen *Yoga Siddha*-Tradition berichteten von diesem *svarūpa samādhi* und beschrieben, wie ihre Körper in goldenem Glanz erstrahlten. So sprach zum Beispiel im 19. Jahrhundert der *Siddha Ramalinga Swami* vom "Körper des Lichts der höchsten Gnade."**(18)** und Sri Aurobindo vom "Herabsteigen des Supramentalen." **(19)** Die Gesetze der niederen Natur, die von den Kräften der Natur (*guṇas*) bestimmt werden, werden ersetzt durch eine höhere Natur. Alle sprachen aus eigener persönlichen Erfahrung auf dieser Endstufe der höchsten Transformation.

> Was ist das Zeichen von *svarūpa mukti* [Befreiung der Form in und aus ihr selbst]?
> Der physische Körper erstrahlt im Feuer der Unsterblichkeit. - *Roma Rishi*

Tirumūlar spricht in Dutzenden von Versen von *svarūpa* als „leuchtender Erscheinung des Selbst."

> Wenn *jīva Śiva* geworden ist
> Und die drei *malas* beseitigt sind,
> Im Aufstieg zu den drei Bereichen,
> Wo Wunsch und Wunschlosigkeit aufgehört haben,
> Der Körper den Zustand von
> *Satya-jñāna-ānanda*-Glückseligkeit erreicht hat,
> Dort im höchsten *turīya* von *jīva*
> Findet sich die leuchtende Erscheinung des Selbst (*svarūpa*). (TM 2834)
>
> Und der Heilige Meister, *Parama Guru* (oberster *guru*)
> Durchdringt als *Para* fortwährend alles.
> In diesem allgegenwärtigen Zustand
> Läßt er sein strahlendes Licht (*svarūpa*) leuchten,
> Wenn *jīva* den endgültigen *turīya*-Zustand erreicht. (TM 2835)

In diesem „endgültigen *turīya*-Zustand" geht die individuelle Seele (*jīva*) im Höchsten Wesen auf und erlangt den feinstofflichen *Śiva*-Zustand einer strahlenden Erscheinung des Selbst. Dabei kommt es nicht darauf an, ob der *yogin* weiterhin in dieser Welt mit einem Körper in Erscheinung tritt oder nicht. Man ist nicht mehr den normalen Gesetzen und Kräften der Natur unterworfen. Wenn man diese Welt verläßt, dann nicht, weil der Körper verfällt und stirbt. Wie Babaji es ausdrückte: "Der Tod ist ein Scherz für mich, denn ich bin der Tod des Todes."**(20)**

> Dieser eine ist immer allein:
> Transzendiere die fünf *kalas*,
> Sei im Wachzustand (*turīya*).
> Erreiche den einsamen Zustand des Höheren *kevala*

Und sei dort ganz allein,
ohne jede Empfindung.
Voll Begeisterung tritt ein in den *(turīya) atita* Zustand:
Dann bist du der *Tat-Para* selbst. (TM 2450)

"Gesegnete Schwester", sprach Babaji, "ich habe vor, meinen Körper aufzulösen und im Strom der Unendlichkeit unterzutauchen."

"Ich habe dies bereits vorausgeahnt, geliebter Meister, und möchte heute mit dir darüber sprechen. Warum willst du deinen Körper aufgeben?" Mit diesen Worten schaute die Heilige ihn flehentlich an. "Macht es einen Unterschied, ob ich eine sichtbare oder unsichtbare Welle im Meer meines Geistes bin?" Da erwiderte Mataji mit drolliger Schlagfertigkeit: "Unsterblicher Guru, wenn es keinen Unterschied macht, so gib deinen Körper bitte niemals auf."

"Es sei, wie du sagst", erwiderte Babaji feierlich. "Ich will meinen irdischen Körper niemals auflösen, sondern zumindest einer kleinen Anzahl von Menschen auf dieser Erde immer sichtbar bleiben. Der Herr hat Seinen Wunsch durch deinen Mund kundgetan."..."Fürchte dich nicht, Ram Gopal", sprach er, "dir ist großer Segen widerfahren, weil du Zeuge dieses ewigen Versprechens sein durftest."...

"Später erklärte mir Lahiri Mahasaya noch viele metaphysische Einzelheiten, die Gottes geheimen Plan für unsere Erde betreffen", schloß Ram Gopal. "Babaji ist von Gott auserwählt worden, während dieses gegenwärtigen Weltenzyklus in seinem Körper weiterzuleben. Zeitalter werden kommen und gehen, doch der unsterbliche Meister wird auf dieser Erdenbühne immer zugegen sein." **(21)**

Übung: Stell dir ein lebendes göttliches Wesen wie Babaji vor, frei von den Einschränkungen durch die Qualitäten bzw. Kräfte der Natur und die begrenzten Funktionen eines normalen Geistes und Körpers. Lerne und übe *vijñāna Babaji darśana kriyā,* in welche man in *Babaji's Kriya Yoga,* Stufe III, eingeweiht wird.

AUM TAT SAT

OM KRIYA BABAJI NAMA AUM

Die 195 Kriya-Yoga-Sūtras des Patañjali in fortlaufender Übersetzung

Kapitel I: SAMĀDHI PĀDA
Kognitive Versenkung

1. Jetzt [beginnt] die Darstellung des Yoga.
2. Yoga ist das Aufhören der [Identifizierung mit den] Fluktuationen [die im] Bewusstsein [entstehen].
3. Dann ruht der Sehende in seinem wahren Wesen.
4. Andernfalls kommt es zu einer Identifizierung [des individualisierten Selbst] mit den Fluktuationen [des Bewusstseins].
5. Die Fluktuationen [des Bewusstseins] sind von fünferlei Art, belastend und nicht-belastend.
6. Diese fünf sind: die Mittel, um wahres Wissen zu erlangen, Irrtum, falsche Vorstellung, Schlaf und Erinnerung.
7. Die Mittel, um wahres Wissen zu erlangen, sind: Wahrnehmung über die fünf Sinne, Schlussfolgerung und das Studium heiliger Schriften.
8. Irrtum ist falsches Wissen, das nicht auf dem wahren Wesen der Dinge beruht.
9. Falsche Vorstellung ist das Ergebnis von Wissen [das erworben wurde] durch verbale Kommunikation ohne eine wirklich vorhandene Substanz.
10. Die Fluktuation des Schlafs beruht auf einem Glauben an Nicht-Existenz.
11. Erinnerung heisst, etwas, das erfahren wurde, nicht [aus dem Bewusstsein] loszulassen.
12. Durch ständiges Üben und durch Loslassen [kommt es zum] Aufhören [der Identifizierung mit den Fluktuationen des Bewusstseins].
13. In diesem Zusammenhang ist das Bemühen [im Zustand des Aufhörens der Identifikation mit den Fluktuationen des Bewusstseins] zu bleiben, ein ständiges Üben.
14. Dieses [Üben] wird jedoch [nur] fest fundiert, wenn es sorgfältig und ununterbrochen über eine lange Zeit erfolgt.
15. Gelassenheit ist das Zeichen der Meisterschaft desjenigen, der etwas sieht oder hört, ohne danach zu verlangen.
16. Dieses Freiwerden von den Kräften [der Natur, das sich ergibt] durch die [Selbst-] Verwirklichung des Menschen, ist das Höchste.
17. Die objekt-orientierte [*saṃprajñāta*] kognitive Versenkung wird begleitet von Beobachtung, Reflexion, Freude und Bewusstheit des Selbst.
18. Nach ständigem Üben [ergibt sich] mit dem Gedanken des Loslassens der andere [nicht-objekt-orientierte Zustand der kognitiven Versenkung, " *asaṃprajñāta samādhi*", bei dem noch] Reste unterbewusster Prägungen [vorhanden sind].

19. Diejenigen [*yogins*], die [aus dem] körperlos[en Zustand heraus wieder] mit der Natur verschmelzen, [haben] die Motivation, sich weiter zu entwickeln.
20. Andere [*yogins*] [erreichen die nicht-objekt-orientierte kognitive Versenkung] durch tiefe Hingabe, innere Kraft, Achtsamkeit, meditative Versenkung und Erkenntnis.
21. [Die Übenden, die in ihrer Übungspraxis] absolut konsequent [sind, sind der kognitiven Versenkung] sehr nahe.
22. Der wesentliche Unterschied [wie schnell die kognitive Versenkung erreicht wird, liegt] somit [darin, ob die Übungspraxis des *yogin*] mit geringem, mäßigem oder starkem Einsatz [ausgeführt wird].
23. Oder [man erreicht die kognitive Versenkung] durch totale Hingabe an Gott.
24. *Īśvara* ist das besondere Selbst, unberührt von Belastungen, Handlungen, deren Auswirkungen oder irgendwelchen unterschwelligen Eindrücken von Wünschen.
25. Dort [im Allerhöchsten] ist die letzte Quelle [der Entfaltung] allen Wissens.
26. Unberührt durch die Zeit, ist er der Lehrer selbst der ältesten Lehrmeister.
27. Das Wort, das [*īśvara*] offenbart, ist der mystische Laut *Oṃ* [*AUM*].
28. [Deshalb sollte man diese heilige Silbe *Oṃ*] immer wiederholen und dabei mit Hingabe über ihren Sinn nachdenken.
29. [Durch diese Übung] erreicht man die "innere Selbst-Bewusstheit" und das Verschwinden [aller] Hindernisse.
30. Krankheit, Stumpfsinn, Zweifel, Nachlässigkeit, Faulheit, Genusssucht, irrige Meinung, Haltlosigkeit und Wankelmütigkeit – diese Ablenkungen des Bewusstseins sind Hindernisse.
31. Die Begleiterscheinungen [dieser] Ablenkungen sind Zittern von Körperteilen, unregelmäßige Atmung, Depression und Angst.
32. Die Konzentration auf eine einzige Sache ist der beste Weg, um [die Hindernisse und ihre Begleiterscheinungen] auszuschalten.
33. Indem man Freundlichkeit gegenüber den Glücklichen, Mitgefühl gegenüber den Unglücklichen, Freude gegenüber den Tugendhaften und Gleichmut gegenüber den Untugendhaften praktiziert, bewahrt der Geist seine ungestörte Ruhe.
34. [Diese ungestörte Ruhe des Geistes wird] auch [erreicht] durch [bewusste] Ausatmung und Anhalten des Atems.
35. Oder die Stabilisierung des Geistes wird erreicht durch Ausrichtung auf [einen Fokus in der] Welt der Sinne.
36. Oder [indem man sich konzentriert auf] das ewig glückselig machende höchste Licht im Inneren, [lässt man alles Leid hinter sich und gelangt zu Klarheit].
37. Oder [diese ungestörte Ruhe des Geistes wird erreicht, wenn] das Bewusstsein [ausgerichtet ist auf den Geist jener großen Seelen], die emotionale Abhängigkeiten überwunden haben.
38. Oder [diese ungestörte Ruhe des Geistes] wird unterstützt durch Erkenntnisse, die in Träumen und im Schlaf auftauchen.
39. Oder durch ein nach [eigenen] Wünschen [beliebig gewähltes] Meditationsthema.
40. [Allmählich] dehnt sich die Beherrschung [der Konzentration] aus vom kleinsten [atomaren Teilchen] bis zur gewaltigsten Größe.
41. Ebenso wie ein reiner Kristall die Farben [oder Formen] der in der Nähe befindli-

chen Objekte annimmt, so [kommt es zur] kognitiven Versenkung, wenn sich die Fluktuationen des Bewusstseins [durch verschiedene Mittel] verringert haben – der Erkennende, das Erkannte und ihre Beziehung zueinander sind nicht mehr zu unterscheiden.

42. Die kognitive Versenkung, bei der die Subjekt-Objekt-Identifikation durchsetzt ist mit spontan auftauchenden Worten, Objekten und Erkenntnissen über konkrete Objekte, wird als "*savitarkā samādhi*" bezeichnet: *samādhi* mit Reflexion.
43. Die kognitive Versenkung, bei der die Subjekt-Objekt Identifikation vollständig gereinigt ist von äusseren Eindrücken und man sozusagen leer geworden ist, reduziert auf den eigenen Wesenskern, leuchtend ohne jede Reflexion, ist "*nirvitarka samādhi*."
44. Ähnlich werden [die Zustände der kognitiven Versenkung] in feinstoffliche Meditationsobjekte erklärt, [bei denen die Subjekt-Objekt-Identifikation] gemischt [ist] mit Worten und Reflexionen – "*savicāra*" *samādhi*] – bzw. ohne Worte und Reflexionen [abläuft] – "*nirvicāra*" *[samādhi].*
45. Die feinstoffliche Natur der Dinge endet im Unmanifestierten.
46. Und eben diese kognitiven Versenkungen bergen [noch] Keime.
47. Im reinen Zustand von *nirvicāra samādhi* [Versenkung ohne Worte und Reflexion] [erstrahlt] das Höchste Selbst in ungestörter Ruhe.
48. In diesem [*nirvicāra-samādhi*-Zustand der Versenkung ohne Worte und Reflexion] erfasst das Bewusstsein die Wahrheit.
49. Diese besondere Wahrheit hat ihren eigenen Zweck, anders als Wissen, Schlussfolgerung oder das Studium heiliger Schriften.
50. Die unterbewussten Eindrücke, die aus dieser [die Wahrheit erfassenden Bewusstheit] entstehen, verhindern [das Aufkommen] anderer unterbewusster Eindrücke.
51. Mit dem Aufhören [der Identifizierung mit] selbst diesem letzten Eindruck [„Ich bin"], während alle [anderen] ausgeschaltet sind, ergibt sich "*nirbija samādhi*", die kognitive Versenkung ohne Keime.

Kapitel II: SADHANA-PĀDA
Disziplin

1. Intensive Übungspraxis, Selbst-Studium und Hingabe an Gott – das ist *kriyā yoga.*
2. [Sie dienen] dem Zweck, die Belastungen zu verringern [und] sich in der kognitiven Versenkung zu üben.
3. Unwissenheit, Egoismus, Anhänglichkeit, Abneigung und Festhalten am Leben sind die fünf Belastungen.
4. Unwissenheit ist der Nährboden, [auf dem die anderen] Belastungen [gedeihen]. Sie können unterschwellig, abgeschwächt, mit Unterbrechungen oder stark ausgeprägt sein.
5. Unwissenheit heißt, das Vergängliche als unvergänglich, das Unreine als rein, das Leidvolle als freudvoll und das Nicht-Selbst als das Selbst zu sehen.

6. Egoismus ist die fälschliche Identifikation der Kräfte des Sehenden [*puruṣa*] mit denen des Instruments des Sehens [Körper-Geist].
7. An etwas hängen heißt, sich an das Vergnügen klammern.
8. Abneigung heißt, sich an das Leid klammern.
9. Sich an das Leben klammern [aus] Selbsterhaltungstrieb kommt selbst bei Weisen vor.
10. Diese [Belastungen] werden [in ihrer] feinstofflichen [Form] zerstört, indem man [ihre] Ursache[n] zurückverfolgt bis zu [ihrem] Ursprung.
11. [Im aktiven Stadium] werden diese Fluktuationen [die im Bewusstsein entstehen] durch Meditation beseitigt.
12. Das gespeicherte *Karma*, das in den Belastungen verwurzelt ist, wird in der sichtbaren [gegenwärtigen] oder unsichtbaren [künftigen] Existenz erfahren.
13. Solange die Wurzeln vorhanden sind, solange gibt es [deren] Früchte, [nämlich] Geburt, Leben und [deren] Erfahrungen.
14. Durch tugendhaftes uns untugendhaftes *Karma* ergeben sich [entsprechend] angenehme und leidvolle Konsequenzen.
15. Aufgrund des Konflikts zwischen den Fluktuationen [des Bewusstseins] und den grundlegenden Kräften der Natur sowie aufgrund des Leids, [das sich] aus den unterbewussten Prägungen, aus Verlangen und Veränderungen [ergibt], ist für einen Menschen, der urteilt, in der Tat alles beklagenswert.
16. [Was] beseitigt werden sollte, ist die Sorge um die Zukunft.
17. Die Ursache [des Leidens], die zu beseitigen ist, ist die Verbindung zwischen dem Sehenden und dem Gesehenen.
18. Das Gesehene hat die Eigenschaften der Klarheit, Aktivität und Trägheit; es besteht aus den Elementen und den Sinnesorganen, die den Zweck haben, [sowohl] Erfahrung zu vermitteln als auch die Befreiung [des Selbst] herbeizuführen.
19. Die Kategorien der grundlegenden Kräfte der Natur sind: spezifisch, unspezifisch, definiert und undefinierbar.
20. [Als] reines [Wesen] nimmt der Sehende durch die bloße Kraft des Sehens [direkt] Gedanken wahr.
21. Das Gesehene [existiert] nur um des Selbst willen.
22. Für den, der das Ziel [der Befreiung] erreicht hat, verschwindet [das Gesehene. Es] wird [jedoch] nicht zerstört, da es allgemein gültig ist.
23. Die Verbindung zwischen dem Besitzer [*puruṣa*] und dem Besitz [*prakṛti*] führt zum Erkennen des Wesens und der Kraft beider.
24. Die Ursache dieser Verbindung ist Unwissenheit.
25. Ohne diese Unwissenheit [*avidyā*] gibt es eine solche Verbindung [*saṃyoga*] nicht. Das ist die totale Befreiung [*kaivalyam*] vom Gesehenen [*dṛśeh*].
26. Ständig zu unterscheiden wissen ist das Mittel, um sie zu beseitigen.
27. Die Weisheit im Endstadium ist siebenfach.
28. Indem man die Glieder des Yoga praktiziert, verschwinden allmählich die Unreinheiten, und es dämmert das Licht der Weisheit, das zum Unterscheidungsvermögen führt.
29. Die acht Glieder des Yoga sind: *yama*/Selbstbeschränkung, *niyama*/Verhaltensregeln,

āsana/Körperhaltung, *prāṇāyāma*/Atemkontrolle, *pratyāhāra*/Rückzug der Sinne, *dhāraṇā*/Konzentration, *dhyāna*/Meditation, *samādhi*/kognitive Versenkung.

30. Die Selbstbeschränkungen sind Gewaltlosigkeit, Wahrheitsliebe, Nicht-Stehlen, Enthaltsamkeit und Begierdelosigkeit.
31. Dieses Grosse Gelübde ist universell, unabhängig von Status, Ort, Zeit oder Umständen.
32. Die Verhaltensregeln [*niyamas*] sind Reinheit, Zufriedenheit, Selbstzucht, Selbst-Studium und Hingabe an Gott.
33. [Wenn man] durch negative Gedanken behindert wird, sollte man sich gegenteiliger [d. h. positiver] Gedanken befleissigen. [Das ist] *pratipakṣa bhāvanam.*
34. Wenn man negative Gedanken hegt oder Taten wie Gewaltakte etc. ausführt, sie veranlasst oder auch nur billigt – ob dies nun aus Gier, Wut oder Selbst-Täuschung geschieht, ob in geringem, mäßigem oder starkem Ausmaß – sie basieren auf Unwissenheit und führen zu endlosem Leid. [Deshalb] sollte man gegenteilige Gedanken hegen.
35. In der Gegenwart eines Menschen, der sich die Gewaltlosigkeit zur Lebensgrundlage gemacht hat, hören alle Feindseligkeiten auf.
36. Ein Mensch, dessen Basis die Wahrheit ist, bestimmt die Handlungen und deren Ergebnisse.
37. Reichtum kommt zu allen, deren Basis das Nicht-Stehlen ist.
38. Wer sich die Keuschheit zum Prinzip gemacht hat, gewinnt Vitalkraft.
39. Wenn jemand in der Begierdelosigkeit gefestigt ist, erkennt er das Wie und Warum seines Lebens.
40. Durch Reinigung entsteht eine spontane Distanzierung des eigenen Körpers vom Kontakt mit anderen [Körpern].
41. Außerdem erlangt man die Reinheit des Seins, innere Freude, Ein-Punktigkeit sowie die Herrschaft über die Sinne und wird fähig zur Selbst-Verwirklichung.
42. Durch Zufriedenheit wird größte Freude gewonnen.
43. Durch Selbstzucht werden die Unreinheiten des Körpers und der Sinne beseitigt und Vollkommenheit erreicht.
44. Durch Selbst-Studium [wird man] Eins mit der gewählten Gottheit.
45. Durch totale Hingabe an Gott wird die kognitive Versenkung erreicht.
46. Āsana ist eine stabile, angenehme Körperhaltung.
47. Durch Entspannung und [Ausrichtung auf] die unendliche Einheit [wird *samādhi* erreicht].
48. Danach ist man unverletzbar durch Gegensätze.
49. Dabei [in diesen Körperhaltungen] heißt Atembeherrschung die Kontrolle der Bewegungen von Ein- und Ausatmung.
50. Die Kontrolle des Atems erfolgt beim Einatmen, Ausatmen und Atemanhalten. Er wird gemessen nach Zeit, Raum und Zahl und [wird] lang und fein.
51. Viertens gibt es die Lücke [zwischen] der Ein- und Aus-[Atmung].
52. Dadurch wird der Schleier von dem [inneren] Licht entfernt.
53. Und der Geist wird fähig zur Konzentration.
54. Wenn die Sinne sich von ihren eigenen Objekten zurückziehen und der eigenen Ge-

dankenform ähnlich werden – das ist Rückzug der Sinne.
55. Dann [sollte sich] die vollkommene Beherrschung der Sinne [ergeben].

Kapitel III: VIBHŪTI PĀDA
Außergewöhnliche Fähigkeiten

1. Konzentration heißt, das Bewusstsein an eine Stelle, ein Objekt oder einen Gedanken zu binden.
2. Meditation ist in diesem Zusammenhang die Erfahrung, den Geist auf nur ein Objekt auszurichten.
3. Kognitive Versenkung [*samādhiḥ*] ist die Meditation, [bei der] das ganze Objekt [als Bewusstsein] erstrahlt, so als ob es seiner individuellen Form entkleidet sei.
4. Die Praxis dieser drei [*dhāraṇa, dhyāna* und *samādhi*] zusammen, auf ein Objekt gerichtet, ist das Eins-werden [*saṃyama*].
5. Durch Beherrschung [des Eins-werdens] geht das Licht der Erkenntnis auf.
6. Der Fortschritt erfolgt in Stufen.
7. [Verglichen mit den] vorangegangenen Gliedern, sind [diese] drei [zusammen] die inneren Glieder [des *aṣṭāṅga yoga*].
8. Diese drei sind wiederum die äußeren Glieder der folgenfreien kognitiven Versenkung [*samādhi*].
9. Wenn die unruhigen [Bewegungen], die im Bewusstsein aufsteigen [durch] Selbstbeherrschung überwunden werden und abklingen, wird im gleichen Moment die Selbstbeherrschung in das Unterbewusstsein eingeprägt.
10. Der ruhige Fluss reinigender Transformation entsteht durch unterbewusste Prägungen.
11. Wenn die Vergegenständlichung schwindet und die Ein-Punktigkeit auftritt, entwickelt sich die kognitive Versenkung [*samādhi*] des Geistes.
12. Wenn sich also die Motivationen, die das wiederholte Hochkommen und Abklingen [der Gedanken] steuern, ähnlich werden, kommt es zu einer Veränderung [hin zur] Ein-Punktigkeit des Bewusstseins.
13. Dadurch ist die Veränderung der Sinnesorgane und Elemente in ihrer Eigenart, ihren [zeitbedingten] Merkmalen und ihrem [allgemeinen geistigen] Zustand hinreichend erklärt.
14. Das, [was] bestimmten Naturgesetzen [d. h. *prakṛti*] unterworfen ist, ist in seinem Wesen zur Ruhe gekommen, manifestiert und unbestimmt.
15. Die Differenzierung in der Aufeinanderfolge [dieser verschiedenen Phasen] ist die Ursache für die Unterschiede in [den Stadien] der Evolution.
16. Durch Eins-werden mit den drei [Stadien der] Evolution ergibt sich Wissen über Vergangenheit und Zukunft.
17. Durch die gegenseitige Überlagerung von Worten, [ihren] Bedeutungen und Motiva-

tionen [ergibt sich] Verwirrung; [aber] durch das Eins-werden, [ausgerichtet auf deren Unterscheidung, erlangt man] die Kenntnis der Sprachen aller Lebewesen.

18. Das Wissen über frühere Leben [ergibt sich] aus der intuitiven Wahrnehmung unterbewusster Eindrücke.
19. [Ähnlich ist man durch intuitive Wahrnehmung der] Motivation [eines anderen in der Lage], dessen Gedanken zu lesen.
20. Aber [das Lesen der Gedanken eines anderen] hat keine [echte] Basis, denn es gibt kein Objekt auf der Ebene der Elemente.
21. Durch Eins-werden mit der Erscheinung des Körpers [ergibt sich] durch Aufhebung seiner Eigenschaft, wahrnehmbar zu sein, mit der Unterbrechung des Lichts [das der betreffende Körper aussendet] Unsichtbarkeit für das Auge.
22. *Karma* ist entweder latent oder manifestiert. Wenn man das Eins-werden darauf oder auf die Zeichen des nahenden Todes ausrichtet, [entsteht] Wissen über den Tod.
23. [Durch Eins-werden] mit Freundlichkeit und anderen derartigen Eigenschaften [erlangt man] die Kraft, [diese zu übertragen].
24. [Durch Eins-werden] mit den Kräften von Elefanten und anderen [derartigen Tieren gewinnt man] deren Stärke.
25. Indem man das Eins-werden auf die erleuchteten inneren Sinne ausrichtet, erlangt man Wissen über das, was feinstofflich, verborgen und weit entfernt ist.
26. Durch Eins-weren mit der Sonne erlangt man Wissen über die Welt und den Kosmos.
27. [Durch Eins-werden] mit dem Mond [ergibt sich] Wissen [über die] Konstellationen der Sterne.
28. [Durch Eins-werden] mit dem Polarstern ergibt sich Wissen [über] die Bewegungen der Sterne.
29. [Durch Eins-werden] ausgerichtet auf das Nabel-Chakra erhält man Wissen über die Konstitution des Körpers.
30. [Durch Eins-werden], ausgerichtet auf die Halsgrube, hören Hunger und Durst auf.
31. [Durch Eins-werden], ausgerichtet auf *kūrma nāḍī* [den Schildkrötenkanal], wird Bewegungslosigkeit erreicht.
32. [Durch Eins-werden] mit dem Licht [am Scheitelpunkt] des Kopfes erlangt man eine Vision vollendeter Meister.
33. Oder alle [die Kräfte ergeben sich von selbst durch] einen Blitzstrahl der Erleuchtung.
34. [Durch Eins-werden] im Herz-Zentrum [erlangt man] Wissen [über die Beschaffenheit] des Bewusstseins.
35. [Wenn es] Hintergedanken gibt, macht man die Erfahrung, [dass] kein Unterschied [besteht zwischen] der Wahrnehmung des manifestierten Seins in der Natur und dem Selbst. [Wenn man] das Eins-werden um seines selbst willen [praktiziert, gelangt man zur] Erkenntnis des Selbst.
36. So entstehen plötzliche intuitive Wahrnehmungen [auf der Basis von] Hören, Tasten, Sehen, Schmecken und Riechen.
37. Diese Fähigkeiten sind Hindernisse für die kognitive Versenkung. Im Wachzustand sind sie jedoch außergewöhnliche Fähigkeiten.

38. Durch die Lockerung der Bindungszwänge und das Wissen um die Manifestation [ist] der Eintritt in ein anderes Körperbewusstsein [möglich].
39. Durch Beherrschung der Lebenskraft im oberen Bereich des Körpers [erlangt der *yogin* die Kraft, die ihn] unverletzbar [macht] gegenüber Wasser, Schlamm und Dornen [sowie fähig zur] Levitation.
40. Durch Beherrschung der Lebenskraft in der Bauchgegend [entsteht] Ausstrahlung.
41. [Durch Eins-werden] mit der Beziehung zwischen Ohr und Äther, entsteht Hellhören.
42. [Durch Eins-werden] mit der Beziehung zwischen Körper und Raum und [indem man sich im Zustand der] kognitive[n] Versenkung [befindet, ausgerichtet auf] leichte [Gegenstände wie] Watte, [erlangt man die Fähigkeit, sich frei im] Raum [zu bewegen].
43. Bei dieser großartigen Erfahrung der Körperlosigkeit sind die Fluktuationen im Bewusstsein nicht fassbar. Sie werden empfunden als etwas außerhalb des Körpers, und dadurch löst sich allmählich der Schleier vor dem Licht des Selbst.
44. Durch Eins-werden mit den Objekten [der Natur] auf ihrer grob- und feinstofflichen Ebene, mit ihrer Substanz, ihren Wechselbeziehungen und ihrem Sinn und Zweck, erlangt man die Beherrschung der fünf Elemente.
45. Dann zeigen [sich] Kräfte wie die Fähigkeit, winzig wie ein Atom zu werden usw., Vollkommenheit des Körpers und Unverletzbarkeit seiner Funktionen.
46. Schönheit, Anmut, Kraft und außergewöhnliche Widerstandsfähigkeit [machen] die Vollkommenheit des Körpers [aus].
47. Durch Eins-werden mit der [Fähigkeit der] Wahrnehmung und der Wesensart sowie dem Ego, deren Wechselbeziehung und Sinn und Zweck, gelangt man zur Beherrschung der Sinnesorgane.
48. Daraus ergeben sich Schnelligkeit des Geistes, über das Körperliche hinausgehende Sinnesfähigkeiten und die Beherrschung der ursprünglichen Natur.
49. Durch die Unterscheidung zwischen dem Selbst und dem Sein erlangt [der *yogin*] die Beherrschung aller [Daseins-]Formen sowie Allwissenheit.
50. Durch Loslösung selbst von [den *siddhis* der Allwissenheit und Allmacht] erlangt man [durch die] Zerstörung der Keime dieser Hindernisse die absolute Freiheit.
51. [Selbst] wenn ihn himmlische Wesen locken, [sollte der *yogin*] sich nicht binden oder hochmütig werden, [weil sich damit] unerwünschte und erneute niedere Tendenzen [entwickeln können].
52. Es gibt ein Wissen, das entsteht aus dem Fähig-werden zur Unterscheidung durch Eins-werden mit der zeitlichen Abfolge einzelner Augenblicke.
53. So ergibt sich die Wahrnehmung von zwei [Dingen], die einander ähnlich sind [aufgrund der Tatsache, dass] sie nicht voneinander abgegrenzt sind durch Unterschiede in ihrem Ursprung, ihren Merkmalen und ihrer Position.
54. Und, so heißt es, dass das aus Unterscheidung hervorgegangene Wissen befreiend ist, ohne zeitliche Abfolge und alle Zustände und Zeiten [einschließend].
55. Im Gleichsein der Reinheit von Dasein und Selbst liegt die totale Befreiung.

Kapitel IV: KAIVALYA-PĀDA
Absolute Freiheit

1. Die außergewöhnlichen Fähigkeiten sind angeboren, werden durch Kräuter, *mantras*, intensive Übungspraxis und kognitive Versenkung erreicht.
2. Die Transformation in eine andere Existenzform [ist zurückzuführen auf] die gewaltigen Möglichkeiten, die der Natur innewohnen.
3. Gelegentliche Ereignisse führen nicht [direkt] zur natürlichen Evolution. Sie beseitigen jedoch die Hindernisse, ebenso wie ein Bauer [der die Hindernisse von einem Wasserlauf entfernt, der zu seinem Feld hinfließt].
4. Das individualisierte Bewusstsein [entsteht] nur aus den Begrenzungen des Egoismus.
5. [Obwohl es individualisiertes Bewusstsein] in verschiedenen Aktivitäten [gibt], ist doch die Antriebskraft der vielen [individualisierten Bewusstseine] das eine Bewusstsein.
6. Dort ist [das, was] aus der Meditation entsteht, ohne Rückstand.
7. Das *karma* des *yogin* ist weder weiß noch schwarz; [aber das *karma* der] anderen ist von dreierlei Art.
8. Hiervon treten nur diejenigen unterbewussten Prägungen hervor, die günstige Reifebedingungen für ihre Früchte finden.
9. Da die Erinnerung und die im Unterbewusstsein zurückgebliebenen Eindrücke gleichartig sind, gibt es eine Verbindung, selbst [wenn es sich um] verschiedene Leben, Orte und Zeiten [handelt].
10. Diese [Eindrücke] sind ohne Anfang, da Wünsche ewig sind.
11. Die Eindrücke, die zusammengehalten werden durch Ursache und Wirkung, durch eine Basis sowie durch Unterstützung, verschwinden, wenn diese vier verschwinden.
12. Vergangenheit und Zukunft existieren im wahren Wesen der Dinge, das sich entsprechend der Unterschiede in dem [von der Natur hervorgebrachten] Fluss der Formen manifestiert.
13. Diese Formen haben grobstoffliche und feinstoffliche Naturkräfte.
14. Aus der Gleichheit der Veränderung ergibt sich die Wirklichkeit eines Objekts.
15. Aufgrund der Vielfalt des Bewusstseins kann die Art [der Wahrnehmung] selbst der gleichen Objekte variieren.
16. Die Existenz eines Objekts ist auch nicht von einem einzigen Bewusstsein abhängig, denn wenn dem so wäre, was würde aus diesem Objekt, wenn es von jenem Bewusstsein nicht wahrgenommen würde?
17. Ein Objekt ist bekannt oder unbekannt je nachdem, ob das Bewusstsein durch dieses gefärbt ist oder nicht.
18. Die Fluktuationen des Bewusstseins sind immer bekannt, weil das Selbst, [das die] höchste Instanz [ist], unveränderlich ist.
19. Diese [Fluktuationen des Bewusstseins] strahlen selbst kein Licht aus, weil sie [Objekte sind, die] gesehen werden.

20. Folglich kann das Bewusstsein nicht gleichzeitig beide [Subjekt und Objekt] wahrnehmen.
21. Wenn man davon ausginge, dass ein Bewusstsein von einem anderen [Bewusstsein] wahrgenommen wird, müsste man annehmen, dass es in diesem Prozess eine unbegrenzte Regression gibt, und das würde zu Gedächtnisverwirrung führen.
22. Wenn das unwandelbare transzendentale Bewusstsein die Form von jenem [Bewusstsein] annimmt, [wird] die Wahrnehmung des eigenen Intellekts [möglich].
23. Alle Objekte des Geistes sind gefärbt durch den Seher und das Gesehene.
24. Jenes [Bewusstsein] existiert, obwohl es voll unzähliger unterbewusster Eindrücke ist, um eines anderen [des Selbst] willen, denn es kann nur in Verbindung mit diesem handeln.
25. Jemand, der den Unterschied erkennt zwischen Wahrnehmung und dem Selbst, wird endgültig aufhören [ein falsches Selbstgefühl] zu hegen.
26. Dann wird das Bewusstsein zur absoluten Freiheit hingezogen und neigt zur Erkenntnis.
27. Dazwischen [können] aufgrund unterbewusster Prägungen andere Gedanken [auftauchen].
28. Sie können beseitigt werden wie die Belastungen [wie oben erwähnt].
29. Wenn man kein Interesse mehr an Belohnung hat und ständig zu unterscheiden weiß, folgt das Stadium der kognitiven Versenkung, das als Wolke des *dharma* bezeichnet wird.
30. Damit hören die Belastungen und das Handeln auf.
31. Dann sind alle Verschleierungen und Unreinheiten der Wahrheit beseitigt. Aufgrund der Unendlichkeit dieser Weisheit bleibt fast nichts zu wissen übrig.
32. Dann beenden die Gunas die Folge ihrer Transformationen, denn sie haben ihren Zweck erfüllt.
33. Der Ablauf der Zeit und [sein] Gegenpart, der Augenblick, hören mit dem Ende der Transformation auf zu sein.
34. So manifestiert sich die höchste Stufe der absoluten Freiheit, indem die grundlegenden Kräfte der Natur wieder in dieser aufgehen, da ihre Aufgabe, dem Selbst zu dienen, erfüllt ist. Oder [anders ausgedrückt] die Kraft des reinen Bewusstseins kommt in ihrem eigenen wahren Wesen zur Ruhe.

AUM TAT SAT

ANMERKUNGEN ZUR EINFÜHRUNG UND DEN KAPITELN

EINFÜHRUNG TEIL 1

1. Govindan, M. Herausgeber, "Thirumandiram: A Classic of Yoga and Tantra", von Siddha Tirumular, Kriya Yoga Publications, St. Etienne de Bolton, Quebec, Canada, 1992
2. Ganapathy,T.N. S. 36, S. 59 nennt 15 verschiedene Listen der 18 Siddhas
3. Feuerstein, Georg, "The Yoga-Sutra of Patanjali: A New Translation and Commentary," Inner Traditions, Rochester, Vermont, 1989
4. Satchitananda, Swami, "Integral Yoga: the Yoga Sutras of Patanjali," Integral Yoga Publications, Buckingham, Virginia, 1984
5. Aranya, Swami Hariharananda, "Yoga Philosophy of Patanjali", University of Calcutta Press, 48 Hazra Road, Calcutta, 700019
6. White, David Gordon, "The Alchemical Body: Siddha Traditions in Medieval India," University of Chicago Press, Chicago, 60637, 1996
7. Zvelebil, Kamil V. "The Poets of the Powers: Freedom, Magic, and Renewal," Integral Publishing, Lower lake, California, 1993. Nur noch zu beziehen über Kriya Yoga Publications, St. Etienne de Bolton, Quebec, Canada.
8. Govindan, M. "Babaji and the 18 Siddha Kriya Yoga Tradition", 4. Auflage, Kriya Yoga Publications, St. Etienne de Bolton, Quebec, Canada, 1998 (deutsch "Babaji, Kriya Yoga und die 18 Siddhas", Freiburg 1996)

EINFÜHRUNG TEIL 2

1. Feuerstein, Georg, "The Yoga-Sutra of Patanjali: A New Translation and Commentary", Inner Traditions, Rochester, Vermont, 1989, S. 78.
2. Feuerstein, Georg, "Yoga Sutra: An Exercise in the Methodology of Textual Analysis", New Delhi, 1979. Zu beziehen über den Autor beim Yoga Research and Education Center, P.O. Box 1386, Lower Lake, California, USA, 95457
3. Feuerstein, Georg, "The Yoga-Sutra of Patanjali: A New Translation and Commentary", Inner Traditions, Rochester, Vermont, 1989, S. 59-60
4. Govindan, M. Herausgeber, "Thirumandiram: A Classic of Yoga and Tantra" von Siddha Tirumular, Babaji's Kriya Yoga and Publications, Eastman, Quebec, Canada J0E 1P0, 1993 Vers 67 and 2790.

Kapitel I: SAMĀDHI-PĀDA

1. Aranya, Swami Hariharananda, "Yoga Philosophy of Patanjali", S. 41
2. T.N. Ganapathy, "The Philosophy of the Tamil Yoga Siddhas", S. 30
3. K. Kailasapathay, "The writings of the Tamil Yoga Siddhas", S. 313
4. L. Rose, "Your Mind: The Owner's Manual", herausgegeben von Kriya Yoga Publications
5. T.N. Ganapathy, "The Philosophy of the Tamil Yoga Siddhas", S. 71
6. G. Feuerstein, "The Yoga-Sutra of Patanjali", S. 76

Kapitel II: SĀDHANA-PĀDA

1. Feuerstein, G. Yoga-Sutra, S. 60
2. Ibid., S. 60
3. Ibid., S. 76
4. Ibid., S. 78
5. Ibid., S. 79
6. Feuerstein, G. "Holy Madness"
7. Rose, L. "Your Mind: the Owner's anual"
8. Aurobindo, Sri, "Letters on Yoga", S. 1424-1589
9. Feuerstein, G. "Yoga-Sutra", S. 89

Kapitel III: VIBHŪTI-PĀDA

1. Aurobindo, Sri, "Sri Aurobindo on Himself, Reminiscences and Observations", S. 356
2. Die Mutter, "The Mother's Agenda", 1962, Band 3, S. 201-204
3. Aranya, Swami Haranananda, S. 299-302
4. Aranya, Swami Haranananda, S. 304-305
5. Die Mutter, "The Mother's Agenda, 1962, Band 3, 29. Mai, S. 175
6. Aurobindo, Sri, "Letters on Yoga", "The Divine and Hostile Forces", S. 382-389
7. Die Mutter, "The Mother's Agenda", 1962, Band 3, S. 91
8. Ibid., S. 101
9. Aurobindo, Sri, "Reason, Science and Yoga", S. 222-224
10. Govindan, M. "Babaji and the 18 Siddha Kriya Yoga Tradition"
11. Die Mutter, "The Mother's Agenda", Band 3, 28. August, S. 320-323
12. Chapple and Viraj, S. 104-105
13. Die Mutter, "The Mother's Agenda", 30. Oktober, S. 397-401

Kapitel IV: KAIVALYA-PĀDA

1. Aurobindo, "Glossary of Terms in Sri Aurobindo's Writings", 1978, S. 221
2. Aurobindo, Sri, "The Synthesis of Yoga" und „The Divine Life"
3. Feuerstein, G. "The Yoga-Sutra of Patanjali", S.142
4. Aurobindo, Sri, "The Divine Life"
5. Govindan, M. "Babaji and the 18 Siddha Kriya Yoga Tradition", S. 157 der deutschen Ausgabe
6. Aurobindo, Sri, "Savitri"
7. Die Mutter, "The Mother's Agenda"
8. Aurobindo, Sri, "Sri Aurobindo on Himself", S. 143-172
9. Purani, A.B. "Evening Talks with Sri Aurobindo," 1959, S. 45
10. Die Mutter, "The Mother's Agenda", Band 3, 1962, 5. September, S. 336
11. Hauer, J.W. "Der Yoga", 1958, S. 283-284
12. Aurobindo, Sri, Collected Works, Centennial Edition, Band XXIII, S. 637
13. Chapple, Chris und Viraj, Yogi Anand (Eugene Kelly), "The Yoga Sutras of Patanjali," S. 111
14. Rimpoche, Lati und Hopkins, Jeffrey, "Death, Intermediate State and Rebirth in Tibetan Buddhism," S. 45
15. Feuerstein, G. "The Yoga-Sutra of Patañjali", S. 142
16. *Shantideva*, "A Guide to the Bodhisattva Way of Life", 1992, S. 193
17. Vyasa, *Vasitha*, Buch 5, Kapitel 77
18. M. Govindan, "Babaji and the 18 Siddha Kriya Yoga Tradition", S. 158 der deutschen Ausgabe
19. Ibid., S. 135
20. Neelakantan, V.T., "Babaji's Masterkey to All Ills", 1953
21. P. Yogananda, "Autobiographie eines Yogi", S. 390-392

Bibliographie

1. Übersetzungen

Aranya, Swami Hariharananda, "Yoga Philosophy of Patanjali," 1981, University of Calcutta Press, 48 Hazra Road, Calcutta, 700019

Chapple, Christopher und Yogi Anand Viraj (Eugene P. Kelly Jr.), "The Yoga Sutras of Patanjali: An Analysis of the Sanskrit with Accompanying English Translation", Delhi: Sri Satguru Publications, 1990

Elenjimittam, Anthony, "The Yoga Philosophy of Patanjali", Allahabad: St. Paul Society, 1974

Feuerstein, Georg, "The Yoga-Sutra of Patanjali: A New Translation and Commentary," 1989, Inner Traditions, One Park Street, Rochester, Vermont 05767

Satchitananda, Swami, "The Yoga Sutras of Patanjali," 1978, Integral Yoga Publications, Yogaville, Route 1, Box 172, Buckingham, Virginia, 23921

2. Zitate

Aurobindo, Sri, "Letters on Yoga," Sri Aurobindo Ashram, Pondicherry, India, 605001; zu beziehen über Lotus Light Publications, Box 325, Twin Lakes, Wisconsin, 53181

Aurobindo, Sri, "Sri Aurobindo on Himself, Reminiscences and Observations," zu beziehen über Lotus Light Publications, Box 325, Twin Lakes, Wisconsin, 53181

Feuerstein, Georg, "Holy Madness: The Shock Tactics and Radical Teachings of Crazy Wise Adepts, Holy Fools and Rascal Gurus," 1991, Paragon House, 90 Fifth Ave, New York, N.Y. 10011

Ganapathy, T.N., "The Philosophy of the Tamil Siddhas," 1993, Indian Council of Philosophical Research, zu beziehen über Affiliated East West Press Pvt., Ltd. G-1/6 Ansari Road, Daryaganj, New Delhi, 110002, 1/1 General Patters Road, Madras 600002

Govindan, M. "Babaji and the 18 Siddha Kriya Yoga Tradition," 4. Auflage, 1996, Kriya Yoga Publications, 196 Mountain Road, P.O. Box 90, Eastman, Quebec, Canada, J0E 1P0

(deutsche Ausgabe Freiburg 1996)

Govindan, M. Hrsg., "Thirumandiram: A Classic of Yoga and Tantra", von Siddhar Tirumular, 2. Auflage, 1996, Kriya Yoga Publications, 196 Mountain Road, P.O. Box 90, Eastman, Quebec, Canada J0E 1P0

Hauer, J.W., "Der Yoga," Stuttgart, W. Kohlhammer Verlag, 1958

Kailasapathy, K. "The Writings of the Tamil Siddhas," The Saints: Studies in a Devotional Tradition of India.

Rose, Linda, "Your Mind: the Owner's Manual," 1999, Kriya Yoga Publications, 196 Mountain Road, P.O. Box 90, Eastman, Quebec, Canada J0E 1P0

Shantideva, "A Guide to the Bodhisattva Way of Life," Dharamsala, India: Library of Tibetan Works and Archives, 1992

Swatmarama, Swami, "Hatha Yoga Pradipika," 1993, Bihar School of Yoga.

Die Mutter, "Agenda of the Mother," Institut de Recherches Evolutives, 32 Avenue de l'Observatoire, Paris, France. Zu beziehen über Lotus Light Publications, Box 325, Twin Lakes, Wisconsin,USA, 53181

Venkatesananda, Swami, "The Concise Yoga Vasistha," 1984, State University of New York Press, University Plaza, Albany, New York, 12246

White, David Gordon, "The Alchemical Body: Siddha Traditions in Medieval India," 1996, University of Chicago Press, Chicago, Illinois, 60637

Yogananda, Paramahansa, "Autobiographie eines Yogi," 1950, 21. deutsche Auflage 1997, Scherz Verlag, Bern, München, Wien, für Otto Wilhelm Barth Verlag, ISBN 0-87612-087-7

Zvelebil, Kamil V. "The Poets of the Powers: Freedom, Magic and Renewal," Integral Publishing, Lower Lake, California, 1993. Nur noch zu beziehen über Kriya Yoga Publications, St. Etienne de Bolton, Quebec, Canada, J0E 1P0

3. Quellen

Apte, V.S. The Practical Sanskrit-English Dictionary. Band I-III. Poona: Prasad Prakashan, 1995.

Hiriyanna, M. The Essentials of Indian Philosophy. Delhi: Motilal Banarsidass, 1995

Monier-Williams, M. A Sanskrit-English Dictionary. Delhi: Motilal Banarsidass, 1997
Rimpoche, Lati, und Hopkins, Jeffrey. Death, Intermediate State and Rebirth in Tibetan Buddhism. Ithaca, NY: Snow Lion, 1985

Yocum, Glenn E. Hymns to the Dancing Siva: A Study of Māṇikkavācakar's *Tiruvācakam.* New Delhi: Heritage Publishers, 1982.

Index der Sanskrit-Worte in den Sūtras

(aufgelistet in der Reihenfolge des Sanskrit-Alphabets.
Vgl. hierzu S. X "Hinweise zur Aussprache des Sanskrit")

a

akaraṇa III.51 (kein Vorgang; ohne Ursache; Fehlen von Aktivität)
akalpita III.43 (unfaßbar)
akusīdasya IV.29 (nicht interessiert an Belohnung oder Gewinn)
akṛṣṇa IV.7 (nicht schwarz oder dunkel)
akrama III.54 (ohne zeitliche Abfolge, Folgen)
akliṣṭa I.5; II.2 (nicht belastend)
aṅga II.28, 29 (Glied oder Teil), II.40 (Körper)
ajñāta IV.17 (unbekannt)
ajñāna II.34 (Unwissenheit)
añjanatā I.41 (die Farbe eines beliebigen Objektes annehmen)
aṇiman III.45 (Fähigkeit, winzig klein wie ein Atom zu werden)
atad I.8 (nicht auf dem)
atiprasaṅga IV.21 (übertriebene Anhänglichkeit; Impertinenz; hier: unbegrenzte Regression)
atīta III.16, IV.12 (Vergangenheit)
atyanta III.35 (völlig,endlos, ungebrochen, unaufhörlich, äußerst, sehr groß)
atha I.1 (jetzt)
adṛṣṭa II.12 (unsichtbar, zukünftig)
adhigama I.29 (Erreichen)
adhimātra II.34 (intensiv, stark) adhimātratvat, I.22 (mit Intensität)
adhimātra-sadhāna I. 22 (Übungspraxis mit ständiger Erinnerung an das Selbst und Gleichmut)
adhiṣṭhātṛtva III.49 (Überlegenheit; wörtlich: die Eigenschaft haben, darüber zu stehen)
adhyātman I.47 (Höchstes Selbst)
adhyāsa III.17 (durch Überlagerung)
adhva IV.12 (Pfad, Straße, Weg, Kurs; Fluß)
ananta II.34, II.47 (unendlich, grenzenlos, ewig)
anabhigāta II.48, (unverletzbar), III.45 (ohne Behinderung, Unangreifbarkeit, Unverletzbarkeit)
anavacchinna II.31 (nicht begrenzt durch, unabhängig von)
anavaccheda I.26 (unberührt), III.53 (nicht abgegrenzt)
anavadhāraṇa IV.20 (nicht unterscheiden, nicht wahrnehmen)

anavasthitatva I.30 (Wankelmütigkeit)
anaṣṭa II.22 (nicht zerstört)
anāgata III.16, IV.12 (Zukunft, das Kommende)
anātman II.5 (Nicht-Selbst)
anāditva IV.10 (ohne Anfang)
anāśaya IV.6 (frei von unterbewußten Prägungen)
anitya II.5 (vergänglich)
aniṣṭa III.51 (unerwünscht, ungewollt)
animan III. 38, 45 (winzig klein sein wie ein Atom)
anukāra II.54 (Nachahmung, Ähnlichkeit)
anugama I.17, (begleitet, folgend)
anupaśya II.20 (Wahrnehmen)
anupātī I.9 (folgend, Konsequenz), III.14 (folgend, entsprechend)
anubhūta I.11 (erfahren)
anumāna I.7, 49 (Schlußfolgerung, Reflexion)
anumodita II.34 (gebilligt)
anuśayin II.7 (festhalten an)
anuśāsana I.1 (Darstellung)
anuṣṭhāna II.28 (durch eine Handlung oder Übungspraxis)
aneka IV.5 (der vielen)
anta I.40 (Ende, Schluß)
antara IV.2, 21 (verschieden) antarani (andere)
antar-aṅga III.7 (inneres Glied)
antarāya I.29, 30 (Hindernis)
antar-dhāna III.21 (Unsichtbarkeit, versteckt, verborgen, unsichtbar)
antarikṣa-loka III. 26 (Zwischenebene, die sich bis zum Polarstern erstreckt)
aṅga I.31 (Körperglied)
anya I.18, 50 (anderer), II.22 (andere), I.49 (unterschiedlich)
anyāta III.49, 53 (Unterscheidung, Unterschied)
anyatva III.15 (Differenzierung, Anderssein)
anvaya III.9 (folgend, Nachfolge, Verbindung), III.44 (korrelativ, Verbindung, verbunden sein mit), III.47 (Wechselwirkung)
ap III. 44 (Wasser)
apâna III.39, 40 (nach unten fließendes Prana in Becken und Beinen)
aparānta III.22 (Todesstunde, das Ende, Schlußfolgerung; wörtlich: äußerster Westen)
aparāmṛṣṭa I.24 (unberührt von)
aparigrahā II.30 (Freisein von Begierden, Verzicht)
apariṇāmitva IV.18 (aufgrund der Unveränderlichkeit)
apara-vairāgya II.1 (
apavarga II.18 (Befreiung)
api I.22, 26, 29, 51, II.9, 20 (auch, sogar, überdies, selbst), II.22 (sogar, obwohl), III.8, 50 (sogar), IV.9 (obwohl), IV.24 (auch), IV.29 (sogar)
apuṇya I.33 (böse, untugendhaft, ohne Verdienste), II.14 (ungünstig)

apekṣitvāt IV.17 (aufgrund von Erwartung; gewünscht, erstrebt; Zustand der Notwendigkeit, Abhängigkeit)
apetasya IV.31 (von dem, der aufgegeben hat, Beseitigung)
apratisaṁkrama IV.22 (aufgrund des Unwandelbaren, der Nicht-Auflösung)
apramāṇaka IV.16 (nicht nachgewiesen oder veranschaulicht; hier: wahrgenommen)
ābīja III. 49; IV.29 (seedless)
aprayojakam IV.3 (nicht bewirken, verursachen)
abhāva I.10 (Nichts), I.29, IV.11 (verschwinden), II.25 (Nicht-Vorhandensein)
abhijāta I.41 (wertvoll, edel, rein)
abhiniveśaḥ II.3, 9 (Festhalten am körperlichen Leben); IV. 11 (Überlebenswille)
abhibhava III.9 (überwunden werden)
abhimata I.39 (gewünscht)
abhivyakti IV.8 (Hervortreten)
abhyantara II.50, 51 (innerlich)
abhyāsa I.12, 13, II.1 (ständiges Üben)
ariṣṭa III.22 (böse Omen, Zeichen nahenden Todes)
artha I.28, 32 (Absicht, Sinn und Zweck), I.42, III.17, IV.23 (Objekt, Bedeutung), I.43 (Objekt, Substanz), II.2, 18, 22 (Zweck und Ziel), II.21 (um des Selbst willen), III.3 (das reine Objekt) arthatā I.49 (Zweck), III.35 (um seines selbst willen)
arthavattva III.44, 47 (Zweckmäßigkeit, Bedeutung, Wichtigkeit)
alabdha bhūmikatva I. 30 (Nicht-Erreichen eines festen Halts, einer Stufe, eines Ortes, einer Basis)
alabdha I.30 (Fehlschlag; nicht erreicht)
aliṅga I.45; II.19 (unmanifestiert; nach Vyasa prakṛti als feinstofflichste Ursache)
alpam IV.31 (wenig, klein)
avasthā III.13 (Stabilität, Stadium, Zustand)
avasthā-pariṇāmā III.13 (allgemeiner Zustand mit Stadien des Wachstums und Verfalls)
avasthāna I.3 (steht da, ruht, verharrt)
avidyā II.3, 4, 5, 24; IV. 26 (Unwissenheit)
aviplava II.26 (ununterbrochen, ungebrochen,unentwegt)
avirati I.30, 32 (verhaftet sein, Genußsucht)
aviśeṣa II.19 (unspezifisch, undeutlich), III.35 (nicht spezifiziert)
aviśayībhūtatva III.20 (kein Objekt haben aufgrund der Tatsache, ein Element zu sein)
avyapadeśya III.14 (unbestimmt, undefiniert)
aśukla IV.7 (nicht weiß, unrein, befleckt)
aśuci II.5 (unrein)
aśuddhi II. 28 (unrein), 43 (Unreinheit)
asaṅga III.39 (ungebunden, frei von Bindungen, unabhängig,Unverletzbarkeit)
asaṃkīrṇa III.35 (unvermischt, nicht schmutzig, nicht verworren; rein)
asaṃkheya IV.24 (zahllos, unzählig, große Menge)
asaṃprajñātaḥ samādhi I.18, 20, III.49, IV.25, 27, 29 (nicht-objekt-orientierte kognitive Versenkung); II. 26; 28 (ständige Schau der Unterscheidung)

asaṃpramoṣa I.11 (nicht vergessen)
asaṃprayoga II.54 (Loslösung, trennen)
asaṃyoga III.21 (Unterbrechung, Trennung, Zwietracht)
asaṃsarga II.40 (kein Kontakt bzw. keine Assoziation)
aṣṭa II.29 (acht)
aṣṭāṅga II.29 (acht Glieder)
asti IV.12 ([es] existiert, ist)
asteya II.30, 37 (Nicht-Stehlen)
asmitā I.17 (Ich-Gefühl, Bewußtheit des Selbst), II.3 (tam. āNava), 4, 6 (Egoismus), IV.4, 31(Ego)
asya I.40 (davon)
ahaṃkāra IV.4 („Ich-Macher")
ahiṃsā II.30, 35 (Gewaltlosigkeit, Nicht-Vorhandensein des Wunsches zu töten oder zu verletzen)

ā

ā II.28 (bis, soweit wie)
ākāra IV.22 (Form, Figur, Gestalt, Erscheinung)
ākāśa III.41, 42, 44 (Raum, Äther, Substrat der Qualität des Schalls, ein Loch, Null)
ākṣepin II.51 (Rückzug, Lücke)
āgama I.7, 26 (heilige Schriften)
āgama karma II.12 (neues Karma, das während der gegenwärtigen Inkarnation entsteht)
ātmaka II.18 (das Wesen haben von; bestehen aus)
ātmatā II.6 (Identität; mit den Eigenschaften der Person)
ātman II.5, 21 (das Selbst), 41 (die wahre Schau des Selbst erlangen); IV.25 (Existenz des Selbst)
ādarśa III.36 (Sehen, Vorgang der Wahrnehmung durch die Augen)
ādi III.24 (und andere)
ānantarya IV.9 (Verbindungsglied, direkte Folge oder Nachfolge)
ānantya IV.31 (aufgrund der Unendlichkeit, Ewigkeit)
ānanda I.17 (Freude), I.21 (absolute Glückseligkeit)
ānuśravika I.15 (gehört)
āpatti IV.22 (durch ein Ereignis, Geschehen, Auftreten; Eintreten in einen Zustand; hier: annehmen)
āpūra IV.2 (durch Übermaß, Überfluß; Auffüllen; gewaltige Möglichkeiten)
ābhāsa IV.19 (strahlend, leuchtend)
āyuḥ II.13 (Lebensspanne, Lebenskraft, Leben)
ālambana I.10 (unterstützen), I.38 (Basis, unterstützen, Anschluß, fester Wohnsitz)
ālasya I.30, 32 (Faulheit, Müßiggang)
āloka III.5 (Licht, Glanz, Pracht: schauen, sehen, betrachten), III.25 (Erleuchten)

āvaraṇa III.43 (Schleier), IV.31 (Verschleierung)
āveśa III.38 (Eingang, Besitz ergreifen, eintreten)
āśaya I.24 (unterbewußte oder innere Eindrücke, Rückstand), II.12 (Speicher, Mutterschoß)
āśis IV.10 (bitten um; Gebet; Wunsch, Verlangen; Segnung; andauernde Gnade; sichere Erfüllung)_
āśraya IV.11, āśrayatva II.36 (Entsprechung; Basis; das, wovon etwas abhängt; Abhängigkeit)
āsana II.29, 46, 47, 48; III. 33 (Körperhaltung)
āsanna I.21 (nahe, unmittelbar, anstehend)
āsevita I.14 (sorgfältig ausgeführt)
āsvāda III.36 (Schmecken, Genießen, Essen)

i

itara III.17 (jeweilig, gegenseitig, einer mit dem anderen)
itareṣam I.20 (von anderen, IV.7 (der anderen)
itaratra I.4 (andernfalls)
iti II.34, IV.34 (so), III.54; (Satzende, Zitatende: "So heißt es")
idam [siehe asya eṣām]
indriya II.41, 43, 54, 55, III.47, indriyāni III.44, (Sinne, Sinnesorgane)
iva I.41 (wie), I.43 (sozusagen), II.54, III.3 (als ob)
iṣṭa II.44 (gewählt)

ī

īnai rūpa III.36 (wörtlich: "bewegliche Form")
īśvara I.23,24; II.1, 32, 45 (Gott, Siva, das Höchste Wesen)
īśvara- praṇidhānād I.23, I.1, 32, 44, 45 ([totale] Hingabe an Gott)
Īśitṛtva III. 45 (Fähigkeit allgegenwärtig zu sein, zu führen und zu leiten)

u

uktam IV.28 (erwähnt)
utkrānti III.39 (nach vorne, außen, hinüber oder darüber hinaus gegangen; hier: Levitation)
uttareṣāṁ II.4 (der anderen)
utpanna I.35 (hervorgebracht, entstanden, geboren, produziert)
udaya III.11 (auftreten)
udāna III.39 (Lebenskraft im Oberkörper: aufsteigender Atem; eine der 5

Lebensenergie-Formen; nach oben ausatmen)
udāra II.4 (aktiv, voll wirksam, stark ausgeprägt)
udita III.12 (hochkommen, offensichtlich, sichtbar), III.14 (entstanden, hochgekommen, geboren, produziert, manifestiert)
upanimantraṇa III.51 (Einladung, Angebot)
uparaktaṁ IV.23 (getönt, gefärbt)
uparāga IV.17 (färben, dunkler machen)
uparāga-cittasya IV.17 (Objekte des Bewußtseins)
upalabdhi II.23 (Erkennen, Wahrnehmen)
upasarga III.37 (Hindernisse, Behinderung, Schwierigkeiten)
upasthānam II.37 (Präsenz, Erscheinen)
upāya II.26 (Methode, Mittel zum Zweck)
upakleśas III. 55 (Entfernen der Ursachen für Trübsal)
upekṣānāṁ I.33; III. 23; IV.28 (Gleichmut)
ubhaya IV.20 (beide)

ṛ

ṛṣis I.26 (Seher)
ṛtaṃbhara I.48 (Wahrheit, dharma, Ordnung enthalten, erfassen)
ṛtaṃ-bhāra prajñā I.49 (Erkenntnis, die die Wahrheit enthält)

e

eka I.32 (einzig), IV.5, 16 (ein), IV.9 (gleich), IV.20 (ein und dieselbe)
eka rūpa III. 11 (eine Form)
eka-tānatā III.2 (ausgedehnt)
eka-tattva- abhyāsaḥ I.32 (Konzentration auf eine einzige Sache)
ekatra III.4 (auf ein Objekt, an einer Stelle, in enger Verbindung, zusammen, alles zusammen)
ekatva IV.14 (Gleichheit, Gleichförmigkeit)
ekarūpatvāt IV.9 (Gleichförmigkeit)
ekāgratā III.11, 12 (Ein-Punktigkeit, Fokussierung)
ekāgrya II.41 (Ein-Punktigkeit)
ejayatva-śvāsa-praśvāsā I. 31 (Zittern, unregelmäßige Atmung)
etayā I.44 (in der gleichen Weise)
etena III.13 (dadurch, damit)
eva I.44 (so), 46 (eben), II.15 (in der Tat, daher), 21 (nur); III.3 (in der Tat); IV.8 (nur)
eṣām IV.11, 28 (von diesen oder jenen)

o

oṣadhi IV.1 (Heilkraut, Medikament; abgeleitet von osa in der Bedeutung von lichtvoll, vermutlich bezogen auf die Photosynthese der Pflanzen)

Oṃ I.25, 27, 28, 29 (Keim der Allwissenheit, mystischer bzw. heiliger Laut)

k

kaṇṭaka III.39 (Dorn)

kaṇṭha III.30 (Hals, Kehle)

kathaṁtā II.39 (das “Wie und Warum”)

karaṇa III.18 (unmittelbare Ursache von etwas)

karunā I.33 (Mitgefühl)

karma II. 3, 12, 16, IV.7, 8, 30 (Kraft, die durch ihre Kontinuität und Entwicklung das Wesen und die Entfaltungsmöglichkeiten der Seele in ihren wiederholten Inkarnationen bestimmt)

karma-āśaya II. 12, 13 (Speicher oder Mutterschoß des Karma, “Depot der Handlungen”)

karma-vipāka IV. 6 (Früchte unserer Handlungen)

karman I.24; III.22 (Handlung, Handlungen)

kalpita III.43 (vorstellbar)

kāya II.43, III.21, 29, 42, 45, (Körper)

kāya saṃpat III.46 (Vollkommenheit des Körpers)

kaya siddhi III. 42 (Vollkommenheit des Körpers)

kāraṇa III.38 (Ursache, Grund, Motiv, Ursprung)

kārita II.34 (verursachen, veranlassen)

kāritva IV.24 (aufgrund von Handlung oder Aktivität; bewirkt)

kāruṇa I.33 (Mitgefühl)

kāmāvasāyitā III. 38, 45 (jeden Wunsch erfüllen)

kāla I.14, 26; II.31, 50; IV.9 (Zeit)

kim IV.16 (was)

kuṇḍalinī II. 46, II. 55; III. 45; IV.1 (potentielle Energie im Körper)

kūpa III.30 (Brunnen, Hohlraum, Grube)

kūrma III.31 (Schildkröte)

kūrma nāḍī III. 31 (Energiekanal unterhalb der Kehle)

kṛta II.22; (getan); IV.32 (hier: erreicht oder erfüllt)

kaivalya II.25: III.50, (absolute Freiheit, totale Einheit, Glückseligkeit, Lösung von allen anderen Bindungen; Alleinsein); III.55 (Alleinsein, Isolation, totale Befreiung); IV.Einl., 26, 34 (Unabhängigkeit, All-Eins-Sein, absolute Freiheit, Alleinsein)

krama III.15, 52; IV.32, 33 (Folge, Reihe, Aufeinanderfolge, Anordnung)

kriyā II.1, 36 (bewußtes Handeln); II.18 (Aktivität); III.54 (rituelle Anbetung oder inneres Opfer)

krodhā II.34 (Wut, Leidenschaft)
kliṣṭa I.5; (belastend)
kleśa I.24; II.2,3,12; IV.28, 30 (Belastung)
kṣaṇa III.9, 52, IV.33 (Moment, Augenblick)
kṣaya II.28 (beim Zerstören, Verschwinden, Verlust); III.43 (Auflösen, Abwerfen), III.50 (mit der, in der Zerstörung)
kṣīṇa I.41 (vermindert, geschwächt)
kṣīyate II.52 (wird zerstört)
kṣudh III.30 (Hunger)
kṣetra II.4 (Feld)
kṣetrika IV.3 (Bauer)
khyāti I.16 (durch die Verwirklichung); II.26, 28 (unterscheidendes Wissen); III.49 (Erkennen des Unterschieds zwischen)

g

gati II.49; III.28 (Bewegung, Ursprung, Umfang, Zustand)
gamanam III.42 (Bewegung, ausgehend von)
guṇa I.16; II.15, 19, IV.32, 34 (grundlegende Kräfte der Natur, Eigenschaften, Qualitäten); IV.13 (Naturkräfte)
guru I.26 (Lehrer, spiritueller Lehrmeister)
grahaṇa I.41 (Wissen, Vorgang des Erkennens); III.47 (Fähigkeit der Wahrnehmung)
grahītṛ I.41 (Wissender, Erkennender)
grāhyeṣu I.41 (Erkanntes, im Erkannten); grāhya III.21 (wahrnehmbar sein)

c

ca I.29, 44, 45; II.2, 15, 41, 53; III.20, 38, 42, 45, 48, 49, 54; IV.10 (und)
cakra II. 50 (Energiezentrum); III.29 (Rad)
cakṣus III.21 (Auge)
caturtha II.51 (viertes)
caturvedas I. 26 (die vier Vedas)
candra III.27 (Mond)
carya III. 54 („Kurs oder Bewegung"; Weg der Hingabe)
citer IV.22 (transzendentales Bewußtsein)
citiśakti IV. 34 (Kraft des reinen Bewußtseins, der höheren Bewußtheit)
citta I.2, 30, 33, 37; III. 9, 19, 34; IV.4, 15, 16, 18, 21, 26 (Bewußtsein, Geist); cittasya II.54; III. 1, 11, 12, 38; IV.17 (des Bewußtseins); cittam IV.5, 23 (Bewußtsein, Geist)
citta-vṛttiḥ I.2, 17; IV. 18, 20 (Fluktuationen, Bewegungen des Bewußtseins)
citram IV.24 (gefüllt mit)

cetanā I.29 (Bewußtheit)

ch

chidreṣu IV.27 (zerrissen, durchlöchert, durchstochen, defekt; dazwischen)

j

ja I.50; IV.1 (geboren, entstanden, hervorgegangen aus, produziert durch); jam III.52, 54, IV.6 (entstanden, hervorgegangen aus)
jagrat I. 2 (Wachbewußtsein)
jana loka III. 26 (Ebene der Menschen)
janma II.12, 39; IV.1 (Geburt, Existenz, Leben)
japa I.28, 29 (murmeln, flüstern, wiederholen)
jaya III.39, 40, 44, 48 (Meisterschaft, Beherrschung, Sieg)
jala III.39 (Wasser)
javitvam III.48 (Schnelligkeit, Geschwindigkeit, Flinkheit)
jāti II.13 (Geburt, Erzeugung), II.31 (Status); III.18, 53 (Leben, Ursprung); IV.2, 9 (Existenzform, Leben, Wiedergeburt)
jāyante III.36 (geboren, produziert werden, entstehen)
jīva I.2, 3, 23; IV.32 (Einzelnseele)
jivan mukta IV.Einl. (Leben als befreite Seele)
jugupsā II.40 (spontane Distanzierung)
jñāta IV.17, 18 (bekannt)
jñātṛtva III.49 (Allwissenheit)
jñāna I.8, 9, 38, 42 (Wissen); II.28 (Weisheit, Erkenntnis); jñanam III.16, 17, 18, 19, 22, 25, 26, 27, 28, 35 (Wissen, Erkenntnis)
jñāna indriyas I.17 (feinstoffliche Sinne)
jñāna-mārga III. 54 (Pfad des Wissens)
jñeyam IV.31 (zu wissen)
jyotiṣmatī I.36 (jyotis = das höchste Licht, Erleuchtung, matī = haben, besitzen)
jyotiṣi III.32 (mit dem Licht, Glanz)
jvalanan III.40 (Leuchten, Ausstrahlung)

t

tatas I.22 (somit), I.29 (dadurch); III.12 (hierbei), 36, 53 (so), 48 (daraus), IV.3 (von dort)
tattvam I.32; (Sache, Thema, Prinzip, wörtlich: “Istheit”); IV.14 (das So-Sein, Wirklichkeit, Wesenskern)
tattvas III. 14 (Elemente, Prinzipien der Natur)

tad I.16, 32; II.11; III.3, 8, 22, 28, 50; IV.11 (diese/s); I.28 (deshalb); II.13, 22, 25, 35; III.17, 21, 45, 52; IV.17, 18 (seine/r, ihr/e, dessen, deren) [vgl. auch tasya; tasmin; tatra; ta, te, sa, tayoh, tāsām]
tadā I.3; IV.16, 31 (dann); IV.26 (dann, in der Tat)
tadā draṣṭuḥ sva-rūpe'vasthānam I.3; IV.34 („Dann ruht der Sehende in seinem wahren Wesen")
tanu II.4 (schwach, abgeschwächt, vermindert)
tantra IV. 1 (Shaktismus), 16 (abhängig)
tantrikas IV.1 (Tantriker)
tapas II.1; III. 40; IV.1 (geradebiegen durch Feuer, intensive Übungspraxis, "Verbrennen der Last des Karma"; II.32 (ständige Übung, Anstrengung), II.43 (Selbstzucht, Askese)
tapasvin IV.1 (Asket)
tapas loka III. 26 (Ebene der strengen Einfachheit)
tamas I.16; II.18; III.35 (Trägheit, Dichte)
tayoḥ IV.15 (von, in, betr. diese beiden; jenes; ihr)
tasmin II.49 (in diesem oder jenem)
tasya I.27, II.24, 27; III.6, 10, 20 (sein, ihr), I.51 (von diesem)
tā I.46 (diese)
tāpa II.15 (Sorgen, Angst)
tāraka III.54 (zum Überschreiten befähigen; befreiend, rettend)
tārā III.27 (von den Sternen)
tāsām IV.10 (von diesen [Eindrücken])
tirodayi (tam.) II. 3 (Macht der Verwirrung, wörtlich: des Verdeckens)
tīvra- saṃvega-sādhana I.21 (intensive und konsequente Übungspraxis)
tu I.14; IV.3 (jedoch)
tulya III.12, 53 (gleich, dasselbe, von der gleichen Art, ähnlich)
tūla III.42 (Baumwollfaser)
turiya III. 34; IV.32, 34 (vierter Bewußtseinszustand)
turiyatita IV.34 (jenseits von turiya, des vierten Bewußtseinszustands)
te I.30; II.10; III.37, IV.13 (diese); II.14 (sie)
tejas III. 44 (Feuer)
tṛṣṇa I.15; II. 15 (Verlangen)
tyāga II.35 (aufgegeben, Verzicht)
trāṭaka I.17, 36 (Meditation über ein Objekt)
traya III.4, 7, 16 (drei, Dreier-, dreiteilig)
tri-gunas II. 18; III. 35 (drei Erscheinungsformen der Natur)
trividham IV.7 (dreierlei)

d

dāna II.4 (Großzügigkeit)
darśana I.30 (Meinung, Beobachtung, Verständnis); II.6 (das Gesehene; korrekt

verstehen; hier: Instrument des Sehens), 41 (wahre Schau des Selbst); III.32 (Vision)

darśinaḥ IV.25 (sehen, wahrnehmen, betrachten, beobachten, erkennen, verstehen)

divya III.41, (göttlich)

dīpti II.28 (Licht)

dīrgha I.14, II.50 (lang, verlängert, hoch auftragend)

duḥkha I.31, 32 (Angst, Schmerz, Schwierigkeit), I.33 (unglücklich, Unzufriedenheit, Leid); II.5, 8, 15 (Leid, leidvoll), 16 (Sorgen), 34 (Schmerz)

duḥkham-anāgatam II.16 (Leid, das noch kommt)

desa II.50 (Ort, Raum)

draṣṭṛ-dṛśyayoḥ saṃyogaḥ II.17 (Verbindung zwischen dem Sehenden und dem Gesehenen)

dṛdha I.14 (fest)

dṛś II.6 (Seher)

dṛśyayoḥ II.17 (das Gesehene, Sichtbare [von jenen beiden])

dṛṣi II.20 (Kraft des Sehens), II.25 (vom Gesehenen)

dṛśeḥ kaivalyam IV.26, 27 (totale Freiheit vom Gesehenen)

dṛśya II.17, 18; IV.23 (das Gesehene); IV.21 (Wahrnehmung, Wahrgenommen),

dṛṣyatva IV.19 (weil sie gesehen werden; die Art des Gesehenwerdens [Objekt])

dṛṣṭa I.15; II.12 (gesehen, gegenwärtig)

dṛṣṭa-ānuśravika-viṣaya I.15 (Objekte, die gesehen oder gehört werden)

dṛḍha-bhūmiḥ I.14 (fest fundiert)

devatā II.44 (Gottheit)

deśa II.31, 50, IV.9 (Ort, Raum); III.1 (Stelle); III.53 deśaih (durch Positionen)

doṣa III.50 (Hindernis, Behinderung, Nachteil, Fehlen, Mangel)

daurmanasya I.31, 32 (Depression, Verzweiflung)

draṣṭṛ I.3; II.17, 20; IV.23 (der Sehende)

dvandva II.48 (Dualitäten, Gegensatzpaar)

dveṣa II.3, 8; III. 55; IV.31 (Abneigung, Haß, Ablehnung)

dh

dharma III.13 (Eigenart, Wesensart), III.14 (Natur, Charakter, Wesen), III. 45 (was festgelegt oder lten), erhalten wird, Tugend, Religion, natürliche Funktionen), dharmāNām IV.12 (der Formen, wesentlichen Eigenschaften)

dharma- pariṇāma III. 13 (Veränderung in der Wesensart)

dharma-megha IV.29, 30 ("Wolke des dharma")

dharmakaya IV. 29 (Körper der Wahrheit)

dharmin III.14 (Besitzer des dharma; das Gesetz kennen bzw. ihm gehorchen; etwas, das von einem bestimmten Zustand abhängt)

drāraṇā II.29, 53; III.1 (Konzentration)
dhyāna I. 13, II.29, III.2 (Meditation), I.39, II.11 (durch Meditation), IV.6 dhyānajam (entstanden, hervorgegangen aus Meditation)
dhruve III.28 (mit dem Polarstern)

n

na III.20; IV.16, 19 (nicht)
nada III. 14 (Klang-Prinzip)
naṣṭa II.22 (zerstört), anasta (nicht zerstört)
nāḍī III.31 Körper bewegt)
nābhi III.29 (zentraler Punkt, Nabel)
nitya II.5 (unvergänglich, ewig, dauerhaft), nityatva IV.10 (aufgrund der Ewigkeit, Kontinuität)
nidrā I.6, 38 (Schlaf)
nibhandhanin I.35 (festhalten, verpflichten, veranlassen)
nimitta IV.3 (zufälliger, gelegentlicher Anlaß; Motiv, Ursache)
nimna IV.26 (geneigt sein zu)
niyama II.29, 32 (Verhaltensregeln)
niratiśaya I.25 (unübertroffen)
nirupakrama III.22 (nicht in Bewegung, nicht in Anspruch genommen, nicht festgesetzt, latent)
nirodha I.2, 12, 51 (Aufhören, sich zu identifizieren), III.9 (Selbstherrschung)
nirgrāhya IV.33 (beendet, aufhören, verschwinden)
nirbīja I.51; III.8 (ohne Keim bzw. Samen, folgenfrei)
nirbhāsa I.43 (leuchtet auf, ist erleuchtet); III.3 (erstrahlen, zu sein scheinen)
nirmāṇa IV.4 (schaffen, machen, formen, herstellen), nirmāna citta (individualisiertes Bewußtsein)
nirvicāra I.44, 46, 47 (super- oder nicht-reflektierend; ohne subtile Reflexion; ohne Worte)
nirvitarka I.43 (ohne Reflexion)
nivṛtti III.30; IV.30 (Aufhören, Verschwinden)
nairantarya I.14 (ohne Pause, ununterbrochen)
nyāsat III.25 (durch Lenkung, Einsetzen, Anwenden oder Ausrichtung)

p

paṅka III.39 (Schlamm)
pañca-kleśāḥ II.3, 10 (fünf Belastungen)
pañca-pāśāḥ II.3 (fünf grundlegende Fesseln)

pañca-bhūta	III.1; IV.13, 16 (fünf Elemente)
pañcataya	I.5 (fünferlei Art)
panthāḥ	IV.15 (Pfad, Straße, Kurs; Art)
para	I.16 paraṃ (Höchstes); II.40 parair (von, mit anderen); III.19, 35, 38 (andere); IV.24 para-arthaṃ (um eines anderen willen)
parama	I.40 (äußerst)
paramāṇu	I.40 (elementares Teilchen)
parāvasthā	I. 18 (höhere Bewußtseinsebenen)
para-vairāgya	I. 15; IV.7 (absolutes Loslassen)
pariṇāma	II.15; III.9, 12, 13, IV.2, 14, 32, 33 (Transformation, Veränderung); III.11 (Entwicklung), III.16 (Stadium Evolution, Reife, Ergebnis)
paritāpa	II.14 (Schmerz, Leid, Sorge)
paridṛṣṭa	II.50 (gesehen, betrachtet wahrgenommen, gemessen)
pariśuddhi	I.43 (gereinigt, rein)
paryavasāna	I.45 (einschließlich, Ende, Beendigung)
parvani	II.19 (Unterteilung, Abstufung)
pipāsā	III.30 (Durst)
puṇya	I.33; III.23 (verdienstvoll, tugendhaft), II.14 (günstig)
punaḥ	III.12, III.51 (wieder, erneut)
puruṣa	I.16, 24, III.35, 36 49, 55; IV.18 (das Selbst im Gegensatz zu "selbst" als Persönlichkeit oder Körper): puruṣartha IV.34 (Ziel des Menschen, Zweck des Selbst)
pūrṇa bhāva	III.1, 14 (gefühlvoll)
pūrva	I.18, III.7, 18 (vorausgegangen, nach, frühere), pūrvaka I.20, II.34 (nach vorheriger, als Folge von, verbunden mit)
pṛthvī	III. 44 (Erde)
prakāśa	II.18, 52, III.21, 43 (Klarheit, Licht, Glanz)
prakṛti	III. 35; IV.2, 34 (Natur)
prakṛti-laya	I.19 (Versenkung in, haften an, verschmelzen mit der Natur)
pracāra	III.38 (hervorkommen, sich zeigen, Manifestation, Erscheinung)
pracchardana	I.34 (Ausatmung)
prajñā	I.20, III.5 (Erkenntnis, Wahrnehmen, Verstehen); I.48, 49; II.27 (Weisheit, Wissen, Intelligenz, wörtlich: vorwärts = pra + wissen + jña; Bewußtsein)
Prajāpati	III. 26 (Brahmā)
praṇava	I.27 (mystischer Laut „Oṃ“)
praṇidhāna	I.23; II.1, 32, 45 (totale Hingabe, innige Liebe)
prati	II.22 (für [denjenigen])
pratipakṣa	II.33, 34 (gegenteilige Gedanken)
pratipakṣa bhāvanam	II. 33 (sich gegenteiliger Gedanken befleißigen)
pratipatti	III.53 (Wahrnehmung, Ermittlung, Beobachtung)
pratiprasava	II.10 (zurückkehren oder zurückverfolgen zum Ursprung); IV.34 (wieder aufgehen in)
pratiabandhin	I.50 (blockieren, verhindern, hemmen)
pratiyogī	IV.33 (in Wechselbeziehung stehen, Gegenpart)

pratiṣedha I.32 (ausschalten, fernhalten)
pratiṣṭhā IV.34 (begründet, Feststehen, Beharrlichkeit, zur Ruhe kommen),
pratiṣṭham I.8 (basierend, beruhend auf), pratiṣṭhāya II.35, 36, 37, 38 (zur Grundlage, Basis, zum Prinzip gemacht)
pratyak-cetanā I.29 (innere Selbst-Bewußtheit; ein Mensch, dessen Gedanken nach innen gerichtet sind)
pratyakṣa I.7 (Wahrnehmung über die fünf Sinne)
prayatna II. 47 (Bemühung, Bestreben, Anstrengung; Spannung)
pratyaya I.10, 18; IV.27 (Gedanke, Vorstellung, Glauben); I.19 (Motivation, Grund, Vorstellung); III.2 (Erfahrung, Wissen, religiöse Überzeugung, Basis, Annahme); III.35 (Wahrnehmung, Vorstellung): pratyayasya III.19 (der Vorstellung); pratyayānam III.17 (von Vorstellungen, Gedanken)
pratyaya-ekatānatā dhyānam II.11 (Erfahrung, den Geist auf ein einziges Objekt auszurichten)
pratyāhāra II.29, 54 (Rückzug der Sinne)
pradhāna III.48 (Urheber, eigentliche Ursache, Wesen, wesentlicher Teil von etwas; innerster Wesenskern, Intellekt)
prabhu IV.18 (höchste Instanz, Meister)
pramāṇa I.6, 7 (Mittel, wahres Wissen zu erlangen)
pramāda I.30, 32 (Achtlosigkeit, Nachlässigkeit)
prayojaka IV.5 (Anführer, Initiator, Antriebskraft)
pravibhāga III.17 (Unterscheidung, Trennung, Teilung)
pravṛtti I.35 (Aktivität; Neigung, Ausrichtung; Erkennen); III.25 (Vorwärtsbewegung, Fortschritt, hervorkommen, Erscheinung, hier: innere Sinne); IV.5 (Aktivität)
pravṛtti -āloka III. 25 (erleuchtete innere Sinne)
praśānta III.10 (ruhig)
praśvāsa I.31; II.49 (Ausatmung)
prasamkhyāna IV.29 (im Erreichen, Aufzählen, Nachdenken, Meditieren)
prasaṅga III.51 (aufgrund einer Assoziation, Hingabe, Bindung oder Festhalten an)
prasāda I. 47 (ungestörte Ruhe); II. 54 (Nahrung dem Göttlichen weihen) prasādana I.33 (ungestörte Ruhe, Stille bewahren)
prasupta II.4 (ruhend, schlafend, unterschwellig)
prākāmya III.38, 45 (alles durchdringend)
prāgbhāra IV.26 (durch Schwerkraft hingezogen werden, Schlagseite, Neigung)
prāṇa I.34; III.29, 39, 40, (Atem, Lebensenergie, Lebenskraft)
prāṇāyāma II.29, 49 (Atemkontrolle)
prātibha III.33, 36 (Blitzstrahl der Erleuchtung; Intuition; spontanes, unvermitteltes Aufblitzen von Intuition)
prādurbhāva III.9 (Erscheinung, Manifestation), III.45 (Erscheinung, sich zeigen)
prānta II.27 (Endstadium, letzter)
prāpti III.38, 45 (Eintritt in einen anderen Körper, Transmigration)
prārabdha karma II.12 (Karma, das gegenwärtig gelebt und in dieser Inkarnation abgebaut wird)

ph

phala	II.14, 34, 36 (Früchte, Konsequenzen, Ergebnisse); IV.11 (Frucht, Ergebnis, Wirkung)

b

bandha	III.1 (Bindung), 38 (binden, halten, Bindung)
bala	III.23, 24, 46 (Kraft, Stärke)
bahir-aṅga	III.8 (äußeres Glied)
bādhane	II.33 (Versklavung, behindert, gehemmt werden durch)
bāhya	II.50, 51 (äußerlich, nach außen)
bīja	I. 12, 25; III.50 (Keim, Quelle)
buddhi	I.45, IV.21, 22 (Intellekt, nach der Sāṃkhya-Philosophie das erste tattva, das aus der prakṛti hervorgeht; Wahrnehmung, Unterscheidung, Bewußtsein)
buddhīndriyāṇi	IV.16 (fünf Sinnesorgane)
brahmacarya	II.30, 38 (Keuschheit)

bh

bhaya	II.15 (Angst)
bhava	I.19 (Prozeß des Werdens, Leben)
bhāva	III.48 (Fähigkeit), 49 (Daseinsform)
bhāvana	I.28 (Nachdenken, Feeling für); II.2 (sich üben in), IV.25 (kultivieren, hegen, Vorgefühl, Nachdenken, Wahrnehmen, Erforschen); bhāvanātaḥ I.33 (indem man hervorbringt, kultiviert)
bhu-loka	III. 26 (ätherische Ebene, die zu dieser Erde gehört, wo sich verstorbene Seelen aufhalten)
bhuvana	III.26 (Universum, Welt, Kosmos)
bhūta	II.18 (Element, Bestandteil der Welt der Erscheinungen); III.13 (Element: Erde, Wasser, Feuer, Luft, Raum), III.17 (Lebewesen), III.44 (Elemente)
bhūtatvat	III.20 (aufgrund der Tatsache, ein Element zu sein)
bhūmi	I.14 (etabliert, fundiert, Erde); II.27 (Grund, Stadium)
bhūmikatva	I.30 (fester Halt, Stufe, Ort, Basis)
bheda	IV.3 (entfernen), IV.5 (unterschiedlich), bhedāt IV.12 (aufgrund des Unterschieds), IV.15 (aufgrund der Vielfalt)
bhogāḥ	II.13, 18 (Erfahrungen, Vergnügungen); III.35 (Erfahrung)
bhauma	II.31 (universell)
bhrānti	I.30 (irrige Meinung, die Realität hinter den Dingen nicht sehen)

m

maṇi I.41 (von einem Kristall)
madhya I.22; II.34 (mittel, mäßig)
manasaḥ I.35; II.53; (des Geistes); III.48 manas (Geist, engl. “mind”)
mantra I.13, 29 (heilige Silbe); IV.1 (Gebet, Gesang, wörtlich: “Schutz des Geistes”)
mayeyam (tam) II. 3 (Wünsche als äußere Manifestation von maya)
māyā I. 22 (Drama der Illusionen); II.3 (konkrete Ursache der Verbindung zwischen Bewußtsein und Unterbewußtsein)
mala IV.31 (Unreinheit, Schmutz, Dreck, Staub)
mahā III.43 (großartig)
mahar indra loka III. 26 (Ebene des Gottes Indra)
mahā-vratam II. 31 (Großes Gelübde; Entschluß, Führung, Beschluß)
mahā-samādhi III. 26 (in der Todesstunde selbstgewähltes Verlassen des Körpers durch den Scheitelpunkt)
mahar loka III. 26 (Ebene des Schöpfers)
mahiman III. 38 (Vergrößerung des Körpers), III.45 (Ausdehnung des Bewußtseins)
mātra I.43; II.20 (nur, bloß); III.3 (das reine [Objekt]), III.49 (nur [durch Unterscheidung]); IV.4 (Begrenzung; nur)
mithyā I.8 (falsch)
mukti I. 27 (Verschmelzung; Befreiung des Geistes von der Wiedergeburt oder den Begrenzungen der materiellen Welt)
muditā I.33 (Freude, Heiterkeit)
mudrā I. 13 (Handhaltung)
mūrdha III.32 (am Kopf)
mūla II.12, 13 (Wurzel, Fundament)
mūlam I. 26 (Quelle)
mṛdu I.22; II.34 (gering, weich, schwach)
megha IV.29 (Wolke)
maitrī I.33; III.23 (Freundlichkeit)
moha II.34 (Verblendung, Selbst-Täuschung)

y

yajñas III.54 (rituelle Feuer-Zeremonien)
yatna I.13 (Bemühen)
yathā I.39 (wie)
yantras IV.1 (geometrische Symbole)
yama II.29, 30 (Selbstbeschränkung, Selbst-Beherrschung)
yoga I.1, 2; II.1, 28 (Verbindung); III. 54 (Verbindung der Seele mit dem ewigen Sein)

yogin IV.7 (Yogi)
yogyatā II.41, 53 (Befähigung)

r

ratna II.37 (Edelstein, Juwel, Wohlstand, Reichtum)
rasa II.9 (Saft, Substanz, Potential)
rāga I.37; II.3, 7; III.55 (emotionale Abhängigkeit, Anhänglichkeit, Bindung); IV. 31 (Wunsch)
rajas I.16; II.18; III.35 (Aktivität)
rūta III.17 (Laut, Sprache, Worte, Schreien, Gebrüll, Heulen, Gräusch, Klang, Resonanz)
rūpa I.8, 17; II.54 (Form, Wesen, Natur); III.46 (schöne Form, Schönheit); svarūpa II.23, III.3; IV.34 (eigene, individuelle Form, wahres Wesen)
rūpatvā IV.9 (Gleichförmigkeit, das Gleiche)

l

lakṣaṇa III.13 (Merkmale, Zeitfaktor); III.53 (Erscheinung, Markierung, Anzeichen, Symbole, Merkmale, [günstige] Zeichen)
lakṣana-pariṇāma III.13 (Veränderung im Laufe von Vergangenheit, Gegenwart und Zukunft)
laghiman III.38, 42, 45 (leicht werden wie Dunst; Fähigkeit der Levitation)
laghu III.42 (leicht)
laya I.19 (verschmelzen, Versenkung)
lābha II.38, 42 (wird gewonnen, erreicht)
lāvaṇya III.46 (Anmut)
liṅga-mātra II.19 (definiert)
loka III. 26 ([sieben] Existenzebenen)
lobha II.34 (Gier, Lust)

v

vajra III.46 (Donnerkeil, mächtig, unerschütterlich, daher Unzerstörbarkeit einschließend)
vajra- saṃhananatva III. 46 (außergewöhnliche Widerstandsfähigkeit)
varaṇa IV.3 (umgebende, versperrende Hindernisse)
vaśīkāra I.15, 40 (Meisterschaft, Beherrschung)
vaśyatā II.55 (Beherrschung)
vaṣitā III.38, 45 (allgegenwärtig sein)
vastu I.9 (wirklich vorhandene Substanz), IV.14, 15, 16, 17, 20 (Objekt)

vā I.23, 34, 35, 36, 37, 38, 39; III.22, 33; IV.34 (oder)
vācakaḥ I.27 (Wort, das offenbart, ausdrückt, bedeutet)
vārtā III.36 (Riechen)
vāsanām IV.8, 24 (unterbewußte Eindrücke, Prägungen, Eindruck von irgendetwas, das sich im Geist festsetzt, Wissen aus Erinnerung)
vāhitā III.10 (Fließen, Fluß)
vikaroṇa III.48 (über das Körperliche hinausgehende Sinnesfähigkeiten)
vikalpa I.6, 9 (begriffliches Denken, Vorstellung); vikalpaiḥ I.42 (durch/mit begrifflicher Vorstellung)
vikṣepa I.30, 31 ([gedankliche] Ablenkungen)
vicāra I.17 (Reflexion, Urteilskraft, Nachdenken)
vicchinna II. 4 (mit Unterbrechungen, unterdrückt, überwältigt)
vicchedaḥ II.49 (abschneiden, unterbrechen, Kontrolle der Ein- und Ausatmung)
vitarka I.17 (Beobachtung[svermögen], diskursives Denken; Beobachtung und Analyse der physischen Natur); II.33, 34 (negative, abschweifende Gedanken)
vitṛṣṇa I.15 (jemand, der ohne Verlangen ist)
videha I.19, III.43 (körperlos, immateriell, nicht inkarniert, formlos)
vidyā tattvas III. 14 (sieben Prinzipien des Wissens)
vidvāṁs II.9 (selbst der Weise)
vidhāraṇa I.34 (Anhalten)
viniyoga III.6 (Anwendung, Fortschritt)
vinivṛtti IV.25 (Zurückdrehen, Rückzug, Wegbringen; endgültig aufhören)
viparyaya I.6, 8 (falsche Meinung, Irrtum)
vipāka I.24; II.13; IV.8 (Auswirkungen, Früchte der Handlungen; Reifung)
viprakṛṣṭa III.25 (weit entfernt)
vibhakta IV.15 (kann variieren, geteilt, verteilt, getrennt)
vibhūti III. Einl. (Endergebnis intensiver Yogapraxis; heilige Asche)
virāma I.18 (Aufhören, hier: Loslassen)
virodha II.15 (Konflikt, Opposition)
viveka I.5, II.26 (unterscheiden, Unterscheidung), II.28 (Unterscheidungs vermögen); IV.26 (Erkenntnis); vivekajam III.52, 54 (entstehen aus Unterscheidung), viveka-khāter IV.29 (unterscheidende Wahrnehmung)
viveka-khyātir-aviplavā III.49 (Wahrnehmung, die ständig unterscheidet)
vivekin II.15 (ein Mensch, der urteilt)
viśeṣa I.22; IV.25 (Unterschied); I.24, 49 (besondere[s]); II.19 (spezifisch)
viśoka I.36 (glückselig)
viṣaya I.11, 15, 37, 44; II.51, 54; III.20, 44 (Objekt[e]); I.33, III.54 (Zustände); visaya-viśeṣa I.49 (diese besondere Wahrheit)
viṣayatva I.45 (Objektheit)
viṣayatva I.35 (ein Sinnesobjekt erfassen)
viśuddhi cakra III.30 (Kehlkopf-Chakra)
vīta I.37 (frei, losgelassen, überwunden)
vīrya I.20; II.38 (innere Kraft, Stärke, Energie, Mut, Würde)

vṛtti Pl. vṛtttaya I.2, 4, 5, 10, 41; II.11; III.43; IV.18 (Fluktuation[en] des Bewußtseins); II.50 (Atemfluktuation)
vedanā III.36 (Berühren, Fühlen, Spüren, Tasten)
vedanīya II.12 (gespürt oder erfahren werden)
vaitṛṣṇya I.16 (Frei-werden)
vaira II.35 (Feindseligkeiten)
vairāgya I.11, 12, 15 (Loslasssen, Gelassenheit); III.50 (durch Loslösung)
vaiśāradya I.47 (Klar, rein, Klarheit des Verstandes)
vyaktaḥ IV.13 (manifestiert, grobstofflich)
vyāna III.39 (Lebensenergie [prana], die alle Körperteile durchdringt)
vyavahita III.25 (verborgen, blockiert); IV.9 (getrennt, verschieden)
vāyu III.44 (Luft)
vyakhyāta I.44; III.13 (erklärt, detailliert aufgeführt)
vyādhi I.30, 32 (Krankheit, Leiden)
vyutthāna III.9 (aufsteigen, nach außen gerichtet, unruhig), 37 (aufstehen, aufwachen, zulassen, ausweichen, hier: im Wachzustand)
vyūha III.27; 29 (Anordnung, Verteilung, Konstellation, Konstitution)
vrata II.31 (Gelübde)

ś

śakti III.21 (Kraft, Fähigkeit, Eigenschaft); śaktyor II.6 (von den beiden Kräften); śaktyoh II.23 (der Kräfte beider)
śabda I.9, 42; III.17 (verbale Kommunikation, Wort, Sprache, Klang, Laut)
śarīra III.38 (Körper)
śānta III.12, 14 (abgeklungen, zur Ruhe gekommen, besänftigt, still, ungestört)
śīla II.18 (Natur, Eigenschaft, Charakter)
Śiva I.23 (Höchstes Wesen); IV.34 (Höchstes Bewußtsein) tam. civam I.23
śuci II.5 (rein, makellos)
śuddha II.20 (rein, richtig, gereinigt)
śudhhāvasthā I.18 (Erfahrung reinen Bewußtseins)
śuddhi II.41; III.53 (Reinheit)
śūnya I.9, 43; III.3 (leer, ohne, entkleidet); IV.34 (ermangelnd)
śeṣa I.18 (Rest)
śaithilya II.47; III.38 (Entspannung, Lockerung)
śauca II.32, 40 (Reinheit, Reinigung)
śraddhā I.20 (Glaube, tiefe Hingabe)
śrāvaṇa III.36 (Hören, Gehör, auditiv)
śruta I.49 (gehört, aus der Überlieferung oder einer heiligen Schrift)
śruti I. 26 (offenbarte, überlieferte Lehren)
śrotra III.41 (Ohr)
śvāsa I.31; II.49 (Einatmung, Atmung, Atem)

s

sa	I.14 (dies) sa [abhyāsaḥ] dṛḍha bhūmiḥ (dieses[Üben] wird gefestigt)
saṃipa mukti	(tam.) mukti III.54 (Vater-Kind-Beziehung des Gottesverehrers)
saṃkhyaḥ	II.50 (zählen, Zahl)
saṃyama	III.40 (Geist auf ein Objekt ausgerichtet); III.4 (vollkommene Selbstbeherrschung); saṃ = vollendet, außerordentlich, Kom- Kon- , yama (Selbstbeschränkung); hier: "Kommunion" im Sinne von "Eins-werden"); saṃyamād bzw. saṃyamāt III.16, 17, 21, 22, 26, 35, 41, 42, 44, 47, 52 (durch das Eins-werden)
saṃyoga	II.17, 23, 25 (Vereinigung, Verbindung)
saṃvid	III.34 (Wissen, Verstehen)
saṃvega	I.21 (absolut konsequent)
saṃvedana	III.38 (Wissen); IV.22 (Wahrnehmung)
saṃśaya	I.30, 32 (Zweifel, Zögern)
saṃskāra	I.11, 18, 50; II.15; III.18; IV.8, 10, 27 (unterbewußte Prägungen, Eindrücke, Gewohnheiten, Neigungen, die von früheren Handlungen zurückgeblieben sind und künftige Handlungen bestimmen); saṃskārayor III.9; IV.9 (Dual)
saṃhatya	IV.24 (zusammen, gleichzeitig)
saṃhananatva	III.46 (Solidität, Robustheit, Festigkeit, Stabilität, Widerstandsfähigkeit)
saṃkara	III.17; IV.21 (Verwirrung, vermischt)
saṃkīrṇa	I.42 (durchsetzt, gemischt, undeutlich)
saṅga	III.51 (Gebundensein)
saṃgṛhītatva	IV.11 (aufgrund des Zusammengehalten-, Aufgefangen-, Gesammelt-; Aufgenommen- Werdens)
saṃjita karma	II.12 (Karma, das sich in künftigen Inkarnationen erfüllt)
saṁjñā	I.15 (Erkenntnis, Zeichen, Emblem)
sati	II.13, .49 (vorhandensein, existieren, vorkommen)
satkāra	I.14 (freundliche Haltung, Achtung, Ehrerbietung)
sattva	II.41; III.35, 36, 49, 55 (Sein, Produkt der prakṛti; manifestiertes Sein in der Natur; Dasein)
satya	II.30, 36 (Wahrheitsliebe, Authentizität, Wahrhaftigkeit, Wahrheit)
satya-loka	III. 26 (eine der sieben Ebenen der Welt: Ebene der Wahrheit)
sadā	IV.18 (immer)
saṃtoṣa	II.32, 42 (Zufriedenheit)
saṃnidhi	II.35 (Gegenwart, Nähe)
saptadha	II.27 (siebenfach)
sabīja	I.46 (mit Keim, Samen)
samaya	II.31 (Umstand, Vereinbarung, Zusammenkommen, Verpflichtung); IV.20 (Zeit, Beispiel, Gelegenheit)
samādhi	I.20, 46, 51; II.2, 29, 45; III.3, 11, 37; IV.1, 29; 33, 34 (tiefe spirituelle Versenkung, kognitive Versenkung)
samāṇa	III.39, 40 (Lebenskraft in der Bauchgegend)

samāpatti I.41, 42 (kognitive Versenkung, bei der man sich mit dem Meditationsgegenstand identifiziert, Übereinstimmung, Vereinigung, Zusammenkommen); II.47 (Ausrichtung auf die Einheit); samāpatteḥ III. 42 (durch Vereinigung, kognitive Versenkung)
samāpti IV.32 ((Ende, Schluß, Vollendung)
saṃpat III.45, 46 (Vollkommenheit, Erfolg, Vollendung)
saṃprajñāta I.17, 20 (unterscheidende, objekt-orientierte kognitive Versenkung)
saṃprayoga II.44 (Eins-werden)
saṃbandha III.41, 42 (Beziehung, Verbindung, Vereinigung)
sambhogakaya IV.19 ("Körper der Freude")
saṃbodha II.39 (Erkenntnis, Verstehen)
sayujya mukti III. 54 (Eins-Sein mit dem Höchsten Wesen)
sarva I.25, 51; II.15, 37; III.11, 17, 33, 49; 54, IV.23, 31 (alle, alles); sarvathā III.54; IV. 29 (zu allen Zeiten, ständig, in jeder Weise); sarva-bhūmih II.31 (universell)
sarva- jñātṛtvaṃ III.49 (Allwissenheit)
sālokya (tam.) mukti III.54 (in der göttlichen Sphäre verweilen als Diener des Herrn)
savikalpa (tam.) samprajñata I.17
savicāra I.44, 46 (reflektierend)
savitarka I.42, 46 (mit Beobachtung), savitarka samādhi I.17 (Geist auf ein physisches Objekt ausgerichtet)
sahabhuva I.31 (begleitend, Begleiterscheinung)
sāksāt-karaṇa III.18 (intuitiv wahrnehmen, fühlen, sehen)
sādhana I. 13 ("Mittel zur Vollendung")
sādhāraṇatvat II.22 (aufgrund von Allgemeingültigkeit, Universalität)
sādhu IV.25 (Weiser, Heiliger)
sāmya III.55 (Gleichheit, Gleich sein, Identität); samye (in oder betr. der Gleichheit)
saṃkhyā IV.34 (philosophisches System des Yoga); II.50 (Zahl)
sārūpyam I.4 (Anpassung, Übereinstimmung, Identifizierung); IV.22 (fälschliche Identifizierung)
sārūpya (tam.) mukti III. 54 (Gottesverehrer ist ein Freund des Herrn)
sālambanam III.20 (mit Stütze, Grundlage, Grund)
siddha III.32, 38; IV.30 (vollendeter Meister); I.2 tam. cittar
siddhānta IV.Einl. (Endziel der Vervollkommnung)
siddhi II.43 (Vollkommenheit, Vervollkommnung, Erfüllung); II.45 (Vollendung); siddhayah III.37; IV.1 (außergewöhnliche Fähigkeiten)
sukha I.33; II. 23 (glücklich); II.5 (freudvoll); II.7 (Vergnügen); II.42 (Freude); II.46 (angenehm)
sūkṣma I.44, 45; II.10; III.25; IV.13 (feinstofflich, subtil); II.50 (fein)
sūrya III.26 (Sonne)
sa-upkrama III.22 (manifestiert, in Bewegung setzen, auf sich nehmen)
saumanasya II.41 (innere Freude, Heiterkeit)
suṣumna nādī III.26, 27 (zentraler Energiekanal in der Wirbelsäule, "Sonnentor")

stambha II.50 (angehalten, festgehalten, unterdrückt); III.21 (Aufheben, Unterdrücken, Einstellen)
styāna I.30, 32 (Stumpfsinn, Rigidität)
stha I.41 (stehen, [dabei] bleiben)
sthāni III.51 (eine hohe Position einnehmen, einen Platz haben, gut etabliert, hier: himmlisch)
sthiti II.12 (Trägheit, Beharrungsvermögen); sthitau I.13 (bleiben, verharren); sthitiḥ I.35 (Stabilisierung)
sthira II.46 (stabil)
sthula III.44 (grobstofflich, grob, fest, materiell)
sthairya III.31 (Bewegungslosigkeit, Stabilität); sthairye II.39 (gefestigt, in Stabilität)
smaya III.51 (Lächeln mit Stolz, Hochmut)
smṛti I.6, 11; IV.9, 10, 21, 31 (Erinnerung, Gedächtnis); I.20 (Achtsamkeit, Erinnerung); I.43 (Eindrücke, Erinnerungen)
syāt IV.16 (wird)
sva II.40, III.35; IV.22 (eigener); II.23 (Besitz); svarasa (eigene Neigung, eigene Substanz, hier: Selbsterhaltung); sva-ābhāsaṁ IV.19 (eigenes Licht, Ausstrahlung)
sva- praṇidhānam IV.Einl. (Selbstaufgabe)
svapna I.38; IV. 23 (Traum)
svarūpa I.3, 8, 43; II.23, 27; III.44, 47; IV.Einl., 12, 34 (wahre Form, wahres Wesen, Wesenskern, Wesen); II.54 (eigene Form); III.3 (individuelle Form); tam. soruba III.45
svarūpa mukti IV. 34 (Befreiung der Form in und aus ihr selbst)
svādhyāya II.1, 32, 44, 45 (Selbst-Studium)
svāmi II.23 (der Besitzer [puruṣa]; Herr, Meister)

h

hāna II.25, 26; IV.28 (Beseitigung, Abwesenheit, Rückgang)
hamsaḥ I. 34 (wörtlich: Schwan; Jīva in der Lebensenergie)
hiṃṣā II.34 (Gewalt, Gewaltakt)
hṛdaya III.34 (im Herz, Sitz der Gefühle und Empfindungen)
hetu II.17, 23, 24; III.15; IV.11 (Ursache, Grund, Motiv); hetutvāt II.14 (verursacht durch)
heya II.16, 17 (zu beseitigen, zerstören, überwinden); heyāh II.10, 11 (zerstört, beseitigt, überwunden werden)
hlāda II.14 (Vergnügen, Freude, Glück)

Index der deutschen Begriffe in Übersetzung und Kommentar der Sūtras

Ablenkungen I.30, 31, III.47
Abneigung II.3, 8
Absolute (das) I.26, IV. 34
Achtsamkeit I.20
achtgliedriger Yoga II.29
Affirmationen I.23, II.33
Aktivität II.18
All-Eins-Sein II.25, III.50, 55, IV.26, 34
Allwissenheit I.25, III.49
Anfang (ohne) IV.10
angenehm II.46
Angst I.5, 8, 31, 37, II.15, III.23
Anhänglichkeit I.37, II.3, 7, III.55
Anmut III.46
Asana II.29, 46, 47, 48
Asche (heilige) III.0
Atman I.4, II.5, 11, 18, 21, 27, 41, IV.13, 25 (vgl. Selbst)
Atmung I.31, 32, 34, II.29, 49, 50, 51
Atom I.40
Aufeinanderfolge (Evolutionsphasen) III:15; (Transformationen) IV.32; (einzelne Augenblicke) III.52
Auge III.21
Ausstrahlung III.40, IV.19
Autosuggestion II.33

Befähigung (zur Selbst-Verwirklichung) II.41; (zur Konzentration) II.53
Befreiung (vom „Gesehenen“) II.25, III.53; (des Selbst) I.18, 21, 22, II.14, 49, 50, 54, IV.34
Begeisterung I.20, 21
Begierdelosigkeit II.34
Beherrschung (Konzentration) I.40; (Sinne) II.41, 55, III.47, 48; (5 Elemente) III.44, 45
Behinderung II.33
Belastung (*Klesa*) I.24, II.2, 3, 12, IV.28, 30; (Zerstörung) II.10; (abgeschwächt) II.4; (ohne) I.5
Bemühung I.13, 16

Beobachtung (konkreter Dinge) I.17
Bestimmung III.52
Bewußtheit I.24, 48, 49, II.20, III.12, 35
Bewußtsein I.2, 4, 17, 23, 30, 33, 37, 48, II.54, III.1, 9, 11, 12, 34, 38, IV.4, 5, 15, 18, 19, 21, 24; (transzendentales) IV.22; (Ausschaltung) IV.25, 26, 27
Bindungszwänge III.38

Chakren III.29, 30

Darstellung (des Yoga) I.1
Dasein III. 49, 55
Denken (kreatives) III.27
Depression I.31
Dornen III.39
Dualismus II.48, IV. 7, 29
Dualität I.18, II.45

Ebenen (kosmische) III.26
Ego(ismus) II.3, 4, 5, 6, 10, 12, III.43, 47, IV.5, 11, 15, 31
Eigenart III.13
Eindrücke (unterbewußte) I.24, 43, 50, IV.9, 10, 24 (Verschwinden) IV.11
Ein-Punktigkeit II.41, III.4, 11, 12
Eine (das) III.50
Eins-Sein II.1, 27, 44, 45, IV.5, 20
Eins-werden (*saṃyama*) III.4, 16, 17, 21, 22, 25, 26, 35, 41, 44, 47, 52
Einzelseele I.2, 3
Elemente III.13, 44
Emotionen I.2, 3, 11, 33, II.33
Energiekanäle III.29; (zentrale) III.26, 27
Energiekörper III.26, 27, 29, 30, 31
Entspannung II.47
Entwicklungsprozeß I.19, III.12, IV.3
Erfahrung II.13, 18, III.35
Erinnerung I.6, 11, 12, IV.9, 17, 23, 31
Erkennen I.41, 48, II.5, 6, 23
Erkenntnis I.20, 48, 49, 50
Erleuchtung I.43, II.39, III.5, 25, 33, 36, 45
Evolution III.15, 16, IV.3
ewig IV.10
Existenz II.12, IV.12 (vgl. Leben)

Existenzform IV.2, 9

Fähigkeiten (außergewöhnliche) III.36-39, 41-45, IV.1
Faulheit I.30
Feindschaft II.35
feinstofflich I.44, 45, II.10, IV.13
Fluktuationen (des Bewußtseins) I.4, 5, 10, IV.18, 19, 20; (Verringerung) I.41; (Beseitigung) II.11; (Aufhören) I.2, 12, 13, 51, III.9. 30
Fluß (Transformation) III.10; (Zeit) IV.12
Form III.13, IV.12, 22; (individuelle) II.54, III.3
Freisein (Wünsche) I.19, 23, 37, II.9 (unterbewußte Prägungen) IV.6
Freiheit IV.26
Freude (innere) I.17, II.41, 42,
freudvoll (II.5, 14)
Freundlichkeit I.33, III.23
Frieden (innerer) I.16, II.34, 35, III.8
Früchte (von Handlungen) I.24, II.13, 34, 36, IV.8, 11
Furchtlosigkeit II.36
Geburt II.13, IV.1
Gedächtnis IV.17, 21
Gedanken (negative) II.33, 34
Gedankenlesen III.19
gefühlvoll I.28
Gegensatzpaare IV.29
Gehörtes I.15
Geist I.2, 5, 9, 14, 35, II.20, 53; (Schnelligkeit) III.48; (Regungen) I.4; (Haltung) I.13 (vgl. Bewußtsein)
Gelassenheit I.15, 16
Gelübde (Großes) II.31
Genußsucht I.30, 32
Gesehenes I.15, II.17, 18, 21, 25, IV.23; (Unzerstörbarkeit) II.22
Gewalt II.34
Gewaltlosigkeit II.30, 35
Gier II.34
Gleichmut I.4, 33, II.1, 4, 34, III.12, 35
Gleichsein III.12, 55
Glieder (des Yoga) II.28, 29; (innere) III.7; (äußere) III.8
glücklich I.33, II.14
Glückseligkeit I.36
Gott (Śiva, Īśvara) I.3, 24, 26, II.1, 43, 44, 45, 55; (Vereinigung mit) IV.32, 34; (Körper als Tempel) II.40, III.46; (Verehrung) I.23, 28, IV.1
Gottheit (gewählte) II.44

Göttliche (das) I.22, 23, 32, II.43, 44, 54, III.36, 41, 46, 54
göttliche (e Kräfte) III.4, 38, 45, IV.1; (Weisheit) III.54
grobstofflich III.44

Halsgrube III.30
Haltlosigkeit I.30
Handeln (bewußt) II.1, 36 (*kriyā*)
Handlungen I.24, IV.30
Hellfühlen III.36
Hellhören III.36
Hellsehen III.25, 36
Hindernisse I.29, 30, III.37, IV.3; (Verschwinden) I.29
Hingabe I.20, 23, 28, II.1, 32, 44, 45, 46
Hochmut III.23, 51
Höchste (das) I.16 (vgl. Gott, Wesen , Selbst)

Ich-Gefühl (= Bewußtheit des Selbst) I.17 (vgl. auch Egoismus)
Identifizierung (falsche) I.5, 7, 24, II.4, 6, 7, 9, 10
Identität II.17, IV.23, 31
Intellekt I.45, IV.21
Inspiration III.25
Irrtum I.6, 7, 8, 30

Karma I.24, II.12, 13, 14, 16, III.22, IV.7, 8, 9; (des Yogin) II.37; (Aufhören) IV.30
Keim(e) I.25, 46, III.50; (ohne) I.51, III.8
Keuschheit II.30, 38
Klarheit II.18
Kleinwerden III.45
kognitive Versenkung (siehe Versenkung)
Kommunikation (verbale) I.9
Konflikt (Bewußtsein - Natur) II.15
Kontemplation I.20
Konzentration II.29, 53, III.1
Körper (Vollkommenheit) II.43, III.21, 29, 42, 45, 46; (Distanzierung vom) II.40
Körperhaltung II.29, 46, 47, 48
Kosmos III.26
Kraft (innere) I.20, II.38, III.23, IV.1; (körperliche) III.24, 46; (göttliche) III.4
Kräuter IV. 1
Krankheit I.30
Kristall I.41

Leben II.13, 39, III.18
Lebenskraft(ströme) III.39, 40
Lebewesen III.17
Lehrer (spiritueller) I.26
Leid II.7, 8, 15, 16, 34
leidvoll II.5, 14
Levitation III.38, 39, 42
Licht (inneres, göttliches) I.2, 36, 38, II.28, 45, 52, 53, 54, 55, III.21, 32, 43, 45, IV. 19, 34
Liebe (göttliche) I.28
Loslassen I.3, 4, 11, 12, 18, 46, II.3, 8, 15, III.10, 51
Loslösung III.50

Manifestation (Karma) III.22, IV.8; (Natur) IV.3, 13
Mantra I.28, 29, IV.1
Meditation I.5, 13, 32, 41, 42, 43, II.11, 29, III.2, 3, 4, IV.1, 6, 25; (Technik) I.2, 3, 34, 35, III.24; (Objekt) I.41, 42, 43
Meister (spiritueller) II.31, III.32; (Siddha) I.23, III.45, IV.34
meistern (Haltung) II.47, 48
Mitgefühl I.33
Mond III.27

Nachlässigkeit I.30
Nährboden II.4
Natur I.2, II.22, 23, III.35, 44, IV.2, 3 (ursprüngliche) III.48
Naturkräfte (*guṇas*) I.16, II.15, 18, 19, IV.32, 34
Nicht-Existenz I.10, II.25
Nicht-Stehlen II.30, 37

Objekt I.43, III.1, 4, IV.14, 20; (un/bekannt) IV.17
Objektheit I.45
Om I.27, 28
Omen III.22
Ort IV.9

Polarstern III.28
Prägungen (Unterbewußtsein) I.18, 50, II.14, 15, 16, III.18, 47, IV. 8, 27
praktizieren I.33, II.33

Raum II.50, III.42
Realität II.5, 22
Reflexion I.17, 44
Reichtum II.37
Reinheit II.32, 41, III.55
Reinigung I.43, II.40, 44
Riechen III.36
Ruhe (Sehender) I.3, 47, IV.34

Scheitelpunkt III.32
Schildkrötenkanal III.31
Schlaf I.5, 6, 10, 38
Schlamm III.39
Schleier (Licht) II.52, III.43; (Weisheit) IV.31
Schlußfolgerung I.7, 49
Schmecken III.36
Schönheit III.46
Schriften (heilige) I.7, 49
Schwarz-Weiß-Denken IV.7
Schwerkraft (überwinden) III.42
Sehender/Seher I.3, II.6, 17, 20, 21, 25, IV.19, 23, 27
Sein II.41, III.35, 36, 49, IV.33
Selbst I.2, 3, 4, 16, 29, 47, II.20, 27, III.35, 49, 55, IV.17, 18, 22, 24, 26, 34; (Höchstes) I.24, 47
Selbstbeschränkung II.29, 30
Selbsterhaltungstrieb II.9
Selbst-Gefühl (falsches) IV.25
Selbst-Studium II.1, 32, 44
Selbst-Täuschung II.34
Selbst-Verwirklichung I.3, 16, 23, 49, II.2, 22, 23, 24, 41, 44, III.52, IV.32, 34
Selbstzucht II.1, 43
Sinne(sorgane) I.35, II.18, 41, 43, 55, III.47, IV.16; (erleuchtete innere) III.25; (Rückzug) II.29, 54
stabil (Geisteshaltung) I.13, 35; (Körperhaltung) II.46, 47
Sterne III.27
Stumpfsinn I.30
Substanz I.8, II.9; III.44 (ohne) I.9

Tagebuch (spirituelles) II.1, 34
Tiere III.24
Tod I.51, II.3, 9, III.22, IV.34

Trägheit II.18
Transformation IV.2, 32, 33
Traum I.38
tugendhaft I.33

Überlebenswille II.3, IV.10, 11
Übungspraxis (intensive) I.20, 21, 22, II.1, 32, IV.1; (lange Zeit, sorgfältig, ununterbrochen) I.14; (fest fundiert) I.30
unehrenhaft II.14
Unendlichkeit II.34, 47, IV.31
universell II.31
Unreinheit II.5, 28, 43, IV.31
Unsichtbarkeit III.21
Unterbewußtsein II.39, IV.9 (vgl. Eindrücke, Prägungen)
Unterscheidung(svermögen) I.5, 20, II.6, 18, 26, 28, III.17, 41, 52, 54, IV.29
Unterschied III.53
Unveränderlichkeit (Selbst) IV.18
unvergänglich I.26, II.5
Unverletzbarkeit II.48
Unwissenheit II.3, 4, 5, 24, 25, 26
Ursache (Leid) II.4, 17, 24, IV.11
Ursprung (zurückkehren) II.10, IV.34

Veränderung III.9, 12, 13, 16, IV.14
Verbindung (= Yoga) I.1, 2, II.28, III.54; (Sehender - Gesehenes) II.17, 23, 24, 25
verborgen III.25
Verdienst II.14
vergänglich I.2-5, II.5
Vergnügen II.7
Verhaltensregeln II.29, 32, 40, 42, 43, 44, 45
Verhaltensweisen I.33
Verlangen I.15, 16, II.15
Versenkung I.5, 17, 18, 19, 20, 41, 42, 43, 46, 51, II.2, 27, 29, 45, 47, III.3, 6, 7, 37, 42, IV.1, 29
Vertrauen I.14, 20
Verwirrung III.17, IV.21
Vision III.32
Vollendung, Vollkommenheit II.43, 45; (Körper) II.43, III.45, 46
Vorstellung (begriffliche) I.6, 7, 9, 42, II.7

Wachheit I.20
wahrnehmbar III.21
Wahrnehmung I.7, II.47, IV.15, 20, 21, 22; (nicht wahrnehmen) IV.16
Wahrheit I.48
Wahrheitsliebe II.30, 36
Wasser III.39
Weisheit III.54, IV.31; („siebenfache“) II.27
Wesen (Höchstes) I.23, II.1, III.46; (wahres) I.8, II.23; (reines) II.20
Wesensart III.14, 45, III.47, IV.29, 30
Wesenskern I.43
Widerstandsfähigkeit III.46
Wiederholen (Mantra) I.28, 29
Wissen I.9, III.16, 17, 18, 22, 25, 26, 27, 28; (wahres) I.6, 7; (falsches) I.8
Worte I.42; (Kraft) I.27, III.17, 32
Wut I.4, II.34, IV.9
Wünsche I.5, 8, 11, 15, 16, 19, 24, 30, II.4, 27, 39, III.51, IV.10, 31

Zeitablauf IV.33
Zeit(en) (unberührt durch) I.26, II.31; (verschiedene) IV.9; (Maß des Atems) II.50
Ziele I.29, 33, II.2, 22, III.35, 37, IV.34
Zufriedenheit I.46, II.32, 42
Zukunft III.16, IV.12
Zweck (Wahrheit) I.49; (Eins-werden) III.35; (Naturobjekte) III.44, 47
Zweifel I.30, 32

Index der in den Sūtras erwähnten Kriyas

Arupa Dhyana Kriya: I.17,I.44, I.45, I.48, II.16, II.32, III.5, III.14, III.23, IV.13

Brahmacharya Ojas Matreika Pranayama: III.32

Hellhören - Dhyana Supersiddhi Kriya: III.17, III.18, III.36, III.41

Hellsehen - Dhyana Supersiddhi Kriya: III.36

Wolken zerteilen und sammeln: III.4

Eka Rupa Dhyana Kriya: I.13. I.32, I.39, I.40, II.54, III.1, III.11,

Eenay Rupa Dhyana Kriya: I.13, I.17, II.55, III.1, III.14, III.25, III.36, IV.14

Dhyana Kriyas der Achtzehn Siddhas: I.26, I.32, I.37, III.36

Fünf-Sinne-Dhyana Kriyas: I. 17, I. 35, II.18, III.14, III.25, III.47

Hamsa Dhyana: I.34, III.3

Kriya Bhakti Yoga: I.23, II.1,II.14,II.20,II.44, II.45

Kriya Chakra Dhyana: III.30, III.31, III.34, III.54

Kriya Hatha Yoga: I.31, II.28, II.29, II.46, II.47, II.48, III.30, III.46

Kriya Kundalini Pranayama: II.50, III.40, III.54

Kriya Mantra Yoga: I.26, I.27, I.28, I.29, I.32, III.54, IV.1

Kriya Pranayama: II.49, II.50, II.51

Erinnerungsketten-Kriya: I.11, III.16, III.18

Nadi Dhyana: III.31, III.46, III.53

Nirvikalpa Samadhi Kriya: I.18, I.47, I.51, III.3, III.32, III.49, III.50, III.54,

Nityananda Kriya: I.14, I.17, I.47, II.1, II.6, II.7, II.20, II.21, II.23, II.24, II.25, III.35, III.45, III.52, IV.5, IV.7, IV.8, IV.9, IV.20, IV.22, IV.23, IV.24, IV.25, IV.26, IV.27

Omkara Dhyana Kriyas: I.25, I.27, I.28, I.29

Prana Sahitchay Kriya: III.39

Purna Bhava Indriya Dhyana Kriya: I.35, II.11, II.18, II.19, II.55, III.1, III.14, III.25, III.36, IV.14, IV.16

Sarvikalpa Samadhi Kriya: I.17, II.10, III.3, III.6, III.12, III.33, III.42, III.43, III.44

Siebtes Dhyana Kriya (Babaji): I.50, III.5, III.19, III.48

Shuddhi Dhyana Kriya: I.2, I.12, I.15, I.16, I.24, I.46, I.47, I.51, II.1, II.4, II.7, II.8, II.15, II.26, II.31, II.40, III.9, III.39,IV.4, IV.6, IV.11, IV.27, IV.28, IV.29

Siva Linga Veera Siva Tradak Kriya: I.42, I.43,

Svarupa Jyoti Samadhi Dhyana Kriya: I.36, III.3, III.32, III.44, III.45, IV.2

Swara Yoga: III.26, III.27

Tradak Kriyas (auf verschiedene Punkte): I.17, I.42, I.43, III.1, III.29, III.34

Vijñana Babaji Darshan Kriya: I.26, I.32, I.37, II.1, III.18, III.20, IV.34

Yoga der Neun Öffnungen: I.12, III.47, IV.6

Yoga Nidra: I.10

Andere Praktiken:

Tagebuch: I.5, I.7, I.8, I.17, I.30, I.38, I.40, I.41, II.1, II.3, II.4, II.16, II.34, II.44

Affirmationen und Autosuggestionen: I.3, I.30, II.33, II.34

Kriya Yoga Versprechen: III.22, IV.3

Kriya Karma Yoga: IV. 7, IV.9, IV.30

ÜBER DEN AUTOR

Marshall Govindan Satchidananda studierte und praktizierte mehrere Jahre lang Kriya Yoga in Indien bei Yogi S.A.A. Ramaiah. Über einen Zeitraum von 18 Jahren, unterstützte er Yogi Ramaiah beim Aufbau von 23 Yogazentren in der ganzen Welt. Während dieser Zeit praktizierte er Kriya Yoga 8 Stunden pro Tag und erlangte schliesslich die Verwirklichung des Selbst. Während seines Aufenthaltes in Indien erlernte er die tamilische Sprache und studierte die Werke der tamilischen Yoga Siddhas. Im Jahre 1980 arbeitete er mit bei der Zusammenstellung und Veröffentlichung der vollständigen Schriften von Siddhar Boganathar.

1988 erhielt er von Babaji Nagaraj den Auftrag, Kriya Yoga zu unterrichten. Zuvor musste er jedoch spezielle strenge Anforderungen erfüllen, ehe er andere in die 144 Kriyas unterweisen durfte, in die er 5 Jahre zuvor von Yogi Ramaiah eingeweiht worden war.

1991 schrieb er den Bestseller "Babaji und die 18 Siddha Kriya Yoga Tradition", das bis heute in 13 Sprachen übersetzt wurde. Im Jahre 1992 gründete er Babajis Kriya Yoga Ashram in St. Etienne de Bolton, Quebec. Hier werden das ganze Jahr über Kurse, Seminare und Retreats angeboten. 1995 gab er seine Stelle als leitender Systemauditor bei Kanadas grösstem Arbeitgeber, der Mouvement Desjardins Genossenschaft, auf um sich ganz seiner Lehr- und Publikationstätigkeit auf dem Gebiet des Yoga widmen zu können. Seither bereist er die ganze Welt, um ca. 50 Kriya Yoga-Gruppen in über 20 Ländern zu beraten und anzuleiten. Ferner betreut er Ashrams in Bangalore, Indien, sowie einen Laienorden von Kriya Yoga-Lehrern: Babaji's Kriya Yoga Order of Acharyas, ein gemeinnütziger Verein mit Niederlassungen in den USA, Kanada und Indien. Er hat 15 Bücher über Yoga geschrieben und veröffentlicht. Sein Buch "Die Kriya Yoga Sutren von Patanjali und den Siddhas" wurde vielfach anerkannt und zeigt zum ersten Mal die enge Verbindung zwischen dem klassischen Yoga und den Siddhas.

Seit 1989 hat er persönlich über 10.000 Personen in einer Serie intensiver Seminare und Retreats in Babajis Kriya Yoga eingeweiht. 1999 erschien ihm Babaji Nagaraj, nicht weit von dessen Ashram in Badrinath, im Himalaya. Seit dieser Zeit ist er an der Leitung eines umfassenden Forschungsprojektes beteiligt, welches die gesamte Literatur zum Yoga der tamilischen Siddhas zum Gegenstand hat. Er ist Absolvent der Diplomatenschule der Georgetown University und der George Washington University in Washington, D.C.. Er ist mit Durga Ahlund verheiratet.

Im März 2015 bekam er den international bekannten Patanjali Award verliehen.

"Marshall Govindan Satchidananda ist nicht nur der berühmteste Kriya Yoga Meister der Welt, sondern er hat dem Kriya Yoga auch einen fantastischen Dienst erwiesen, was ich nur mit Paramahansa Yogananda vergleichen kann. Govindan Satchidananda ist der „Spirit“ Babajis."

SWAMI MAITREYANANDA Präsident des WELTYOGA-RATS des INTERNATIONALEN YOGAVERBANDS

Aktivitäten von Babaji's Kriya Yoga:

- Einweihungen in *Babajis Kriya Yoga*, Vorträge und weiterführende Seminare;
- Kriya Hatha Yoga Lehrer Training;
- Förderverein *Babaji's Kriya Yoga e.V.* und Netzwerk im deutschsprachigen Raum;
- persönliche Retreats in Ashrams von *Babaji's Kriya Yoga* in Kanada, Indien und Sri Lanka;
- Pilgerreisen nach Süd-Indien und in den Himalaya.

Wenn Sie sich für Babaji's Kriya Yoga interessieren,
besuchen Sie unsere Webseite *www.babaji.de* oder wenden Sie sich an unser Büro unter der Telefonnummer 0049-(0) 163-775-6286.

Veröffentlichungen von Kriya Yoga & Publications:
Thematischer Schwerpunkt sind die Tradition und die Praxis des Kriya Yoga sowie die Tradition der Siddhas und des Saiva-Siddhanta. Hierzu zählen unter anderen einzigartige, bisher unveröffentlichte Werke der alt-indischen Siddhas. Das Angebot umfasst Bücher in deutscher und in englischer Sprache, Audio-CDs, DVDs, Bilder und andere Yoga-Artikel.

Wenn Sie weitere Informationen wünschen oder Bücher bestellen möchten,
besuchen Sie unsere Webseite *www.babaji.de* oder schicken Sie eine Email an *eleni@babaji.de.*

WEITERE TITEL ZUM THEMA KRIYA YOGA:

Marshall Govindan, Babaji - Kriya Yoga und die 18 Siddhas
ISBN 978-3-939570-69-1
erschienen bei Babajis Kriya Yoga Publications.

Die erste zuverlâssige Biographie von Babaji, dem unsterblichen Meister, von dessen Existenz die Ôffentlichkeit zum ersten Mal durch Yoganandas "Autobiographie eines Yogi" erfuhr.

Babaji ist ein spiritueller Meister, der seit vielen Jahrhunderten in jugendlicher Gestalt verborgen im Hochgebirge des Himalaya in der Nâhe von Badrinath lebt. Sein Kôrper ist seit seinem 16. Lebensjahr nicht gealtert, als er vor vielen Jahrhunderten den höchsten Zustand der Erleuchtung und gôttlicher Transformation erreichte. Dies folgte seiner Einweihung in die wissenschaftliche Kunst des Kriya Yoga durch 2 unsterbliche Meister, den Siddhas Agastyar und Boganathar, die zu der "18 Siddha Tradition" gehôren, welche berühmt ist bei den Tamil sprechenden Menschen Südindiens. Nur wenige bekommen ihn je zu sehen, doch er ist vielen spirituellen Suchern aus der Autobiographie eines Yogi von Paramahansa Yogananda bekannt. Marshall Govindan, selbst Schüler von Babaji, erzählt nun die Geschichte von Babajis Leben und Selbst-Verwirklichung und beschreibt die berühmten Siddha-Meister Südindiens, die den Kriya Yoga und die Wissenschaft der Unsterblichkeit entwickelten und an Babaji weitergaben.

Marshall Govindan, Jesus und die Yoga Siddhas
ISBN 978-1-895383-43-0
erschienen bei Babajis Kriya Yoga Publications.

• Es zeigt, wie die ursprünglichen Lehren Jesu, die in seinen Sprüchen und Gleichnissen enthalten sind, verdeckt wurden, als das Christentum damit begann, sich durch Dogmen und Glaubensbekenntnisse zu definieren.

• Es untersucht die Frage: "Wer war Jesus?" anhand jener Jesus-Worte, die von den modernen kritischen Gelehrten der höchsten Authentizitâtsstufe zugeordnet wurden.

• Ebenso werden die Fragen: "Wo ist das Reich Gottes?" und "Wie kann man in dieses Reich gelangen?" auf der Grundlage der vermutlich authentischen Worte Jesu vertieft.

• Und nicht zuletzt geht es um die Frage: "Weshalb stehen die Lehren Jesu in einem solchen Gegensatz zu den normalen Neigungen der menschlichen Natur?"

T. N. Ganapathy, Der Yoga des Siddha Boganathar
ISBN 978-1-895383-37-9
erschienen bei Babajis Kriya Yoga Publications.

Das vorliegende Werk ist eine Biografie Boganathars. Sie zeichnet sich dadurch aus, dass sie zum Teil auf eigenen Aufzeichnungen Boganathars beruht. Dr. Ganapathy weist den Leser in die aussergewöhnliche Herausforderung ein, die esoterische Poesie von Boganathar und den Siddhas in ihrer mystischen Zwielichtsprache zu erfassen.

Das Herzstück dieses Buches ist eine Übersetzung mit Kommentaren zu 75 ausgewâhlten Gedichten, die für Studierende der Religionsgeschichte und insbesondere des Yoga und des Tantra aufschlussreich sind. Durch Meditation über diese Verse wird der Leser groûe Inspirationen erlangen.

Dieser Band beinhaltet eine wortgetreue Übersetzung mit alternativen Bedeutungen, eine wôrtliche Wiedergabe und eine interpretierende Übersetzung. Dies trâgt zur Balance zwischen notwendiger Prâzision der Übersetzung und dem inhaltlichen Verstândnis bei und ermôglicht somit eine tiefgründige meditative Annâherung an die verschiedenen Bedeutungsebenen eines jeden Verses.

V.T. Neelakantan S.A.A. Ramaiah, Die Stimme Babaji
ISBN 978-1-895383-37-4
erschienen bei Babajis Kriya Yoga Publications.

Die Trilogie über Kriya Yoga mit den drei Werken "Die Stimme Babaji's und entschlüsselte Mystik", "Babaji's Meisterschlüssel zu allen Leiden" sowie "Babaji's Tod des Todes (Kriya)".
Satguru Babaji, unter dessen Anleitung diese Bücher entstanden sind, weissagte, das sie eines Tages zu einer mâchtigen Quelle der Inspiration und Unterstützung für die Botschaft des Kriya Yoga werden würden.

Kriya Yoga Erkenntnisse auf dem Weg,
von Marshall Govindan and Jan Ahlund, 160 Seiten, ISBN 978-1-895383-49-2

Jeder von uns begegnet den Widerständen, die in unserer menschlichen Natur liegen. Wir sind unwissend in Bezug auf unsere wahre Identität und die Auswirkungen, die die jahrelange Prägung durch unsere Gedanken, unsere Worte und unser Handeln auf uns haben. Indem wir unser Streben nach dem Göttlichen kultivieren, Egoismus und seine Manifestationen überwinden und uns unserem höheren Selbst, dem reinen Zeugenbewusstsein, hingeben, können wir unsere Widerstände, unser Karma und viele Hindernisse hinter uns lassen. Damit uns das gelingt, brauchen wir viel Unterstützung und Einsicht auf dem Weg.

Marshall Govindan und Jan Durga Ahlund haben schon vor Jahren erkannt, dass es Zeit ist für ein Buch, das erklärt, welche Gründe es gibt, Kriya Yoga zu praktizieren, welche Schwierigkeiten dabei auftauchen und wie man darüber hinausgeht und zwar sowohl für diejenigen, die Kriya Yoga erlernen möchten, als auch für diejenigen, die bereits auf dem Weg sind. Dieses Buch mit seinen mehr als 30 Essays kann für jeden Leser, der am spirituellen Leben und insbesondere am Yoga interessiert ist, anregend und hilfreich sein.

Paramhansa Yogananda, Autobiographie
ISBN 3-934647-94-4

Das vorliegende Buch ist eine Übersetzung der Orginalausgabe von "Autobiography of a Yogi", - die von Yogananda autorisiert - bereits zu seinen Lebzeiten erschien. Es beinhaltet zudem das abschliessende Kapitel, das er 1951, ein Jahr vor seinem Tod, hinzufügte. Der deutsche Leser erhält damit zum ersten Mal das vollstândige Lebenszeugnis des groBen Weisheitslehrers, wie er es geschrieben hat - frei von allen Verânderungen, die in die anderen Ausgaben eingeflossen sind.

Diese einzigartige Lehr-DVD mit Booklet vermittelt nicht nur sorgfâltige und detaillierte Anweisungen zur technischen Ausführung der Haltungen, sondern auch zu den hôheren Bewusstseinszustânden, welche durch die Übungen erweckt werden. Erlerne die 18 Kriya-Hatha-Yoga-Haltungen, die eigens vom grossen Yogi Babaji Nagaraj entwickelt wurden und erlange Bewusstheit darüber, was Bewusstsein ist.
DVD, 120 min, im Schirner Verlag, erschienen.